유니티5, 클라우드, C# 서버까지 한방에 마스터

서버까지
스킬업

유니티
3D액션게임

송호연 지음

예문사

추천사 FOREWORD

저자의 설명을 읽어가다 보면 어느새 흐뭇한 미소를 짓고 있는 나를 발견하게 된다. 게임 개발에 대해 설명하는 저자의 태도는 사뭇 진지하면서도, 때론 저자 스스로의 경험이 묻어나 실제로 개발을 하던 모습이 눈앞에 어렴풋이 그려지는 듯하다. 책의 서두에서부터 저자는 자신의 개발 일상을 언급한다. 꼭 어디에서 한 번 만나봤을 법한 친근한 동네 개발자(?) 삼촌의 모습이 그려지는 것은 나만의 착각일까. 그런 친근함이 이 책의 매력으로 다가왔다. 딱딱하고 지루한 이론서가 아닌 실무에서 녹아난 경험으로 흥미로운 탐독이 가능한 책이 나왔다.

_ 남궁훈, ㈜카카오 게임총괄 부사장

2005년 처음 세상에 선을 보인 유니티 프로그램은 많은 시행착오와 보완의 시간을 겪으며 현재의 5버전에 이르렀다. 가벼운 캐주얼 게임은 물론 충분히 완성도 높은 게임을 만드는 툴로, 게임 개발을 도와주는 유용한 도구로 널리 사용되고 있다. 유니티 툴의 발전과 함께 유니티 서적도 많은 시행착오와 보완의 시간을 겪으며 다양하게 출판되고 있는데, 개발 서적 중에는 교육과 강연에 특화된 책이 있는 반면, 기술적인 부분에 초점을 맞추는 경우도 있다. 교육에 특화된 책은 개념 설명에 충실하나 실무와 동떨어진 내용으로 지루할 수 있고, 기술적인 부분에 초점을 맞춘 서적은 유용한 개발 기법들을 배울 수 있지만 어려운 설명이 이해도를 떨어트리기도 한다. 이 책은 그 중간 지점에서 아슬아슬하게 줄타기를 하면서, 저자의 경험에서 우러난 기술적 기법들을 편안한 말투로 풀어낸다. 단순 개발만을 위한 가이드뿐 아니라 누구나 쉽게 기획부터 게임 개발을 완성해 서비스까지 할 수 있도록 전체 과정을 가이드한다. 실제 현업에 종사하는 개발자 및 디자이너는 물론, 게임 개발을 통해 업계에 진입하고자 하는 1인 인디부터 취미로 게임을 만들어 보고자 하는 이들에 이르기까지 폭넓게 사용될 수 있을 것이다.

_ 김수지, 유니티코리아 대표

이 책은 다음과 같은 사람들에게 적절합니다.
기존의 유니티 게임 개발 서적이 너무 지루한 사람들, 기존의 유니티 게임 개발 서적이 너무 뜬구름 같다고 생각되는 사람들, 빨리 게임을 만들어보고 싶은 마음이 앞서는 사람들.
개인적으로도 이렇게 단 한 권으로 실전에 필요한 것을 처음부터 끝까지 다 담은 책을 기다려 왔습니다.

_ 배현직, 넷텐션 CEO

유니티는 이미 게임 개발에 있어서 중요한 위치를 차지하고 있는 개발 도구입니다. 개발자들이 쉽게 게임을 개발하여 다양한 플랫폼에 출시할 수 있기 때문입니다. 또한 전 세계적으로 점유율이 가장 높아 해외 진출에도 용이합니다. 〈서버까지 스킬업 유니티 3D액션게임〉은 하나의 게임을 개발하는 과정을 통해 클라이언트와 서버를 모두 아우르는 유니티의 전 영역을 다루고 있습니다. 더불어 게임 개발 과정에서 접하게 되는 다양한 요소들, 예를 들어 게임 기획론, 분석, 광고(유니티애즈) 등에 대해서도 소개하고 있어서 실제 실무에 대한 이해를 가능하게 하고 있습니다. 이 책 하나로 유니티를 전부 알 수는 없겠지만 이 책을 통해 유니티를 이용한 게임 개발의 전반적 과정을 경험할 수 있다는 점에서 적극적으로 추천합니다.

_ 함영호, 유니티코리아 유니티애즈 총괄이사

모바일은 1인 개발자에게 많은 기회가 열려 있는 시장이다. 그러나 갈수록 퀄리티와 개성, 게임성에 대한 유저들의 눈높이가 높아지고 있는 것도 사실이다. 이 책은 이런 시장상황에서 개발자가 홀로 강력한 게임성의 게임을 만드는 방법이 무엇인지를 알려주고 있다. 적극 추천한다.

_ 이시우, 카카오게임 사업본부장

왜 게임을 개발할까? 왜 게임을 개발할 때 유니티를 사용할까? 게임 개발 전에 기획은 왜 필요할까? 왜 이런 게임 요소를 집어넣어야 할까? 이 코드는 왜 여기에 사용됐을까? 무언가를 처음 배울 때 누구나 무수히 많은 "왜?"라는 물음들과 사투를 벌이게 된다. 한 권의 책을 읽다가도 어느 한 문장이 잘 이해가되지 않으면, 다른 책을 찾아보고, 경험이 많은 선배나 선생님을 찾아 질문을 하게 된다. 이 책은 그런 과정을 거치지 않고, 유니티 게임 개발의 궁금증을 단 한 권으로 해결할 수 있도록 고민한 저자의 치열함이 묻어난다. 물론 이 책을 읽다보면 '이해되지 않는데'라고 생각하는 부분을 만나게 되나, 이내 그 의문이 쉽게 풀리고 만다. 특히 저자의 진정성 있는 말투가 느껴지는 Tip을 통해 무수히 많은 "왜?"라는 의문의 실마리를 찾게 되어 반가웠다.

_ 김동현, 넷마블 마케팅 부사장

유니티의 장점은 더 이상 설명하지 않아도 모두가 잘 알고 있다고 생각한다. 이 책에서는 이러한 장점을 가장 쉽고 빠르게 극대화시킬 수 있는 방법들을 설명해주고 있다. 또한 이 책은 놀랍게도 현업에서는 매우 중요한 포인트이지만 책으로 잘 다루지 않는 마케팅, 지표관리, 광고수익화 등을 저자 본인의 경험을 바탕으로 매우 쉽게 설명한다. 책 한 권으로 모든 것을 마스터할 수는 없겠지만, 이 책이라면 유니티를 통한 가장 많은 경험을 전달해 줄 수 있을 것이라 생각한다.

_ 김영호, 말랑스튜디오 CEO

본 책은 많은 유니티 관련 책들과 달리 많은 부분을 다루면서도 디테일이 잡혀 있는 책입니다. 게임의 기획부터 지표툴 연동, 동영상 광고, 데이터 분석, 메모리 최적화에 이르기까지 게임 개발의 전반에서 맞이하게 되는 상황들이 꼼꼼히 기술되어 있어 레퍼런스로도 충분히 활용할 수 있습니다. 특별히 중급자에서 고급자로 발돋움하기를 희망하는 분들에게 일독을 권합니다.

_ 나지웅, 게임개발사 Madorca Inc CEO

많은 개발서적들은 게임을 프로그래밍하는 과정에 초점을 맞추고 있다. 하지만 게임 개발 과정에는 프로그래밍 외에도 많은 절차 및 시행착오 그리고 경험들이 필요하다. 단순히 게임을 만드는 정보가 필요하다면, Udemy에서 강좌를 듣는 것이 훨씬 도움이 될 것이다. 이 책은 조금 다른 게임 책이다. 게임 개발 전(前) 과정에 필요한 게임 기획부터 광고를 통한 수익 창출까지, 나이키 런 더 시티를 만든 저자의 필드 경험들이 잘 녹아 들어가 있다. 게임을 처음 시장에 출시하거나, 출시를 고민하고 있다면, 또한 단순히 만들기가 아닌 다양한 경험이 필요하다면, 이 책이 좋은 동반자가 될 것이다.

_ 손영수, 와탭랩스 이사 / CPO

저자의 이력에서 보이듯, 단순한 유니티3D의 기술적 이해를 다루는 것이 아니라, 게임개발을 둘러싼 전체적인 이해를 바탕으로 내용이 기술되었다는 점이 다른 책과의 차이이다. 현업에서 업무를 하기 위해서는 개발자 혼자 일하는 것이 아니다. 기획자, 사업자, 디자이너, 마케터, QA 등 수많은 유관 부서사람과 함께 일하고 소통해야만 한다. 이 책은 추후 구독자들이 현업에서 일하기 위한 기초를 닦는 데 큰 도움이 될 것이다.

_ 오명현, ㈜카카오 게임사업 PM

이 책은 유니티 엔진을 사용하여 게임을 개발해 보고 싶은 1인 게임 개발자들이나 혹은 게임 클라이언트 개발자로 프로그래밍 포지션을 바꿔보고 싶은 분들에게 추천드리고 싶습니다. 게임 기획 볼륨을 어떻게 잡아야 할지부터 시작해서 C#을 이용한 실제 서비스에 사용 가능한 수준의 클라이언트 개발, 서버 개발 내용을 포함하고 있는데, 서버 개발자인 제가 코드를 봐도 상용 게임에서 사용할 수 있는 좋은 서버 개발 내용을 포함하고 있습니다. 이 책은 저자가 게임을 개발하고 회사를 운영해본 경험, 그리고 카카오에서 업무를 통해 겪은 개발의 어려움과 방향 설정 등의 문제들에 대한 해결 노하우를 녹여낸 게임 개발 서적으로 현업 게임 개발자들에게도 좋은 길잡이가 될 것이라 생각됩니다.

_ 송성호, LINE plus 게임 개발자

유니티는 소규모 프로젝트부터 대규모 프로젝트까지 폭넓게 사용되고 있습니다. 그만큼 사용하기 쉬우면서 강력하다고 생각합니다. 이 책은 유니티에 대한 내용과 더불어 기획서, 서버 개발 등 게임 개발의 전반적인 내용이 포함되어 있어 게임 개발의 전반적인 과정을 이해하는 데 많은 도움이 됩니다. 이 책을 통해 많은 분들이 게임 개발의 재미를 알게 되었으면 좋겠습니다.

_ 김선학, 넥슨 마비노기 영웅전 서버개발자

아이폰 출시 이후 사람들이 스마트폰의 게임기로서의 가능성에 눈을 뜰 때쯤 유니티는 그저 모바일과 웹을 지원하는 단순한 3D 제작도구였을 뿐입니다. 하지만 2016년 현재 유니티는 최신 트렌드인 VR까지 지원하는 게임 산업을 리드해 나가는 강력한 게임 엔진으로서의 지위를 확고히 하고 있습니다. 또한 유니티는 강력한 기능 대비 쉽고 편리한 사용법, 그리고 저렴한 가격, 에셋스토어 제공으로 누구나 쉽게 게임 개발에 접근할 수 있는 길을 열어 주었습니다. 물론 게임 개발은 여전히 쉬운 일이 아니고 많은 시간과 노력을 투자하고 많은 인원이 동원되는 프로젝트인 만큼 게임 개발에 대한 두려움을 가질 수도 있습니다. 하지만 이 책은 단순히 유니티라는 엔진에 대한 설명을 하고 있는 것이 아니라, 게임 개발을 시작하고자 하는 프로그래머에게 게임 프로젝트를 처음부터 끝까지 진행하기 위해 필요한 모든 것을 간접적으로 체험하게 하는 책이라 할 수 있습니다. 게임 개발에 관심이 있는 사람에게 유니티 엔진 게임 개발에 대한 현실적 조언을 할 수 있는 본서를 권유하며, 이 책이 나옴으로써 더 멋진 게임을 많이 즐길 수 있게 되길 바랍니다.

_ 허린, 엔씨소프트 게임프로그래머

누구나 한 번쯤은 자신의 경험과 지식을 토대로 책을 쓰고 싶어하지만, 실행으로 옮기기는 쉽지 않다는 것을 알기에, 저자의 과감한 도전과 열정에 박수를 보내고 싶다. 많은 유니티 관련 책들이 쏟아져 나오지만, 특별히 이 책을 추천하고 싶은 이유는 바로 '살아 있는 경험'이다. 직접 겪었던 궁금증과 불편함을 해결할 수 있는 가이드를 가감 없이 전달하고 있다. 그리고 개발방법론뿐 아니라, 이용자에게 주는 가치와 매출을 만들어내는 사업모델에 대한 인사이트도 잘 담아내고 있다. 게임은 제작에 그치는 것이 아니라, 이용자에게 공개되면서부터 만들어지는 부분도 많다. 그런 측면에서 본문 중간에 삽입되어 있는 TIP은 꼭 눈여겨보면 좋을 것 같다. 저자의 생생한 경험과 지식이 많은 이들에게 유용하게 전해졌으면 하는 바람이다.

_ 주성연, 카카오게임 플랫폼기획

모바일 게임 개발에서 이제 유니티3D는 대세가 되었다. 기존의 유니티3D 서적은 단순하게 게임 엔진과 C#에 대한 기술적인 면이 주력했다. 하지만 게임 개발에는 기획과 디자인, 비지니스 모델, 인디 게임을 위한 광고, 그로스 해킹까지 포함해서 다양한 분야가 망라되어야 한다.

저자는 글로벌 게임 프로젝트를 한 경험을 바탕으로 유니티를 통한 게임 개발의 기초부터 차근차근 학습할 수 있도록 구성했다. 그뿐 아니라 요즘 모바일 게임에서 유저의 진입 장벽을 낮추기 위한 소셜 API를 이용한 Login 연동 코드까지 소개하여 저자가 가진 실제 모바일 게임 산업의 현재 트렌드를 깊게 반영했다.

아무리 좋은 그래픽과 게임성을 가지더라도 모바일 환경에서 다양한 폰의 호환성과 안정성을 충분히 테스트하지 않고 성능 최적화에 실패하여 특정 폰이나 특정 화면에서 에러가 난다면 유저는 게임을 삭제하고 이탈한다. 이런 이탈 유저는 나쁜 사용자 경험으로 인해 되돌아오지 않는다. 더욱 귀한 것은 C# MONO 기반의 유니티3D 엔진에 대한 최적화 튜닝을 수십만 유저가 경험한 게임을 튜닝하면서 겪은 실제 사례를 포함한 것이다. 유니티 성능 최적화 챕터만 보더라도 그가 얼마나 뛰어난 프로그래머인지, 글로벌 스케일의 최적화를 위해 얼마나 노력했는지 알 수 있다.

이 책의 백미는 바로 대형 게임 개발사만 알음알음 알고 있는 수익화에 대한 실전 데이터를 담았다는 것이다. 저자가 카카오 게임 사업부에서 데이터 분석을 하면서 얻은 귀한 빅데이터와 인사이트는 그 어떤 모바일 게임 마케팅 서적에서도 찾을 수 없다.

데이터 기반의 마케팅과 유저의 모객 등 인디 게임이나 중소 게임 개발에서 간과하는 '수익'과 '마케팅'에 대한 고민은 쉽지 않다. 저자는 국내 카카오 게임 유저의 빅데이터를 분석하여 95.3%의 유저, 1905만 명이 비결제 유저라는 사실뿐 아니라 어떻게 유저들은 적극적인 유료 결제 유저로 만들고 수익화할 수 있는지에 대한 정수까지 이 책에 녹여냈다.

몇 달 동안 하루에 서너 시간도 못 자면서 흘렸던 기도와 땀으로 만들어진 저자의 모든 정수가 이 책에 담겨 있다.

_ 김호광, 나는 프로그래머다 MC / Microsoft MVP

게임 업계에서는 비즈니스 파트너를 찾는 과정은 반려자를 찾는 과정과 비슷하고, 새로운 게임을 만드는 것은 새 생명을 만드는 과정과 비슷하다고 말하고 있습니다. 그만큼 게임 개발이란 어렵지만 창조적인 일입니다. 이 글을 읽고 있는 독자분들은 아마 새 생명을 만들기 위해 이제 막 첫발을 내디딘 예비 엄마, 아빠라고 생각되는데요. 이 책은 그런 독자 여러분들에게 왜 '유니티'라는 최고의 비즈니스 파트너를 선택해야 하는지 소개함과 동시에 전반적인 개발 프로세스를 설명하고 어떻게 하면 성공적인 게임을 만들 수 있는지 알려주고 있습니다.

요즘처럼 빠르게 변화하는 시장 속 치열한 경쟁에서 살아 남으려면 '재미' 하나만 가지고 성공하기란 쉽지 않다는 것은 잘 알고 계실 겁니다. 이제는 게임의 재미나 완성도를 높이면서 빠르게 출시하는 것이 실력이자 경쟁력이 되었습니다. 그럼 스타트업에서는 어떻게 해야 할까요?

보통 스타트업에서는 한정된 자원 속에서 어쩔 수 없이 빠른 결과 중심적으로 생각하는 경향이 많습니다. "시간 없으니까 우선 빠르게 론칭하고 유저 반응 보고 고치면 돼." 또는 "게임은 일단 재미만 있으면 유저들이 알아서 다운로드해 줄 거야." 라며 게임 완성도의 중요성보다는 출시 후 결과에만 더 집중하는 경향이 있는데요. 제가 게임 사업을 맡으며 가장 중요하게 생각하는 것이 "과정 없이는 결과도 없다."입니다.

유니티 초기부터 스타트업 대표와 개발을 병행하는 동안 저자를 지켜봤던 입장에서 이 책의 가장 큰 장점은 절대적으로 자원이 부족한 상황에서도 정해진 마일스톤을 지켜내고 기술적인 난관을 해결해 가는 과정을 책 구석구석에 세심하게 담아냈다는 점입니다. 이런 경험과 시행착오들은 저자만의 효율적인 개발 기법이 됐고 실무에서도 유용하게 쓰일 수 있는 Tip들을 풍부하게 풀어 놓아서 옆에 두고 필요할 때마다 언제든지 꺼내 보시기를 추천해 드립니다.

특히 저자가 게임 스타트업 대표의 경험과 카카오 데이터 센터에서의 경험을 바탕으로 게임의 수익화 그리고 데이터 분석까지 고민하고 독자에게 설명하려는 부분이 돋보이며, 이를 통해 독자들은 스마트폰 개발 엔진을 넘어서 스타트업에게 가장 현실적이고 창의적 게임 개발 플랫폼인 유니티와 좀 더 가까워질 수 있을 것입니다.

_ 공준식, 선데이토즈 게임사업팀 과장

저자의 말 PREFACE

게임을 개발하면서도, 이 책을 쓰면서도 항상 느껴왔던 것이지만, 배울수록 더욱 부족하다는 걸 깨닫게 됩니다. 사실 저는 아직 거창한 자기소개를 할 만큼의 성공을 경험해보지 않았고, 이 분야의 최고라고도 감히 말할 수 없습니다. 그래서 거창한 소개보다는 소소한 이야기와 실제 업무를 겪으며 깨달았던 팁들을 전하며 이 책을 시작하고자 합니다.

처음 컴퓨터를 좋아하게 된 건 컴퓨터 게임 때문입니다. 유치원 때부터 게임기를 좋아했죠. 어릴 적에는 거의 게임이 삶의 낙이잖아요. 학교에 가면 애들끼리 게임 얘기밖에 안하고, 친구들하고 어울리려면 게임을 하지 않으려고 해도 할 수밖에 없는 그런 매력덩어리인 게임! 그러다 문득 "나도 게임을 만들어보고 싶다." 라는 생각이 들었습니다.

저처럼 게임을 좋아해서, 게임을 만들고 싶다는 생각 때문에 많은 분들이 게임 개발자가 되었으리라고 생각합니다. 비단 게임 개발자뿐만 아니라, 일반 소프트웨어 개발자분들도 비슷한 스토리를 갖고 있을 것이라 짐작해 봅니다. 지금 게임을 좋아하든, 좋아하지 않든, 게임을 개발하든, 개발하지 않든, 우리가 컴퓨터랑 친해지게 된 동기는 아마 다들 컴퓨터 게임 때문이 아닐까 생각해요.

같은 감정을 느끼고 있을 게임 개발 지망생 분들을 위해서, 본격적인 유니티 개발에 들어가기 전에 몇 가지 팁을 전하고자 합니다.

어떻게든 실력 있는 프로 개발팀에 인턴으로 들어가세요

학원을 다니거나, 책 한두 권을 정독하여 간단한 데모 프로젝트를 만들어보세요. 포트폴리오로 어떻게든 설득하여 가능한 한 실력 있는 게임 개발팀 인턴으로 들어가세요!

그리고 바로 실습하면서 개발에 참여해보세요! 이게 최고의 배움 방법입니다. 좋은 팀에 가서 헝그리하게 배우는 것이죠. 바로 게임회사 창업을 하는 것보단, 어떻게든 프로 개발팀에 들어가는 게 가장 빠른 성장의 길입니다. 학생으로서 포트폴리오를 만들기 어렵다고 하시는 분들이 많은데, 저도 '포폴' 없는 '뉴비', 즉 초보자였기 때문에, 그 맘 이해해요. 힘내세요! 잘 해낼 거라고 믿어요!

열정이 넘치는 학생이 적극적으로 열의를 다해 매달리면 무시하기 쉽지 않습니다. 모바일 게임 업계는 예전부터 성숙기에 접어들었습니다. 어느 때보다 실력이 중요합니다.

많은 게임을 경험해보세요

이건 쉽죠?(웃음) 경험해보지 못한 재미는 구현해낼 수가 없답니다. 그리고 이게 왜 재밌었는지 생각해보고 정리해보세요!

게임을 즐기고, 게임기획 문서를 만들어보는 걸 '역기획'이라고 합니다. 게임 밸런싱을 잘 맞추는 능력은 밸런싱이 좋은 게임을 했던 경험에서 나오고, 사랑스러운 캐릭터는 내가 사랑에 빠졌던 캐릭터로부터 나오고, 강력한 타격감은 타격감 좋은 게임을 플레이했던 경험에서 나옵니다. 게임 경험이 없던 사람이 만든 게임처럼 재미없는 게임이 없습니다.

눈치 보지 말고 운동하세요

게임 업계에서 개발자로 일한다는 것, 정말 체력적으로 힘듭니다. 몸도 많이 상하고요. 밤새거나 야근하기 쉽습니다. 운동할 시간을 마련해서, 눈치 보지 말고 회사 나와서 운동하세요. 정신력도 체력에서 나옵니다. 학생 때 미친 듯이 공부하던 것과는 차원이 다르게 일하게 됩니다. 개발 업계에서 다들 하는 말이 "내가 학생 때 이렇게 열심히 했으면…" 이런 말입니다.

라이프 워크 밸런스도 중요하지만, 결국 스타트업이든 대기업이든 서비스 론칭을 앞두고서는 달리게 됩니다. 내가 공들여 만든 게임이 성공하려면 체력이 중요합니다. 성공을 넘어서 여러분의 건강이 제일 중요해요!

솔직히 걱정돼서 그래요. 좋은 음식 먹고 운동도 열심히 하세요.

이상 세 가지가 저의 소소한 팁이었습니다.

이 외의 팁들은 제 브런치 블로그에서도 확인할 수 있습니다.

> 브런치 블로그 https://brunch.co.kr/@chris-song

제 삶의 일부가 된 게임의 세계로, 이 책을 통해 여러분을 초대하게 되어 영광입니다.

이 책의 **특징** FEATURE

나만을 위한 개인 교사와 같은 강의 구성

총 29챕터로 이뤄져 있는 이 책은 기초부터 활용까지 한 번에 완성할 수 있도록 구성했습니다. 특히 한 학기 동안 차분히 학습할 수 있을 분량의 강의 교재용 구성을 도입해 체계적인 학습이 가능합니다. 혼자서도 차분히 읽어보고 예제를 따라 실습하다 보면 어느새 쉽게 이론과 예제를 이해하고 있는 자신을 발견할 수 있을 것입니다.

게임 기획을 포함한 게임 개발 전 과정 한 번에 살펴보기

게임 회사를 운영하며 게임 개발에서부터 서버 구성에 이르기까지 모든 과정을 직접 맡아 본 저자의 경험이 책 전반에 깔려 있습니다. 전반적인 게임 개발 프로세스를 잘 이해하고 있는 만큼, 개발 환경 세팅은 물론이고 개발 과정에서 실제 만나게 되는 애로사항들을 섬세하게 짚어줍니다. 실질적인 게임 개발 전에 꼭 필요한 게임 기획 내용과 만드는 목적 및 이론에 대한 설명까지 개발 과정에서 궁금한 점을 자연스럽게 이해할 수 있도록 했습니다.

실제 개발 경험에 바탕한 거침없는 실전 팁

강의 중간중간 등장하는 Tip란에는 저자가 실제로 현장에서 겪은 개발 경험에 바탕한 깨알 같은 노하우가 담겨 있습니다. 때론 자주 사용되는 개발 용어라서 어렴풋이 그 의미만 알고 쉽게 지나칠 수 있는 개념들을 확실히 이해시켜 주기도 합니다. 이런 과정은 유니티 개발의 기초를 탄탄히 다져서 자신도 모르게 개발 노하우를 체화하도록 만듭니다. 그렇게 체화된 개발 방법은 각각의 개성 넘치는 창의력과 만나 자신만의 새로운 게임을 만들 수 있도록 할 것입니다.

매력적인 캐릭터를 이용한 액션게임 만들기

이 책은 유니티를 이용해 액션게임 만드는 과정을 다룹니다. 예제를 따라하는 과정은 간단하지만 그 결과물은 상당한 퀄리티를 자랑합니다. 매력적인 캐릭터를 이용해 액션게임의 재미 요소를 모두 고려한 게임 개발을 통해, 코딩만 중요한 것이 아니라 다양한 요소를 고려해야 한다는 점을 배울 수 있습니다.

막히는 부분은 동영상으로 해결!

처음 접하는 유니티 게임 개발이 쉽지 않을 수도 있습니다. 책만으로 부족할 수 있는 내용은 동영상 강의를 통해 따라해 볼 수 있도록 했습니다. 저자가 직접 설명하고 예제를 수행하는 영상을 통해 어려운 부분에 대한 의문을 해소할 수 있도록 했습니다. 또한 이 책에서 제공하고 있는 예제는 챕터 초반에 소스 코드 전체를 수록해 전반적인 흐름을 이해한 후, 각 부분별로 잘라서 단계별로 습득할 수 있는 구성을 취하고 있습니다. 이를 통해 반복적인 학습을 유도함으로써, 보다 효과적으로 내용을 습득할 수 있습니다.

게임 개발 최신 트렌드 반영

필살기로 적을 무찌르는 단순한 액션게임에서 한 발 더 나아가 네트워크를 활용해 친구들과 순위를 겨루고, 간단한 방법으로 게임 수익을 낼 수 있는 방법까지 다룹니다.

초보 개발자라면 이 책의 1챕터부터 차분히 읽어가며 내용을 습득하세요. 만약 어느 정도 개발 경험이 있는 중급 이상의 개발자라면, 자신에게 필요한 챕터를 찾아서 심화학습하세요. 실무 경험에 바탕해 설명하는 만큼 새로운 노하우와 유니티 활용 방법을 습득할 수 있을 것입니다.

참고하세요 NOTICE

이 책의 내용을 따라하다 보면 유니티 버전이나 비주얼 스튜디오 버전별로 잘 안 되는 경우가 발생할 수 있습니다. 그럴 때는 페이스북 커뮤니티에 문의 남겨주시면 바로바로 확인해서 해결책을 공유하겠습니다. 그 밖에도 책과 관련해 나누고 싶은 정보나 조언이 있다면, 언제든지 환영합니다. 페이스북에 개설된 〈서버까지 스킬업 유니티 3D액션게임〉 페이지를 방문해 주세요.

페이지 주소

https://www.facebook.com/unity3dbook

이 책에서 다루는 모든 예제는 깃허브에서 다운로드하실 수 있습니다. 해당 깃허브에 버그 수정 및 버전 업데이트에 따른 최신 소스 코드도 지속적으로 업데이트 될 예정입니다.

유니티 코드 깃허브 주소

https://github.com/chris-chris/Unity3DBook

게임서버 코드 깃허브 주소

https://github.com/chris-chris/unity-core-server-login

이 책 내용의 이해를 돕기 위해 동영상 강의를 제공하고 있습니다. 책을 보고 어려운 부분이 있을 때 동영상을 참고하면 보다 쉽게 따라할 수 있습니다.

동영상 강의

https://goo.gl/FzUqMW

서버까지 스킬업 유니티 3D액션게임

이 책의 **목차** CONTENTS

PART 04 게임 제작 고급반

unity⁵

» 무엇이든 기초를 잘 다져놔야 하는 법! 유니티 개발을 시작하기 전 유니티의 기본기를 알아봅니다. 유니티에 대한 소개를 시작으로 환경설정, 게임 개발의 시작이라 할 수 있는 유니티 기본 사용법을 익히고 더불어 게임 개발 전에 생각해 봐야 할 게임 기획, 게임에 대한 철학까지 다루면서 게임 툴을 활용하는 기본적인 방법과 노하우를 습득하여 게임 개발을 시작하는 자신을 돌아보고 다시금 의지를 다지는 계기가 될 것입니다.

PART

01

유니티 게임 개발
오리엔테이션

CHAPTER

01 | 유니티3D 엔진을 만나다

≫ 이 책을 통해 독자 여러분과 만나게 되어 반갑습니다. 이제부터 현업에서 유니티로 게임을 개발하던 개발자 중 한 사람으로서 실무에서 활용했던 경험을 살려 유니티3D에 대한 이야기를 나누고자 합니다. 마음을 편하게 갖고, 가벼운 마음으로 읽어나가면 재미있는 게임을 만드는 데 많은 영감을 얻어 가리라 믿습니다.

01 | 게임 개발 전체 프로세스 가늠하기

저는 프로젝트 매니저 혹은 리드 개발자의 입장에서 전반적인 설명을 진행하고자 합니다. 이를 통해 독자 여러분은 작은 유니티3D 프로젝트의 전반을 다 경험해 볼 수 있을 것입니다. 특히 이 책은 쉽게 접하기 힘들었던 클라이언트에서부터 서버, 그리고 데이터베이스까지 전체 과정을 예제를 통해 진행하면서 소개하고 있습니다. 단순히 유니티3D 클라이언트 개발만 알아서는 게임을 출시할 수 없기 때문입니다. 파편적인 지식이 아닌, 전반을 훑어보는 서적으로, 하나의 작은 게임을 서버까지 같이 만들어보면 여러분의 게임 개발에 많은 도움이 될 것입니다.

사실 이 책을 쓰는 가장 큰 목적은 유니티 엔진을 처음 접했던 시절에 미리 알았더라면 좋았을만한 내용들을 다른 이들과 나누는 것입니다. 지금껏 프로젝트 매니저이자 개발자로서 여러 프로젝트를 진행하면서, 유니티3D 클라이언트 프로그래밍뿐 아니라 서버 개발까지 동시에 진행해야 했습니다. 왜냐하면 스타트업의 특성상 투입하는 개발자의 변동이 심할 때가 많고, 어느 상황에서도 유연하게 대처할 수 있는 능력이 필요했기 때문입니다.

(1) 유니티3D 엔진을 공부하는 이유

대부분 유니티 엔진이 왜 필요하고 공부해야 하는지 알고 있을 거라 생각합니다. 그 내용을 대략적으로 정리하면 다음과 같습니다.

• 게임 업계에서 지배적인 점유율을 가지고 있습니다.
• 게임 스타트업을 위해 가장 현실적인 게임 엔진입니다.
• 게임 업계에 취직할 때 스킬 세트로 큰 도움이 됩니다.

(2) 게임 회사의 입장

그렇다면 게임 회사는 어떤 이유로 유니티 엔진을 다룰 수 있는 개발자를 필요로 할까요?

• 정해진 예산 안에서 게임을 잘 만들어서 돈을 벌기 위해서

정해진 예산 안에서 게임을 만드는 일에는 서버 클라이언트 개발자와 프로젝트 매니저, 그리고 디자이너, 기획자 등의 인건비가 포함됩니다. 이렇게 많은 팀원들을 모아놓는다고 항상 개발이 잘 되는 것은 아닙니다.

특히 이 중에는 개발팀 내의 의사소통을 조율할 수 있는 멤버가 필요합니다. 저는 여러분이 그러한 능력을 갖기를 원합니다. 어느 프로젝트이건, 서버와 클라이언트 데이터베이스를 종합적으로 이해하는 리드 개발자가 있어야 개발의 의사소통이 아주 원만해집니다. 저는 이 책을 통해서 여러분이 게임 개발의 전체 흐름을 이해할 수 있도록 도울 것입니다. 전체 프로세스를 이해할 수 있는 개발자가 된다면, 팀 내에서 여러분의 가치는 더욱 높아질 것입니다.

• 여러분이 유니티3D **클라이언트 개발자**라면, 서버가 어떻게 개발되는지 이해하고 있을 경우 서버 개발자에게 어떻게 개발을 요청해야 할지 보다 쉽게 설명할 수 있습니다.
• 여러분이 만약 **서버 개발자**라면, 클라이언트가 어떤 식으로 동작하는지 알아야 어떤 API를 만들어야 할지 쉽게 이해할 수 있습니다.
• 여러분이 **프로젝트 매니저**라면, 클라이언트와 서버 개발자에게 어떻게 작업을 나누어 할당할지 금방 판단할 수 있습니다.
• 여러분이 **개인 개발자**라면, 게임 회사에서 하는 전체적인 유니티 게임 개발 흐름을 파악할 수 있으며 그에 준하는 퀄리티의 게임 개발에 한 발짝 다가설 수 있습니다.

여러분이 어떤 역할을 맡더라도 하나의 프로젝트를 종합적으로 개발해본 경험은 여러분의 역량 발전에 큰 도움이 될 것입니다.

> "훌륭한 기계공은 일반 기계공보다 몇 배의 급여를 더 높이 받는다. 그러나 훌륭한 코드를 만들어내는 개발자는 일반적인 개발자보다 1만 배 이상의 가치가 있다."
>
> – 빌 게이츠(Bill Gates)

(3) 저자의 유니티3D

저는 2012년 8월에 처음 유니티 엔진을 접했습니다. 당시에 버전은 3.x 버전이었습니다. 하나하나 기능을 구현할 때마다 기술적인 난관이 있었습니다. 게임을 개발하면서 유저의 데이터를 어디에 저장할지, 신(Scene) 전환을 어떻게 할지 그리고 서버와의 통신은 어떻게 구현할지 모든 부분들이 도전과제였습니다. 유니티 개발 경력이 그렇게 길지 않다고 생각할지도 모르겠습니다. 하지만 게임 회사의 대표로서 여러 게임을 개발하며 다양한 경험을 쌓았습니다. 그 중에서도 가장 풀기 힘들었고, 또한 밤을 새워 개발을 하는 과정에서 어떻

게 하는 것이 더욱 효율적인지 뒤늦게 깨닫게 된 기술 요소들, 그리고 지금 보면 아주 단순하지만 훌륭하게 작동되는 모듈들을 실제 경험을 통해서 몸소 체험하고 현업에 적용해 왔습니다. 그런 정보들을 이 책을 통해서 공유할 것입니다.

실제로 서비스를 운영해보면 배우게 되는 경험들이 많습니다. 지금 작게 보이는 버그가 서비스 운영 중에는 엄청나게 크게 다가옵니다. 예전에는 작은 실수라도 하면 마냥 힘들어했지만, 그런 경험들을 통해 지금은 예방책을 확실하게 구축하고 작업을 이어가고 있습니다. 예를 들어, 새로운 서비스를 구성하면 항상 서비스의 특정 부분이 잘못 동작하는지 1분에 한 번씩 체크해서 저에게 문자 메시지나 이메일을 보내게 설정하는 등의 대응책을 마련해 둔 것이죠.

지금은 짧고 간단하게 설명하고 있지만, 이렇게 간단해 보이는 하나의 솔루션이 없어서 힘들었던 시절을 생각하면서 시행착오를 거친 저의 경험들을 여러분과 나누고, 실제 유니티 게임을 개발하는 데 재미를 더할 수 있기를 기대합니다.

실무가 가장 좋은 학습!
: 게임 회사 인턴으로 들어가기

유니티를 익힐 수 있는 가장 좋은 학습 방법은 프로젝트를 진행하는 것입니다. 만약 독자 여러분이 학생이거나 구직자라면 유니티 엔진을 활용하는 게임 회사에서 인턴으로 근무해보는 것을 강력하게 추천합니다. 돈을 주고 학원에서 배우는 것과는 비교도 되지 않을 정도로 많은 것들을 경험하고 배울 수 있습니다. 이 책에서는 실무 프로젝트를 진행할 때 꼭 거치게 되는 실무 방법론과 노하우들을 다루게 됩니다. 이를 통해 여러분이 좀 더 원활하게 실제 프로젝트에 투입될 수 있도록 구성했습니다.

특히 최근 개발자에 대한 수요는 어느 때보다 높기 때문에, 여러분이 노력만 한다면 생각보다 쉽게 유니티 프로젝트를 경험할 기회를 얻을 수 있을 것이라고 생각합니다.

또한 게임 회사에서 실무를 경험해보는 것도 좋은 학습 방법입니다. 실제적으로 인턴 자리를 구하기 위해 구직 글이 올라오는 커뮤니티를 적극 활용하기도 합니다.

❶ **비공식 채용 – 유니티 커뮤니티에 직접 구직 글을 올리는 법**

일례로 페이스북 유니티 개발자 커뮤니티 그룹(https://www.facebook.com/profile.php?id= 172155986199569&fref=ts)과 같은 커뮤니티 그룹들에는 유니티 개발자들이 많이 모여 있습니다. 여기에서 직접 구직을 요청하는 글을 정성껏 써서 실무자들의 제안을 받아내는 것도 좋은 방법입니다. 업계 분들의 말을 들어보면 항상 느낄 수 있지만, 개발자 채용에 있어 학벌은 크게 중요하지 않습니다. 이와 관련해 강조하고 싶은 중요한 점은 두 가지입니다. 첫 번째는 자신이 직접 만들어본 샘플 프로젝트를 포트폴리오에 실을 것. 두 번째는 실무에서 금방 따라 배울 수 있다는 학습의지 이 두 가지를 정확하게 어필하는 것이 좋습니다.

❷ **스타트업 채용 – 스타트업 구인 글을 보고 지원하는 법**

스타트업 구인 구직은, 공식적인 절차가 없는 경우가 대부분입니다. 그리고 인턴으로 채용될 수 있는 확률이 대기업에 비해 높은 것이 특징입니다. 특히 게임 스타트업의 여러 면을 보고 배움으로 게임 개발 전반에 대해서 배울 수 있다는 점과 인턴임에도 불구하고 중요한 업무를 맡게 될 수 있다는 점을 장점으로 꼽을 수 있습니다. 반면에 단점으로 급여가 불안정할 수 있고, 인턴임에도 근무 강도가 강할 수 있다는 점을 들 수 있습니다. 무엇보다 대기업이든 스타트업이든, 인턴으로 취업할 때 가장 중요한 요인은 '얼마나 좋은 상사를 만나느냐'입니다. 자신이 회사에 적응해서 업무를 가르침 받을 선배 개발자의 역량과 가르침만큼 성장할 수 있기 때문입니다. 스타트업 구인구직과 관련해서는 관련 공고와 정보교환이 활발히 이뤄지고 있는 I Want Your for Startups(https://www.facebook.com/groups/iwantyouforstartups/?fref=ts)이라는 페이스북 그룹을 참고하면 좋습니다.

❸ **중견기업, 대기업 공개 채용 – 대기업의 경우 인턴 공개 채용을 통해 지원**

잡코리아에 올라왔던 2014년도 넥슨 인턴십 공채(http://www.jobkorea.co.kr/Recruit/GI_Read/ 13601545?Oem_Code=C1)처럼 다양한 취업 사이트에서 관련 예시를 접할 수 있습니다. 중견기업 혹은 대기업 게임 개발사에 취직할 때의 장점은 상당히 전문화된 개발 프로세스를 경험할 수 있다는 것입니다. 또한 '큰 게임 프로젝트는 이런 식으로 개발하게 되는구나'하는 인사이트를 얻을 수도 있습니다. 반면 단점으로는 신규 개발 프로젝트보다 기존에 개발된 게임을 운영 관리하는 유지보수 프로젝트에 참여할 확률이 많다는 점을 들 수 있습니다. 비교적 쉬운 유지보수 업무를 맡기 때문에 신규 개발에 대한 경험을 하지 못할 수도 있습니다.

서바이카지 스킬업 유니티 3D액션게임

02 | 유니티 엔진 소개 및 유니티5 최신 트렌드

유니티 엔진은 멀티 플랫폼 엔진이라는 특유의 강점으로 모바일 게임 엔진 시장 초반에 업계를 휩쓸었습니다. 유니티 엔진이 세상에 소개될 당시 '게임 엔진'은 고퀄리티 게임을 개발하기 위한 엄청나게 비싼 엔진이라고 인식되어왔던 게 사실입니다. 하지만 유니티는 저렴한 가격에 여러 플랫폼을 동시에 지원하여 많은 게임 개발사들에게 성공을 안겨주었습니다. 그러면서 모바일 게임 업계에서 유니티 엔진의 지배력은 강화되었습니다.

(1) 유니티 엔진의 엄청난 시장 점유율

2015년 8월 기준으로 앱스토어 최고 매출 랭킹을 보면 대략 절반 이상의 모바일 게임 개발사가 유니티3D를 게임 엔진으로 활용했습니다. 2015년 8월 12일 기준 앱스토어 최고 매출 차트에 있는 6개의 게임 중 등의 게임들이 모두 유니티3D로 개발되었습니다. 2018년까지 수많은 명작들이 유니티3D 엔진을 통해 출시되었습니다. 예를 들어 소녀전선, 붕괴3, 포켓몬GO, 하얀고양이 프로젝트, 테라M 등이 있습니다.

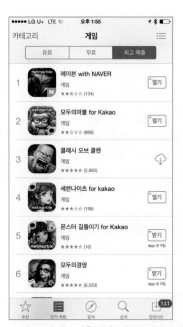

▲ 앱스토어 최고 매출 랭킹 6개 중 5개가 유니티3D 게임

(2) 유니티 엔진의 포지셔닝

유니티 엔진은 3D 비디오 게임이나 건축 시각화, 실시간 3D 애니메이션 같은 인터렉티브 콘텐츠를 제작하기 위한 통합 저작 도구입니다.

유니티 엔진과 비교 대상이 되는 엔진을 나열하자면 크게는 2D 게임 엔진인 Cocos2d와 최고의 3D 퀄리티를 자랑하는 언리얼 엔진이 있습니다. 각 엔진별 활용 범위를 도식화하면 다음 그림과 같습니다.

▲ 유니티3D 엔진의 포지셔닝 다이어그램

언리얼 엔진 4가 저렴한 라이선스 비용과 혁신적인 정책으로 모바일 게임 시장에 진입해 있지만 당분간은 유니티가 선점한 에셋스토어나 개발 커뮤니티 등을 따라가는 데 어려움을 겪을 것으로 예상하고 있습니다. 그런 점에서 모바일에서만큼은 유니티의 활용이 더욱 폭넓게 이뤄지고 있습니다.

03 | 유니티의 장점들

(1) 크로스 플랫폼 엔진

유니티3D 최고의 장점은 '크로스 플랫폼 게임 개발 엔진'이라는 점입니다. 크로스 플랫폼이란 소프트웨어나 하드웨어 등 각각 다른 환경의 OS에서 공통으로 사용할 수 있다는 것을 의미합니다.

유니티3D는 윈도우, 맥, 리눅스, 아이폰, 안드로이드, 엑스박스 360, 플레이스테이션3, Wii 등의 플랫폼을 지원합니다. 물론 언리얼 엔진 또한 현재 iOS와 윈도우 버전, 안드로이드를 지원 중이고, Cocos2dx는 iOS, 안드로이드를 지원합니다. 하지만 앞서 언급한 것처럼 유니티 엔진만큼 다양한 플랫폼을 지원하는 엔진은 아직 없습니다.

▲ 유니티3D 배포 화면

유니티3D 엔진이 지원하는 플랫폼은 윈도우, 맥, iOS, 안드로이드, 웹, 엑스박스 등입니다. 여러 플랫폼에 통합적으로 배포할 수 있기 때문에, 개발사 입장에서는 엄청난 생산성의 향상을 얻을 수 있습니다. 또한 유니티 5 버전부터 웹 기반의 차세대 그래픽 라이브러리인 Web GL을 지원하여 유저들이 별도의 플러그인 설치 없이도 웹브라우저에서 게임을 즐길 수 있게 됐습니다. 이 업데이트는 기존에 플래시가 가졌던 시장을 파괴적으로 대체할만한 혁신이라고 생각됩니다.

개발을 해 본 이들이라면 누구나 공감하겠지만, 앱이나 게임을 개발할 때 아이폰용과 안드로이드용을 동시에 개발하면서 발생하는 호환성이나 해상도 문제들은 정말로 고통스럽기 짝이 없습니다. 때문에 한 가지 소스로 여러 해상도와 플랫폼으로 배포할 수 있다는 장점은 정말 개발자의 마음을 시원하게 해줄 것입니다.

(2) 개발 편의성

유니티는 디자이너 친화적인 인터페이스로 디자이너와 기획자들에게 많은 호응을 받아왔습니다. Cocos2d의 경우, 디자이너가 자신의 에셋이 어떻게 게임에서 사용되는지 확인해 보려면 빌드를 올려봐야 했습니다. 즉, 각 디바이스에서 직접 실행해 보기 전까지는 개발이나 디자인이 실제로 어떻게 적용되고 구현되는지 알 수 없다는 뜻입니다. 이에 반해 유니티에서는 3D 모델링이나 캐릭터를 화면에 드래그만 해도 바로 적용되는 것을 확인할 수 있어, 개발자가 디자이너와 실제 적용 상황을 확인하고 커뮤니케이션하는 비용을 대폭 줄일 수 있습니다.

TIP 에셋이란?

유니티에서는 자신이 유니티를 통해서 창작한 3D 모형, 에디터 익스텐션, 오디오 등 다양한 유형의 콘텐츠를 배포하고 판매하는 것이 가능합니다. 이러한 창작물들을 '에셋'이라고 합니다.

(3) 에셋스토어

유니티의 매력 중 하나는 에셋스토어라는 마켓플레이스를 제공한다는 점입니다. 이 마켓플레이스와 관련해서는 유니티가 Cocos2d나 언리얼보다 우위에 있습니다. 실제로 개발을 하다보면 막히는 부분을 해결하거나 생산성을 높여줄 모듈 혹은 디자인 에셋이 필요하게 됩니다. 에셋스토어를 통해 이미 등록되어 있는 에셋을 저렴한 가격에 구매해 활용할 수 있습니다. 만약 에셋스토어에서 5달러에서 20달러 정도면 구할 수 있는 에셋들의 기능 개발을 외주 업체에 맡기게 되면 실제로는 수백만 원에 달하는 비용이 발생하는 경우가 많습니다. 그만큼 에셋스토어는 개발 비용을 획기적으로 줄여주는 유니티의 큰 장점이라고 할 수 있습니다.

TIP 에셋스토어를 이용한 게임 개발

에셋스토어는 중소 개발사들이 적은 예산으로도 높은 퀄리티의 에셋을 구매할 수 있도록 해주는 마켓입니다. 에셋스토어에서 아트 에셋(3D캐릭터, 배경, UI 디자인)과 스크립트 모듈(인앱결제 모듈, 푸시 엔진 모듈, 인공지능 모듈 등), 익스텐션(그래픽 셰이더 에디터, 비주얼 프로그래밍) 그리고 튜토리얼 프로젝트 등을 유료 혹은 무료로 구할 수 있습니다.

특히 에셋스토어에서는 자신이 제작한 에셋을 판매하여 수익을 창출할 수도 있습니다. 자신이 올린 에셋이 판매되면 70%의 수익을 판매자가 가져가고, 30%는 에셋스토어에서 수수료로 가져가는 형식으로 이익이 배분됩니다.

⊕ PLUS 1 유용한 무료 에셋

❶ Unity Everyplay

https://www.assetstore.unity3d.com/kr/#!/content/16005

유니티 본사에서 제작한 모듈입니다. Everyplay는 게임의 특정 순간을 리플레이할 수 있는 기능을 제공합니다. 블리자드의 스타크래프트 게임에서 리플레이를 공유할 수 있는 것과 같은 기능을 구현하고자 한다면 이 에셋을 사용하면 됩니다.

❷ 2D Platformer(2D 게임 샘플 프로젝트)

https://www.assetstore.unity3d.com/kr/#!/content/11228

유니티에서 2D 게임을 만들 때, (여러 장의 이미지를 이용한) 스프라이트 애니메이션이나 관절 애니메이션을 구현하는 방법을 익힐 수 있는 에셋입니다. 완성된 프로젝트를 뜯어보면서 공부하다 보면 학습에 큰 도움이 될 것입니다.

❸ Boomlagoon JSON 라이브러리

https://www.assetstore.unity3d.com/kr/#!/content/5788

이 책의 예제에서 자주 쓸 JSON 라이브러리 에셋입니다. 이밖에도 여러 JSON 라이브러리가 있지만, 사용하기 제일 간편해 개인적으로 자주 활용하는 라이브러리입니다.

⊕ PLUS 2 유용한 유료 에셋

❶ Code Guard(C# 스크립트 난독화 모듈)

https://www.assetstore.unity3d.com/kr/#!/content/8881

코드 가드는 유니티3D로 개발한 C# 스크립트의 내용을 난독화하기 위한 플러그인입니다. 유니티 게임을 개발할 때 작성했던 C# 스크립트는 난독화 과정을 거치지 않는다면 소스 코드가 그대로 외부에 노출됩니다. 힘들게 많은 돈을 들여서 개발한 소스 코드를 외부에 그대로 보여주고 싶지 않다면, 꼭 난독화 과정을 거치기를 추천합니다.

❷ In-App 결제 모듈
  • iOS 인앱결제 모듈
    https://www.assetstore.unity3d.com/kr/#!/content/3114
  • Android 인앱결제 모듈
    https://www.assetstore.unity3d.com/kr/#!/content/3851
    인앱결제 모듈은 유니티 게임에서 아이템을 구매할 때 C# 코드만으로 결제가 가능하도록 도와주는 모듈입니다. 원래 애플과 구글에서 제공하는 가이드에 따라 연동 모듈을 개발해야 인앱결제를 구현할 수 있습니다. 이 에셋을 사용하면 그 과정을 생략할 수 있어서 개발 생산성에 많은 도움이 됩니다.

❸ RAIN AI for Unity(인공지능 모듈)
  https://www.assetstore.unity3d.com/kr/#!/content/23569
  게임 개발 시 인공지능을 사용해야 할 일이 많습니다. 이 에셋은 특히 적군의 행동 패턴을 지정해 줄 때 아주 유용합니다. 최근 모바일 게임에서 자주 활용되는 자동사냥기능에도 필요한 기능입니다.

❹ 플레이메이커
  https://www.assetstore.unity3d.com/kr/#!/content/368
  플레이메이커는 비주얼 스크립팅이라는 방식으로 유니티 게임을 개발할 수 있게 해줍니다. 코딩을 하지 않아도 게임을 개발할 수 있게 해주는 플러그인이라고 할 수 있습니다.

04 | 유니티 5 최신 기능에 대한 소개

본격적인 개발에 들어가기에 앞서, 2015년 3월에 업데이트된 최신 유니티 5 버전의 특징을 살펴봅시다.

(1) 섬세한 그래픽 구현 가능

다양한 기능으로 강력해진 유니티 5는 섬세한 그래픽 구현이 가능합니다. 손쉬운 설정만으로도 그래픽을 정교하게 변경할 수 있으며, 유니티 5에서 제공하는 Standard Shader 설정 하나만으로도 모든 재질 표현과 구현이 가능합니다.

(2) 사실적인 물리 표현 가능

유니티 5는 실시간 물리 엔진 미들웨어 SDK인 PhysX를 2.8.3 버전에서 PhysX 3.3 버전으로 업그레이드했습니다. 따라서 더욱 효과적이고 사실적인 물리 표현이 가능해졌습니다.

(3) 새로운 광원 효과 기술 도입

유니티 5에는 새로운 기술인 Global Illumination Workflow가 적용됐습니다. 이 기술을 통해 Real-Time GI로 뛰어난 사실적 환경의 그래픽 표현을 할 수 있게 됐습니다. 반복적인 Light Mapping에도 전혀 작업 속도에 영향을 주지 않습니다.

(4) 사물 반사 기능 향상

HDR Reflection Probes가 적용돼 사물 반사 기능을 더욱 사실감 높게 표현할 수 있습니다. 이를 통해 쉬운 구현과 저렴한 비용의 연산으로 높은 수준의 콘텐츠를 손쉽게 제작할 수 있습니다.

(5) 유니티 5의 시스템 오디오 믹서

사운드 역시 새로운 시스템 오디오 믹서를 적용해 다양화되었습니다. 다양한 오디오 필터를 넣어 캡처하거나 스냅샷을 만들어 상황에 맞는 사운드 연출이 가능합니다.

(6) 다양한 플랫폼 확장

유니티 5는 다른 엔진보다 다양한 플랫폼을 지원합니다. 유니티 5로 개발된 게임이나 애플리케이션들은 클릭 한 번으로 21개 플랫폼에 배포 가능합니다. iOS, 안드로이드, 윈도우 10, 블랙베리, PS3, PS4, Xbox One, Wii, 오큘러스VR 등 스마트폰, PC, 콘솔, VR(Virtual Reality) 기기에 대응합니다.

(7) 웹에서 바로 게임을 즐긴다

웹에서 바로 즐기는 Web GL도 지원합니다. 이를 통해서 별도의 브라우저 플러그인 설치 없이 웹페이지에 접속 시 바로 게임 실행이 가능합니다.

(8) 클라우드 서비스 지원 등

이 밖에도 클라우드 서비스를 이용해 빌드를 적용하는 'Cloud Build'를 비롯해, 게임의 성능과 버그 트래킹을 할 수 있는 'Game Performance Reporting', 간단하고 이해하기 쉬운 분석 툴인 'Unity Analytics', 새로운 렌더링 기술인 'Deferred Rendering' 등 다양한 기능이 적용됐습니다.

05 | 유니티 설치하기

이제 유니티 게임 개발을 위해 기본적인 환경 구축부터 시작해 봅시다. 유니티3D는 유니티 코리아 홈페이지에서 다운로드가 가능합니다.

http://unity3d.com/kr/get-unity

운영체제에 맞춰서 Mac OS 버전 혹은 Windows 버전을 선택하여 설치 프로그램을 다운로드합니다.

▲ 유니티 공식 페이지 다운로드 화면 1

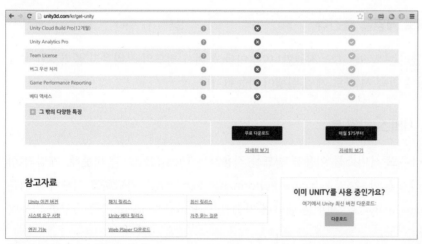

▲ 유니티 공식 페이지 다운로드 화면 2

유니티 공식 페이지 다운로드 화면에서 [무료 다운로드] 버튼을 누르면 다음 화면으로 넘어갑니다.

▲ 유니티 공식 페이지 다운로드 화면 3

[설치 프로그램 다운로드]를 눌러 파일한 뒤, 유니티 프로그램 설치를 완료합니다.

▲ 로그인 창

설치를 완료하면 로그인 창이 뜨고 로그인을 하면 라이선스를 등록하는 화면이 나옵니다.
라이선스가 있다면 라이선스 키를 입력하고 아니면, 퍼스널(Personal) 버전을 선택해 무료로
사용할 수 있습니다.

TIP 유니티 라이선스, 프로페셔널 버전 Vs. 퍼스널 버전

유니티 5로 버전이 업데이트되면서, 유니티 엔진의 가격 정책이 대대적으로 개편되었습니다. 유니티 테크놀로지사는 연 매출 1억 원 또는 펀딩 모금 1억 원 미만이면 라이선스 전면 무료를 선언하였습니다. 또한 단일 라이선스 구매가 부담스러운 소형 개발사를 위해 월 75달러로 라이선스를 정액제 형태로 구매할 수 있게 하였습니다.

퍼스널 에디션과 프로페셔널(라이선스) 에디션의 차이라고 하면, 퍼스널 에디션은 게임 실행 시에 뜨는 유니티 로고를 바꿀 수 없다는 점을 들 수 있습니다. 퍼스널 에디션으로 빌드된 게임을 시작하면, 처음에 유니티 로고가 노출됩니다.

유니티 4 버전 때는 프로 에디션이 아니면 외부 모듈과의 연동이 불가능해서, 사실상 기능 구현에 제약이 많았습니다. 하지만 유니티 5 버전으로 오면서 사실상 구현할 수 있는 기능 제약은 거의 없어졌습니다.

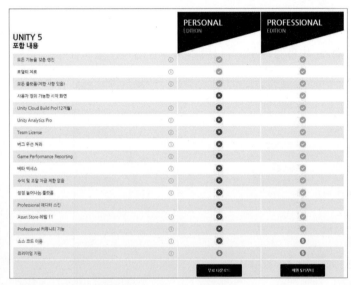

▲ 퍼스널 버전 Vs. 프로페셔널 버전

06 | 새로운 프로젝트 생성하기

새로운 프로젝트를 생성해서 유니티 인터페이스를 한 번 둘러봅시다. 새로운 프로젝트를 생성하기 위해서는 먼저 다음 그림과 같은 화면에서 [NEW PROJECT]라는 버튼을 클릭합니다.

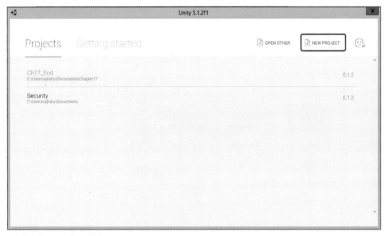

▲ 새로운 프로젝트 생성

프로젝트 리소스 관리를 위해서는 폴더들을 생성해야 합니다. 일반적으로 스크립트 파일들은 Scripts 폴더 하위에 두고, 이미지는 Image나 Sprites와 같은 폴더 안에 두고 관리하는 것이 좋습니다. 그리고 유니티 화면의 기준이 되는 신(Scene)은 Scenes 폴더 아래에 두고 관리합니다.

이런 폴더 구조는 원하는 대로 구성이 가능합니다. 다만 예외적으로 외부 파일을 동적으로 로딩하는 Resources 폴더와, 플러그인을 관리하는 Plugins 폴더, 그리고 유니티 에디터를 커스터마이징하는 Editor 폴더는 폴더명이 정해져 있는 특수 폴더이므로 마음대로 폴더명을 고치지 않는 편이 좋습니다.

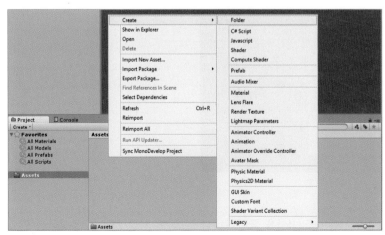

▲ 새 프로젝트에 기본 폴더 생성

새로운 프로젝트의 Assets 폴더 아래에 실제로 다음과 같은 몇 개의 폴더를 생성해 봅시다.

Scripts/	C# 스크립트들을 저장하는 폴더
Scenes/	유니티 신(Scene) 파일을 저장하는 폴더
Image/	이미지를 저장하는 폴더

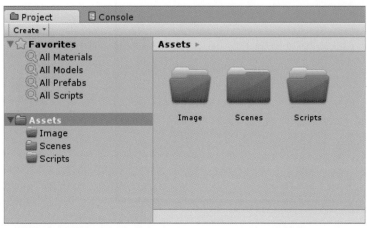

▲ 새로 생성한 Image, Scenes, Scripts 세 폴더

여기까지 폴더를 만들어 봤습니다. 리소스들을 잘 정리해두는 것이 개발을 효율적으로 만들어주는 가장 좋은 방편이므로 명확한 폴더 구조를 일관성 있게 관리하기를 권합니다.

폴더들을 생성해보았으니, 이번에는 현재 기본으로 생성된 신을 Scenes 폴더에 저장합니다.

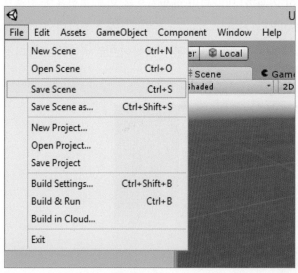

▲ Scenes 폴더에 현재 신 저장

유니티 상단 메뉴의 [File > Save Scene]을 클릭합니다. 그러면 저장 경로를 설정하는 팝업이 뜹니다.

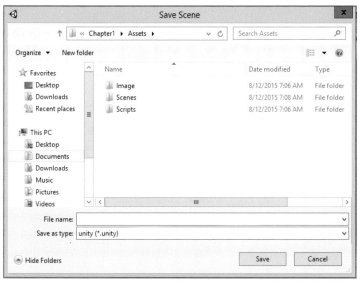

▲ 신 저장

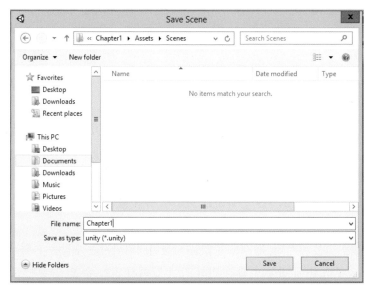

▲ Chapter1이라는 이름으로 신 저장

이번 챕터에서는 이 책의 목적과 유니티 설치 및 프로젝트 생성 방법에 대해 알아봤습니다. 다음 챕터에서는 게임 개발의 씨앗이 되는 '게임 디자인(게임 기획)'에 대해서 살펴보고 이 책에서 다룰 예제 게임을 기획하는 과정도 다루게 됩니다. 이런 과정을 확장해 스스로 만들고자 하는 게임을 기획하는 데 좋은 기반이 되길 바랍니다.

CHAPTER 02 게임 디자인이란 무엇인가?

» 본격적으로 게임을 개발하기 전에 어떤 게임을 만들지 아이디어를 정립하는 과정이 필요합니다. 보통 게임 방식이나 목적, 의도 등 게임을 전반적으로 기획하는 것을 '게임 디자인'이라고 부릅니다. 실제 외관적으로 표현되는 게임 이미지 작업은 '그래픽' 혹은 '아트' 작업이라고 할 수 있습니다. 보통 디자인이라고 하면 그래픽 작업과 동일하게 생각하는 경우가 많은데, 이 점을 구분할 필요가 있습니다. 이번 챕터에서는 게임을 런칭할 때 필요한 요소들 중 하나인 게임 디자인에 대해서 알아보겠습니다. 또한 게임을 디자인하기 위해 게임의 구성 요소와 게임이 재미있는 이유, 그리고 개발에 효율을 높일 수 있도록 올바른 기획 문서를 작성하는 방법까지 배워봅니다. 이런 개념을 이해한 후에 다음 챕터에서 개발할 예제 게임 개발에도 각각의 요소나 관점을 적용해서 생각해보면, 향후 스스로 게임을 기획하고 개발하는 데 많은 도움이 될 것입니다.

※ 챕터 2의 게임 기획에 관한 내용은 이상균 PD의 '게임 기획 튜토리얼 2015'를 기반으로 작성하였음을 밝힙니다. 이자리를 빌어 게임 기획에 관한 심도 있는 가이드를 제작한 이상균 PD님에게 깊은 감사의 말씀을 올립니다.(게임 기획 튜토리얼 2015 출처 : https://www.slideshare.net/iyooha/2012-14158316)

01 | 게임 런칭 프로세스

앞 장에서 '게임 개발을 잘 하기 위해서는 유니티3D 클라이언트 개발뿐 아니라 서버 개발까지 전반적으로 다룰 수 있다면 의사소통에 큰 도움이 된다'는 말을 이미 했습니다. 이점을 감안해 게임 디자인(게임 기획)에 대해서 알아봅시다. 실제로 사람이 적은 스타트업이라면 직접 게임을 디자인해야 할테니 게임 디자인에 대한 내용도 미리 알아두면 도움이 될 것입니다.

처음 게임을 만들겠다고 마음 먹은 후부터, 실제로 무엇을 만들어내기까지는 수많은 시행착오가 수반됩니다. 특히 무엇부터 손에 잡아야 할지 전혀 감이 잡히지 않을 수 있습니다. 그 시행착오를 줄이고 올바른 판단을 돕기 위해 전반적인 게임 개발 프로세스를 살펴봅시다.

스타트업이든 대기업이든 게임 개발 업무 범위는 비슷합니다. 팀에 인원이 적다면, 한 사람이 여러 포지션을 동시에 수행하는 경우도 많습니다. 대기업의 경우 경영진, 프로듀서, 디렉터가 협의하여 게임 개발의 방향성을 정하게 됩니다. 하지만 게임 스튜디오 수준의 시각으로 본다면 실제 게임을 개발하는 단계에서 게임 개발은 크게 세 가지 업무로 이루어집니다.

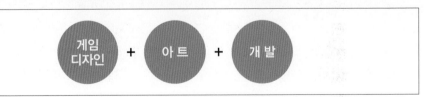

▲ 게임 런칭에 필요한 요소들

02 | 게임 디자인이란 무엇인가?

먼저 게임 디자인이라는 용어에 대해 제대로 짚고 넘어가려고 합니다. '게임 디자인'은 그래픽이나 캐릭터를 의미하는 것이 아닌, '게임 기획'이라고 할 수 있습니다. 게임 업계에서 게임 디자이너는 일반적으로 그래픽을 다루는 '디자이너'가 아니라, 게임의 메커니즘을 디자인하는 '게임 기획자'라고 이해하면 됩니다. 그래서 혼동을 피하기 위해, 캐릭터 디자인과 배경 디자이너들이 속한 팀을 디자인 팀이라고 부르기 보다는 아트 팀이라고 많이 부릅니다.

게임 디자이너 입문서로 저명한 〈The Art of Game Design〉을 저술한 카네기멜론대학 엔터테인먼트 테크놀로지 센터 교수인 제시 셸(Jesse Schell)의 정의에 따르면, 게임의 정의는 다음과 같습니다.

> "게임은 놀고 싶다는 자세로 접근하는 문제풀이 활동이다."
>
> – 카네기멜론대학 제시 셸

게임을 문제풀이 활동으로 정의한 제시 셸 교수는 퀘스트를 해결하고, 몬스터를 죽이는 과정을 문제 해결 활동으로 보았습니다.

우리는 일상에서 늘 문제와 마주치고 그것을 해결합니다. 게임 세계에서도 주어진 상황과 목표가 다를 뿐, 문제를 해결하는 활동을 하고 있는 것입니다. 다만 현실 세계와 게임의 차이점은 '놀고 싶다'는 자세로 접근한다는 점입니다. 게임 디자인에 대해 공부하다보면, 실제 세계에서 사람이 재미를 느낄 수 있도록 동기를 부여하는 원리에 대해 많은 인사이트를 얻게 됩니다. 필자의 경우에는 게임 디자인을 배워보고 적용해보면서 느낀 것들을 확장해 실생활에서 공부를 재미있게 하는 법, 업무를 재미있게 하는 법, 그리고 서비스를 사용하는 유저들에게 즐거움을 주는 게이미피케이션(Gamification)에 대해서도 많은 경험을 할 수 있었습니다.

그렇다면 게임 디자인(=게임 기획)은 무엇일까요? 실무를 하는 입장에서 실무를 이해하기 위한 가장 적절한 정의는 마비노기 영웅전을 기획총괄한 이상균 님의 정의가 가장 유의미하다고 생각합니다.

> 게임 기획이란
> 제한 상황에서 최대한 재미있는 것을 발상하여,
> 유한한 자원과 시간을 이용해 게임을 설계하고,
> 여러 방법으로 다른 스태프에게 전달하는 것
>
> – 마비노기 영웅전 기획총괄 이상균

> **TIP 게이미피케이션?**
>
> 스마트폰 애플리케이션이 대중화되면서 등장한 용어로 'Game'과 'Fiction'을 합친 신조어입니다. 게임에서 흔히 볼 수 있는 재미, 임무, 보상, 경쟁 등의 요소를 다른 분야에까지 적용하는 것을 지칭합니다. 스마트폰 도입 후 정보가 넘쳐나는 소비 사회에서 기업들은 게이미피케이션을 활용해 고객들에게 제품을 소개하고 장기간 노출할 수 있는 기회를 얻고 있습니다. 사용자들은 게임의 흥미로운 요소들로 인해 자발적으로 기업의 홍보나 마케팅 활동에 참여 · 반응하게 되고, 기업들은 게이미피케이션 마케팅 기법으로 홍보 효과를 향상시키고 있습니다.

03 | 게임의 구성 요소

제시 셸 교수가 집필한 〈The Art of Game Design〉 상의 정의에 따르면 게임은 네 가지 요소로 이루어져 있습니다.

❶ 메커니즘(Mechanism) : 게임의 절차와 규칙을 말합니다. 메커니즘은 게임의 목표로, 플레이어가 목표를 달성하기 위해 해야 할 일과 하지 말아야 할 일 등을 큰 규칙과 세세한 규칙으로 정의한 것입니다.

❷ 이야기(Story) : 게임에서 펼쳐지는 일련의 사건을 말합니다. 게임을 통해 전할 이야기가 있다면, 그 이야기를 잘 전달할 기술 또한 필요합니다.

❸ 미적 요소(Aesthetics) : 게임의 외관, 그래픽, 사운드, 디자인을 말합니다. 미적 요소는 플레이어가 가장 먼저 경험하는 부분이므로 게임에서 상당히 중요한 요소입니다.

❹ 기술(Technology) : 여기서 기술이라는 용어는 '하이테크'를 뜻하는 게 아니라, 게임을 가능하게 하는 요소를 말합니다. 경우에 따라 카드나 연필, 동전이 될 수 있습니다. 유니티3D로 게임을 구현하는 기술 역시 기술 파트에 속한다고 볼 수 있습니다.

이제부터 각 요소에 대해서 좀 더 자세히 알아봅시다.

(1) 메커니즘(Mechanism)

국립국어원에서는 메커니즘을 '사물의 작용 원리나 구조'라고 정의하고 있습니다. 그렇다면 미국의 대표적인 영어사전인 웹스터 사전에서는 게임의 정의를 어떻게 내리고 있는지 살펴봅시다.

> 사람들이 즐거움을 느끼기 위해 하는 육체적이거나 정신적이며 규칙을 가진 활동
>
> – Merriam Webster Dictionary

게임은 특정한 규칙들(rules)로 이루어져 있습니다. 이러한 규칙들은 단순한 활동(activity)과 게임을 구분하는 요인이 됩니다.

게임의 메커니즘, 즉 동작 원리는 대부분 '규칙'들에 의해 정의됩니다. 이 규칙들로 인해서

실존하지 않았던 게임이 진짜 '게임'이 되는 것입니다. 일반 유저의 경우 이러한 규칙들을 어렴풋이 이해하고 있을 뿐, 게임에 들어있는 수많은 규칙을 다 파악하지 않고 플레이하게 됩니다. 그리고 유저들은 이 게임의 규칙들을 플레이하고, 점차 게임에 익숙해지면서 규칙들에 대해 더 잘 알게 됩니다. 그럼 규칙에 대해서 좀 더 자세히 알아봅시다.

1) 큰 규칙

▲ 리그 오브 레전드 게임 화면

온라인 게임 리그 오브 레전드를 예로 들어 봅시다. '리그 오브 레전드, 소환사의 협곡'의 큰 규칙은 다음과 같습니다.

• 양 팀은 5명의 소환수를 선택한다.
• 양 팀은 서로 공격한다.
• 상대편의 넥서스를 먼저 파괴하는 팀이 승리한다.

2) 세세한 규칙

▲ 클래시 오브 클랜(좌)과 수호지(우)의 게임 화면

게임에는 작은 규칙부터 큰 규칙까지 수많은 규칙이 존재합니다. 우리가 알고 있는 아주 단순한 게임조차도, 생각보다 많은 규칙이 있다는 것을 게임을 이해하다보면 알 수 있습니다.

• 모바일 게임 클래시 오브 클랜에서는 유닛을 생산할 때 특정 시간이 지나야 유닛 생산이 완료된다.
• 클래시 오브 클랜과 비슷한 모바일 게임 수호지에서는, 돈만 지불하면 바로 유닛 생산이 완료된다.

마비노기 영웅전 기획총괄을 한 이상균 님이 게임 기획에 대해 설명할 때 예로 들었던 주사위 게임을 살펴보겠습니다. 지금부터 설명할 주사위 게임의 기본 규칙은 주사위가 두 개 들어 있는 컵을 흔들어서, 주사위 두 개의 눈의 합이 높은 사람이 이긴다는 것입니다.

이 게임의 규칙에 대해 자세히 생각해 봅시다.

[주사위 게임의 기본 규칙]
규칙 1 : 1번 플레이어가 주사위가 들어있는 컵을 흔든다.
규칙 2 : 2번 플레이어가 주사위가 들어있는 컵을 흔든다.
규칙 3 : 컵 안에 들어있는 주사위의 합이 큰 사람이 이긴다.

[굴렸는데 동점이면 어떻게 할까?]
규칙 1 : 1번 플레이어가 주사위가 들어있는 컵을 흔든다.
규칙 2 : 2번 플레이어가 주사위가 들어있는 컵을 흔든다.
규칙 3 : 컵 안에 들어있는 주사위의 합이 큰 사람이 이긴다.
규칙 4 : 주사위의 합이 같으면 컵을 다시 흔든다.

[다시 굴렸는데 동점이면 어떻게 할까?]
규칙 1 : 1번 플레이어가 주사위가 들어있는 컵을 흔든다.
규칙 2 : 2번 플레이어가 주사위가 들어있는 컵을 흔든다.
규칙 3 : 컵 안에 들어있는 주사위의 합이 큰 사람이 이긴다.
규칙 4 : 주사위의 합이 같으면 컵을 다시 흔든다.
규칙 5 : 3회까지 주사위의 합이 같으면 비긴 것으로 한다.

[이밖에 더 필요한 규칙이 있을까?]
규칙 1 : 1번 플레이어가 주사위가 들어있는 컵을 흔든다.
규칙 2 : 2번 플레이어가 주사위가 들어있는 컵을 흔든다.
규칙 3 : 컵 안에 들어있는 주사위의 합이 큰 사람이 이긴다.
규칙 4 : 주사위의 합이 같으면 컵을 다시 흔든다.
규칙 5 : 3회까지 주사위의 합이 같으면 비긴 것으로 한다.
규칙 6 : 주사위가 테이블 아래로 떨어지면 무효 처리한다.
규칙 7 : 2회 연속 무효인 경우 실격 처리한다.
규칙 8 : 컵을 들어올릴 때 컵이 주사위와 닿으면 실격 처리한다.
규칙 9 : 주사위가 부서지는 경우에는 실격 처리한다.

이처럼 아주 간단해 보이는 주사위 던지기 게임이라도 수많은 규칙들로 구성되어 있습니다. 그렇기에 우리가 어떤 게임을 하나 개발한다고 하면 정해지는 규칙들은 정말로 수없이 많이 생겨날 수 있습니다.

이야기와 미적 요소는 유저들이 쉽게 인지할 수 있는 요소이지만, 상대적으로 기술과 메커니즘은 유저들이 인지하기 힘든 내부 구조입니다. 게임의 네 가지 요소 중에서 메커니즘은 게임의 근간이자 핵심이며, 게임 디자이너가 가장 많은 시간을 할애하는 부분입니다.

(2) 이야기(Story)

이야기는 비교적 변경하기 쉬우면서도 유저들에게 감성적인 동기를 주는 주된 요인입니다. 유저들이 게임을 플레이하는 당위성을 심어주며, 플레이어가 게임을 하게 되는 가장 강력한 동기 중 하나입니다. 잘 구성된 이야기는 좋은 흥미 곡선을 갖게 되며, 게임의 세계관에 더 몰입할 수 있도록 합니다.

특히 이야기는 게임 메커니즘이나 미적 요소, 그리고 기술에 비해서 변경이 용이하므로, 게임의 재미를 최상으로 끌어내기 위해서는 많이 다듬는 것을 두려워하지 말아야 합니다.

(3) 미적 요소(Aesthetics)

미적 요소는 유저들이 실제로 보고 듣는 것들의 총칭입니다. 유저들은 게임을 구매하거나 다운로드하기 전에 먼저 스크린샷을 자세히 살펴보는데, 그래픽만 보고 게임 플레이를 포기하는 경우가 많습니다. 통계상 미적 요소들은 처음 고객이 게임을 플레이하도록 유도하는 데 가장 큰 역할을 합니다. 특히 최근에는 유저들의 미적 요소에 대한 요구사항이 갈수록 높아지고 있습니다.

(4) 기술(Technology)

이 책에서는 게임을 구현할 구체적인 기술을 다루고 있습니다. 즉, 이 책에서 다루고자 하는 분야는 주로 기술 요소에 해당됩니다. 기술 요소는 비디오 게임, 모바일 게임, 온라인 게임 등을 제작하기 위한 최소한의 기본 요건이 됩니다. 게임 제작 기술은 컴퓨팅 기술 발전에 자극제 역할을 하며 앞으로 우리가 이 책을 통해서 다룰 주된 분야입니다.

다만, 개발자이든 기획자이든 전체적으로 게임이 어떤 메커니즘으로 동작하고, 미적 요소는 어떻게 배치하는 것이 좋은지, 그리고 유저들은 어떤 이야기에 심취하는 지 이해할 필요가 있습니다. 이 책에서는 구체적으로 다루지 않습니다만, 보다 재미있고 좋은 게임을 만들기 위한 '기획(게임 디자인)'에 대해 더 자세히 공부하고 싶은 이들에게는 다음과 같은 책을 추천합니다.

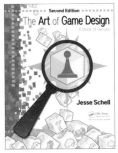

〈The Art of Game Design〉, 제시 셀

〈라프 코스터의 재미이론〉, 라프 코스터

04 | 게임이 재미있어지는 이유 깊이 이해하기

게임은 기본적으로 사람들의 즐거움과 기쁨을 주기 위해 만들어졌습니다. 우리는 게임을 다만 즐기는 유저가 아니라 게임을 만드는 입장이 되었기 때문에, 유저들이 어느 부분에서 왜 재미를 느끼는지에 대해서 끊임없이 학습해야 합니다. 지금 이후로 즐기는 모든 게임들이 왜 재미있고 재미있었는지 설명할 수 있어야 합니다. 그리고 그러한 게임 요소들을 내가 만들 게임에 적용하면 어떨 까에 대해서 끊임없이 생각해보는 게 좋습니다.

그렇다면 왜 유저들이 게임을 즐겁게 여기는지에 대해 전문가들이 고찰한 내용을 살펴봅시다. 가장 먼저 살펴볼 마크 르블랑(Marc LeBlanc)은 게임 쾌감 분류에서 유저들이 즐거움을 느끼는 부분들에 대해 다음과 같이 세세히 분류하고 있습니다.

[르블랑의 게임 쾌감 분류][1]
❶ 감각 : 감각의 쾌감은 오감으로 느끼는 것들이다. 아름다운 것을 감상하고, 음악을 듣고, 맛있는 음식을 먹는 것들이 모두 감각의 쾌감이다.
❷ 판타지 : 판타지는 공상의 세계, 그리고 자신을 자신이 아닌 무언가 다른 것으로 상상하는 데서 생기는 쾌감이다.
❸ 내러티브 : 내러티브는 인과 관계로 엮인 어떤 이야기를 뜻한다. 내러티브가 주는 쾌락에 대해 르블랑은 완성된 이야기로 한정하지는 않았다.
❹ 도전 : 어떤 면에서는 도전을 게임 플레이의 핵심으로 볼 수 있다. 모든 게임에는 본질적으로 해결해야 할 문제가 있기 때문이다.
❺ 친목 : 르블랑은 우정, 협력, 커뮤니티 등에서 얻는 모든 즐거움을 친목으로 설명했다.
❻ 발견 : 발견의 쾌락은 매우 광범위하다. 무언가 새로운 것을 찾아내면 그것이 발견이다. 어떤 때는 게임 세계를 탐험하는 것일 수도 있고, 또 어떤 때는 숨겨진 요소나 훌륭한 전략을 발견하는 것일 수도 있다.
❼ 표현 : 스스로를 표현하는 쾌락과 무언가를 창조하는 쾌락이다.
❽ 복종 : 이것은 마법진에 들어갈 때 느끼는 쾌락이다. 현실 세계를 떠나서 새롭고 더 재미있는 규칙과 목적이 있는 세계로 들어가는 것이다.

[라프 코스터의 게임 이론][2]
❶ 인간은 학습을 통해서 즐거움을 느끼게끔 훈련되어왔고 학습을 통해 어떠한 현상에 대한 패턴을 익히는 것에 익숙해져 있다. 게임은 그러한 패턴 학습을 가장 원시적인 형태로 인간에게 제공해주는 것이다.
❷ 학습은 반복을 통해 뇌가 아닌 몸에 기억되며, 때론 더 쉽게 과제를 풀 수 있는 편법을 발견해내기도 한다. 이러한 과정을 통해 게임은 플레이어에게 지배당하게 되고 점차 재미없고 지루한 것이 되는 운명을 갖는다.
❸ 게임을 구성하는 핵심적인 재미 요소와 그러한 핵심적인 재미 요소를 포장하는 허구적인 장식의 역할을 혼동해서는 안 된다. 재미란 결국 재미 요소에서 오는 것이다.

---

1) 출처 : http://algorithmancy.8kindsoffun.com/
2) 출처 : http://www.theoryoffun.com/

"게임의 운명은 점점 더 재미있어지는 것이 아니라, 점점 지루해지는 것이다."

– 자인 라프 코스터

▲ 〈A Theory of Fun for Game Design〉의 저자인 라프 코스터

05 | 기획문서 작성방법

기획문서는 상당히 세세한 요소들을 다 정의한 문서로 종류가 엄청나게 많습니다. 모든 문서를 다 소개할 수는 없으니 주요한 몇 가지 기획문서만 소개하고자 합니다.

(1) 요약 기획서

전체 게임의 장르, 게임의 이름, 그리고 타깃 유저 등을 설정하는 한 장짜리 요약 기획서입니다. 사업계획서에 요약 사업계획서가 있듯이, 한 장으로 전체 게임을 요약한 것입니다.

---

1. 개요

1) 일반 개요

구분		설명
게임명	국문	쥬로링 동물탐정
	일어	아냐마루 탄테이 키루밍쥬(あにゃまる探偵 キルミンずう)
	영어	ZOORORING
게임장르		TCG(Trading Card GAME) 기반 추격 레이싱 게임
카테고리		게임 〉레이싱게임
메인타겟		10~20대 여성
개발환경		Unity 3D
지원 플랫폼		안드로이드(플레이스토어, 티스토어 등)
		아이폰 iOS(앱스토어)

2) 게임요약

구분	설명
스토리	**쥬로링! 동물로 변신해버리고 말았어!** 아름드리시의 가온누리학교에 신기한 일이 벌어졌다. 아무도 눈치채지 못하는 사이, 어디선가 쥬로링!이라고 외치는 순간 강아지, 고양이, 토끼의 복장을 한 세자매 키키, 루루, 밍밍과 남학생 친구 건과 미누는 심지어 진짜 동물이 되어 가온누리학교와 아름드리시를 돌아다닌다. **비밀 변신 아이템, 쥬로링이란?!** 쥬로링 동물탐정을 결성시킬 수 있었던 비밀은 신비한 변신 컴팩트인 '쥬로링'이 있기 때문이다. 쥬로링은 자신에게 맞는 동물의 습성을 지닌 사람이 사용하면 동물로 변신이 가능하다. **사라진 동물들을 찾아라!** 아름드리시에는 쥬로링 컴팩트를 사용하지 않아도 동물로 변신할 수 있는 애니멀리언(악당)이 함께 존재한다. 애니멀리언은 언제, 어디서든지 자신이 원할 때 동물로 변신할 수 있으며, 지구환경의 악화는 인간에게 있다고 여겨 지구 정복을 도모해서 동물들을 잡아간다. 쥬로링 동물탐정들은 순간순간 벌어지는 사고로부터 동물들을 지켜내고 애니밀리언의 지구 정복을 막을 수 있을까?

▲ 게임 기획 – 개요

(2) 게임 구조 및 플로

게임 화면 상에서 어떤 식으로 화면이 이동되는지 정의한 문서입니다. 다음 그림의 경우 모바일 게임에서 화면 이동이 어떻게 이루어지는지 일반적인 패턴을 그려 놓았습니다. 이러한 문서를 기반으로 개발자는 신(Scene)의 전환을 어떻게 구성할지 명확하게 이해할 수 있습니다.

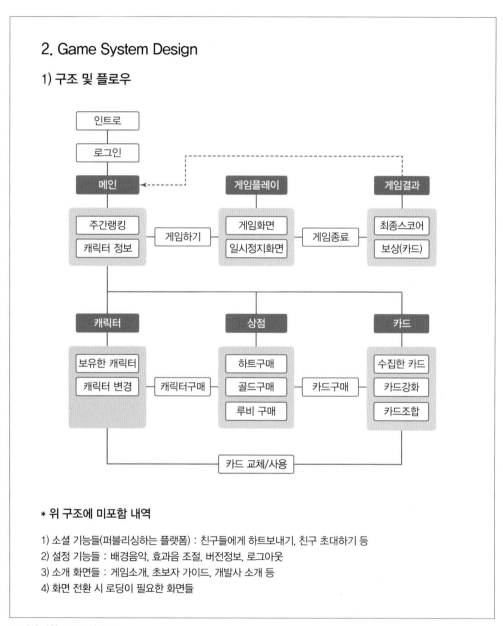

▲ 게임 기획 – 구조 및 플로

(3) 화면 기획서

화면 기획서는 개발자들이 가장 선호하는 문서입니다. 무슨 일을 해야 할지, 어떻게 개발을 해야 할지 구체적으로 그려보고 이해하기가 쉽기 때문입니다.

화면 기획서는 게임 내에서 메뉴의 구성은 어떻게 이루어졌고, 어떠한 정보들이 표시되는지 시각적으로 그려놓은 문서입니다. 앞서 설명한 게임 구조 및 플로 문서에 명시된 각 화면 별로 깔끔하게 UI 기획서가 작성돼 있다면, 개발자가 무엇을 개발해야 할지 명확해지기 때문에 개발 생산성이 아주 높아지게 됩니다. 하지만 경험이 별로 없는 스타트업에서는 이런 기획 과정 없이 무엇을 먼저 해야 할지 모르는 경우가 많아 무수한 시행착오를 겪게 됩니다.

상점 > 카드 상점

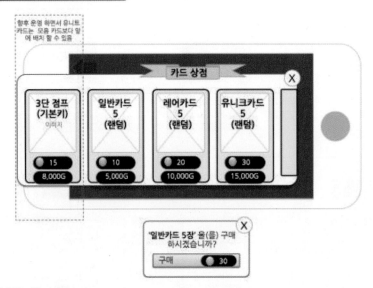

▲ 게임 화면 기획 – 상점 1

▲ 게임 화면 기획 – 상점 2

상점 > 카드 상점 > 선택

▲ 게임 화면 기획 – 상점 3

Game Over

▲ 게임 화면 기획 – 결과 화면

06 | 예제 게임 기획 문서 만들기

앞서 설명한 내용을 토대로 이 책에서 만들어볼 게임의 작동 방식을 설계해 봅시다. 다시 한 번 이상균 기획총괄의 게임 기획의 정의에서 시작하겠습니다.

> 게임 기획이란
> 제한 상황에서 최대한 재미있는 것을 발상하여,
> 유한한 자원과 시간을 이용해 게임을 설계하고,
> 여러 방법으로 다른 스태프에게 전달하는 것
>
> – 마비노기 영웅전 기획총괄 이상균

제가 무엇을 말하려고 다시 이 인용구를 가져왔을까요? 그렇습니다. 우리는 제한된 자원을 가지고 있습니다. 아무리 많은 내용을 넣고 싶다고 해도 리니지 같은 거대한 프로젝트를 단 한 권의 책으로 다 설명할 수는 없습니다.

그러므로 가장 먼저, 게임을 만들고자 한다면 자신이 가진 자원에 대해 명확한 이해가 필요합니다. 개발 자금과 개발 인력, 그리고 디자인 리소스를 모두 고려해서 자신이 얼마나 감당할 수 있는지를 현실적으로 파악해야 합니다.

(1) 우리의 자원

1) 프로젝트 투입 시간

여기서는 개발자금이나 개발 인력의 관점이 아닌, 책을 집필하는 입장에서 가장 적절한 규모의 프로젝트를 생각해 보겠습니다. 대략 30챕터 정도의 분량 안에 하나의 완성된 게임을 만들어 볼 것입니다.

2) 디자인 리소스

디자인 리소스는 대부분 유니티 테크놀로지스에서 제공하는 스탠다드 에셋을 활용하겠습니다. 그리고 주인공 캐릭터와 주인공 목소리의 경우는 에셋스토어 저작자의 허락을 받고 유니티 교재에 활용하였습니다.

3) 서버 및 클라이언트 개발

결국 개발자가 직접 개발해서 해결할 수 있는 분야는 서버와 클라이언트 개발입니다. 다만, 이 책에서는 30챕터 분량으로 설명할 수 있는 정도의 적절한 양의 소스 코드가 생산되어야 하므로, 그에 준하는 예제를 기획해서 설명할 것입니다.

(2) 한 페이지 기획 문서

한 페이지 기획서는 자신의 생각을 투자자나 상사에게 짧지만 강하게 전달하기 위해 사용하는 기획서입니다. 게임의 핵심 요소가 무엇이고 어떤 대상의 유저들을 위해 게임을 만들었는지 한 페이지 안에 요약하는 것입니다.

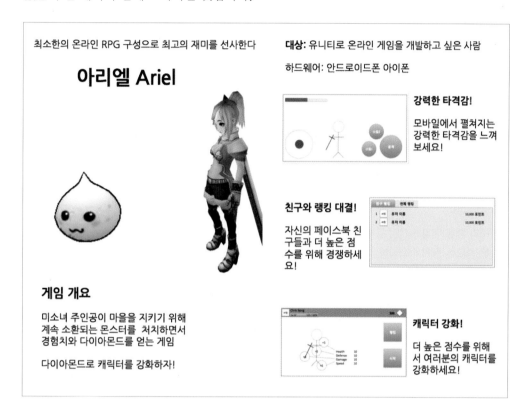

한 페이지 기획서 안에는 세 가지 요소가 들어갑니다.

1) 게임의 캐치프레이즈

이 게임을 즐길 사람들이 보고 흥미 있어 할만한, 한 마디의 캐치프레이즈를 작성합니다. 단순히 기획 문서의 제목만 가지고 전달하기보다는, 한 마디의 재치있는 요약 문장이 같이 들어있는 게 좋습니다.

이 기획서에서는 "최소한의 온라인 RPG 구성으로 최고의 재미를 선사한다!"라는 캐치프레이즈를 잡았습니다. 독자 여러분이 관심 있어 하는 온라인 RPG라는 주제를 가지고, 최소한의 구성으로 재미있는 게임을 만들어보는 것이 이 책에서 개발할 게임의 핵심입니다.

2) 게임 제목

게임의 제목을 샘플 예제로 하기보다는 뭔가 사연이 있어 보이는 여자 이름으로 잡아 보았습니다. 캐릭터의 이름을 '아리엘'이라고 설정하고, 몬스터들에게 공격당하는 마을 주민들을 대신해 싸우는 아주 전형적인 스토리를 게임의 이야기로 설정했습니다.

3) 게임 개요

게임의 특성을 간단하게 정리한 문장입니다. 여기서는 세계관이나 게임 플레이 방식 등을 설명합니다. 게임 제목에서는 게임의 특징으로 온라인 RPG라는 단어밖에 캐치하지 못하지만, 게임 개요에서 좀 더 구체적인 설명을 함으로써 기획서를 읽는 사람이 보다 명확하게 게임에 대해 이해할 수 있도록 합니다.

4) 게임의 세 가지 핵심 재미 요소

여기서는 왜 이 게임이 재밌는지에 대해 설명합니다. 전통적으로 재미의 근거를 '세 가지' 포인트로 잡는 것이 좋습니다. 사람은 세 가지 이유가 주어질 때 해당 주장을 가장 잘 기억하기 때문입니다.

- 강력한 타격감 : 유저의 입장에서 뭔가 자극적인 요소가 게임을 플레이하도록 하는 동기가 됩니다. 이에 이 책에서는 게임의 타격 액션에 집중해서 게임을 만들어볼 것입니다. 3D 액션 게임에서는 캐릭터의 액션을 통한 몰입감을 중요하게 생각합니다. 타격 액션 효과를 좀 더 극적으로 느낄 수 있도록 게임을 개발해 보겠습니다.

- 친구와 랭킹 대결 : 게임 유저 입장에서 자신의 게임 캐릭터를 자랑하고, 자신의 우수한 장비를 자랑하는 것은 중요한 동기가 됩니다. 게임은 사람들의 본질적인 욕구에 집중하게 하는데, 특히 사람은 인정받고 싶어하는 욕구가 강합니다. 자신의 성과를 인정받고 싶어하고, 칭찬받고 싶어하고, 부러움을 사고 싶어하는 경향이 많은 편이죠. 이렇게 자신의 랭킹을 친구들에게 자랑할 수 있는 기능을 포함하는 것을 이 책에서 개발할 게임의 주요 특징으로 잡았습니다. 페이스북과 연동하여 친구와의 랭킹 경쟁을 구현할 것인데, 친구랭킹이라는 게임 요소는 최근 개발되는 게임에서는 빠지지 않는 요소이기도 합니다.

- 캐릭터 강화 : 최근 게임에 역시나 빠지지 않는 게임 요소입니다. 유저들은 자신의 분신인 캐릭터를 강화하는 데 많은 재미를 느낍니다. 자신을 강하게 만들려는 것 역시 사람들의 일반적인 욕구 중 하나입니다.

5) 게임의 대상

이 게임의 유저는 당연히 독자 여러분입니다. 유니티로 온라인 RPG 게임을 개발하고 싶은 사람을 대상 유저로 설정하였습니다. 하드웨어는 안드로이드폰이나 아이폰에서 플레이 가능하도록 할 계획입니다.

(3) 화면 기획서

이번에는 화면 기획을 할 차례입니다. 문서를 작성한다고 정형화된 문서 포맷에 맞출 필요는 없습니다. 중요한 것은 핵심이 잘 전달되어 서로에게 질문거리가 별로 없어지도록 하는 것입니다. 일반적으로 기획에서 가장 많이 사용하는 파워포인트를 활용하여 작성해 보겠습니다.

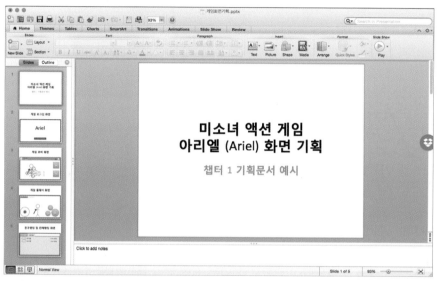

▲ 화면 기획서 첫 화면

여기서는 포인트만 심플하게 보여주기 위해 파워포인트에 따로 테마를 적용하지는 않았습니다. 우선 기획 문서의 제목을 가장 첫 장에 작성합니다.

1) 로그인 화면

▲ 로그인 화면 기획

가장 먼저 로그인 화면을 기획했습니다. 여기서 핵심은 페이스북 로그인 버튼이 하나 있다는 것입니다. 만약 카카오톡 게임이라면, 카카오톡 로그인 버튼이 그 자리를 대신하게 됩니다.

2) 게임 로비 화면

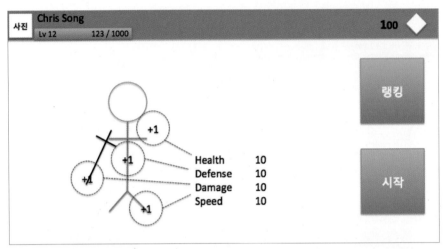

▲ 게임 로비 화면 기획

게임 로비 화면에서 캐릭터 강화까지 가능한 형태로 기획했습니다. 캐릭터의 몸에 붙어있는 버튼을 눌러 캐릭터를 강화할 수 있도록 했습니다. 화면 오른편에는 랭킹화면으로 이동하는 버튼과 게임 플레이 화면으로 이동하는 시작 버튼을 두었습니다.

3) 게임 플레이 화면

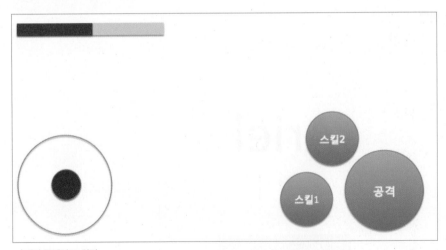

▲ 게임 플레이 UI 화면

게임 플레이 화면은 세 가지로 구성했습니다. 좌측 상단에는 캐릭터의 체력을 표시하는 UI를 두고, 좌측 하단에는 캐릭터의 움직임을 조작하는 방향 컨트롤러를 위치시켰습니다. 그리고 우측 하단은 공격 버튼과 두 가지 스킬 버튼을 배치하는 일반적인 액션 RPG의 인터페이스를 구성했습니다.

4) 친구 랭킹 및 전체 랭킹 화면

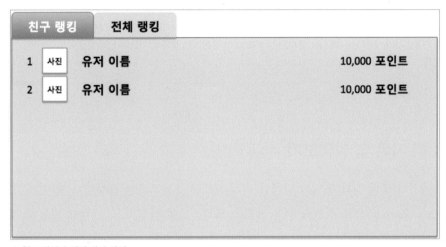

▲ 친구 랭킹과 전체 랭킹 화면

친구 랭킹과 전체 랭킹은 두 가지 탭으로 나눠서 구분했습니다. 친구 랭킹은 페이스북 친구들을 기준으로 표기됩니다. 친구 랭킹 화면을 보여줘서 유저들이 랭킹 경쟁을 하게 만드는 것은 이번 게임의 핵심 요소 중 하나입니다.

여기까지 간단하게 한 페이지 기획서와 각 화면의 화면 기획서를 작성해 보았습니다. 다음 챕터에서는 유니티 툴의 사용법과 작업환경 설정방법을 알아보고, 본격적인 게임 개발을 시작해 보겠습니다.

챕터 02의 주 내용인 게임 디자인 관련 부분은 '현재 스마일게이트의 디렉터로 재직 중인 이상균 기획자의 [게임 기획 튜토리얼 2015 개정판]의 일부 내용을 인용하였습니다. 원문을 확인하시려면 다음의 링크에서 확인할 수 있습니다.

https://www.slideshare.net/iyooha/2012-14158316

게임 디자인에 관한 최고의 튜토리얼이라고 생각합니다. 꼭 읽어보기를 추천합니다.

CHAPTER
03 | 유니티 에디터와 3D 지형 설정

≫ 이번 챕터에서는 유니티를 사용하면서 자주 접하게 될 유니티 에디터를 속속들이 살펴본 후에 다루는 법을 간단히 소개하고 3D 지형과 카메라를 배치하는 방법까지 습득해 보겠습니다. 그리고 유니티 개발을 하면서 자주 쓰는 단축키를 몇 개 소개하면서 모든 기능을 다 다루지는 않겠지만, 필요한 것은 콕 찝어서 설명할 계획입니다. 치트키… 까지는 아니지만 그에 준하게 편리한 활용이 가능한 단축키들도 알아두면 이번 챕터는 더더욱 성공적!

01 | 유니티 기본 탭 살펴보기

우선 챕터 1에서 설명한 것과 동일한 단계를 거쳐 새로운 프로젝트를 생성합니다. 이번 프로젝트 이름은 Chapter3으로 정했습니다. 새로운 프로젝트를 생성하고, 그밖에 필요한 에셋들은 예제 폴더에서 가져오는 방식으로 설명을 진행하겠습니다.

(1) 프로젝트 생성하기

유니티 설치 후, 처음으로 프로그램을 실행하면 다음 그림과 같은 화면이 나옵니다. 기본적으로 프로젝트 이름이 'New Unity Project'라고 설정돼 있는데, 임의적으로 원하는 프로젝트명으로 변경할 수도 있습니다. 여기서는 'Chapter3'이라는 프로젝트를 생성해 보겠습니다.

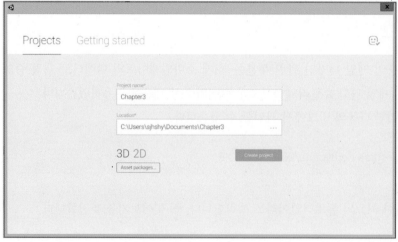

▲ Chapter3이라는 이름의 새 프로젝트 생성

(2) 유니티의 기본 탭 살펴보기

프로젝트를 생성하면, 다음과 같은 기본 화면을 만나게 됩니다.

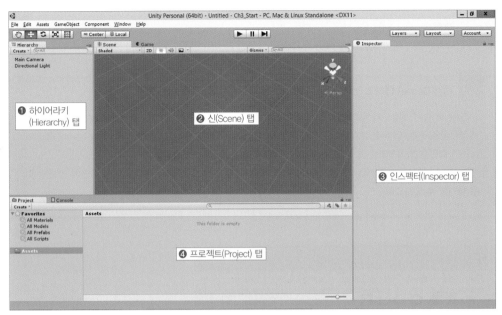

▲ 크게 네 가지 영역으로 구분된 유니티 기본 화면

유니티 화면을 간단히 살펴봅시다. 처음 유니티를 실행하면 화면이 크게 네 가지 영역으로 나뉘어져 있는 것을 확인할 수 있습니다. 유니티의 기본 화면은 여러 가지 윈도우 형태의 네모난 영역으로 구분되어 있습니다. 처음에 기본적으로 표시되는 윈도우에서는 다음과 같은 기능들을 수행할 수 있습니다.

❶ 하이어라키(Hierarchy) 탭 : 신(Scene)에 존재하는 게임 오브젝트들을 계층적으로 보여주는 탭입니다.

> TIP **게임 오브젝트가 어디에 있는지 확인하려면 하이어라키 탭에서 더블 클릭!**
>
> 하이어라키(Hierarchy) 탭에 있는 게임 오브젝트를 더블 클릭하면 그 게임 오브젝트의 중심으로 신(Scene) 탭의 화면 중심이 이동합니다. 너무 많은 게임 오브젝트들이 있을 때, 이 게임 오브젝트가 어디에 있는지 찾으려면, 하이어라키 탭에서 해당 게임 오브젝트를 더블 클릭해 보세요!

❷ 신(Scene) 탭 : 3D 공간 상의 게임을 디자인하는 곳입니다. 게임에 사용될 여러 가지 객체들에 대한 속성들을 시각적으로 보여줍니다.

> TIP **신(Scene) 탭의 3D, 2D 모드**
>
> 신 탭은 3D 모드와 2D 모드로 구분됩니다. 2D 게임에서는 딱히 Z축을 조절할 필요가 없기 때문에 2D 모드에서는 카메라의 Z축이 고정되어 있습니다. 이 책에서 구현할 예제는 3D 모드에서 구현할 예정이기에 2D 모드는 사용하지 않습니다.

❸ 인스펙터(Inspector) 탭 : 선택한 객체의 속성을 보여주는 부분입니다. 다양한 스크립트 추가를 통해서 객체에 원하는 기능을 입힐 수 있습니다.

❹ 프로젝트(Project) 탭 : 게임을 만들기 위한 리소스들을 모아놓은 곳입니다. 스크립트, 사운드, 이미지, 텍스트, 폰트 같은 것들이 저장됩니다.

❺ 콘솔(Console) 탭 : 실행 중인 디버깅 코드, 에러 코드 등이 출력되는 곳입니다.

❻ 게임(Game) 탭 : 재생 버튼을 누르면 현재까지 작성된 게임이 플레이되는 것을 보여주는 공간입니다.

TIP **게임(Game) 탭하고 신(Scene) 탭이 비슷한 거 같은데, 뭐가 다르죠?**

신(Scene) 탭은 개발자가 직접 게임 오브젝트를 추가하고 게임 오브젝트의 위치를 설정하는 화면입니다.

게임(Game) 탭은 실제로 유저들이 게임을 실행하면 보이는 화면입니다. 중요한 점은, 게임(Game) 탭에서 보이는 화면은 카메라라는 게임 오브젝트에 전적으로 의존한다는 점입니다.

신(Scene) 뷰에서 카메라의 위치를 이동시키거나 방향을 전환하면 게임(Game) 탭에서 화면이 변하는 것을 확인할 수 있습니다.

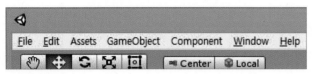

▲ 유니티 메뉴

이제 유니티를 사용하면서 계속해서 마주치게 될 메뉴를 자세히 살펴봅시다.

[각 메뉴의 기능]

Files	프로젝트를 생성하거나 불러올 수 있고 현재 프로젝트를 저장할 수 있습니다.
Edit	복사/붙여넣기/잘라내기 등 편집 메뉴입니다.
Assets	유니티 에셋과 패키지를 관리하는 메뉴입니다.
GameObject	게임 오브젝트와 프리팹을 생성하는 메뉴입니다.
Component	게임 컴포넌트를 생성하는 메뉴입니다.
Window	화면에 분할된 창에 관련된 메뉴입니다.
Help	도움말과 유니티 버전 정보를 확인할 수 있습니다.

(3) 유니티 살펴보기

유니티는 다섯 가지 에디터를 가지고 있습니다. 이런 기능 창들을 여기서는 View라고 표현합니다.

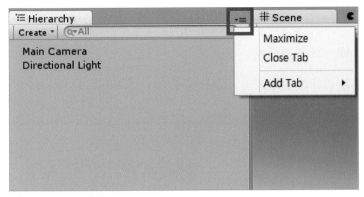

▲ [Edit>Preference] 메뉴

탭(Tab)들은 유니티 프로그램의 우측 상단에 있는 레이아웃을 이용해 위치 변경이 가능하며, 드래그를 이용해 직접 지정한 레이아웃을 태그할 수도 있습니다.

유니티에서 개발을 하다보면 탭들의 위치를 재설정할 필요가 생기는데, 주로 애니메이터 (Animator)같이 기존에 안 쓰던 새로운 탭을 추가하게 될 때입니다. 새로운 탭을 어딘가에 배치해야 하는데 다 쓰고 있는 탭들이라서 어디에 배치해야 할지 애매할 때가 많습니다. 그래서 탭을 임시로 새로운 레이아웃으로 배치했다가 원래 레이아웃대로 돌려놓고 작업을 하곤 합니다.

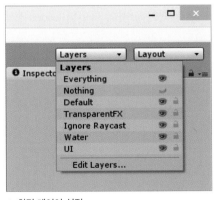

▲ 화면 레이어 설정

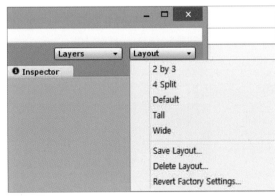

▲ 화면 레이아웃 설정

02 | 지형 생성하기

새로운 프로젝트를 생성해 보면, 당연히 화면에는 아무 것도 없는 상태일 것입니다. 이런 허전함을 해소하기 위해, 아무 것도 없는 공간에 가장 먼저 지형(Terrain)을 생성해 봅시다. 뭐라도 만들어놓고 에디터 사용법을 배우는 게 좋겠죠?

(1) 지형(Terrain)에 그릴 텍스처 가져오기

지형을 만들기 전에 프로젝트 안으로 사용할 그릴 텍스처(Texture)들을 가져와야 합니다.

TIP 텍스처(Texture)란 무엇인가요?

텍스처란 2차원 혹은 3차원 게임 오브젝트의 표면을 그리는 이미지라고 생각하면 됩니다. 만약 지형(Terrain)의 땅바닥에 풀밭을 그린다고 하면, 풀밭의 표면 이미지가 텍스처입니다. 또한 이 책에서는 예제를 통해 페이스북 프로필 이미지를 인 터넷에서 다운로드해서 화면에 표시할 계획입니다. 이때 사용 할 페이스북 프로필 이미지도 텍스처라고 할 수 있습니다.

▲ 지형(Terrain)에 그릴 텍스처 이미지

외부의 텍스처(Texture)를 프로젝트 안으로 가져오기 위해 제공된 예제 폴더 /Chapter3/ Import 폴더 안에 있는 Textures 폴더를 윈도우의 윈도우 탐색기나 맥의 파인더(Finder)에서 드래그해서 프로젝트 탭으로 옮깁니다.

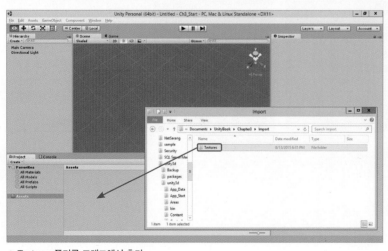

▲ Textures 폴더를 드래그해서 추가

(2) 지형(Terrain) 생성하기

유니티 상단 메뉴에서 [GameObject > 3D Object > Terrain]을 클릭하면 새로운 지형(Terrain)이 생성됩니다.

▲ 새로운 지형 생성

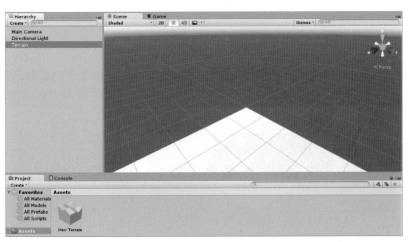

▲ 새롭게 생성된 지형

처음 새로운 지형을 생성하면, 화면에서 전체 모습을 확인할 수 없을 수도 있습니다. 생성된 지형을 전체적으로 확인하고 싶다면 하이어라키(Hierarchy) 탭에서 [Terrain]을 더블 클릭하면 됩니다.

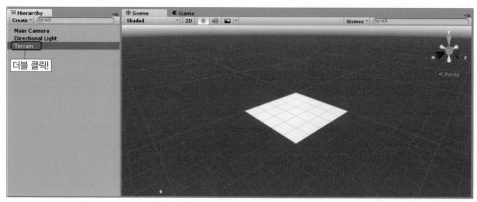

▲ 전체 지형 화면 확인

아직까지는 흔히 우리가 생각하는 땅바닥 같은 모양이 아니라, 그냥 흰색 널빤지처럼 보입니다. 여기에 땅바닥을 그려줘야 합니다. 땅바닥을 그리기 위해서는 땅바닥에 그려질 텍스처(Texture)가 필요합니다. 앞서 프로젝트에 드래그해서 추가한 텍스처들이 현재 생성돼 있는 지형(Terrain)에 그릴 땅바닥 그림입니다.

여기서 잠깐, 인스펙터(Inspector) 탭에서의 여러 가지 조작하는 방법을 먼저 짚고 넘어갑시다. 그런데 하이어라키(Hierarchy) 탭이 작업에 불편하게 너무 동떨어져 있는 것 같습니다. 하이어라키(Hierarchy) 탭의 레이아웃 배치를 인스펙터 탭 옆에 두는 것이 작업에 좀더 편리할 것이므로 우선 이를 변경해 봅시다. 하이어라키(Hierarchy) 탭을 길게 누르고 인스펙터(Inspector) 탭 옆으로 이동시키면 됩니다.

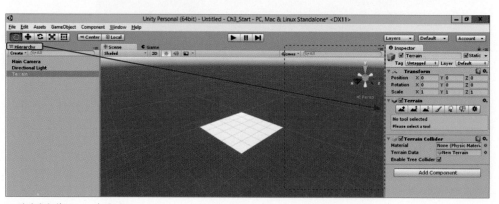

▲ 하이어라키(Hierarchy) 탭 이동

성공적으로 드래그가 완료됐다면 레이아웃이 다음과 같이 변경됩니다.

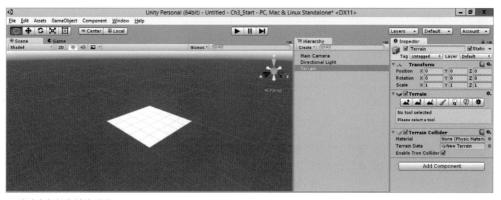

▲ 하이어라키 탭 위치 변경

이제 편리한 작업 환경이 구축됐다면, 하이어라키(Hierarchy) 탭에서 [Terrain]을 선택하고
인스펙터 탭에서 설정을 변경해 땅바닥을 그려봅시다.

▲ Terrain 오브젝트의 인스펙터(Inspector) 탭에서 붓 모양 아이콘 선택

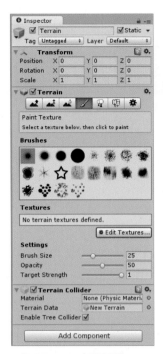

▲ [Edit Textures...] 버튼 클릭

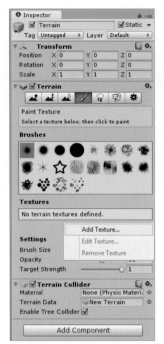

▲ [Add Texture] 버튼 클릭

Terrain의 인스펙터 탭에서 붓 버튼을 클릭하고 [Edit Texture] 버튼을 누르면 세 가지 옵션을 선택할 수 있습니다. 그 중 텍스처를 추가하기 위해서는 [Add Texture] 버튼을 누릅니다.

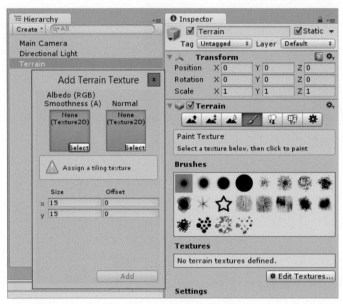

▲ 화면 왼쪽 Albedo (RGB) Smoothness의 [Select] 버튼 선택

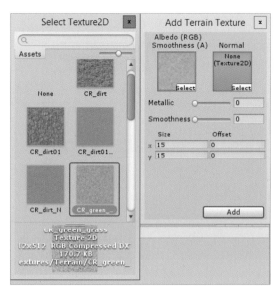

▲ CR_green_grass 텍스처 선택한 후 [Add] 버튼 클릭

다음으로 화면 왼쪽 Albedo (RGB) Smoothness의 [Select] 버튼을 선택합니다. Select Texs-ture2D 창이 열리면, CR_green_grass라는 이름의 초록색 풀 텍스처를 선택합니다. 그리고 [Add] 버튼을 누릅니다. 이렇게 텍스처 추가가 완료됐습니다.

텍스처를 추가하자마자, 우리가 만들었던 지형의 색상이 바뀌는 것을 확인할 수 있습니다. 그런데 너무 멀리서 지형을 조망하고 있으니, 지형의 세부적인 모습도 궁금해집니다. 이때 는 마우스 가운데 스크롤을 움직여서 화면을 확대/축소할 수 있습니다. 일반 윈도우 기준 으로 마우스 스크롤을 위로 굴리면, 화면이 확대됩니다.

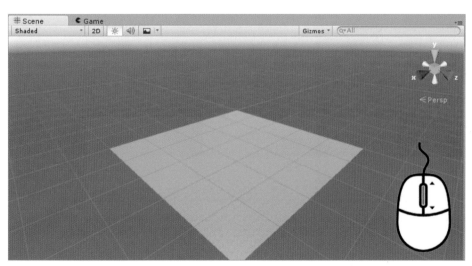

▲ 마우스 스크롤로 신(Scene) 화면 확대

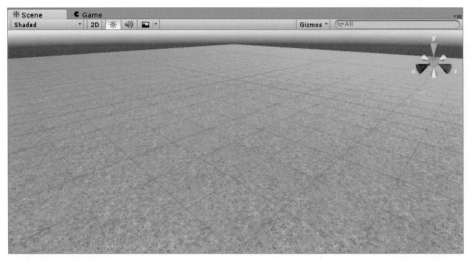

▲ 확대해서 살펴본 텍스처

화면을 확대해 보면, 텍스처가 적용된 모습을 세밀하게 확인할 수 있습니다. 좀 더 디테일한 배경 묘사를 위해 텍스처를 하나 더 추가해 봅시다. 이번에는 흙으로 된 텍스처를 추가합니다.

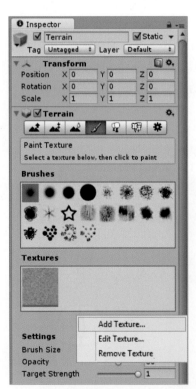

▲ 새로운 텍스처 추가를 위해 Add Texture 클릭

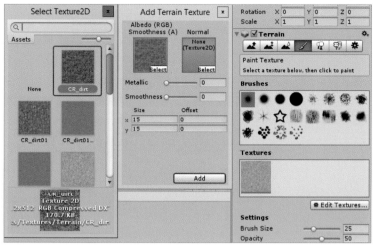

▲ 흙 텍스처인 CR_dirt를 선택하고 Add 버튼 클릭

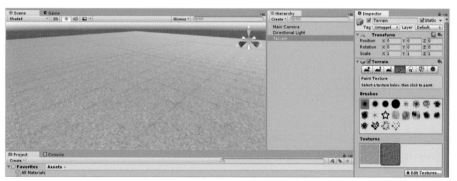

▲ 자유로운 텍스처 추가

Textures에서 흙 텍스처를 선택한 후에 신(Scene) 화면에서 바닥을 마우스로 클릭하면 흙 텍스처를 추가할 수 있습니다. 마치 그림판 그림을 그리듯 텍스처를 지형 위에 자유롭게 그릴 수 있을 것입니다. 유니티 프로그램의 초기 설정값으로는 흙 텍스처가 바로 그려지지 않을 수 있습니다. Inspector 창 하단에 Target Strength 값을 조정해서 텍스처의 진하기를 설정해 줘야 합니다.

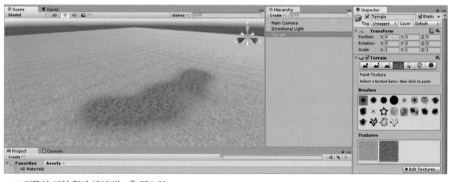

▲ 그리듯이 지형 위에 생성되는 흙 텍스처

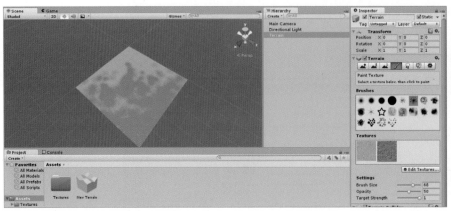

▲ 다양한 브러시를 이용한 지형 꾸미기

포토샵으로 그림을 그리는 느낌이 들 수도 있습니다. 유니티는 여러 종류의 브러시도 제공하고 있으니, 그것을 이용하면 다양한 느낌의 텍스처를 표현할 수 있습니다.

03 | Scene 화면 변경 도구

유니티에서 제공되는 에디터들의 의미를 이해했다면, 이번에는 유니티 시작 화면에 있는 버튼들의 기능에 대해서 알아봅시다.

우선, 각 버튼들이 하는 기능을 시각적으로 확인하기 위해서 [GameObject > CreateOther > Cube]를 선택해 가장 기본적인 3D 객체를 생성합니다.

▲ Scene 화면 변경 도구

Scene 화면 변경 도구의 버튼들은 작업할 때 자주 사용되는 기능들을 모아둔 것이라고 할 수 있습니다. 특히 개발 중에 화면 변경은 빈번하게 일어나므로 단축키를 알아두면 편하고 빠르게 이용할 수 있습니다.

- HandTool(🖐) : Scene 화면 변경 도구의 첫 번째 칸에는 손 모양의 버튼인 HandTool이 있습니다. SceneView를 바라보는 시각의 위치를 변환하는 데 사용합니다. Q를 눌러 핸드 모드로 바꾸고 마우스로 SceneView를 클릭한 상태에서 커서를 움직여 동작합니다. 핸드 모드인 상태로 Alt 키를 누르고 마우스를 움직여 봅시다. 버튼의 모양이 눈으로 바뀌면서 객체를 바라보는 시각의 각도가 변화됨을 알 수 있습니다.

- TransformTool(✛) : 십자 화살표 모양의 버튼은 TransformTool로, 객체의 위치를 이동시키는 데 사용합니다. W를 누른 후 큐브를 선택할 수 있습니다. 객체를 선택하면 화살표 세 개가 나타나는데, RGB 값에 따라서 XYZ를 표현합니다. 세 가지 화살표 중 하나를 선택해서 객체를 움직여 봅시다.

- RotationTool(⟳) : 세 번째에 위치한 회전하는 화살표 모양의 버튼은 RotationTool입니다. 객체의 각도를 수정하는 데 사용합니다. 이 또한 RGB 값에 따라서 XYZ를 나타내며, Inspector 뷰에서 값의 변화를 확인할 수 있습니다. 단축키는 W입니다.

- ScaleTool(⤢) : 모서리를 향해 넓게 퍼진 것 같은 화살표 모양의 버튼은 ScaleTool입니다. 객체의 크기 값을 변경하는 데 사용합니다. 단축키는 R이고, 이 기능을 이용하면 Inspector 뷰에서 값의 변화를 알 수 있습니다. 물론 반대로 Inspector에 넣는 값에 따라서 객체의 모양이 수정되는 것을 확인할 수도 있습니다.

- 2D ScaleTool(▦) : 2D 게임에서 평면의 가로 세로를 늘이고 줄일 수 있는 ScaleTool입니다. 이미지의 사이즈를 늘린다던지, 평면 오브젝트의 크기를 조정하기 위한 툴입니다.

TIP MonoDevelop 대신 비주얼 스튜디오로 유니티 개발하기

유니티를 설치하면 코딩용 프로그램인 MonoDevelop도 함께 설치됩니다. 하지만 MonoDevelop을 사용하면, 디버깅할 때 컴퓨터가 많이 느려지는 경향이 있습니다. 이에 비주얼 스튜디오가 많은 확장프로그램을 지원하고 손쉬운 디버깅과 강력한 코드 에디터 기능을 제공하므로 윈도우 환경에서는 비주얼 스튜디오를 사용할 것을 권장합니다.

비주얼 스튜디오가 너무 비싸다고 걱정할 필요는 없습니다. 비주얼 스튜디오 2013 버전이 2014년 11월에 무료로 배포되었기 때문입니다. 다음의 링크로 들어가서 무료로 비주얼 스튜디오를 설치해 사용할 수 있습니다. 상업용 프로그램을 만드는 것이 아니라면 조직 규모에 상관없이 무료로 사용할 수 있습니다. 만약 상용 프로그램을 만드는 것이라면 250대 PC/이용자 이하 또는 매출 10억 원 이하의 기업만 비주얼 스튜디오 2013 버전을 무료로 사용할 수 있습니다.

무료 다운로드 링크

https://www.visualstudio.com/products/visual-studio-community-vs

유니티3D에 비주얼 스튜디오를 연결했을 때 편리한 점은 세 가지를 꼽을 수 있습니다.

❶ 빠른 응답속도 : MonoDevelop을 사용할 때는 스크립트를 더블 클릭해서 소스 코드가 화면에 뜨기까지 3~7초 정도가 걸리는 것이 보통입니다. 하지만, 비주얼 스튜디오를 에디터로 사용하게 되면, 에디터 툴의 응답 속도가 빨라서 코딩을 할 때 효율이 좋아지는 것을 느낄 수 있습니다.

❷ 한글 입력 가능 : MonoDevelop에서는 한글 입력이 되지 않습니다. 그래서 주석을 달거나, 한글 문자열을 string에 넣는 것이 불가능합니다. 하지만 비주얼 스튜디오를 사용하면 한글 입력의 문제가 해결됩니다.

❸ 강력한 디버깅 : 비주얼 스튜디오를 사용하면 소스 코드 상에 브레이크 포인트(중단점)를 지정해서 버그가 있는 부분을 손쉽게 추적할 수 있습니다. 사실 MonoDevelop에도 브레이크 포인트를 설정할 수 있지만 극도로 느려서 사실상 쓸 수가 없습니다.

비주얼 스튜디오 설정하는 방법을 간략하게 소개합니다.

1단계 유니티 상단 메뉴에서 설정 창을 엽니다.
- 맥 버전 : unity > preferences 클릭
- 윈도우 버전 : Edit > preferences 클릭

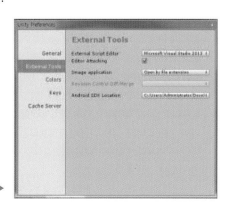

Edit Preference 메뉴 ▶

2단계 설정 메뉴에서 External Tools 탭을 선택합니다.

3단계 External Tools 탭에 있는 External Script Editor 옆의 콤보박스를 클릭합니다. 그러면 화면 가장 하단에 browse라는 선택 항목이 나타납니다.

4단계 실행 파일을 찾는 팝업이 열리면 비주얼 스튜디오 실행 파일이 있는 경로로 가서 비주얼 스튜디오 실행 파일을 선택합니다. 그리고 다음 그림과 같이 비주얼 스튜디오 실행 파일의 경로를 찾아 등록해주면 됩니다.

▲ 비주얼 스튜디오로 연결하기

단, 맥에서는 비주얼 스튜디오가 지원되지 않습니다. 맥에서는 비주얼 스튜디오 Code나 Sublime Text 등을 유니티 개발용으로 활용하기도 하니 참고하기 바랍니다.

 ## 실무자의 조언!
: 선데이토즈 게임사업팀, 공준식 과장

Q. 초기에 한 게임 기획이 나중에 변경되는 경우가 많은 것 같아요. 효율적인 게임 개발을 위해 기획은 어떤 프로세스로 진행되는 것이 좋을까요?

일반적으로 개발팀에 전달된 기획서에는 원래 구현하려고 했던 게임 아이디어의 80% 밖에 표현되지 않은 경우가 많습니다. 보통 80% 정도 글로 써놓고 20%는 말로 풀어서 설명하려는 경향이 있거든요. 하지만 개발자는 기획서에 기획된 것을 토대로 산출물을 만들어 냅니다. 말로 풀어서 설명한 내용이 명확히 반영되지 않은 경우가 대부분이죠. 이때 기획자는 '이거 제 생각이랑 다른데요?'라는 코멘트를 달게 됩니다. 그렇게 필터링된 내용이 피드백으로 이어지고 폴리싱(연마) 과정을 지나 개발이 이뤄집니다. 하지만 빠른 일정으로 돌아가는 개발 회사 내 프로세스에서 시간에 쫓기게 되면 모든 기획 내용을 구현하지 못하고 그냥 80%만 구현된 상태로 진행되는 경우가 허다합니다. 결국에는 폴리싱 단계에서 재검토가 이뤄지고, 또 검토하고 그러다 게임 개발 계획이 뒤집어질 수도 있습니다. 팀원 수가 적은 프로젝트에서는 아예 이런 과정을 묵인하고 그냥 넘어가는 경우도 많습니다. 그런 점에서 처음부터 개발자들과 이야기하는 게 중요합니다. 개발자들과 이야기를 하고, 합의를 이끌어낸 다음에, 기획을 작성하는 게 좋습니다. 자기 영역에서 다른 영역까지 생각하면서 프로세스를 진행하는 거죠. 애자일이 중요한 이유가 이 때문입니다. 그런 다음에 프로토타입을 빨리 구현해보고 거기에 기획을 붙여나가는 게 중요합니다. 커뮤니케이션 실수는 낮은 생산성으로 이어집니다. 쉽게 말해서 '왜 이렇게 했어요?'라는 질문 자체가 나오는 것은 좋지 않습니다.

이런 관점에서 유니티가 개발할 때 좋은 점은 디자이너와 개발자가 의사소통하기 편하다는 점을 들 수 있습니다. 바로 뷰에 게임의 결과가 보이거든요.

Q. 좋은 게임 개발을 위해 게임 개발자들이 생각해 봐야 할 점이 있다면 조언해 주세요.

첫 번째는 게임 개발에 대한 철학이라고 생각합니다. '캔디 크러시 사가'로 알려진 King과 '클래시 오브 클랜'을 제작한 Super Cell을 비교해 보면 각 회사의 철학이 다르다는 것을 알 수 있어요. King 같은 경우에는 회사의 모토가 '세상에 없던 게임을 만들자'가 아니라 '기존의 게임을 어느 개발사보다 재미있게 만들자'는 식입니다. 그래서 King은 기존의 게임을 계속 벤치마킹합니다. 일 년에도 수십 개의 프로젝트를 진행하고 자체적으로 재미있다고 판단할 수준에 이르렀을 때, 게임을 출시하는 형식입니다. 양적으로 접근하되, 기존에 있었던 게임에 대해서만큼은 철저하게 재미를 추구하는 것이죠.

반면에 슈퍼셀은 '기존에 없었던 색다른 재미를 만들어내자'는 분위기를 가지고 있습니다. 기존에 없던 게임은 아니지만, 기존에 없던 새로운 즐거움을 주겠다는 것이죠. 이에 슈퍼셀은 양적인 발전보다 질적인 발전이 많습니다. 론칭을 하기까지도 오랜 시간이 걸리는 편입니다. 단계적으로 페이스북과 같은 일부 플랫폼을 통해서만 서비스를 하고, 게임이 라이브된 상태에서 폴리싱을 하는 것입니다. 그렇게 글로벌 시장에 게임을 론칭하기까지 굉장히 많은 스텝을 거치는 형태를 보여주고 있습니다.

국내 시장에는 그런 철학을 가진 회사들이 별로 없는 것 같습니다. 게임 개발에 대한 철학을 분명히 하고, 그에 따라 시간을 투자/분배한다면 기획의도를 세우고 개발 목표에 걸맞는 게임을 개발하는 데 분명 좋은 영향을 미칠 것입니다.

두 번째는 퀄리티입니다. 게임 시장에 진출하기 위해서는 퀄리티, 퍼블리싱, 여러 가지 요소를 신경써야하는데, 결국 게임 개발하는 사람이 신경 써야 할 부분은 게임의 퀄리티이기 때문이죠. 그래픽 퀄리티, 게임성 퀄리티, 시스템 퀄리티, 대규모 네트워크, 혹은 복잡한 밸런싱을 비롯해 게임의 난이도 설정을 잘하는 것도 퀄리티를 높이는 요소가 됩니다. 적절히 어려워 몰입할 수 있지만, 모바일에 맞게 쉬운 플레이가 가능해야 하는 것이죠. 사람들의 요구치는 가면 갈수록 높아집니다. 개발 엔진도 너무 좋아지고 있기 때문에, 그럴수록 더욱 퀄리티에 에너지를 쏟아야 할 것입니다.

그밖에도 모바일 게임 시장이 보다 활성화되려면, 남들과 다른 창의성 있는 게임이 나와야 합니다. 창의성이 있다는 것이 꼭 색다른 게임을 개발해야 한다는 것만은 아닙니다. 기존에 있는 게임에서 불편했던 점이나 재미없었던 점을 파악하고, 이를 해소하거나 게임의 룰 또는 캐릭터를 바꾸는 등 접근방식을 달리하는 것도 좋겠죠. 기존에 있던 다른 IP를 활용하는 방법도 고려해볼 만합니다. 일례로 뮤의 캐릭터 IP를 활용한 모바일 게임 '진민기적'은 중국에서 많은 인기를 끌고 있습니다. '도탑전기'도 도타 아이피를 활용해서 만들었습니다. 이런 점을 감안해 너무 색다른 인디게임만 추구할 게 아니라, 다양한 방법으로 새로운 시장성을 고민할 필요가 있습니다.

Q. 그 밖에 모바일 게임 개발 시에 중요하게 생각해야 하는 부분이 있을까요?

기존 피처폰 시대에는 모바일 게임에 운영 이슈가 거의 없었습니다. 요즘 인기 순위권에 있는 모바일 게임들을 보면, 보통 2주에 한 번꼴로 업데이트가 이뤄지고 있습니다. 지속적인 리워드 등을 통해 기존에 있던 유저들의 이탈률을 낮추고, 진성한 유저로 만들기 위한 방법이 되기 때문입니다. 이런 장치들은 어떤 하나의 게임을 즐기고 있는 유저가 동일한 장르의 다른 게임으로 이동하기가 쉽지 않게 합니다. 그만큼 요즘 게임 시장은 운영이 게임의 전부라고 할 정도로 운영 이슈가 크게 작용합니다. 그냥 출시하면 끝이었던 과거의 게임 개발과 달리 이제는 출시 이후에 운영을 어떻게 할 것이냐에 대한 고민이 아주 많이 필요합니다.

unity⁵

» 본격적으로 유니티3D 액션게임 개발을 시작합니다. 귀여운 캐릭터들이 뛰어놀 게임 배경을 설정하고 공격, 필살기, 뛰기 등 캐릭터의 움직임을 구현합니다. 주인공이 있다면 적도 필요한 법! 몬스터를 생성하고 리젠시키는 방법, 적절한 타격 판정에 따른 게임 요소를 적용해 봅시다. 물론 액션게임에 적절한 화면 구성에 대해서도 알아봅니다. 전반적으로 아주 기본적인 액션 게임 요소를 구현하는 방법에 대해 다룹니다.

PART

02

게임 제작
초급반

CONTENTS

04 미소녀 액션 게임 1
3D 캐릭터 움직이기

>> 이번 챕터부터는 유니티로 게임을 만들고 기능들을 하나씩 배우면서 추가해 나가겠습니다. 게임 내 배경, 캐릭터를 생성 배치하고 게임 캐릭터가 이동할 수 있도록 방향 컨트롤러를 삽입해 이동하는 방법을 알아봅니다.

01 | 개발 목표

이번 챕터에서는 움직이는 캐릭터를 구현해 보겠습니다. 방향 컨트롤과 캐릭터의 기본적인 움직임, 캐릭터를 비추는 카메라 시점까지 다루게 됩니다.

(1) 이번 챕터에서 개발할 게임 화면

▲ 챕터 4에서 제작할 게임 인터페이스 화면

앞의 그림은 이번 챕터에서 만들어 볼 터치 인터페이스와 애니메이팅에 활용할 주인공의 3D 캐릭터입니다. 이번 챕터에서 배우게 될 기능을 대략적으로 가늠해 보시기 바랍니다.

(2) 출시된 게임들의 인터페이스

실제로 게임을 개발하는 데 있어, 이미 시중에서 서비스되고 있는 게임을 참고하는 것은 많은 도움이 됩니다. 기존의 게임 방식을 업그레이드해서 새로운 아이디어를 만들어 낼 수도 있고, 비슷한 게임 방식을 유지하되 기존 게임들이 집중하지 않은 요소를 부각해서 게임을 새롭게 꾸밀 수도 있을 것입니다.

무엇보다 실제로 구현된 게임의 구동 방식을 확인함으로써 그것과 동일한 형태를 구현하려면 무엇이 필요할지 고민하고, 그것에서 더 나아가 나만의 혹은 우리만의 게임을 만들려면 어떤 부분을 더 강화해야겠다는 식의 목표 의식을 갖는다면 좀 더 수월하고 빠른 게임 개발도 가능합니다. 즉, 기존 게임에서 배워서 빠르게 적용하고 보다 강화해서 재미를 향상시키는 것이 포인트입니다. 그럼 이번 예제 작업을 위해서 기존 게임을 살펴봅시다.

3D 액션 게임에서 기본 조작은 바로 캐릭터를 컨트롤하는 것입니다. 최근 3D 액션 게임에서 가장 유행하는 인터페이스는 다음 예제 그림과 같은 모습을 가지고 있습니다. 이번 시간에는 3D 캐릭터를 우리가 원하는 대로 움직이도록 만드는 터치 인터페이스와 캐릭터 애니메이션을 조작하는 방법을 배워 보도록 합시다.

▲ 모바일 3D 액션 게임의 일반적인 인터페이스 1

▲ 모바일 3D 액션 게임의 일반적인 인터페이스 2

같은 장르의 게임에서 인터페이스나 조작 방식은 거의 비슷한 형태를 보입니다. 왜냐하면 가장 효과적인 조작 방식은 대부분 UX(User Experience, 사용자 경험) 디자이너에 의해 여러 게임들을 거쳐 지금에 이르기까지 발전해 왔기 때문입니다.

온고지신(溫故知新, 이전 것을 배워 새롭게 한다)이라는 말처럼, 배우는 입장에서는 잘 만들어진 게임을 따라서 인터페이스를 만들어보는 것이 패턴을 학습하는 데 좋습니다. 앞서 살펴본 예제 그림의 인터페이스는 단순해 보이지만 꽤 많은 요소로 이루어져 있습니다. 예제 그림의 인터페이스를 몇 가지로 분류해서 각각의 기능으로 나누어 살펴봅시다.

▲ 모바일 3D 액션 게임의 일반적인 인터페이스 3

❶ 방향 컨트롤러　　❷ 캐릭터 체력, 마력 게이지
❸ 공격 버튼　　　　❹ 스킬 버튼
❺ 설정 버튼 (일시 정지, 설정)

기존 3D 액션 게임의 인터페이스를 따라 만들어 보면서 감을 익혀 볼 텐데, 우선 방향 컨트롤러로 캐릭터를 움직이는 방법을 차근차근 살펴봅시다. 일반적인 액션 게임의 인터페이스라면, 앞의 그림처럼 좌측 하단의 동그란 컨트롤러를 누른 상태에서 움직이고 싶은 방향으로 드래그하면 캐릭터는 드래그한 방향으로 이동하게 됩니다.

02 | 방향 컨트롤러 만들 준비하기

사용자가 게임을 플레이하는 데는 기본적으로 사용자와 동일시되는 캐릭터가 필요합니다. 게임상에서 사용자의 분신과도 같은 캐릭터를 사용자가 원하는 방향으로 움직이는 것은 모든 게임의 기본입니다. 캐릭터를 움직이기 위한 방향 컨트롤러를 생성해 봅시다.

(1) 예제 프로젝트에서 지형 불러오기

Ch4_Start 예제 프로젝트를 열고 지형을 신(Scene) 탭에 불러와서 방향 컨트롤러를 구현할 준비를 합니다.

▲ [Open Other] 버튼을 클릭해서 Ch4_Start 폴더 오픈

유니티에서는 신 파일을 사용하기도 하지만, 신 파일과 CS 파일, 이미지 파일들이 들어있는 폴더 자체를 불러올 수도 있습니다.

제공된 예제 중 Chapter4/Ch4_Start 프로젝트 폴더를 열어서 개발을 시작합니다.

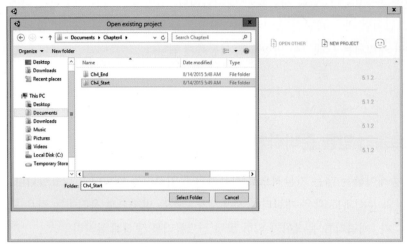

▲ Chapter4/Ch4_Start 예제 폴더 열기

프로젝트를 열었으면, 유니티 상단 메뉴에서 [File > New Scene] 메뉴를 선택해서 새로운
신(Scene)을 생성합니다.

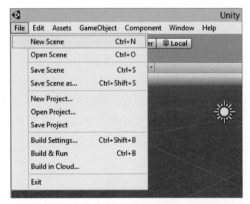

▲ [File > New Scene] 메뉴를 선택해 새로운 신 생성

챕터 3에서 지형(Terrain)을 설정하는 법을 배웠습니다. 이번 챕터에서는 지형을 새로 만드
는 과정은 넘어가고, 이미 만들어진 지형을 신(Scene)으로 드래그 앤 드롭하여 지형을 추가
합니다.

우리가 추가할 지형은 프로젝트(Project) 탭의 /Models/Terrain/Terrain 파일입니다. 이 파
일을 프로젝트 탭에서 드래그해서 신(Scene) 탭으로 이동시킵니다.

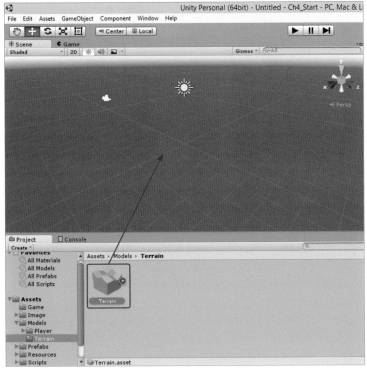

▲ Terrain 파일을 신(Scene) 탭 가운데로 드래그해서 추가

(2) 신(Scene) 저장하기

우선 유니티 상단 메뉴에서 [File > Save Scene]을 눌러서 현재 신(Scene)을 저장합니다. 여기서는 /Assets/Scenes/ 폴더 안에 Game이라는 이름으로 신을 저장했습니다.

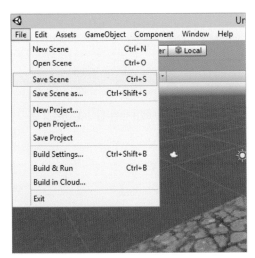

▲ 현재 신 저장

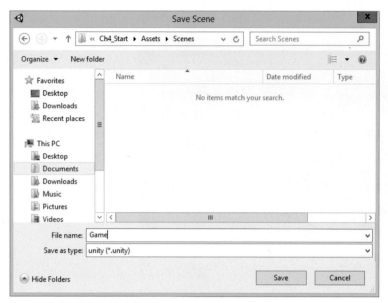

▲ Game이라는 이름으로 신 저장

(3) 캐릭터 배치하기

다음은 캐릭터를 배치할 차례입니다. 샘플 프로젝트의 Assets/Prefabs/Player 폴더에 들어가면, Player라는 이름의 캐릭터 프리팹(Prefab) 파일이 있습니다.

이 프리팹 파일은 에셋스토어에서 Bladegirl 캐릭터 에셋을 다운로드해서 주인공 캐릭터를 Prefabs/Player 폴더로 옮겨 놓은 것입니다.

TIP 프리팹(Prefab)이란 무엇인가요?

Prefab 단어의 뜻을 먼저 살펴보겠습니다. 프리팹(Prefab)은 건축용어로도 쓰입니다.

> 프리팹(Prefab) : 공장에서 부품의 가공과 조립을 미리 만들어놓고 현장에서는 설치만 하는 건축 용법
> – 네이버 국어사전

위의 정의처럼, 프리팹은 미리 만들어놓고 필요할 때마다 불러다 쓰는 기법이라고 보면 됩니다. 이해를 돕기 위해 프리팹이 필요한 상황을 몇 가지 살펴봅시다.

상황 1 몬스터를 만들었는데, 똑같은 몬스터를 무한히 게임 신으로 로드해야 한다.

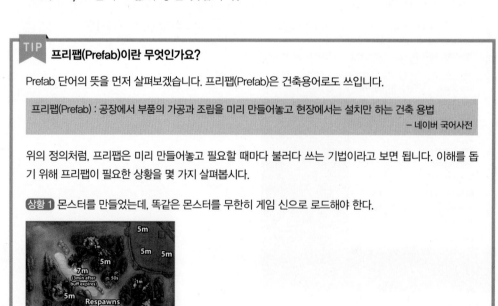

◀ 리그 오브 레전드는 똑같은 몬스터를 주기적으로 생성합니다.

온라인 게임 유저들 사이에서는 몬스터나 아이템의 생성이 몹젠, 리젠 등의 용어로 더욱 잘 알려져 있습니다. 열성 유저들은 어느 패턴으로 몬스터나 아이템이 생성(젠)되는지 분석해서, 젠 타이밍에 맞추어 사냥을 하곤 합니다. 같은 아이템이나 몬스터라도 완전 동일할 수도 있지만, 몬스터가 들고 있는 아이템이나 아이템의 속성은 몬스터나 아이템마다 조금씩 다릅니다.

상황 2 주인공이 총을 쏘는데, 총알이 나가야 한다.

총알은 무한히 나갑니다. 총을 쏠 때마다 똑같은 총알이 가상공간 안에 생성되어야 합니다.

▲ 총을 들고 전투하는 게임에서는 똑같은 총알이 많이 생성되고 없어집니다.

상황 3 크래시 오브 클랜이나 룰더스카이에서처럼, 건물을 짓는다.

유저가 건물을 구매하면, 구매한 건물이 유저의 영토에 생성되어 건축됩니다. 똑같은 건물을 조건에 따라 여러 번 구매할 수도 있습니다. 같은 건물이면 거의 동일한 속성을 지니지만, 위치나 색상 등은 조건에 따라 조금씩 다를 수 있습니다.

여기까지 나열한 상황들의 키워드를 살펴보면, 프리팹의 특징을 세 가지로 정리할 수 있습니다.

❶ 똑같은 객체를

❷ 무한히 복제한다.

❸ 객체마다 조금씩 다를 수는 있다.

프리팹은 이런 세 가지 성격을 지니고 있습니다. "만들려는 애가 똑같아서 매번 만들어내기 귀찮고, 표본을 하나 만든 다음에 무한 복제를 하고 싶어! 하지만 너무 똑같기만 하면 재미없으니까 경우에 따라 약간씩은 변수를 조정해줘서 다양성을 주고 싶어"라고 생각할 때 쓰는 게 바로 프리팹, Prefab입니다.

[프리팹 만드는 방법]
신에 만들어 놓은 게임 오브젝트를 Hierachy 탭에서 드래그해서 Project 탭으로 옮기면 프리팹이 생성됩니다.

[프리팹을 신으로 가져오는 방법]
Project 탭에 있는 프리팹을 Hierachy 탭 안으로 드래그해 넣으면 프리팹이 현재 신에 추가됩니다.

▲ Slime 게임 오브젝트를 프로젝트 탭으로 드래그해서 옮기면 새로운 프리팹이 생성됩니다.

[프리팹을 스크립트로 화면에 불러오는 방법]

enemy라는 프리팹을 스크립트에 연결해 놓은 상태라면, 다음의 방법으로 화면에 불러올 수 있습니다. Instantiate 함수를 써서 게임 신 안에 프리팹과 동일한 객체를 생성할 때, 3차원 좌표 Vector3(0,0,0)와 회전각도 Rotation(0,0,0,0)을 적용해 설정할 수 있습니다.

```
Instantiate (enemy, new Vector3(0,0,0), new Rotation(0,0,0,0));
```

▲ Player라는 이름의 프리팹이 저장된 장소

▲ Player라는 게임 오브젝트의 위치 설정

Player라는 이름의 프리팹(Prefab) 파일을 드래그해서 신(Scene) 화면으로 옮깁니다. 그러면 새로운 캐릭터가 화면상에 생성됩니다. 그리고 그 캐릭터의 인스펙터(Inspector) 창에서 게임 오브젝트의 좌표값을 (100,0,100)으로 수정합니다. 그러면 다음 그림처럼 캐릭터가 배치됩니다.

Name	Player
Position X	100
Position Y	0
Position Z	100

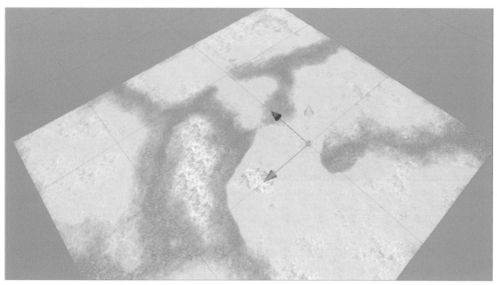

▲ 지면 위에 Player라는 이름의 프리팹이 저장된 장소

좌표축의 빨간색/초록색/파란색, 의미만 알아둡시다!

빨간색이 좌표축의 X축, 초록색이 Y축, 파란색이 Z축입니다. 간단한 팁이지만 게임을 제작하는 데 꽤나 유용하게 활용됩니다.

▲ 좌표축의 색을 보고 X, Y, Z축을 구분할 수 있다!

축의 색깔을 구분할 수 있으면, 신 화면만 보고서도 어느 쪽이 X축 방향인지 쉽게 이해할 수 있습니다.

이 책의 예제에서 사용하는 주인공 캐릭터의 출처입니다. 저작자에게 사용 허락을 받고 교재의 예제로 사용하였으며, 독자 여러분에게는 안타깝게도 연습용 이상의 라이선스가 부여되지 않습니다. 개인 혹은 회사 프로젝트에서 활용하고 싶다면, 에셋스토어에서 15달러를 내고 구매해야 합니다.

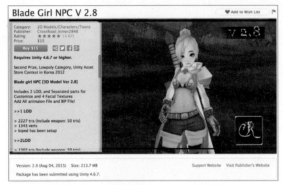

▲ 에셋스토어에서 주인공 캐릭터를 유료로 구매할 수 있습니다.

직접 3D 모델러와 애니메이터를 고용해서 이러한 퀄리티의 3D 모델링과 애니메이션을 구현하려면 약 100~300만 원의 예산이 필요합니다. 이런 점을 감안하면, 에셋스토어를 적극 활용하는 편이 좋다는 것을 쉽게 이해할 수 있을 것입니다.

03 | 캐릭터 방향 컨트롤러 구현하기

여기까지 기본적인 준비 작업을 마쳤습니다. 이제 로직을 구현하기 전에 전체적인 플로를 먼저 살펴봅시다. 약간 단계가 복잡한 구현에 들어갈 때는 전반적으로 플로를 한 번 정리해주는 편이 이해하기 편합니다.

방향 컨트롤러의 작동 플로는 크게 세 가지 구성요소로 이루어져 있습니다.

❶ 캐릭터의 움직임을 관할하는 PlayerMovement.cs 스크립트
❷ 터치패드의 작동 기능을 구현한 TouchPad.cs 스크립트
❸ 캐릭터의 애니메이션을 관할하는 PlayerAnimator 컴포넌트(AnimationController)

이중 세 번째인 PlayerAnimator 컴포넌트는 메카님과 관련된 주제입니다. 이 챕터의 마지막에 설명하기로 하고, 우선 첫 번째와 두 번째 구성요소부터 살펴봅시다.

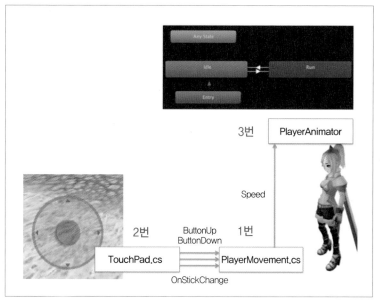

▲ 방향 컨트롤러에서 PlayerMovement.cs 스크립트에 명령을 보내면, PlayerMovement.cs가 PlayerAnimator 객체에 명령을 보냅니다.

(1) 캐릭터 이동 스크립트 PlayerMovement.cs 만들기

앞서 흐름도에서 봤듯이, PlayerMovement.cs라는 스크립트가 주인공 캐릭터 이동에 중심적인 역할을 합니다. PlayerMovement.cs 스크립트가 하는 일은 방향 컨트롤러가 보내는 신호를 받아들여서 캐릭터가 움직이고 방향을 바꾸게 해주는 역할을 합니다.

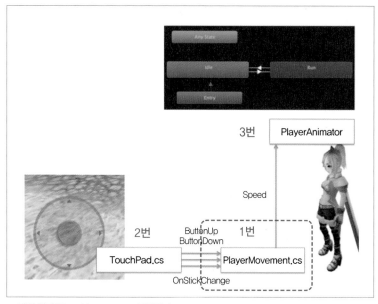

▲ 가장 먼저 PlayerMovement.cs 구현하기

(2) Player 게임 오브젝트에 PlayerMovement.cs 스크립트 붙이기

앞서 화면상에 Player라는 프리팹(Prefab)을 드래그해서 추가한 바 있습니다. Player 게임 오브젝트는 주인공 미소녀 캐릭터가 구현된 오브젝트입니다. 하이어라키(Hierarchy) 탭에서 Player라는 게임 오브젝트를 확인할 수 있습니다.

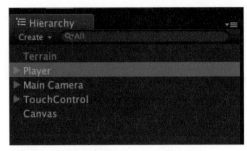

▲ Player 오브젝트의 위치

이제 주인공 캐릭터가 방향 컨트롤러의 명령에 따라서 움직이게 할 수 있도록, Player 게임 오브젝트에 스크립트를 생성해서 붙여야 합니다.

Assets/Scripts/Player 폴더에 PlayerMovement.cs라는 C# 스크립트 파일을 생성합니다.

이때 '.cs'는 파일확장자이며, 파일 이름은 PlayerMovement로 설정합니다. 만약 파일 이름을 PlayerMovement.cs로 적는다면 실제로 생성되는 파일은 PlayerMovement.cs.cs가 되어 오류가 발생할 수 있다는 점에 주의하세요.

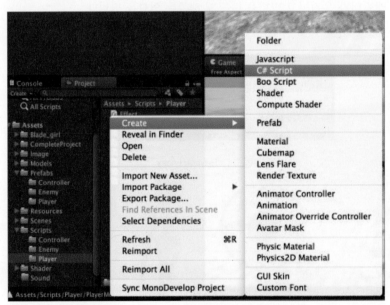

▲ Assets/Scripts/Player 폴더에 PlayerMovement.cs 생성

그리고 방향 컨트롤러의 신호를 받아서 애니메이터에 전달하기 위해 다음의 소스 코드를 PlayerMovement.cs 파일 안에 적어 넣습니다.

```
using UnityEngine;
using System;
using System.Collections;

// 클래스 선언 위에 RequireComponent(typeof(Animator))라는 구문은
// 이 게임 오브젝트에 Animator가 없으면 안 된다고 명시하는 역할을 합니다.
// 이 스크립트가 붙어있는 게임 오브젝트에 Animator 컴포넌트가 없으면 게임이 실행되지 않습니다.
[RequireComponent(typeof(Animator))]
public class PlayerMovement: MonoBehaviour {

// 이 게임 오브젝트에 붙어있는 Animator 컴포넌트를 가져옵니다.
    protected Animator avatar;

    float lastAttackTime, lastSkillTime, lastDashTime;
    public bool attacking = false;
    public bool dashing = false;
    void Start ()
    {
        avatar = GetComponent<Animator>();
    }

// h: Horizontal 방향 컨트롤러의 가로 방향입니다.
// v: Vertical 방향 컨트롤러의 세로 방향입니다.
    float h, v;

// 방향 컨트롤러에서 컨트롤러에 변경이 일어나면 호출되는 함수입니다.
    public void OnStickChanged(Vector2 stickPos)
    {
        h = stickPos.x;
        v = stickPos.y;
    }

// 매 프레임마다 터치 컨트롤러에서 오는 신호를 애니메이터에 전달합니다.
    void Update ()
    {

// 아바타(애니메이터)가 있어야만 제대로 실행됩니다.
        if(avatar)
        {
            float back = 1f;

            if(v<0f) back = -1f;
```

```
// 애니메이터에 전달하는 값은 속도 뿐입니다.
        avatar.SetFloat("Speed", (h*h+v*v));

        Rigidbody rigidbody = GetComponent<Rigidbody>();

        if(rigidbody)
        {
          Vector3 speed = rigidbody.velocity;
          speed.x = 4 * h;
          speed.z = 4 * v;
          rigidbody.velocity = speed;
           if(h != 0f && v != 0f){
// 캐릭터의 방향 전환은 즉시 이루어지며,
// 애니메이터에 전달되지 않고 자체적으로 해결합니다.
             transform.rotation = Quaternion.LookRotation(new Vector3(h, 0f,
v));
          }

        }

      }


    }



  public void OnAttackDown()
  {
    attacking = true;
    avatar.SetBool("Combo", true);
    StartCoroutine(StartAttack());

  }

  public void OnAttackUp()
  {
    avatar.SetBool("Combo", false);
    attacking = false;
  }

  IEnumerator StartAttack()
  {
    if(Time.time - lastAttackTime> 1f){
```

```
            lastAttackTime = Time.time;
            while(attacking){
                avatar.SetTrigger("AttackStart");
                yield return new WaitForSeconds(1f);
            }
        }

    }

    public void OnSkillDown()
    {

        if(Time.time - lastSkillTime > 1f)
        {
            avatar.SetBool("Skill", true);
            lastSkillTime = Time.time;
        }

    }

    public void OnSkillUp()
    {
        avatar.SetBool("Skill", false);
    }

    public void OnDashDown ()
    {

        if(Time.time - lastDashTime > 1f){

            lastDashTime = Time.time;
            dashing = true;
            avatar.SetTrigger("Dash");

        }

    }

    public void OnDashUp ()
    {
        dashing = false;
    }

}
```

▲ 리스트 4-1 : PlayerMovement.cs 소스 코드 생성

PlayerMovement.cs는 캐릭터의 이동을 관할하는 프로그램 코드입니다.

```
protected Animator avatar;

float lastAttackTime, lastSkillTime, lastDashTime;
public bool attacking = false;
public bool dashing = false;

void Start ()
{
    avatar = GetComponent<Animator>();
}
```

▲ 리스트 4-2 : PlayerMovement.cs 초기 설정

컨트롤러 인터페이스에서 터치하는 부분의 위치를 PlayerMovement 객체의 OnStick-Changed( ) 함수로 전달합니다. 이때 전달되는 값은 Vector2라는 자료형을 가진 변수입니다. PlayerMovement.cs의 소스 코드 작성이 완료되었다면, 해당 파일을 하이어라키에 있는 Player 오브젝트에 드래그해서 연결합니다.

04 | Native UI를 사용하여 인터페이스 구현

이제 캐릭터가 움직이는 방향을 유저로부터 입력받는 인터페이스를 구현해 볼 차례입니다. 인터페이스를 구현하는 방식과 관련해서는 지금까지 여러 개발사에서 NGUI 플러그인에 의존하여 개발을 해왔었습니다. 하지만 유니티3D에서 자체적으로 지원하기 시작한 UGUI 기능을 활용하여 인터페이스를 구현해보도록 하겠습니다.

(1) 방향 컨트롤러 추가하기

우선 방향 컨트롤러로 캐릭터가 상하좌우로 이동하도록 구현합니다. 기능을 구현하기에 앞서 화면의 좌측 하단에 컨트롤러로 사용할 동그란 기본 이미지부터 구현해 봅시다.

▲ 방향 컨트롤러가 추가된 인터페이스

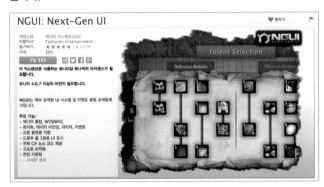
메뉴에서 [GameObject > UI > Canvas]를 클릭합니다. 그러면 Hierachy 창에 Canvas라는 새로운 게임 오브젝트가 생성됩니다. 예제에서는 그 오브젝트의 이름을 TouchControl로 임의적으로 변경했습니다.

그렇게 생성된 오브젝트 안에 세 가지 게임 오브젝트를 생성해 캔버스(Canvas), 이미지(Image), 이벤트 시스템(EventSystem)을 하나씩 넣어보도록 합시다.

UGUI의 캔버스, 버튼, 이미지, 이벤트시스템 소개

UGUI(Unity Graphic User Interface)는 유니티 4.6 버전부터 지원되기 시작한 새로운 기능입니다. 기존에도 유니티에서 UI 시스템을 지원하기는 했지만, 사실 기존 UI 시스템은 많이 쓰이지 않았습니다. 하지만 4.6 버전에서 새로운 UI 시스템이 도입되면서, 이 시스템이 개발자들에게 많이 사랑받고 있습니다.

❶ 캔버스(Canvas)

캔버스(Canvas)는 모든 UI 구성요소가 들어있는 영역입니다. 캔버스는 Canvas 컴포넌트가 포함돼 있는 하나의 게임 오브젝트(Game Object)입니다. 새로운 캔버스 오브젝트를 생성하려면, 유니티 상단 메뉴의 [Game Object > UI > Canvas]를 선택하면 됩니다.

▲ 신(Scene)탭에 보이는 네모난 흰색 테두리가 캔버스입니다.

❷ 버튼(Button)

버튼(Button)은 사용자가 화면상에서 눌러서 스크립트로 명령을 전달할 수 있는 UI 구성요소 중 하나입니다. 챕터 5부터 다루게 됩니다. 버튼 컴포넌트의 특징은 해당 오브젝트를 유저가 눌렀을 때 호출할 함수를 지정할 수 있다는 점입니다. 새로운 버튼을 생성하기 위해서는 유니티 상단 메뉴에서 [Game Object > UI > Button]을 선택합니다.

❸ 이미지(Image)

이미지 오브젝트는 이미지를 유저 인터페이스 상에 표시하기 위한 오브젝트입니다.

▲ 빨간색 네모로 표시한 오브젝트가 Image 오브젝트입니다.

❹ 이벤트 시스템(Event System)

이벤트 시스템은 따로 화면상에 표시되지는 않습니다. 주로 하는 역할은 사용자가 UI를 눌렀을 때나 스크롤, 드래그했을 때 발생하는 이벤트를 관리해주는 역할을 합니다.

(2) 방향 컨트롤러 배경 이미지 추가하기

방향 컨트롤러는 작은 동그라미(액션 버튼의 역할)와 배경 이미지 두 가지로 이루어져 있습니다. 먼저 방향 컨트롤러의 배경 이미지를 추가해 봅시다. 사용할 이미지는 심플한 빨간색 동그라미입니다.

1) 이미지 오브젝트 생성하기

메뉴에서 [GameObject > UI > Image]를 클릭해서 게임 오브젝트를 생성합니다.

2) 이미지 오브젝트 변경하기

Inspector의 Image 항목에서 Source Image 우측에 작은 동그라미를 선택해서 TouchBackground 이미지를 선택합니다.

▲ TouchBackground 이미지 선택

3) 사이즈 설정하기

Inspector의 Rect Transform 항목에서 Pos X와 Pos Y는 각각 100으로, Width와 Height는 각각 150으로 설정합니다. 여기서 Width는 가로 사이즈이고, Height는 세로 사이즈입니다. 이 수치를 변경해 방향 컨트롤러를 원하는 크기로 조정할 수 있습니다.

4) 앵커 설정하기

앵커 설정을 위해 Rect Transform 좌측 상단에 빨간줄로 표시된 부분을 클릭하고, 그 이후에는 Anchor Presets에서 bottom, left를 선택합니다.

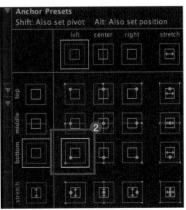

▲ 앵커를 변경하기 위한 설정   ▲ left, bottom 앵커 선택

TIP 유니티 UI 시스템의 앵커(Anchor) 이해하기

유니티의 UI 시스템에서는 여러 모바일 기기 해상도에 대응하기 위해서 앵커라는 기능을 지원합니다. 영어로 앵커(Anchor)란, 배의 닻이라는 뜻입니다. 어느 지점을 기준으로 상대 좌표를 설정할 수 있습니다. 예를 들면, 좌측 상단으로부터 (10, 10)만큼 떨어진 지점에 이미지를 놓을 수 있습니다. 우리가 만드는 방향 컨트롤러의 위치를 예로 들어보겠습니다.

개발자가 게임을 개발할 때, 아이폰과 아이패드 두 디바이스에서 해상도의 문제없이 게임이 구동되기 원한다면 앵커를 활용해야 합니다.

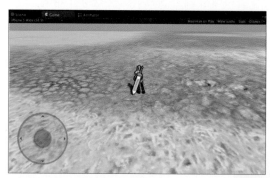

▲ 아이폰 해상도에 맞춘 플레이 화면

아이폰의 경우는 16 : 9의 해상도입니다. 하지만 모든 디바이스가 동일한 해상도를 가지고 있지 않습니다.

▲ 아이패드의 해상도인 4 : 3 해상도

아이패드의 경우에는 4 : 3 비율의 해상도를 갖고 있습니다. 만약 이미지의 위치가 화면 정가운데를 기준으로 잡힌다면, 이미지의 위치는 해상도에 따라 잘려 안 보일 가능성이 있습니다.

이런 문제를 해결하기 위해 존재하는 것이 바로 앵커(Anchor)입니다. 다음의 이미지는 이번 챕터에서 설정할 앵커의 한 장면입니다. UI 오브젝트의 Rect Transform 좌측 1번 영역을 클릭하고, 원하는 앵커 지점을 설정하면, UI 오브젝트가 어느 위치를 기준으로 화면에 표시될지 설정할 수 있습니다. 좌측 하단을 기준으로 표시되게 하고 싶다면, 2번 영역을 클릭해서 설정하면 됩니다.

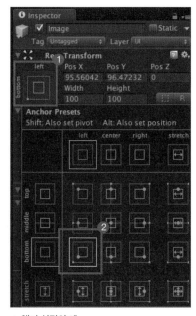

▲ 앵커 설정의 예

5) 새로 생성한 이미지(Image) 오브젝트의 이름을 TouchBackground로 변경합니다.

캔버스(Canvas)에 생성될 여러 UI 오브젝트 간에 구분을 쉽게 하기 위해서 Image 오브젝트의 이름을 Image에서 TouchBackground로 변경하겠습니다.

이런 작업을 거치면 다음과 같이 TouchBackground가 완성됩니다.

참고로 위치값을 설정한 후에 앵커 설정을 하면, 기존에 설정한 위치값이 변경될 수 있습니다. 앵커 설정한 이후에 위치값을 다시 조정해 주는게 좋습니다.

◀ 완성된 TouchBackground 세부 설정

(3) 방향 컨트롤러 TouchPad

컨트롤을 위한 터치 배경화면을 설정했다면 이제 직접적인 방향 컨트롤러를 만들어 봅시다. 이번에는 터치 컨트롤러의 가운데 있는 동그란 버튼을 만들어 보겠습니다. 이 버튼을 눌러서 드래그하면 캐릭터가 움직이도록 설정하는 거죠.

터치패드의 Source Image는 TouchButton을 선택합니다. 터치패드의 위치값은 터치백그라운드와 동일하게 설정합니다.

1) 이미지 오브젝트 생성하기

메뉴에서 [GameObject > UI > Image]를 클릭해서 게임 오브젝트를 생성합니다.

2) 이미지 오브젝트 이름 변경하기

게임 오브젝트(GameObject)의 이름을 TouchPad로 변경합니다.

3) 이벤트 트리거(Event Trigger) 컴포넌트 추가하기

인스펙터(Inspector) 화면에서 [Add Component] 버튼을 클릭하여 EventTrigger라고 타이핑하면 EventTrigger가 선택지에 나타납니다. EventTrigger를 TouchPad 게임 오브젝트에 추가합니다.

▲ EventTrigger 추가하기

4) TouchPad.cs 스크립트 작성하기

Assets/Scripts/Controller 폴더에 TouchPad.cs 파일을 생성한 후 다음의 코드를 적어 넣습니다.

```csharp
using UnityEngine;
using UnityEngine.UI;
using System;
using System.Collections;

public class TouchPad : MonoBehaviour {

// _touchPad 오브젝트를 연결합니다.
    private RectTransform _touchPad;

// 터치 입력 중에 방향 컨트롤러의 영역 안에 있는 입력을 구분하기 위한 아이디입니다.
    private int _touchId = -1;

// 입력이 시작되는 좌표입니다.
    private Vector3 _startPos = Vector3.zero;

// 방향 컨트롤러가 원으로 움직이는 반지름입니다.
    public float _dragRadius = 60f;

// 플레이어의 움직임을 관리하는 PlayerMovement 스크립트와 연결합니다.
// 방향키가 변경되면 캐릭터에게 신호를 보내야 하기 때문입니다.
    public PlayerMovement _player;

// 버튼이 눌렸는지 체크하는 bool 변수입니다.
    private bool _buttonPressed = false;

    void Start () {

// 터치패트의 RectTransform 오브젝트를 가져옵니다.
        _touchPad = GetComponent<RectTransform>();

// 터치 패드의 좌표를 가져옵니다. 움직임의 기준값이 됩니다.
        _startPos = _touchPad.position;

    }

    public void ButtonDown()
    {
// 버튼이 눌렸는지 확인해 놓습니다.
        _buttonPressed = true;
    }

    public void ButtonUp()
    {
        _buttonPressed = false;
```

```
// 버튼이 떼어졌을 때 터치패드와 좌표를 원래 지점으로 복귀시킵니다.
    HandleInput(_startPos);


  }

  void FixedUpdate()
  {
// 모바일에서는 터치패드 방식으로 여러 터치 입력을 받아 처리합니다.
    HandleTouchInput();

// 모바일이 아닌 PC나 유니티 에디터 상에서 작동할 때는 터치 입력이 아닌 마우스로 입력받습니다.
#if UNITY_EDITOR || UNITY_STANDALONE_OSX || UNITY_STANDALONE_WIN || UNITY_
WEBPLAYER

    HandleInput(Input.mousePosition);

#endif

  }

  void HandleTouchInput ()
  {
// 터치 아이디(touchId)를 매기기 위한 번호입니다.
    int i = 0;
// 터치 입력은 한 번에 여러 개가 들어올 수 있습니다. 터치가 하나 이상 입력되면 실행되도록 합니다.
    if(Input.touchCount > 0)
    {

// 각각의 터치 입력을 하나씩 조회합니다.
        foreach(Touch touch in Input.touches)
        {
// 터치 아이디(touchId)를 매기기 위한 번호를 1 증가시킵니다.
          i++;

// 현재 터치 입력의 x,y 좌표를 구합니다.
          Vector3 touchPos = new Vector3(touch.position.x, touch.position.
y);

// 터치 입력이 방금 시작되었다면, 혹은 TouchPhase.Began이면,
          if(touch.phase == TouchPhase.Began)
          {
// 그리고 터치의 좌표가 현재 방향키 범위 내에 있다면
            if(touch.position.x
              <= (_startPos.x + _dragRadius))
            {
// 이 터치 아이디를 기준으로 방향 컨트롤러를 조작하도록 합니다.
              _touchId = i;
```

```
                    }

                }

// 터치 입력이 움직였다거나, 가만히 있는 상황이라면,
            if(touch.phase == TouchPhase.Moved
              || touch.phase == TouchPhase.Stationary)
            {
// 터치 아이디로 지정된 경우에만
                if(_touchId == i)
                {
// 좌표 입력을 받아들입니다.
                    HandleInput(touchPos);
                }
            }

// 터치 입력이 끝났는데,
            if(touch.phase == TouchPhase.Ended)
            {
// 입력받고자 했던 터치 아이디라면
                if(_touchId == i)
                {
// 터치 아이디를 해제합니다.
                    _touchId = -1;

                }
            }

        }
        }
    }

  void HandleInput (Vector3 input)
  {
// 버튼이 눌러진 상황이라면,
    if(_buttonPressed)
    {
// 방향 컨트롤러의 기준 좌표로부터 입력받은 좌표가 얼마나 떨어져 있는지 구합니다.
      Vector3 diffVector = (input - _startPos);

// 입력 지점과 기준 좌표의 거리를 비교합니다. 만약 최대치보다 크다면,
        if (diffVector.sqrMagnitude >
          _dragRadius * _dragRadius)
          {
// 방향 벡터의 거리를 1로 만듭니다.
          diffVector.Normalize();
```

```
// 그리고 방향 컨트롤러는 최대치만큼만 움직이게 합니다.
        _touchPad.position = _startPos +
            diffVector * _dragRadius;
    }
    else // 입력 지점과 기준 좌표가 최대치보다 크지 않다면
    {
// 현재 입력 좌표에 방향키를 이동시킵니다.
        _touchPad.position = input;
    }
}
else
{
// 버튼에서 손이 떼어지면, 방향키를 원래 위치로 되돌려 놓습니다.
    _touchPad.position = _startPos;
}

// 방향키와 기준 지점의 차이를 구합니다.
Vector3 diff = _touchPad.position - _startPos;

// 방향키의 방향을 유지한 채로, 거리를 나누어 방향만 구합니다.
Vector2 normDiff = new Vector3(diff.x / _dragRadius, diff.y / _dragRadi-
us);

if(_player != null)
{
// 플레이어가 연결되어 있으면, 플레이어에게 변경된 좌표를 전달해줍니다.
    _player.OnStickChanged(normDiff);
    }
  }
}
```

▲ 리스트 4-3 : TouchPad.cs 소스 코드

리스트 4-3은 터치 패드 구성에 필요한 전체 소스 코드입니다. 이 코드를 부분별로 살펴보면서 각각 어떤 역할을 하게 되고, 변화에 따라 어떤 기능을 구현할 수 있는지 살펴봅시다.

```
public class TouchPad : MonoBehaviour {

    // _touchPad 오브젝트를 연결합니다.
    private RectTransform _touchPad;

    // 터치 입력 중에 방향 컨트롤러의 영역 안에 있는 입력을 구분하기 위한 아이디입니다.
    private int _touchId = -1;

    // 입력이 시작되는 좌표입니다.
    private Vector3 _startPos = Vector3.zero;

    // 방향 컨트롤러가 원으로 움직이는 반지름입니다.
    publilc float _dragRadius = 60f;

    // 플레이어의 움직임을 관리하는 PlayerMovement 스크립트와 연결합니다.
    // 방향키가 변경되면 캐릭터에게 신호를 보내야 하기 때문입니다.
    public PlayerMovement _player;

    // 버튼이 눌렸는지 체크하는 bool 변수입니다.
    private bool _buttonPressed = false;

    void Start () {

        // 터치패드의 RectTransform 오브젝트를 가져옵니다
        _touchPad = GetComponent<RectTransform>();

        // 터치패드의 좌표를 가져옵니다 => 움직임의 기준값이 됩니다.
        _startPos = _touchPad.position;

    }
```

▲ 리스트 4-4 : 변수 선언 및 Start() 함수

우선 리스트 4-4에 등장하는 여러 변수에 대해서 알아봅시다.

- _touchPad : 터치패드의 가운데 작은 동그라미 이미지입니다. 터치패드를 눌러서 움직이면 이 동그라미가 큰 동그라미 배경 안에서 움직입니다.

▲ touchPad는 방향 컨트롤러 가운데 움직이는 이미지와 연결됩니다.

- _dragRdius: 방향 컨트롤러가 상하좌우로 움직이는 반지름입니다.

▲ 반지름 _dragRadius은 60으로 설정됩니다.

- _touchId : 현재 처리 중인 터치 ID를 임시로 저장하는 변수입니다. 모바일 디바이스에서 터치 입력은 접촉 부위가 하나가 아니라 여러 부위가 될 수 있으므로, 터치 입력 처리 방식은 기존의 마우스와는 좀 다릅니다. 1번 터치, 2번 터치, 3번 터치 이런 식으로 터치 입력이 나눠집니다. 스마트폰 상에 사용자가 첫 번째로 터치하는 터치 입력이 1번 터치이고, 두 번째로 터치하는 터치 입력이 2번째 터치입니다.

- _startPos : 터치의 기준점입니다. 터치 기준점이 필요한 이유는 현재 입력되고 있는 터치가 방향 컨트롤러 상에서 어느 방향에 위치할지 표시하기 위함입니다.

- _player : 주인공캐릭터에 붙어있는 PlayerMovement.cs 컴포넌트 클래스를 연결하는 변수입니다. PlayerMovement 클래스의 OnStickChanged() 함수로 현재 입력되는 방향을 전달하기 위해 존재합니다.

- _buttonPressed : 방향 컨트롤러가 눌러진 상태인지를 체크하는 변수입니다. 방향 컨트롤러에 손을 댔다가 손을 떼면 방향 컨트롤러를 초기화하기 위해서 존재합니다.

Start() 함수는 신이 시작되면서 터치 기준지점인 _startPos는 _touchPad의 위치로 설정합니다.

```
void Start () {

    // 터치패드의 RectTransform 오브젝트를 가져옵니다
    _touchPad = GetComponent<RectTransform>();

    // 터치패드의 좌표를 가져옵니다. 움직임의 기준값이 됩니다.
    _startPos = _touchPad.position;

}
```

▲ 리스트 4-5 : Start()에서 초기값 설정

리스트 4-5의 HandleInput과 HandleTouchInput에 대해 알아봅시다. 모바일 기기에서는 터치 입력이 위주가 되지만, 그 외의 PC나 웹 같은 환경에서는 마우스에 의지하는 경우가 많으므로, 함수를 분리해서 설명하겠습니다.

우선 HandleInput()의 코드입니다.

```
void HandleInput (Vector3 input)
{
    // 버튼이 눌러진 상황이라면,
    if (_buttonPressed)
    {
        // 방향 컨트롤러의 기준 좌표로부터 입력받은 좌표가 얼마나 떨어져 있는지 구합니다.
        Vector3 diffVector = (input - _startPos);

        // 입력 지점과 기준 좌표의 거리를 비교합니다. 만약 최대치보다 크다면,
        if (diffVector.sqrMagnitude >
            _dragRadius * _dragRadius)
        {
            // 방향 벡터의 거리를 1로 만듭니다.
            diffVector.Normalize();

            // 그리고 방향 컨트롤러는 최대치만큼만 움직이게 합니다.
            _touchPad.position = _startPos +
                diffVector * _dragRadius;
        }
        else // 입력 지점과 기준 좌표가 최대치보다 크지 않다면
        {
            // 현재 입력 좌표에 방향키를 이동시킵니다.
            _touchPad.position = input;
        }
    }
    else
    {
```

```
        // 버튼에서 손이 떼어지면, 방향키를 원래 위치로 되돌려 놓습니다.
        _touchPad.position = _startPos;
    }

    // 방향키와 기준 지점의 차이를 구합니다.
    Vector3 diff = _touchPad.position - _startPos;

    // 방향키의 방향을 유지한 채로, 거리를 나누어 방향만 구합니다.
    Vector2 normDiff = new Vector3(diff.x / _dragRadius, diff.y / _dragRadi-
us);

    if(_player != null)
    {
        // 플레이어가 연결되어 있으면, 플레이어에게 변경된 좌표를 전달해 줍니다.
        _player.OnStickChanged(normDiff);
    }
}
```

▲ 리스트 4-6 : TouchInput(Vector3) 함수

리스트 4-6의 첫 줄을 보면 if(_buttonPressed)라는 코드가 나옵니다. 이 코드는 버튼이 눌렸을 때는 터치 컨트롤러의 입력값을 플레이어의 PlayerMovement.cs 클래스에 전달하고, 버튼을 떼었을 경우에는 _touchPad가 가운데 지점으로 원상 복귀되도록 합니다.

```
        // 입력 지점과 기준 좌표의 거리를 비교합니다. 만약 최대치보다 크다면,
        if (diffVector.sqrMagnitude >
          _dragRadius * _dragRadius)
        {
            // 방향 벡터의 거리를 1로 만듭니다.
            diffVector.Normalize();

            // 그리고 방향 컨트롤러는 최대치만큼만 움직이게 합니다.
            _touchPad.position = _startPos +
              diffVector * _dragRadius;
        }
        else // 입력 지점과 기준 좌표가 최대치보다 크지 않다면
        {
    // 현재 입력좌표에 방향키를 이동시킵니다.
            _touchPad.position = input;
        }
```

▲ 리스트 4-7 : 터치 위치가 배경 원을 벗어나는 경우 처리 로직

diffVector는 현재 눌러진 지점으로부터 터치 컨트롤러의 가운데 지점을 뺀 벡터 값입니다. 이 코드는 터치를 시작한 지점이 배경에 그려진 원을 벗어나 있는지 체크하는 분기문입니다.

```
// 입력 지점과 기준 좌표의 거리를 비교합니다. 만약 최대치보다 크다면.
    if (diffVector.sqrMagnitude >
      _dragRadius * _dragRadius)
    {
```

▲ 리스트 4-8 : 터치 위치가 배경 원을 벗어나는가 체크하는 조건문

리스트 4-8은 현재 눌러진 지점으로부터 터치 컨트롤러의 중심 사이의 거리가 원의 지름보다 크면 조건문을 실행하라는 의미입니다. 즉 눌러진 위치가 원을 벗어나 있으면 처리할 내용입니다. 원을 벗어나 있는 경우에는 diffVector와 같은 방향으로 지름만큼 떨어진 지점에 touchPad가 위치하도록 합니다.

```
// 방향 벡터의 거리를 1로 만듭니다.
    diffVector.Normalize();

// 그리고 방향 컨트롤러는 최대치만큼만 움직이게 합니다.
    _touchPad.position = _startPos +
      diffVector * _dragRadius;
```

▲ 리스트 4-9 : 터치한 위치가 배경 원을 벗어날 때 터치패드 이동

리스트 4-9는 터치한 위치가 배경 원을 벗어나는 경우 같은 방향으로 배경 원의 끝자락으로 터치패드를 옮기는 역할을 합니다. diffVector.Normalize()로 인해서 방향은 그대로이지만 길이가 1인 벡터가 생성됩니다. 거기에 _dragRadius(원의 반지름)를 곱하면 터치 컨트롤러 배경 원의 끝자락에 터치패드가 위치하게 됩니다.

이 부분은 터치패드의 가운데 원이 움직이는 방식을 정해주는 로직일 뿐, 실제로 캐릭터가 움직이도록 하는 코드는 다음의 코드와 같습니다.

```
void HandleInput (Vector3 input)
{
    // 버튼이 눌려진 상황이라면.
    if(_buttonPressed)
    {
        // 방향 컨트롤러의 기준 좌표로부터 입력받은 좌표가 얼마나 떨어져 있는지 구합니다.
        Vector3 diffVector = (input - _startPos);

        // 입력 지점과 기준 좌표의 거리를 비교합니다. 만약 최대치보다 크다면.
        if (diffVector.sqrMagnitude >
            _dragRadius * _dragRadius)
        {
            // 방향 벡터의 거리를 1로 만듭니다.
            diffVector.Normalize();

            // 그리고 방향 컨트롤러는 최대치만큼만 움직이게 합니다.
            _touchPad.position = _startPos +
                diffVector * _dragRadius;
        }
        else // 입력 지점과 기준 좌표가 최대치보다 크지 않다면
        {
            // 현재 입력 좌표에 방향키를 이동시킵니다.
            _touchPad.position = input;
        }
    }
    else
    {
        // 버튼에서 손이 떼어지면, 방향키를 원래 위치로 되돌려 놓습니다.
        _touchPad.position = _startPos;
    }

    // 방향키와 기준 지점의 차이를 구합니다.
    Vector3 diff = _touchPad.position - _startPos;

    // 방향키의 방향을 유지한 채로, 거리를 나누어 방향만 구합니다.
    Vector2 normDiff = new Vector3(diff.x / _dragRadius, diff.y / _dragRadi-
us);

    if(_player != null)
    {
        // 플레이어가 연결돼 있으면, 플레이어에게 변경된 좌표를 전달해 줍니다.
        _player.OnStickChanged(normDiff);
    }
}
```

▲ 리스트 4-10 : 캐릭터가 움직일 방향의 방향 벡터 구하기

리스트 4-10은 터치패드 가운데와 터치 지점의 차이를 가지고 캐릭터가 움직일 방향 벡터를 구하는 코드입니다. 터치패드 가운데와 터치 지점의 차이를 가지고 캐릭터가 움직일 방향의 길이가 1인 방향 벡터를 구하고, 이 방향을 _player.OnStickChanged()에 전달합니다. 여기서는 사용자가 캐릭터를 움직일 때 캐릭터가 어느 방향으로 움직일지만 정해줍니다. 방향만 정해지면 주인공 캐릭터는 해당 방향으로 일정한 속도로 달리게 됩니다.

▲ 터치를 한 위치가 터치패드를 넘어서면, 원의 끝부분까지만 터치패드를 이동시킵니다.

터치 디바이스는 FixedUpdate()에서 HanleTouchInput()을 호출합니다. 그 외 환경에서는 TouchInput()을 호출합니다. 입력 처리 시 스마트폰의 경우에는 터치 입력을 처리해야 하고, 그 외 환경에서는 주로 마우스의 입력을 처리해야 하기 때문입니다.

5) TouchPad.cs 스크립트를 TouchPad 게임 오브젝트에 추가하기

TouchPad 게임 오브젝트에 해당 TouchPad.cs 스크립트를 추가해 줍니다.

이번 챕터에서 구현한 TouchControl이라는 이름의 캔버스(Canvas) 안에 3개 오브젝트가 있습니다.

TouchBackground(이미지 오브젝트), TouchPad(이미지 오브젝트), 그리고 EventSystem(이벤트 시스템 오브젝트)입니다.

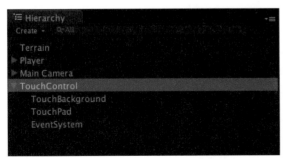

▲ 이번 챕터에서 구현할 모든 요소가 배치된 GameObject 목록

6) TouchPad 게임 오브젝트에 이벤트 트리거(Event Trigger) 컴포넌트 추가하기

TouchPad 게임오브젝트에 [Add Component] 버튼을 누르고 EventTrigger라고 입력하면 리스트 중에 Event Trigger가 표시됩니다. 이 Event Trigger를 선택해서 이벤트 트리거(Event Trigger)를 추가합니다.

▲ Event Trigger 추가하기

이벤트 트리거(EventTrigger)를 추가했으면, TouchPad의 인스펙터(Inspector) 탭에서 방향 컨트롤러가 눌리거나 유저가 버튼에서 손을 떼었을 때 이벤트를 전달할 수 있습니다.

7) 이벤트 트리거에 Pointer Down과 Pointer Up 추가하기

[Add New Event Type] 버튼을 눌러서 PointerDown과 PointerUp을 선택해서 새로운 이벤트 트리거를 할당해 봅시다.

▲ [Add New Event Type]을 누르고 PointerDown을 선택합니다.

▲ [Add New Event Type]을 누르고 PointerUp을 선택합니다.

이벤트 트리거가 생성되었으면, 각각 이벤트가 발생되었을 때 이벤트를 알릴 대상을 추가합니다. 다음 그림에 있는 빨간 네모 영역에 있는 [+] 버튼을 클릭해서 새로운 대상을 추가합니다.

▲ Pointer Down과 Pointer Up의 [+] 버튼을
누릅니다.

▲ Pointer Down과 Pointer Up에 대상이 각각
하나씩 추가되었습니다.

8) 이벤트 트리거 Pointer Down과 Pointer Up의 빈 칸에 TouchPad 연결하기

방금 추가한 이벤트 트리거에 TouchPad 오브젝트를 연결합니다.

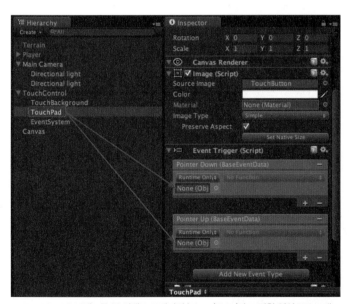

▲ TouchPad 오브젝트를 두 이벤트 트리거의 'None (Obj.. '라고 적힌 영역으로 드래그

9) TouchPad.ButtonDown 함수 호출

Pointer Down의 경우 TouchPad.ButtonDown 함수를 호출하도록 합니다.

▲ Pointer Down 이벤트 트리거와 TouchPad의 ButtonDown 연결

10) TouchPad.ButtonUp 함수 호출

Point Up의 경우 TouchPad.ButtonUp 함수를 호출하도록 합니다.

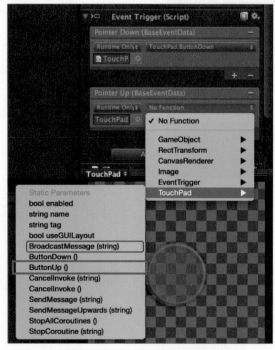

▲ Pointer Up 이벤트 트리거와 TouchPad의 ButtonUp 연결

11) 방향 변환 신호 보내기

TouchPad 스크립트에 PlayerMovement 스크립트를 연결해서, 방향 컨트롤러에서 컨트롤러 방향이 바뀌는 신호를 PlayerMovement에 보내도록 합니다.

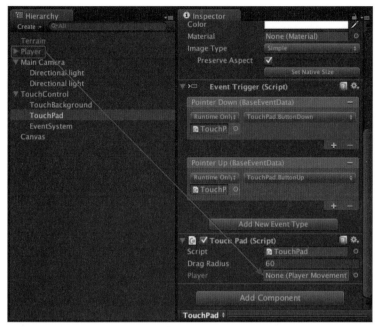

▲ Player 오브젝트를 TouchPad.cs 스크립트의 Player 변수와 연결

컨트롤러를 배치했으니 이제 캐릭터에 애니메이션을 넣어 이동시켜봅시다. 기본적으로 터치 컨트롤러를 이용해 캐릭터를 움직이는 기능은 몇 가지 작은 세부 기능으로 나눌 수 있습니다.

(4) Player 게임 오브젝트에 다른 구성요소 추가

앞서 신에 추가한 Player 오브젝트가 움직이도록 하기 위해 몇 가지 세부적인 구성요소를 추가해 보겠습니다.

1) RigidBody 추가로 주인공 캐릭터에 물리 엔진의 중력, 마찰값 등을 설정하기

오브젝트가 물리 엔진 안에서 움직이도록 중량과 마찰값, 그리고 중력의 적용 여부를 세팅하기 위해서는 RigidBody를 설정해야 합니다. 이를 위해 Player 객체의 Inspector 화면에서 [Add Component]를 누르고, RigidBody를 타이핑합니다. 엔터를 누르면 이 오브젝트에 RigidBody가 추가됩니다.

▲ Rigidbody Component 추가하기　　　▲ Regidbody 설정하기

RigidBody의 각각 속성에 대해서 좀더 알아봅시다.

[RigidBody 속성]

Mass	이 물체의 중량입니다. 중력에 따라 얼마나 땅에 빠르게 떨어지는지 결정합니다.
Drag	이 물체의 마찰값입니다. 땅바닥과 마찰해서 얼마나 움직임이 느려지는지 결정합니다.
Angular Drag	회전 마찰값입니다. 이 물체가 회전하는 힘을 받았을 때 회전이 느려지는 속도를 결정합니다.
Use Gravity	중력이 작용하는지 결정합니다. 체크하면 아래 방향으로 계속 힘을 받습니다.
Freeze Position	X, Y, Z 방향으로 움직여지는지를 설정합니다.
Freeze Rotation	X, Y, Z 방향으로 회전하는지 설정합니다.

이번 예제에서는 다음과 같은 값으로 각각의 속성을 설정했습니다.

[예제 설정값]

Mass	10
Drag	5
Angular Drag	0.05
Use Gravity	체크
Freeze Position	X: 체크 안함 Y: 체크 안함 Z: 체크 안함
Freeze Rotation	X: 체크 Y: 체크 Z: 체크

2) 캡슐 모양의 충돌체(Capsule Collider)를 추가해서 물리엔진의 충돌 처리 설정하기

[Add Component > Capsule Collider]를 선택해 Capsule Collider를 추가합니다.

Collider는 다른 오브젝트와의 충돌을 감지하고, 적과의 충돌 시 적 오브젝트를 알아낼 수 있게 하는 역할을 합니다. Collider에는 중요한 옵션이 하나 있는데, Is Trigger라는 체크값입니다. Is Trigger를 체크하면, 두 오브젝트끼리 충돌을 하더라도 튕겨나거나 물러나지 않고, 감지만 하게 됩니다. 하지만 Is Trigger가 꺼져 있으면, 두 오브젝트의 Collider가 부딪쳤을 때, 서로를 밀어내게 됩니다.

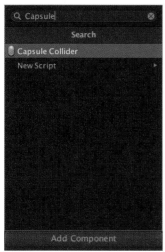

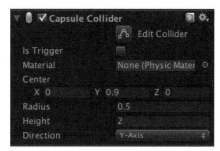

▲ Capsule Collider Component 추가하기   ▲ Capsule Collider 설정하기

- Capsule Collider의 Is Trigger는 체크를 해제합니다.
- Center의 좌표값은 (0, 0.9, 0)으로 설정합니다. 이 값은 캡슐 모양의 충돌체의 중심이 주인공의 정가운데에 있도록 설정하기 위한 값입니다.
- Radius는 0.5로 하고, Height는 2로 설정합니다. 임의로 설정한 값인데, Radius는 주인공 오브젝트를 기준으로 가로 0.5만큼 영역을 충돌범위로 지정하는 것입니다. 그리고 세로 높이를 2만큼 설정합니다. 이렇게 캡슐 충돌체의 가로 반지름과 세로 높이를 설정합니다.

3) 주인공 캐릭터의 움직임을 관할하는 PlayerMovement.cs 스크립트 추가

PlayerMovement.cs 스크립트는 터치 인터페이스의 좌표를 기반으로 플레이어의 속도, 방향, 그리고 회전값을 아바타에 전달하는 역할을 합니다. 이 스크립트를 player 오브젝트에 추가합니다.

▲ Player 게임 오브젝트 안에 추가되어 있는 Animator 컴포넌트(Component)

```
// 이 게임 오브젝트에 붙어있는 Animator 컴포넌트를 가져옵니다.
protected Animator avatar;
void Start ()
{
    avatar = GetComponent<Animator>();
}
```

▲ 리스트 4-11 : PlayerMovement.cs의 Start() 함수

리스트 4-11에서는 플레이어의 움직임을 관리하는 Animator 변수가 avater라는 이름으로 선언되어 있습니다. 신이 시작될 때, PlayerMovement 객체가 현재 오브젝트에 붙어있는 Animator를 변수에 할당합니다. 게임 오브젝트에 붙어있는 Animator라는 컴포넌트는 바로 다음에 등장하는 그림에 빨간 네모로 표시한 부분을 말합니다.

```
float h, v;
public void OnStickChanged(float distance, Vector2 stickPos)
{
    h = stickPos.x;
    v = stickPos.y;
}
void Update ()
{
    if(avatar)
    {
        avatar.SetFloat("Speed", (h*h+v*v));
        Rigidbody rigidbody = GetComponent<Rigidbody>();
        if(rigidbody)
        {
            if(h != 0f && v != 0f)
                transform.rotation = Quaternion.LookRotation(new Vector3(h, 0f,
v));
        }
    }
}
```

▲ 리스트 4-12 : PlayerMovement.cs 14∼51 라인

float 변수 h는 horizontal의 약자로 가로값을 의미하는 변수입니다. float 변수 v는 vertical 의 약자로 세로값을 의미하는 변수입니다.

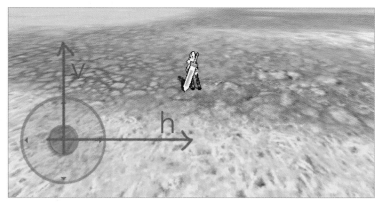

▲ 방향 컨트롤러의 세로방향 v와, 가로방향 h

float 변수 back은 앞뒤 방향을 의미하는 변수입니다. Update() 함수는 매프레임마다 실행되어, 컨트롤러에서 입력된 신호를 실시간으로 전달해 게임상 플레이어 객체를 움직이도록 합니다.

```
avatar.SetFloat("Speed", (h*h+v*v));
```

▲ 리스트 4-13 : PlayerMovement.cs에서 애니메이터에 속도를 전달하는 부분

리스트 4-13의 코드는 Avatar에 값을 전달해서, 값에 따라서 캐릭터를 컨트롤할 수 있도록 하는 코드입니다. Avatar에는 Speed라는 속도 값을 전달하게 됩니다. 이 함수를 통해 현재 터치 컨트롤러가 어디로 향하고 있는지 확인할 수 있습니다.

05 | 메카님(Mechanim)

이번 챕터에서 만들 예제에서 주인공 캐릭터는 3D 모델인데, 움직임과 공격에 맞춰서 움직임을 취하게 하려면 애니메이터라는 기능을 사용해야 합니다. 이 애니메이터를 쉽게 관리하기 위해서 메카님을 활용해보도록 하겠습니다.

(1) 메카님이란?

최근에 유니티3D에 도입된 메카님을 활용한 3D 캐릭터 애니메이션을 구현해보도록 하겠습니다. 유니티3D에 메카님이 도입된 지 얼마 되지 않아서 자유롭게 쓰기에는 부족한 기능이 있지만, 이번 5.0 업데이트에서 좀 더 세세한 메카님 설정이 가능해졌습니다. 메카님은 캐릭터의 동작을 구현하기 위해서 사용됩니다. 이번 챕터에서는 달리는 모션과 달리지 않는 모션을 연계할 때 메카님을 이용합니다.

메카님은 유니티에서 애니메이션의 관리 방식을 추상화한 애니메이션 관리 모듈입니다. 일반적인 애니메이션 시스템은 소프트웨어에서 개별 애니메이션 데이터를 불러와 스크립트를 통해 활용합니다. 메카님은 애니메이션의 설계부터 활용까지 하나로 통합한 솔루션입니다. 애니메이션 시스템은 일반적으로 스키닝(Skinning)이라는 기술을 사용합니다. 스키닝은 캐릭터의 골격과 정보를 연동시킨 후 본을 움직여서 애니메이션을 표현하는 방법입니다. 이 방법의 단점은 캐릭터의 골격이 다를 경우 애니메이션을 별도로 제작해야 한다는 것입니다. 이러한 문제의 개선 방법으로 리타깃팅(Retargeting)이라는 기술을 사용하는데, 캐릭터의 대부분인 인간형 캐릭터(머리, 몸통, 양팔, 양다리가 있는)를 통합하여 하나의 모델을 만들고 애니메이션 시스템을 일반화시키는 기술입니다. 리타깃팅 기술을 이용하여 애니메

이션을 제작하면 여러 캐릭터들에게 애니메이션을 재활용할 수 있어서 생산성이 향상됩니다. 메카님은 이러한 리타깃팅 시스템을 지원합니다.

(2) Animator Controller

앞서 설명한 메카님을 설정하는 파일이 바로 애니메이터 컨트롤러입니다. 메카님 기능을 활용하여 캐릭터의 상태에 따라 캐릭터를 움직이게 하기 위해서는 애니메이터 컨트롤러를 설정해야 합니다. 애니메이터 컨트롤러를 설정하는 방법을 알아봅시다.

▲ Animator 창 화면

프로젝트 창에서 /Assets/Model 폴더 안에 Animator Controller를 생성하고, 이름은 PlayerAnimator로 설정합니다.

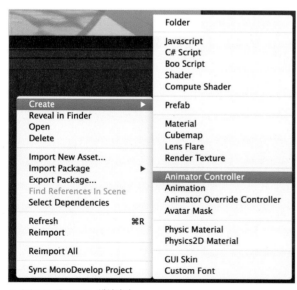

▲ Animator Controller 생성하기

▲ PlayerAnimator를 드래그하여 Animator Controller와 연결시키기

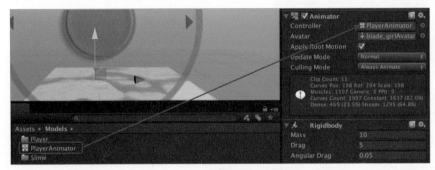

▲ Animator Controller 세부 설정 화면

PlayerAnimator를 드래그하면 Animator의 Controller 부분으로 연결됩니다.

(3) 애니메이터 매개변수

여기서 PlayerAnimator를 더블클릭하면 Animator라는 창이 뜨면서 크기, 위치 등 세부적으로 값을 수정할 수 있게 됩니다. 애니메이터 창에서는 Alt키를 누른 상태에서 마우스로 화면을 잡아 끌면 화면 이동을 할 수 있습니다.

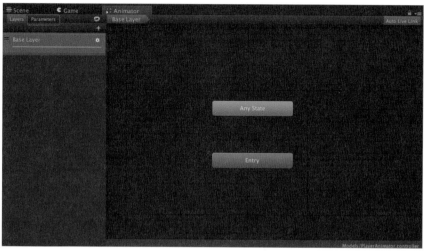

▲ Parameters 탭을 선택합니다.

캐릭터가 움직이는 데에는 몇 가지 정보가 필요합니다. 특히 이번 챕터에서 만들어 볼 방향 컨트롤러에서 이동 속도값이 필요합니다. 이동 속도 매개변수(Parameters)를 설정해 봅시다. Animator 창에서 위 그림의 화면에 빨간 사각형 영역인 Parameters 탭을 선택합니다. Parameters 우측에 [+] 버튼을 누르면 몇 가지 옵션 형태가 나타나는데, 여기에서 매개변수를 추가할 수 있습니다. [Float]를 누른 후 New Float라는 이름을 Speed로 변경합니다.

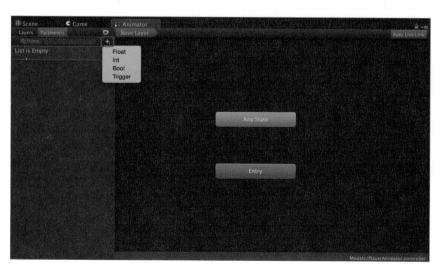

▲ Parameters 탭에서 [+] 버튼을 눌러 새로운 매개변수 설정

여기서 Speed는 캐릭터가 움직이는 속도를 전달하는 매개변수입니다. Speed 변수는 이동속도값을 가지는 매개변수이고 데이터는 실수값이므로 Float형으로 선언합니다. 이렇게 속도 매개변수를 생성했다면, 이제 캐릭터의 상태를 표현하는 스테이트를 생성해야 합니다.

(4) 스테이트

스테이트는 캐릭터의 동작 상태입니다. 게임 캐릭터는 게임에 따라 휴식 중, 이동 중, 공격 중 등 여러 가지 상태가 있을 수 있습니다. 상태를 구분하는 이유는 공격 중일 때는 무기를 휘두르는 공격 애니메이션을 보여줘야 하고, 달릴 때에는 다리가 움직이는 달리기 애니메이션을 보여줘야 하기 때문입니다. 이번 챕터에서는 휴식 상태와 달리는 상태를 만들겠습니다. 먼저 휴식 중 스테이트를 만들기 위해 Animator 창 내부에서 우클릭을 하고 [Create State > Empty]를 클릭해서 새로운 State를 생성합니다.

▲ 캐릭터 상태를 표현하기 위해서 빈 스테이트 추가

빈 스테이트를 생성하면 Empty State라는 이름의 빈 스테이트가 생성되는데, 이 스테이트는 캐릭터가 아무것도 하지 않을 때의 스테이트이므로 이름을 Idle로 변경합니다.
이때 스테이트의 이름은 Inspector 창에서 수정할 수 있습니다.

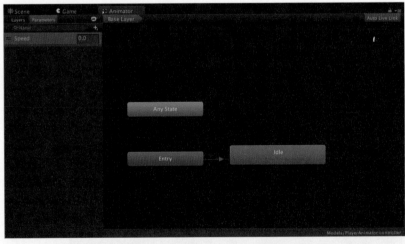

▲ Empty State를 Idle로 이름 변경하기

이제 스테이트에 캐릭터의 모션을 연동하겠습니다. Idle 스테이트는 캐릭터가 아무것도 하지 않을 때 캐릭터가 가만히 있는 것입니다. Motion 부분 오른쪽에 있는 작은 동그라미를 클릭하면 다음 그림과 같은 창이 뜨는데, Assets 탭을 선택하고 BG_Idle이라는 애니메이션을 선택합니다. 이렇게 설정해 두면 캐릭터는 스테이트가 Idle일 때 가만히 있게 됩니다.

▲ Idle 스테이트에 모션 할당하기

Idle 스테이트는 움직임이 없을 때 필요한 스테이트입니다. 캐릭터가 움직일 때 스테이트도 필요하므로 Run State를 만들어 보겠습니다.

다시 Animator 창 내부에서 마우스 우클릭을 하고 [Create State > Empty State]로 새로운 State를 생성한 후에 이름을 Run으로 설정합니다. 캐릭터가 이동할 때에는 스테이트가 'Run 스테이트'가 됩니다. 이때 캐릭터는 달리는 중이어야 하므로 달리는 모션을 선택해줘야 합니다. 이전과 같은 방법으로 Motion에서 BG_Run01_Front을 선택합니다. 이제 캐릭터의 스테이트가 Run 스테이트면 캐릭터가 달리는 모션을 취하게 됩니다.

▲ BG_Run01 애니메이션 설정

스테이트별로 서로 연계를 해야 하므로 보기 편하게 적당히 배치를 해봅시다.

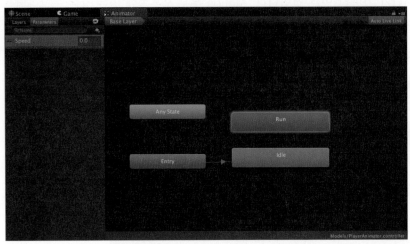

▲ Idle 스테이트와 Run 스테이트 배치하기

주황색 상태(State)는 캐릭터가 기본으로 취하는 애니메이션입니다. 캐릭터가 달려야 할 상황에서는 Run이라는 State가 활성화되어야 합니다.

그렇다면, 어떤 조건에서 캐릭터는 Idle에서 Run으로 변할까요? 바로 속도 Speed가 일정 값 이상 되면 달리는 상태라고 판단할 수 있습니다.

기본값은 Idle 스테이트이고 달리는 경우 Run 스테이트로, 스테이트 변경이 필요합니다. 달리는 경우 Idle 스테이트에서 Run 스테이트로 변경하기 위해 Idle 상태를 우클릭하고 Make Transition이라는 메뉴를 클릭합니다.

▲ 스테이트 전환하기 1

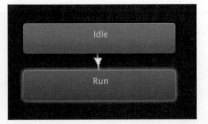

▲ 스테이트 전환하기 2

메뉴를 선택하면 화살표가 하나 표기됩니다. 이때 Run이라고 표기된 도형 위에 마우스를 가져다 놓고 마우스 왼쪽 버튼을 클릭하면, Idle 상태에서 Run 상태로 전환되는 Transition이 생성됩니다.

 TIP **Transition**

스테이트 전환이 가능한 경우 표시되는 화살표입니다. A → B로 표시되어 있으면 A 스테이트에서 특정 조건을 만족하면 B 스테이트로 전환됩니다.

스테이트 전환 화면에 표기된 화살표를 클릭해서 기본 전환 조건을 살펴보면, Exit Time이라는 조건으로 전환되도록 설정돼 있습니다. Exit Time은 일정 시간 후에 스테이트가 전환되는 것입니다. 우리는 달리는 경우 스테이트 전환이 이루어져야 하므로 Exit Time 조건을 Speed 조건으로 변경합니다.

 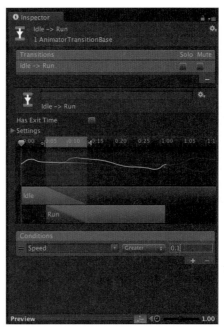

▲ 스테이트 전환 조건 설정 1　　　　　　　　　▲ 스테이트 전환 조건 설정 2

달리는 중에 더 이상 이동 입력이 없으면 캐릭터를 멈추게 해야 하므로 Run 상태에서 다시 Idle로 변경되는 Transition도 설정합니다. Has Exit Time은 일정 시간 후에 상태 전환이 이뤄지도록 하는 옵션입니다. 바로 상태 전환이 발생해야 할 경우에는 이 옵션을 해제합니다.

▲ [Make Transition] 메뉴 선택

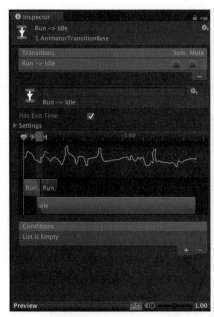

▲ Run → Idle 전환 조건 설정 1

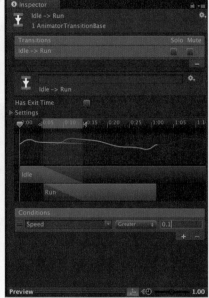

▲ Run → Idle 전환 조건 설정 2

Run을 우클릭하고, [Make Transition]을 선택합니다. 이후 Idle을 좌클릭하면 Run에서 Idle로 변경되는 Transition이 생깁니다. 그리고 조건은 기존에 설정했던 Speed가 0.1 이상일 때의 반대인, Speed가 0.1보다 작으면 Idle 스테이트로 변경되도록 설정합니다. 이렇게 되면 달리는 도중 움직임이 없어지거나 속도가 지나치게 낮으면 캐릭터가 멈추게 됩니다. Speed를 Less 0.1로 설정할 경우, 속도가 0.1보다 작으면 캐릭터의 애니메이션은 다시 Idle로 변경됩니다.

Run 스테이트에서 Idle 스테이트로 Transition을 새롭게 생성하면 다음과 같이 State Machine이 생기게 됩니다.

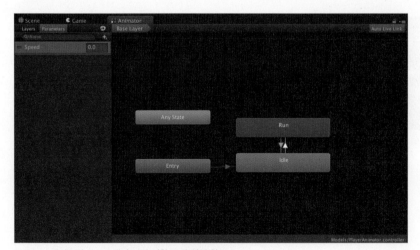

▲ Idle 스테이트와 Run 스테이트 간 전환 조건 설정 완료

여기까지 작업이 완료됐다면, 기본적인 달리기 메카님은 완성된 것입니다.

06 | 주인공을 따라다니는 카메라 만들기

이제 잠시 상상해 봅시다. 캐릭터가 움직이도록 구현은 했는데 카메라, 즉 캐릭터를 비춰주는 화면이 가만히 멈춰 있다면 카메라 시야 밖으로 캐릭터가 움직일 경우 더 이상 게임을 플레이할 수 없을 것입니다. 따라서 카메라가 주인공 캐릭터를 따라다니도록 만들어야 합니다.

Project 창에서 Assets/Scripts/Controller 폴더에 FollowingCamera.cs라는 파일을 생성하고 다음과 같이 작성합니다.

```csharp
using UnityEngine;
using System.Collections;

// FollowingCamera
// 주인공 캐릭터를 카메라가 일정한 거리를 유지한 채로 따라다니게 합니다.
public class FollowingCamera : MonoBehaviour
{
    public float distanceAway = 7f;
    public float distanceUp  = 4f;

// 따라다닐 객체를 지정합니다.
    public Transform follow;

    void LateUpdate ()
    {
// 카메라의 위치를 distanceUp만큼 위에, distanceAway만큼 앞에 위치시킵니다.
        transform.position = follow.position + Vector3.up * distanceUp – Vector3.forward * distanceAway;
    }
}
```

▲ 리스트 4-14 : FollowingCamera.cs 소스 코드

리스트 4-14 FollowingCamera.cs 스크립트는 아주 단순한 기능을 가지고 있습니다. 주인공 캐릭터로부터 일정 수치(distanceUp)만큼 위에 있고, 일정 수치(distanceAway)만큼 앞에 떨어져 있도록 계속 업데이트해서 계속 카메라가 플레이어를 바라보도록 하는 기능을 수행합니다.

▲ distanceAway와 distanceUp이 결정해 주는 카메라의 위치

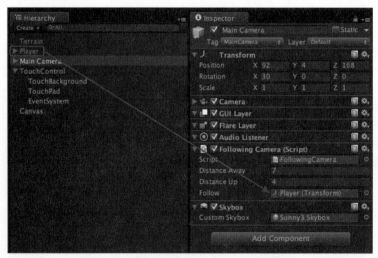

▲ 카메라의 FollowingCamera 스크립트에 따라다닐 대상인 Player 오브젝트를 드래그해서 연결

이렇게 작성된 스크립트를 MainCamera 오브젝트에 드래그하고, Follow 항목의 Scene에 있는 Player 오브젝트를 드래그해서 연결합니다. 그리고 유니티 에디터 상단의 플레이 버튼을 눌러서 실행하면, 캐릭터가 움직일 때 카메라도 함께 움직여서 항상 캐릭터가 화면 중앙에 위치하는 것을 확인할 수 있습니다.

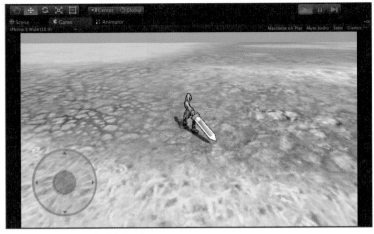

▲ 플레이 버튼을 눌러서 실행해보기

07 | 기능 확인 및 정리

이번 챕터에서 구현한 기능이 원하는 대로 동작하는지 확인해 봅시다.

지금까지의 내용을 잘 따라왔다면 다음과 같은 화면에서 방향 컨트롤러를 사용하면 캐릭터 가 움직이고 캐릭터가 움직이면서 카메라도 같이 움직여서 캐릭터가 항상 화면 중앙에 위 치할 것입니다. 또한 움직이지 않을 때와 움직일 때의 동작 연결도 잘 이뤄지는 것을 확인 할 수 있습니다.

▲ 게임 플레이 인터페이스 화면

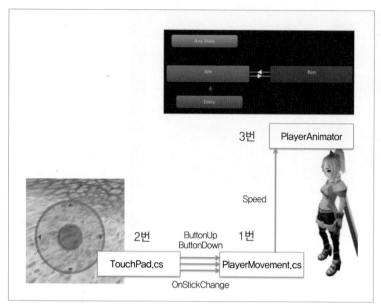

▲ 방향 컨트롤러에서 PlayerMovement.cs 스크립트에 명령을 보내면, PlayerMovement.cs가 PlayerAnimator 객체에 명령을 보냅니다.

어떤 순서대로 터치 인터페이스가 동작하는지 다시 한 번 명령의 흐름도를 살펴봅시다.

가장 먼저, TouchPad.cs에서

첫째, 터치 컨트롤러의 방향에 따라 캐릭터의 x,y축 속도를 변경한다.
둘째, 터치 컨트롤러의 움직임이 0.1을 넘어서면 이동을 시작한다.
셋째, 터치 컨트롤러의 움직임이 0.1을 넘어서면 앞으로 달리는 애니메이션을 작동시킨다.
넷째, 터치 컨트롤러의 움직임이 0.1보다 낮아지면 가만히 서있는 애니메이션을 작동시킨다.

다음 챕터에서는 주인공이 콤보 공격과 두 가지 스킬을 사용할 수 있도록 구현해 보겠습니다. 또한 샘플 게임을 발전시켜서 향후에 페이스북으로 친구목록을 불러온다던지, 랭킹 시스템을 구현하는 것까지 살펴봅시다.

CHAPTER
05 | 미소녀 액션 게임 2
공격, 필살기

> 지난 챕터에서는 터치 컨트롤러를 구현해 사용자가 캐릭터를 원하는 대로 움직일 수 있게 했습니다. 이번 챕터에서는 버튼을 누르면 캐릭터가 공격과 필살기를 사용할 수 있도록 구현합니다. 본격적인 액션의 시작을 만든 과정입니다.

01 | 게임 전투 방식 이해하기

▲ 예제 게임에 적용한 액션

이번 예제에서 채용할 전투 방식은 논타깃팅(Non-Targeting) 전투 방식입니다. 게임 속 전투 방식은 타깃팅(Targeting) 방식과 논타깃팅(Non-Targeting) 방식, 그리고 하이브리드 방식 세 가지로 구분됩니다.

(1) 타깃팅 전투 방식 : 적 클릭해서 공격하기

타깃팅(Targeting) 방식은 적을 직접 클릭해서 그 대상에게 피해를 가하는 방식입니다. '바람의 나라', '리니지', '스타크래프트', 그리고 '라그나로크 온라인' 같은 게임에서 적을 공격할 때 적 유닛 위에 마우스 커서를 놓고, 오른쪽 버튼을 클릭하면 주인공이 공격하는 식으로 전투가 수행되는 것을 말합니다.

▲ 타깃팅 방식의 라그나로크 온라인 전투

(2) 논타깃팅 전투 방식 : 무기나 스킬 타격 범위에 있는 적 공격하기

논타깃팅(Non-Targeting) 방식은 검을 휘두르거나 총을 쐈을 때, 검과 충돌하거나 총알에 맞는 대상에게 피해를 입히는 방식입니다. 적을 지정해서 공격하는 것이 아니라, 일단 무기를 휘두르거나 총을 쏜 후에 충돌 판정을 하는 방식이죠.

예를 들자면, '블레이드 앤 소울'이나 '검은 사막', 그리고 '블레이드' 같은 게임에서는 전투를 수행할 때 논타깃팅(Non-Targeting) 방식의 전투방식을 주로 활용합니다.

▲ 블레이드 앤 소울 전투 방식을 보여주는 화면. 적을 클릭해서 공격하는 것이 아니라 무기를 휘두르거나 스킬을 사용해서 범위 공격을 합니다.

(3) 하이브리드 방식

하이브리드 방식은 논타깃팅 방식과 타깃팅 방식을 적절히 섞은 방식입니다. 타깃팅 방식을 주로 사용하는 게임에서도 좀 더 다양한 게임 요소를 도입하기 위해서 특정 스킬은 논타깃팅 방식으로 동작되도록 구현하기도 합니다.

02 | 개발 목표

이번 챕터에서는 공격 버튼과 스킬 버튼을 누르면 캐릭터가 액션을 취하는 기능을 구현할 것입니다. 우선 보다 쉬운 이해를 위해 공격 버튼을 눌렀을 때 캐릭터가 동작하기까지의 전반적인 과정을 도식화해 살펴봅시다.

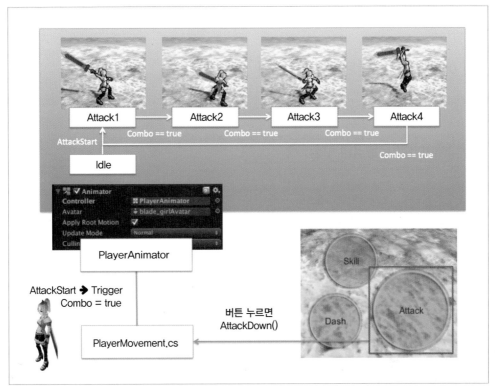

▲ 공격 버튼을 눌렀을 때의 흐름도

① 유저가 공격 버튼을 누르면 PlayerMovement.cs의 AttackDown() 함수를 호출합니다.
② AttackDown() 함수에서 PlayerAnimator의 매개변수 중 AttackStart 트리거를 호출하고 Combo를 true로 설정합니다.
③ PlayerAnimator는 매개변수의 조건에 따라 애니메이션 상태를 Idle에서 Attack1, 2, 3, 4로 변경합니다.

호출되는 순서는 ① → ② → ③이지만, 여기서 구현할 순서는 거꾸로 ③ → ② → ① 순서로 진행하겠습니다. 이는 가장 마지막으로 호출되는 ③을 먼저 구현하지 않으면, ②나 ①에서 호출할 대상이 없어져 작업 순서가 꼬일 수 있기 때문입니다. 새로운 기능을 구현하려면 최소한으로 동작되는 단위부터 구현하는 것이 좋습니다.
③을 구현하기 위해 챕터 4에서 만들었던 애니메이터 컨트롤러를 다시 살펴봅시다.

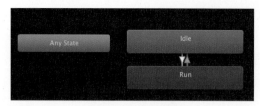

▲ 챕터 4에서 생성했던 애니메이터 컨트롤러

03 | 애니메이터 컨트롤러 만들기

이번 챕터에서 만들어볼 애니메이터 컨트롤러는 다음과 같이 구성되어 있습니다.

(1) 애니메이터 컨트롤러의 구성

A. 일반 공격을 누르고 있으면 Attack1, Attack2, Attack3, Attack4가 Combo 공격의 형태
로 나가게 됩니다.

B. Skill 공격을 누르면 스킬 모션을 취하게 됩니다.

C. Dash 공격은 앞으로 달려가다가 전방에 검을 휘두르는 두 가지 상태로 이뤄집니다.

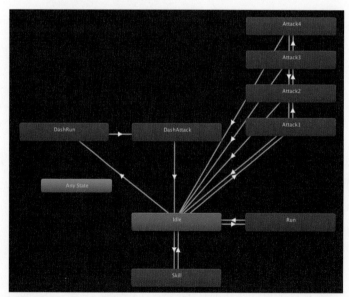

▲ 이번 챕터에서 만들어볼 완성된 애니메이터 컨트롤러

(2) 유니티의 애니메이션 시스템 '메카님' 이해하기

이 책에서는 주인공을 달리게 만드는 데 메카님이라는 유니티 기술을 사용하고 있습니다. 지난 챕터에서 간단하게 메카님을 다뤄봤습니다만, 공격을 구현하는 데도 메카님을 사용할 것입니다.

이와 관련해 메카님이 무엇이고 애니메이터 컨트롤러는 무엇인지, 이번 챕터에서 애니메이션을 구현하는 데 등장하는 용어들의 개념을 짚고 넘어갑시다.

1) 메카님의 특징

유니티가 제공하는 애니메이션 시스템을 총체적으로 메카님(Mechanim)이라고 합니다.

유니티 메카님의 특징을 나열하자면 다음과 같습니다.

- 외부에서 만들어진 애니메이션 클립과 유니티 내부의 애니메이션을 통합적으로 지원합니다.
- 애니메이션 클립들을 관리하기 위한 단순화된 시스템입니다.
- 여러 애니메이션 클립들과 전환(Transition) 간의 여러 상호작용을 쉽게 관리할 수 있습니다.
- 복잡한 상호작용들을 시각화된 프로그래밍 툴로 직관적으로 관리할 수 있습니다.
- 블렌더 기능으로 한 물체 안에서 다른 여러 애니메이션을 섞어서 재생할 수 있습니다.
- 레이어와 마스킹 기능이 지원됩니다.

메카님의 중요한 개념도 살펴봅시다.

2) 애니메이터 – 탭

애니메이터 탭은 애니메이터 컨트롤러 에셋을 더블클릭하면 애니메이션 스테이트(State)들이 표시되는 유니티 에디터 탭입니다. 유니티 상단 메뉴에서 [Window > Animator] 메뉴를 선택하면 애니메이터(Animator) 탭이 나타납니다.

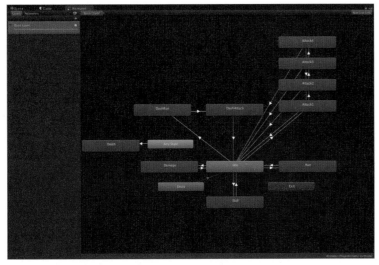

▲ 애니메이터 탭에서 애니메이터 컨트롤러를 수정할 수 있습니다.

3) 애니메이터 – 컴포넌트

게임 오브젝트에 애니메이터 컴포넌트를 추가할 수 있습니다.

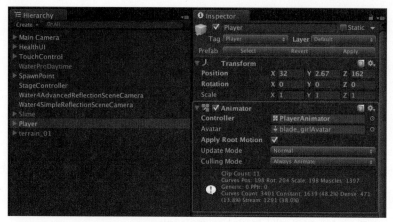

▲ PlayerAnimator 컴포넌트를 게임 오브젝트에 추가하여 캐릭터 애니메이터 컨트롤러에 정의된 대로 움직이게 합니다.

4) 애니메이터 컨트롤러

애니메이터 컨트롤러는 파일의 형태로 존재합니다. 앞서 만들어봤던 애니메이터 컨트롤러
는 /Assets/models 폴더 내에 존재합니다.

▲ 프로젝트 탭에서 /Assets/models 폴더 내에 있는 PlayerAnimator.controller 파일이 애니메이터 컨트롤러 파일입니다.

이 파일을 더블클릭하면 애니메이터 탭이 열리면서 애니메이션 상태 머신(State–Machine)을
수정할 수 있습니다.

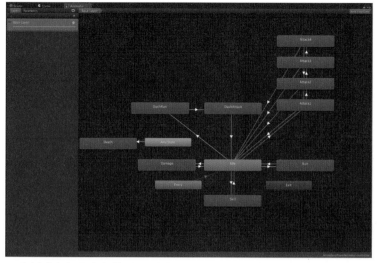

▲ 애니메이터 컨트롤러 파일을 더블클릭하면 애니메이터 탭이 열려서 애니메이터 컨트롤러를 수정할 수 있습니다.

▲ PlayerAnimator 컨트롤러 파일이 애니메이터 컴포넌트의 Controller 속성에 연결됩니다.

5) 매개변수(Parameters)

애니메이터 컨트롤러의 작동방식 중 중요한 특징은, 함수를 호출해서 명령하는 방식이 아니라 파라미터를 변경하여서 명령을 내린다는 점입니다.

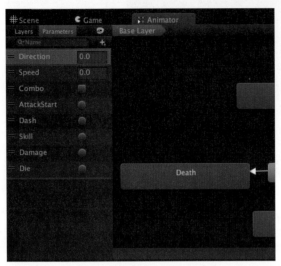

▲ 애니메이터 컨트롤러의 파라미터를 수정할 수 있는 탭

6) 레이어

레이어(Layers)는 애니메이터 컨트롤러에서 동시에 여러 애니메이션을 재생할 수 있게 합니다. 예를 들어 하체 레이어에서 '걷거나 점프'하여 상체의 레이어에서 '개체를 던지거나 쏘거나'하는 경우입니다. 이렇게 여러 애니메이션을 섞어서 표현하는 방법을 '블렌딩'이라고 합니다.

애니메이션 레이어는 애니메이터 컨트롤러 오른쪽 끝에 'Layers'라고 적힌 탭을 클릭하면 표시됩니다.

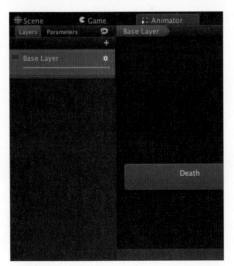

▲ 레이어 탭

(3) 매개변수 추가하기

애니메이션 컨트롤러 제작을 위해서는 우선 매개변수(Parameters)를 추가해야 합니다. 이 매개변수들은 애니메이션 컨트롤러 내에서 상태를 변화시키는 역할을 합니다.

이에 더해 공격을 시작하도록 명령을 내리는 트리거가 필요합니다. 이번 예제에서 매개변수로 신호를 보내 주인공 캐릭터가 움직이게 만들 상태는 네 가지입니다. 이런 행동을 취하도록 매개변수를 이용해 애니메이션 컨트롤러에 신호를 보내야 합니다.

1) 공격 시작 - AttackStart로 신호 보냄

▲ 일반 공격을 하는 모습

2) 콤보 공격 - Combo 매개변수로 신호를 보냄

▲ 첫 번째 콤보 공격   ▲ 두 번째 콤보 공격   ▲ 세 번째 콤보 공격

3) 스킬 공격 - Skill 매개변수로 신호를 보냄

▲ 스킬 공격 화면

4) 대시 공격 - Dash 매개변수로 신호를 보냄

▲ 대시 공격 화면

이 과정에 네 가지 **변수**가 추가되는데, 각각의 변수는 3개의 트리거와 1개의 Bool로 이루어져 있습니다.

① Combo   – **Bool**

② AttackStart   – **Trigger**

③ Skill   – **Trigger**

④ Dash   – **Trigger**

매개변수를 추가하는 방법은 챕터 4에서 설명한 방법과 동일합니다. Parameters 우측에 [+] 버튼을 클릭하고 Bool, Trigger 자료형을 선택하면 됩니다.

▲ [+] 버튼을 눌러서 새로운 매개변수를 추가할 수 있습니다.

앞서 언급한 네 가지 매개변수(Combo, AttackStart, Skill, Dash)를 추가하면, 다음과 같이 매개변수가 구성됩니다.

▲ 매개변수를 모두 추가하면 그림처럼 5개의 매개변수가 생성됩니다.

(4) 스테이트 추가하기

이제 애니메이터 컨트롤러에 상태(State), 즉 스테이트를 추가해 봅시다. 공격/필살기 구현을 위해서는 추가할 스테이트가 많습니다. 우선 하나의 스테이트를 추가하는 법을 설명하고, 나머지는 리스트업하는 형태로 소개하고자 합니다. 각각의 스테이트들은 리스트된 자료를 토대로 동일한 방식으로 추가하면 됩니다.

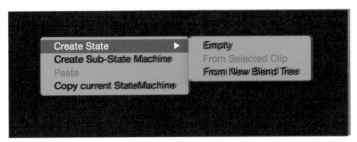

▲ [Create State > Empty]를 선택해서 새로운 스테이트를 생성합니다.

애니메이터 컨트롤러에서 우클릭을 한 후 Empty를 선택하면 Empty State가 생성됩니다. 생성된 스테이트의 이름을 Attack1으로 설정합니다.

각각의 Motion은 하나의 애니메이션 동작을 의미합니다. 여기서 구현할 공격 동작은 4개의 애니메이션으로 구성돼 있습니다. 하나의 애니메이션으로만 공격 동작을 구성할 수도 있지만, 공격 애니메이션을 좀 더 다양하게 표현하기 위해서 4개의 애니메이션으로 공격 콤보 동작을 구현해 봅시다.

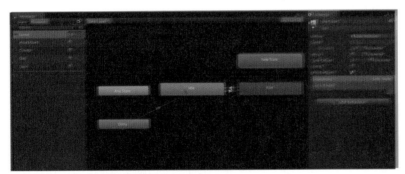

▲ 새로운 스테이트가 생성된 것을 확인할 수 있습니다.

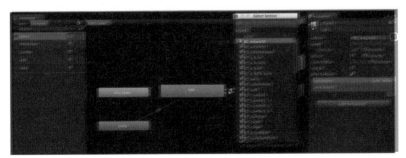

▲ 빨간 네모 영역을 클릭해서 Motion을 BG_Attack000으로 변경합니다.

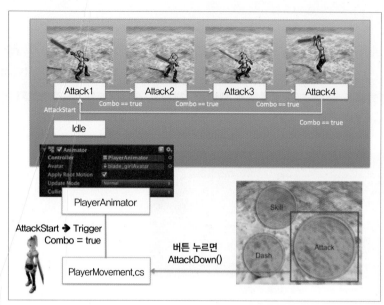

▲ 공격 버튼을 누르고 있으면 4개의 공격 애니메이션이 차례대로 호출됩니다.

4개의 스테이트는 각각 하나의 애니메이션을 재생하는 역할을 합니다. 유저가 공격 버튼을 터치해서 AttackStart가 발동(Trigger)되면 Attack1 애니메이션이 재생됩니다. Attack1이 재생되고 나서도 유저가 공격 버튼을 누르고 있다면 Combo 매개변수가 True로 유지되므로, 두 번째 애니메이션인 Attack2가 재생됩니다.

[State와 Motion 설정]

State 이름	Motion	설명
Attack1	BG_Attack00	유저가 공격 버튼을 누르면 매개변수 AttackStart(Trigger)가 발동되면서 공격이 시작됩니다.
Attack2	BG_Combo1_1	유저가 공격 버튼을 눌러서 Attack1이 재생된 후까지 유저가 공격 버튼을 누르고 있으면 Combo가 True로 유지됩니다. Attack1 재생이 완료된 후 Combo가 True이면 Attack2가 재생됩니다.
Attack3	BG_Combo1_2	유저가 공격 버튼을 눌러서 Attack1과 Attack2가 재생된 후까지 유저가 공격 버튼을 누르고 있으면 Combo가 True로 유지됩니다. Attack2 재생이 완료된 후 Combo가 True이면 Attack3가 재생됩니다.
Attack4	BG_Combo1_3	유저가 공격 버튼을 눌러서 Attack3이 재생된 후까지 유저가 공격 버튼을 누르고 있으면 Combo가 True로 유지됩니다. Attack3 재생이 완료된 후 Combo가 True이면 Attack4가 재생됩니다.
DashRun	BG_Run01_Front	대시 공격 버튼을 누르면 잠시 동안 캐릭터가 달리기를 시작하고, DashAttack 상태로 자동 전환됩니다.
DashAttack	BG_RunAttack_Front	대시 공격 버튼을 누르면 잠시 동안 캐릭터가 달리기를 시작하고 DashAttack 상태로 전환되어 BG_RunAttack_Front 애니메이션을 재생합니다.
Skill	BG_Skill	스킬 공격 버튼을 누르면 Skill 상태로 전환되어 BG_Skill 애니메이션이 재생됩니다.

Attack1 스테이트를 생성했다면, 다시 한 번 애니메이터 탭 안에서 마우스 우클릭을 하고 [Create State > Empty]를 선택해서 새로운 스테이트를 생성합니다. 그리고 이름을 Attack2로 변경하고, Motion은 BG_Combo1_1로 선택합니다.

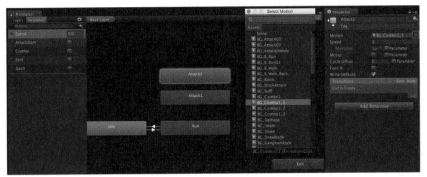

▲ Attack2를 생성하고 Motion은 BG_Combo1_1로 설정합니다.

Attack2 스테이트를 생성했다면, Attack2와 동일하게 애니메이터 탭 안에서 마우스 우클릭을 하고 [Create State > Empty]를 선택해서 새로운 스테이트를 생성합니다. 이름은 Attack3로 변경하고, Motion은 BG_Combo1_2로 선택합니다. Attack4도 이와 동일한 방식으로 생성하면 됩니다.

▲ Attack3를 생성하고 Motion은 BG_Combo1_2로 설정합니다.

▲ Attack4 스테이트를 생성하고, Motion은 BG_Combo1_3로 설정합니다.

이렇게 Attack1, Attack2, Attack3, Attack4 네 가지의 콤보 동작 애니메이션 스테이트 생성이 완료됐습니다.

역시 동일한 방식으로 달리면서 공격하는 DashRun 상태와 DashAttack 애니메이션 스테이트도 생성해 봅시다.

(5) 스테이트 전환 설정

스테이트를 생성했다면, 그 후에 해야 할 일은 스테이트 간의 전환을 설정해 줘야 합니다. 전환 설정은 캐릭터의 애니메이션을 변경하기 위한 것입니다. 예를 들어, 대기 상태에서 유저가 공격 버튼을 누르면 스테이트가 '대기'에서 '공격'으로 전환됩니다. 그리고 스테이트가 '공격'으로 전환되면 3D 캐릭터의 애니메이션이 '대기'에서 '공격'으로 변경되는 식으로 동작하게 됩니다.

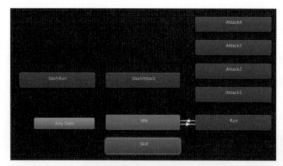

▲ 필요한 스테이트가 모두 생성된 애니메이터 컨트롤러

첫 번째로 연결할 동작은 일반 공격입니다. 동일한 동작의 반복이라면 간단하겠지만, 여기서 개발할 게임에는 '콤보'의 개념을 넣었기 때문에 일반 공격보다는 조금 복잡한 설정이 필요합니다.

먼저, 공격 버튼을 누르면 두 가지 변수가 활성화되도록 합니다.

① AttackStart   - Trigger
② Combo   - Bool

공격 버튼을 누르면 AttackStart가 발동되고, Combo 변수 값은 True로 변경됩니다. 그리고 공격 버튼에서 손을 떼면 Combo가 False로 변경됩니다.

▲ 스테이트 전환 설정 1 - Make Transition 선택

.스테이트 간에 전환이 될 수 있도록 Idle 스테이트에서 마우스 오른쪽 클릭한 후 Make Transition를 선택합니다. Make Transition 기능으로 다음 그림처럼 스테이트와 스테이트 간에 선을 그을 수 있습니다.

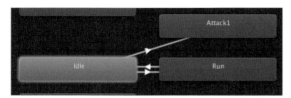

▲ Idle 스테이트와 Attack1 스테이트 연결

Idle 스테이트와 Attack1을 선택해서 연결합니다. 스테이트 간에 전환 조건을 설정하였지만, 이 설정만으로는 전환이 되지 않습니다. 대기(Idle) 상태에서 공격(Attack1) 상태로 전환되려면 꼭 전환 조건을 설정해 주어야 합니다.

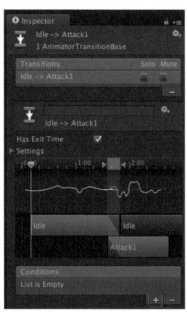

▲ Conditions 영역이 스테이트 간의 전환 조건을 설정하는 영역입니다. 빨간색 네모로 표시한 [+] 버튼을 클릭하여 전환 조건을 추가할 수 있습니다.

스테이트 사이에 있는 화살표를 클릭하면 전환을 위한 조건들이 표시되어 있는데, 여기에 일반 공격 명령 실행을 위한 AttackStart라는 조건을 추가합니다.

Conditions 영역 우측 하단에 있는 [+] 버튼을 눌러 전환조건을 추가하면 매개변수를 선택하는 선택박스가 추가됩니다. 추가된 전환 조건에서 매개변수의 종류에 따라서 선택할 수 있는 조건이 다르게 표시됩니다.

매개변수 유형에 따라 선택할 수 있는 구체적인 전환 조건

AttackStart 매개변수는 Trigger 변수이기 때문에 따로 세부적인 전환 조건이 표시되지 않습니다. 하지만
Boolean이나 Float 변수의 경우에는 구체적인 조건을 선택할 수 있습니다.

1. 트리거(Trigger)

▲ 트리거(Trigger) 전환 조건은 따로 구체적인 전환 조건을 설정하지 않아도 발동(Trigger)되는 순간 조건을 충족합니다.

2. 참거짓(Bool)

▲ 참거짓(Bool) 매개변수는 해당 변수가 참(true)이 되거나 거짓(false)이 되면 조건을 만족시키는 식으로 전환 조건을 설
정할 수 있습니다.

3. 실수형(Float)

▲ 실수형(Float) 매개변수의 전환 조건은 Greater(~보다 큰) 혹은 Less(~보다 작은) 두 가지로 설정할 수 있습니다.

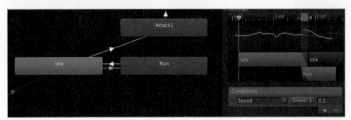

▲ 대기(Idle) 상태에서 달리기(Run) 상태로 전환할 때, 조건은 Speed가 0.1보다 클 때(Greater)입니다.

4. 정수형(Int)

매개변수가 정수형(Int)이라면, 4개의 선택지가 표시됩니다.

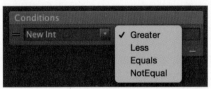

▲ 정수형(Int) 매개변수는 Greater(~보다 큰) Less(~보다 작은) Equals(~와 동일한) NotEqual(~와 동일하지 않은)로
네 가지 조건을 설정할 수 있습니다.

5. 전환 시간(Exit Time)

매개변수가 없어도 설정할 수 있는 전환 시간(Exit Time) 조건이 있습니다. 이 전환 조건을 활용하면 특정 시간이 지난 후에 자동으로 상태가 변경되도록 만들 수 있습니다.

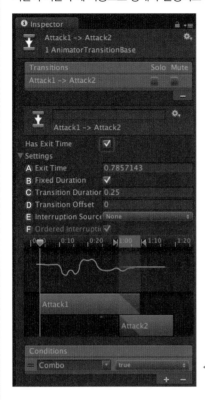

◀ Has Exit Time을 체크하면 설정할 수 있는 여섯 가지 항목이 활성화 됩니다.

빨간색 네모로 표시한 'Has Exit Time(전환 시간 조건이 있음)' 조건을 체크하면, 여섯 가지 구체적인 전환 시간 조건을 설정할 수 있습니다.

ⓐ 전환 시간(Exit Time) : 초 단위로 언제 다른 애니메이션으로 전환될지 설정할 수 있습니다.

ⓑ 전환 지속시간 고정(Fixed Duration) : 애니메이션 전환 시간이 고정되어 있는지 설정합니다.

ⓒ 전환 지속시간(Transition Duration) : 애니메이션 간의 전환이 지속되는 시간입니다. 적절한 전환 지속시간이 자동으로 설정되지만, 변경이 가능합니다.

ⓓ 전환 오프셋(Transition Offset) : 전환될 두 번째 애니메이션의 앞부분에서 스킵해야 할 부분이 있다면, 시간을 설정할 수 있습니다. 두 번째 애니메이션의 초반부 0.5초부터 시작되어야 한다면, Transition Offset의 값을 0.5로 설정하면 됩니다.

ⓔ 인터럽션(방해)을 가능하게 하는 소스(Interruption Source)

ⓕ 순차적인 인터럽션(Ordered Interruption) : 애니메이션이 끝나기 전에 다른 애니메이션 스테이트로 전환될 수 있는 지 설정하는 조건입니다. 공격하는 도중에 타격을 입었을 때, 공격 애니메이션을 계속 재생할지 아니면 기존 애니메이션을 멈추고 타격 입는 애니메이션을 재생할지 이 옵션으로 설정할 수 있습니다.

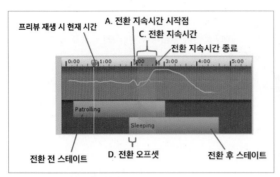

▲ 전환시간에 대한 설명 이미지

전환시간에 대한 설명 이미지를 보면, 전환 시간의 각각 세부 설정에 대해 이해할 수 있습니다.

▲ Idle 스테이트와 Attack1 스테이트 전환 조건 설정

(6) 트리거

트리거(Trigger)는 '방아쇠'라는 뜻입니다. 방아쇠를 당겼다가 놓아야 총알이 발사되듯이, 트리거도 어떤 이벤트를 발생시키기 위한 사전 단계라고 생각하면 됩니다. 즉, 이벤트 시작을 알려주는 역할을 한다고 볼 수 있습니다.

스테이트 전환 조건에 AttackStart를 넣은 후 일반 공격 버튼을 누르면 AttackStart가 발동되고, 이를 애니메이터 컨트롤러에서 받아서 Attack1 애니메이션을 재생하게 됩니다.

이제 Attack2 애니메이션으로 이어지는 전환을 만들어 봅시다. Attack1 스테이트 연결과 동일한 방법으로 구현할 수 있습니다. Attack1에서 우클릭을 한 후에 [Make Transition]을 클릭하고 Attack2를 클릭하면 됩니다. 단, 이번에 적용할 조건은 AttackStart가 아닌, Combo와 ExitTime입니다. 일단 Combo가 true인 경우를 전환 조건으로 설정합니다. 또한 Has Exit Time을 체크합니다. Exit Time은 0.7857143으로 기본 설정된 것을 확인할 수 있을 것입니다. 이 기본값은 그대로 사용하겠습니다.

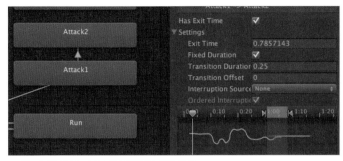

▲ Attack1에서 Attack2로의 콤보 공격 전환 조건

만약 1초가 지났는데 일반 공격 버튼을 누르고 있지 않다면 어떻게 할까요? 그때는 다시 대기 상태로 돌아가는 것이 일반적입니다. 그러므로 1초가 지났는데 Combo가 False인 경우 다시 대기 상태로 돌아가는 조건을 추가해야 합니다. 이를 위해 Exit Time이 1.0이고 Combo가 false일 때, 애니메이션을 다시 Idle로 변경하도록 설정합니다.

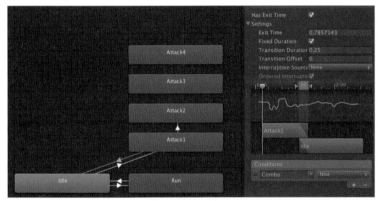

▲ 콤보 공격이 끊겼을 때 Attack1에서 Idle로 전환하는 조건은 Combo가 false이고 전환시간(Exit Time)인 약 0.78초가 경과하는 경우입니다.

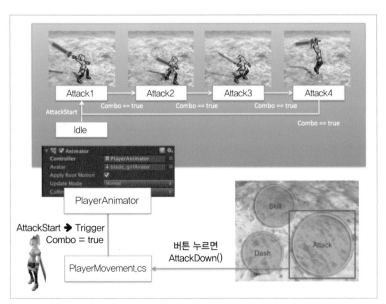

▲ 공격 버튼을 누르고 있으면 4개의 공격 애니메이션이 차례대로 호출됩니다.

Attack1에서 Attack2로 전환하는 조건은 Attack1부터 Attack4까지 동일하게 이어집니다. 전환 조건을 단순히 설명하자면 애니메이션 동작이 끝났을 때도 공격 버튼을 누르고 있으면, 그 다음 애니메이션 상태로 전환되는 방식입니다. Attack2에서도 1초 뒤에 일반 공격 버튼을 누른 상태이고, Combo가 true라면 Attack3으로 전환됩니다. Combo가 false라면 다시 대기 상태로 가게 하고, 이는 Attack4까지도 동일하게 처리하면 됩니다.

▲ 콤보 공격 스테이트 설정

Attack4까지 갔는데도 Combo가 true인 상태로 지속된다면, 일반 공격을 계속 누르고 있는 것이라고 생각할 수 있습니다. 여기서 구현할 게임에서는 4단 콤보 공격을 기본으로 설정 할 것이기 때문에, 이때는 Attack1부터 다시 반복 진행되도록 합니다. 이를 위해 Attack4에서 우클릭을 해서 [Make Transition]을 클릭하고 Attack1에 다시 연결해 줍니다. 조건은 다음 그림과 같이 Exit Time을 1초로 잡고, Combo 값이 true면 다시 콤보가 반복되도록 설정합니다. 여기까지 잘 따라왔다면, 일반적인 4단 콤보 공격의 루틴이 완성된 셈입니다.

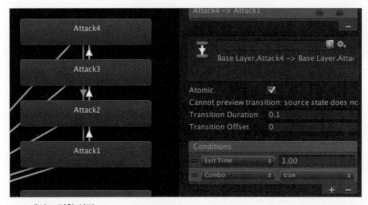

▲ 스테이트 전환 설정

다음으로 캐릭터가 적에게로 달려가서 공격을 하는 '대시(Dash) 공격'을 추가해 봅시다. 대시 공격의 루틴을 만들기 위해서는 가장 먼저 Idle을 우클릭한 후 [Make Transition] 메뉴를 클릭해서 DashRun을 선택해 스테이트를 연결해야 합니다. 전환 조건은 Dash입니다. Dash는 Trigger(방아쇠) 변수로 Dash 버튼으로부터 Dash 명령을 받자마자 해당 애니메이션을 재생시킵니다.

파라미터	자료형	설명
Start	Trigger	공격을 시작할 때 시작 신호를 받는 파라미터입니다.
Combo	Boolean	콤보 공격은 단순히 공격을 시작하는 신호를 받아들이는 것이 아니라, 공격상태를 유지할지 말지 결정하는 역할을 합니다. 그렇기 때문에 자료형이 Trigger가 아닌 Boolean입니다.
Dash	Trigger	대시 공격도 대시 공격 버튼을 누르면 바로 발동되는 Trigger입니다. 버튼을 누르는 순간 주인공이 대기 상태라면 대시 공격을 시작하게 됩니다.
Skill	Trigger	스킬 공격도 스킬 공격 버튼을 누르는 순간 바로 발동되는 Trigger입니다. 스킬 공격 버튼을 누르는 순간 주인공 캐릭터가 스킬을 사용합니다.

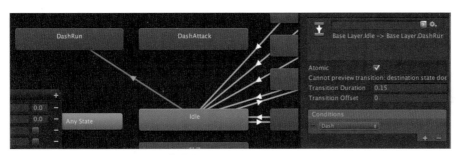

▲ Idle 스테이트와 DashRun 스테이트 전환 설정

DashAttack은 캐릭터가 앞으로 달려가다가 공격을 하는 동작으로, 0.3초간 달리다가 공격을 하도록 설정했습니다. Exit Time 0.3초 기준으로 DashRun에서 DashAttack으로 전환 조건을 설정해주면 됩니다.

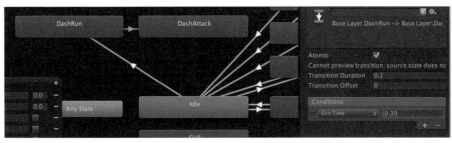

▲ DashRun 스테이트와 DashAttack 스테이트 전환 설정

공격 애니메이션의 동작 시간이 약 0.9초이니, 0.9초 후에는 Idle 상태로 전환시키겠습니다. 그러기 위해 DashAttack에서 Idle로 Exit Time 0.9초 조건으로 전환을 설정합니다.

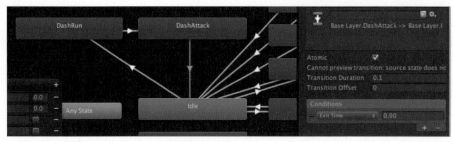

▲ DashAttack 스테이트와 Idle 스테이트 전환 설정

이번에는 액션 게임에서 빠지면 섭섭한 필살기를 구현해 봅시다. 여기서는 필살기 버튼을 누르면 자동으로 액션이 발동되는 형식으로 구현할 생각입니다. 캐릭터가 필살기를 사용할 수 있도록 Idle에서 Skill로 전환을 설정해야 합니다. 전환을 설정할 때의 조건은 Skill(Trigger 변수)로 합니다.

▲ Idle 스테이트와 Skill 스테이트 전환 설정 1

필살기 애니메이션의 경우에도 애니메이션 동작 진행시간은 기본값으로 설정됩니다. 필살기 애니메이션이 끝나면 대기 상태로 돌아가도록, Exit Time일 때 캐릭터가 대기 애니메이션으로 돌아가게 조건을 설정합니다.

▲ Idle 스테이트와 Skill 스테이트 전환 설정 2

이렇게 기나긴 애니메이터 컨트롤러 설정이 완료되었습니다. 그럼 실제적인 동작 구현을 위해 스크립트를 작성하고 버튼을 추가해 봅시다.

04 | 동작 구현을 위한 스크립트 작성

이번에는 새로 스크립트를 작성하지 않고 지난 챕터에서 사용했던 PlayerMovement.cs 스크립트를 수정해서 활용하겠습니다. PlayerMovement.cs의 기존 코드에서 몇 가지 변수와 함수들을 추가했습니다. 우선 전체 소스 코드를 확인해 봅시다.

```csharp
using UnityEngine;
using System;
using System.Collections;

[RequireComponent(typeof(Animator))]
public class PlayerMovement: MonoBehaviour {

    protected Animator avatar;

    float lastAttackTime, lastSkillTime, lastDashTime;
    public bool attacking = false;
    public bool dashing = false;

    void Start ()
    {
        avatar = GetComponent<Animator>();
    }

    float h, v;

    public void OnStickChanged(Vector2 stickPos)
    {
        h = stickPos.x;
        v = stickPos.y;
    }

    void Update ()
    {

        if(avatar)
        {
            float back = 1f;

            if(v<0f) back = -1f;

            avatar.SetFloat("Speed", (h*h+v*v));

            Rigidbody rigidbody = GetComponent<Rigidbody>();
```

```
        if(rigidbody)
        {
            Vector3 speed = rigidbody.velocity;
            speed.x = 4 * h;
            speed.z = 4 * v;
            rigidbody.velocity = speed;
            if(h != 0f && v != 0f){
                transform.rotation = Quaternion.LookRotation(new Vector3(h, 0f,
v));
            }

        }

    }
}


    public void OnAttackDown()
    {
        attacking = true;
        avatar.SetBool("Combo", true);
        StartCoroutine(StartAttack());

    }

    public void OnAttackUp()
    {
        avatar.SetBool("Combo", false);
        attacking = false;
    }

    IEnumerator StartAttack()
    {
        if(Time.time - lastAttackTime > 1f){
            lastAttackTime = Time.time;
            while(attacking){
                avatar.SetTrigger("AttackStart");
                yield return new WaitForSeconds(1f);
            }
        }

    }

    public void OnSkillDown()
    {

        if(Time.time - lastSkillTime > 1f)
        {
```

```
            avatar.SetBool("Skill", true);
            lastSkillTime = Time.time;
        }

    }

    public void OnSkillUp()
    {
        avatar.SetBool("Skill", false);
    }

    public void OnDashDown ()
    {

        if(Time.time – lastDashTime > 1f){

            lastDashTime = Time.time;
            dashing = true;
            avatar.SetTrigger("Dash");

        }

    }

    public void OnDashUp ()
    {
        dashing = false;
    }

}
```

▲ 리스트 5-1 : PlayerMovement.cs를 수정한 소스 코드

PlayerMovement에 추가된 변수들과 함수들을 각각 나눠 세부적으로 살펴보겠습니다.

- float lastAttackTime : 마지막으로 공격을 누른 시점
- float lastDashTime : 마지막으로 대시 공격을 누른 시점
- float lastSkillTime : 마지막으로 스킬 공격을 누른 시점
- OnAttackDown : 일반 공격을 눌렀을 때 처리하는 함수
- OnAttackUp : 일반 공격 입력을 멈췄을 때 처리하는 함수
- OnDashDown : 대시 공격을 눌렀을 때 처리하는 함수
- OnDashUp : 대시 공격 입력을 멈췄을 때 처리하는 함수
- OnSkillDown : 스킬 공격을 눌렀을 때 처리하는 함수
- OnSkillUp : 스킬 공격 입력을 멈췄을 때 처리하는 함수

```
protected Animator avatar;
protected PlayerAttack playerAttack;

float lastAttackTime, lastSkillTime, lastDashTime;
public bool attacking = false;

void Start ()
{
    avatar = GetComponent<Animator>();
    playerAttack = GetComponent<PlayerAttack>();
}
```

▲ 리스트 5-2 : PlayerMovement.cs 8~19 라인

리스트 5-2는 PlayerMovement 클래스의 첫 부분으로 lastAttackTime 변수를 선언했습니다. Start() 함수에서 avatar = GetComponent〈Animator〉(); 코드는 Player 오브젝트에 붙어있는 Animator 컴포넌트를 변수로 가져오는 역할을 합니다.

GetComponent◇(); 함수는 PlayerMovement.cs가 붙어있는 게임 오브젝트의 Animator 컴포넌트를 avatar 변수에 할당합니다. 이렇게 컴포넌트를 변수로 할당하는 이유는, 방금 전에 만들었던 PlayerMovement 클래스가 애니메이터에 특정 애니메이션을 재생하도록 명령을 전달하기 위해서입니다.

▲ 같은 게임 오브젝트에 붙어있는 컴포넌트들

```csharp
float h, v;
public void OnStickChanged(Vector2 stickPos)
{
  h = stickPos.x;
  v = stickPos.y;
}
```

▲ 리스트 5-3 : PlayerMovement.cs 21-27 라인

리스트 5-3 스크립트에 있는 OnStickChanged()는 지난 챕터에서 구현했던 TouchCon-troller에서 입력이 일어날 때, Player 게임 오브젝트에 있는 PlayerMovement의 방향 컨트롤러에 입력된 방향을 전달하는 역할을 합니다.

```csharp
public void OnAttackDown()
{
  attacking = true;
  avatar.SetBool("Combo", true);
  StartCoroutine(StartAttack());
}

public void OnAttackUp()
{
  avatar.SetBool("Combo", false);
  attacking = false;
}

IEnumerator StartAttack()
{
  if(Time.time - lastAttackTime> 1f){
    lastAttackTime = Time.time;
    while(attacking){
      avatar.SetTrigger("AttackStart");
      yield return new WaitForSeconds(1f);
    }
  }
}

public void OnSkillDown()
{

  if(Time.time - lastSkillTime > 1f)
  {
```

```
        avatar.SetTrigger("Skill");
        lastSkillTime = Time.time;
    }

}

public void OnDashDown ()
{
    if(Time.time - lastDashTime > 1f){

        lastDashTime = Time.time;
        avatar.SetTrigger("Dash");

    }

}
```

▲ 리스트 5-4 : PlayerMovement.cs 29-84 라인

리스트 5-4에는 PlayerMovement의 네 가지 함수가 있습니다. 각각 함수의 역할은 다음과 같습니다.

• OnAttackDown() : 공격 버튼을 눌렀을 때 호출됩니다.
• OnAttackUp() : 공격 버튼을 누른 후에 손가락을 떼었을 때 호출됩니다. 다른 스킬이나 대시 공격과는 다르게 버튼에서 손을 떼는 신호를 보내는 이유는 AnimaionController에 Combo 파라미터를 False로 변경하여 콤보가 멈춰야 하기 때문입니다.
• OnSkillDown() : 스킬 버튼을 눌렀을 때 호출되는 함수입니다. AnimatorController에 Skill라는 이름의 Trigger를 발동시킵니다.
• OnDashDown() : 대시 버튼을 눌렀을 때 호출되는 함수입니다. AnimatorController에 Dash라는 이름의 Trigger를 발동시킵니다.

```csharp
void Update ()
{

  if(avatar)
  {
    float back = 1f;

    if(v<0f) back = -1f;

    avatar.SetFloat("Speed", (h*h+v*v));

    Rigidbody rigidbody = GetComponent<Rigidbody>();

    if(rigidbody)
    {
      Vector3 speed = rigidbody.velocity;
      speed.x = 4 * h;
      speed.z = 4 * v;
      rigidbody.velocity = speed;
      if(h != 0f && v != 0f){
        transform.rotation = Quaternion.LookRotation(new Vector3(h,
        0f, v));
      }

    }

  }
}
```

▲ 리스트 5-5 : PlayerMovement.cs 86~113 라인

리스트 5-5는 PlayerMovement 클래스의 소스 코드 중 Update() 함수가 있는 부분입니다. Update함수는 매 프레임마다 호출되는 함수입니다. 주로 실시간으로 반영해야 하는 일들을 Update() 함수를 이용해 구현합니다.

05 | 버튼 추가

스크립트를 작성했으니, 이제 버튼을 추가해 캐릭터와 애니메이션을 연결해 보도록 합시다. 여기서 추가할 버튼은 Attack, Skill, Dash 등 총 세 가지입니다.

(1) 게임 오브젝트 생성

유니티 상단 메뉴에서 [GameObject > UI > Button]을 클릭해서 버튼을 생성합니다. 우선 버튼을 하나 생성한 후에, 다음과 같이 세팅합니다. GameObject의 이름은 ButtonAttack이라고 명명했습니다.

▲ 버튼 설정하기

(2) Source Image 설정

Image 탭의 Source Image는 동그란 파란색 이미지인 ActionButton을 선택합니다. 디자이너가 제대로 디자인한 버튼 이미지를 적용할 수도 있지만, 이 예제에서는 유니티에서 제공하는 기본 버튼 디자인으로 구현 방법을 설명하겠습니다.

▲ 버튼 아이콘 선택하기

(3) Anchor 설정

공격 버튼은 기본적으로 화면의 우측 하단에 배치하는 경우가 많으므로 여기서도 우측 하단에 배치할 것인데, 버튼은 항상 우측 하단을 기준으로 좌표가 정해져야 하므로 Inspector 탭에서 기준이 되는 지점을 설정합니다. 기준이 되는 점을 설정하지 않으면, 해상도가 다른 디바이스에서는 공격 버튼이 잘려 보인다던지, 의도한 대로 버튼이 배치되지 않습니다.

▲ ButtonAttack 오브젝트의 Inspector 탭에서 빨간 테두리 부분 클릭

기준 좌표 설정을 위해 ButtonAttack 오브젝트의 Inspector 탭에서 빨간 테두리로 표시한 부분을 클릭합니다.

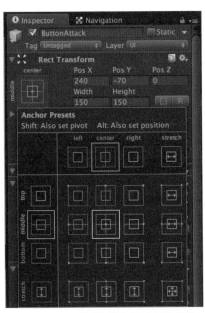

▲ Anchor Presets 창에서 빨간 네모 부분을 선택

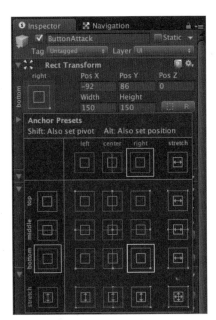

▲ 우측 하단을 좌표의 기준으로 설정

Anchor Presets 창이 뜨면 앞의 그림과 같이 진하게 표시된 빨간 네모 부분을 선택합니다. 선택하면 우측 하단이 좌표의 기준으로 설정됩니다. 실제 게임에서는 다음 그림과 같이 표기됩니다.

▲ 우측 하단에 위치된 Attack 버튼

(4) Rect Transform 좌표 설정

공격 버튼이 앞의 그림처럼 우측 하단에 적절하게 위치하도록 Rect Transform 탭의 좌표들과 크기들을 일일이 맞춰봅니다.

변수	값
Pos X	−92
Pos Y	86
Pos Z	0
Width	150
Height	150

버튼 이미지 안의 Text에 있는 Button이라는 글씨는 Inspector 창에서 'Attack'으로 바꿔줍니다.

(5) 클릭 이벤트 전달

앞서 만든 액션 스크립트에 버튼을 누른 상태의 이벤트를 연결해 봅시다. 바로 전에 만들어 됐던 PlayerMovement.cs에 클릭 이벤트를 전달하기 위해서는 EventTrigger가 필요합니다. ButtonAttack 오브젝트의 [Add Component] 기능으로 EventTrigger 컴포넌트를 추가합니다.

▲ ButtonAttack 게임 오브젝트의 Inspector 창에서 [Add Component] 버튼을 눌러 새로운 컴포넌트를 추가합니다.

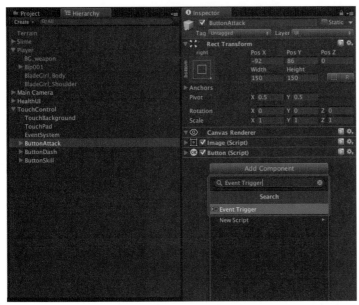

▲ Event Trigger라는 검색 키워드를 입력하면 Event Trigger라는 오브젝트가 검색됩니다. 이 Event Trigger를 클릭해서 게임 오 브젝트에 추가합니다.

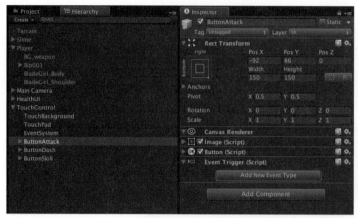

▲ [Add New Event Type] 버튼을 눌러서 새로운 Event Type을 추가합니다.

▲ Attack 버튼에 PointerDown 이벤트를 추가합니다.

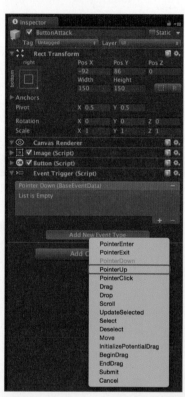

▲ Attack 버튼에 PointerUp 이벤트를 추가합니다.

이렇게 추가된 컴포넌트에 공격 버튼을 눌렀을 때와 손가락을 떼었을 때의 이벤트를 객체에 전달하기 위한 Pointer Down과 Pointer Up이라는 두 가지 이벤트 타입을 추가해야 합니다.

[Add New Event Type]을 클릭하고 PointerDown과 PointerUp을 선택합니다.

▲ Event Trigger의 두 가지 이벤트에 [+] 버튼을 눌러서 연결할 함수를 추가합니다.

앞의 Inspector 화면에 빨갛게 표시한 네모난 영역에 있는 [+] 버튼을 눌러서 새로운 이벤트를 추가합니다.

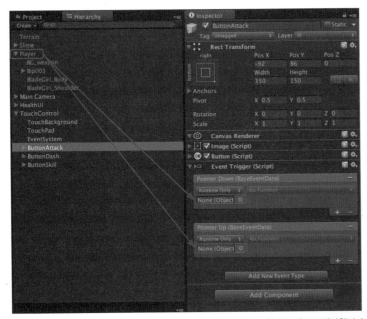

▲ Player 게임 오브젝트를 드래그해서 Pointer Down과 Pointer Up의 'None'으로 연결합니다.

Player 게임 오브젝트를 드래그해서 Pointer Down과 Pointer Up의 빨간색 네모 영역으로 연결합니다. 이렇게 함으로써 유저가 Attack 버튼을 누를 때 발생하는 Pointer Down 이벤트와 Attack 버튼에서 손을 떼었을 때 발생하는 Pointer Up 이벤트를 스크립트에 구현된 특정 함수에 연결할 수 있습니다.

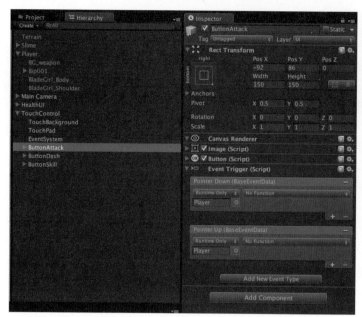

▲ Pointer Down 이벤트에서 'No Function' 선택

공격 버튼을 눌렀을 때 PlayerMovement.cs에 눌렀다는 사실을 전달하기 위해서는 Pointer-Down에 OnAttackDown()이라는 함수를 연결해 줍니다.

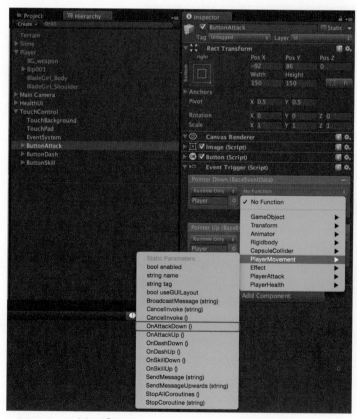

▲ Pointer Down 이벤트와 [PlayerMovement > OnAttackDown()] 함수 연결

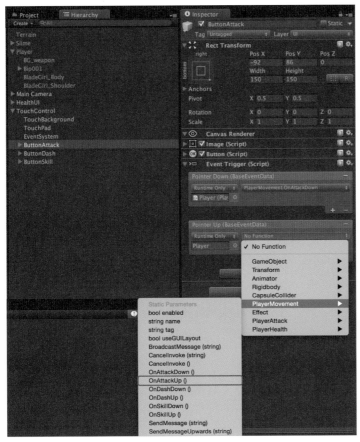

▲ Pointer Up 이벤트와 [PlayerMovement > OnAttackUp ()] 함수 연결

공격 버튼에서 손가락을 떼어냈다는 사실을 PlayerMovement.cs에 알리기 위해서는 PointerUp을 OnAttackUp() 함수로 연결해야 합니다. 그러면 다음 그림과 같은 EventTrigger가 완성됩니다.

▲ EventTrigger 설정 완료 화면

여기까지 설정이 잘 마무리됐다면, 다음과 같은 화면을 확인할 수 있습니다.

▲ Attack 버튼이 추가된 게임 인터페이스 화면

지금까지 완료된 화면에서 [Attack] 버튼을 누르면 콤보 공격이 실행됩니다. 그래도 아직은 공격이 조금 밋밋해 보입니다. 일단 기본 공격들을 구현한 이후에 차차 더욱 임팩트 있는 공격 형태로 구현해 볼 계획입니다. 기본이 충실하면 이를 기반으로 더욱 다양한 방식으로 스스로 생각하는 여러 효과를 구현할 수 있으니 밋밋하다고 실망하지 말고 더욱 불타오르는 마음으로 게임 개발을 이어가 봅시다.

06 | Skill & Dash

이제 필살기처럼 사용될 Skill 기술과 목표물을 향해 빠르게 뛰어가며 공격을 이어갈 Dash 기술을 구현해 볼 차례입니다.

(1) Dash 버튼 만들기

이미 스크립트는 만들어 뒀기 때문에, [Dash] 공격 버튼을 만들기 위해서는 앞서 만들었던 AttackButton과 동일한 과정으로 구현하면 됩니다.

1) 게임 오브젝트 생성

유니티 상단 메뉴에서 [GameObject > UI > Button]을 클릭해서 버튼을 생성합니다. 버튼을 하나 생성한 후에, 다음 그림과 같이 세팅합니다. 여기서 GameObject의 이름은 ButtonDash라고 명명했습니다.

2) Source Image 설정

Image 탭의 Source Image로는 동그란 파란색 이미지인 ActionButton을 선택합니다.

▲ Dash 버튼 생성하기

3) 앵커 설정

공격 버튼과 마찬가지로 대시 공격 버튼은 우측 하단에 앵커(Anchor, 닻)를 잡아 줍니다.

▲ 빨간 네모 영역을 클릭해서 앵커(Anchor) 설정

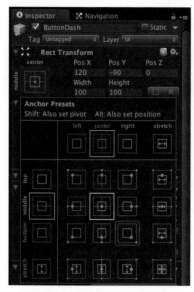 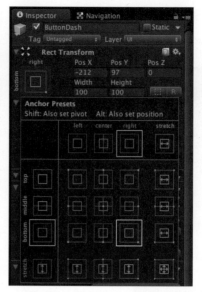

▲ 빨간 네모 영역을 클릭해서 우측 하단을 기준   ▲ 좌측 하단이 앵커로 설정된 상태
   으로 설정

4) 좌표와 크기 설정

대시 공격 버튼의 좌표와 크기도 설정해 줍니다. 여기서는 좌표와 크기를 다음과 같은 값
으로 구성했습니다.

변수	값
Pos X	−212
Pos Y	97
Pos Z	0
Width	100
Height	100

5) EventTrigger 설정

대시 공격 버튼이 눌리는 이벤트와 버튼에서 손을 떼는 이벤트를 PlayerMovement.cs에 전
달하기 위해서 EventTrigger를 생성합니다. 공격 버튼을 만들었을 때처럼, DashAttack 게
임 오브젝트를 선택한 다음 Inspector 창에서 [Add Component] 버튼을 눌러서 EventTrig-
ger 컴포넌트를 추가합니다.

▲ Dash 버튼에 Event Trigger 추가하기

[Add New Event Type] 버튼을 눌러서 [Pointer Down]을 추가합니다. [Pointer Down] 이 벤트는 PlayerMovement.OnDashDown에 연결합니다.

▲ Dash 버튼이 추가된 게임 인터페이스 화면

(2) Skill 버튼 만들기

역시 Skill 공격 버튼을 만들기 위해서 방금 만들었던 AttackButton과 동일한 과정을 거칩 니다.

1) 게임 오브젝트 생성

유니티 상단 메뉴에서 [GameObject > UI > Button]을 클릭해서 버튼을 생성합니다. 버튼을 하나 생성한 후에, 다음 그림과 같이 세팅합니다. 여기서 GameObject의 이름은 Skill-Dash라고 명명했습니다.

2) Source Image 설정

Image 탭의 Source Image는 동그란 파란색 이미지인 ActionButton을 선택합니다.

▲ Skill 버튼 추가하기

3) 앵커 설정

공격 버튼과 마찬가지로 대시 공격 버튼은 우측 하단에 앵커가 잡혀 있어야 합니다.

▲ 앵커 설정을 위해 빨간 테두리가 쳐진 영역 클릭

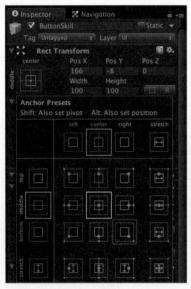

▲빨간 테두리가 쳐진 영역 클릭   ▲ 버튼의 앵커 우측 하단으로 설정된 상태

4) 좌표와 크기 설정

대시 공격 버튼의 좌표와 크기는 다음과 같이 설정했습니다.

변수	값
Pos X	−166
Pos Y	179
Pos Z	0
Width	100
Height	100

5) EventTrigger 설정

스킬 공격 버튼을 눌렀을 때 이벤트를 PlayerMovement.cs에 전달하기 위해서 EventTrig-ger를 생성합니다. 공격 버튼을 만들었을 때처럼, SkillAttack 게임 오브젝트를 선택한 다음 Inspector 창에서 [Add Component] 버튼을 눌러서 EventTrigger 컴포넌트를 추가합니다.

▲ Skill 버튼에 Event Trigger 추가하기

[Add New Event Type] 버튼을 눌러서 [Pointer Down]을 추가합니다. [Pointer Down] 이벤트는 PlayerMovement.OnSkillDown에 연결합니다.

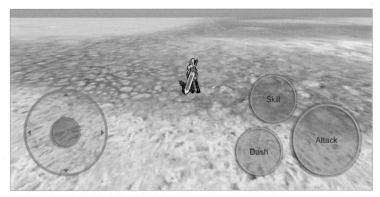

▲ 버튼들이 추가된 게임 인터페이스 화면

여기까지 잘 설정했다면, 앞의 그림과 같이 게임의 우측 하단에 파란색의 컨트롤 버튼이 3개 고정돼 있는 것을 확인할 수 있습니다. 아주 기본적인 게임 컨트롤의 뼈대가 구성된 셈입니다. 다음 챕터에서는 사용자의 캐릭터와 공격을 주고받을 상대방을 구현해 보겠습니다. 이에 더해 적에게 공격을 받아 어느 정도 타격을 입었는지 확인하기 위한 체력 게이지도 추가해 액션 게임의 기본적인 인터페이스 구성을 완성해 봅시다.

CHAPTER

06 미소녀 액션 게임 3
체력 게이지, 몬스터(1)

>> 이번 챕터에서는 주인공의 체력 게이지를 구현하고, 주인공과 싸울 몬스터까지 생성하는 과정을 살펴봅니다. 실제로 주인공의 체력 게이지를 구현하고, 주인공과 싸울 슬라임을 예제 코드를 활용해 만들어 봅시다.

01 | 개발 목표

▲ 체력게이지와 슬라임 구현(완성된 화면)

체력 게이지를 구현하기 위해서 해야 할 작업을 나열해보면, 다음과 같습니다.

❶ 유저 인터페이스에 체력 게이지 추가
❷ 현재 플레이어의 체력을 저장하고 연산할 스크립트 코드 작성

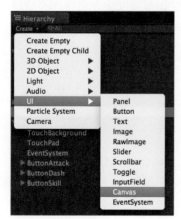

▲ Canvas 오브젝트 생성하기

02 | 체력 게이지 생성하기

체력 게이지를 구현하기 위해 게이지를 인터페이스에 추가하고, 플레이어의 체력을 저장 및 연산할 스크립트 코드 작성이 필요합니다.

(1) Canvas 오브젝트 생성

가장 먼저, 화면상에 표시될 게이지 형태를 구현하기 위해 Hierarchy 탭에서 [Create] 버튼을 누르고 [UI > Canvas]로 들어가서 유니티에서 UI를 표시해주는 Canvas 오브젝트를 생성합니다. 그러면 Canvas라는 오브젝트가 생성되는데, 이 오브젝트의 이름을 HealthUI 로 변경합니다. 그 외에 추가적인 변경은 기본 설정으로도 충분하기 때문에 필요하지 않습니다.

▲ Canvas 오브젝트 설정하기

(2) Slider 오브젝트 생성

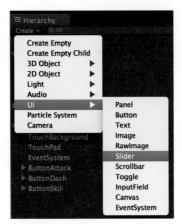

▲ Slider 오브젝트 생성하기

Hierarchy 탭에서 [Create] 버튼을 누르고 [UI > Slider]를 선택해서 Slider 오브젝트를 생성합니다. Slider는 원래 체력 게이지로 쓰기 위해 만들어진 것이라기보다는 터치로 숫자를 조절하기 위한 일종의 '터치 인터페이스'입니다. 하지만, Slider에서 게이지를 조절할 수 있는 손잡이를 제거하면 체력 게이지로 활용할 수 있습니다.

▲ Slider 오브젝트를 HealthUI의 자식으로 설정하기

(3) Slider 오브젝트에서 사용하지 않는 핸들 제거하기

앞서 생성한 Slider 오브젝트를 HealthUI의 하위 자식으로 드래그해서 옮깁니다. 핸들을 제거하기 위해 Slider 오브젝트의 하위 자식들을 펼쳐봅시다. 그 중에 Handle Slide Area가 있는데, 이 오브젝트를 선택한 후 [delete](Mac은 command + delete) 버튼을 눌러 삭제합니다. 이렇게 터치가 되는 손잡이 기능이 사라지고, 체력 게이지로 온전히 활용할 수 있는 환경이 마련됐습니다.

> **TIP** **Hierarchy와 게임 오브젝트의 부모 자식 관계**
>
> Hierarchy(계층구조) 탭은 현재 신 안에 있는 모든 오브젝트를 나열한 탭입니다. 여기에서 부모 자식 관계로 게임 오브젝트들을 정리할 수 있습니다.
>
>
>
> ▲ Hierarchy 탭, 게임 오브젝트 간의 부모 자식 관계
>
> 이 Hierarchy에서 게임 오브젝트들의 관계를 설명하자면, HealthUI가 가장 상위의 부모 오브젝트입니다. HealthUI는 Slider를 자식 오브젝트로 가지고 있습니다. 그리고 Slider 하위에는 Background, Fill Area, 그리고 Handle Slide Area 하위 자식 오브젝트가 있습니다.
>
> 규모가 큰 게임일수록 한 신 안에 수많은 게임 오브젝트들이 존재하게 됩니다. 이렇게 많은 오브젝트들을 계층구조 없이 나열하면 너무나 많아지기 때문에 Hierarchy 즉, 계층구조가 필요합니다. 부모 자식 관계로, 관계있는 오브젝트끼리 묶어놓으면 게임 오브젝트들이 보기 좋게 정리됩니다.

(4) Slider 오브젝트의 Fill, Fill Area 오브젝트 설정하기

▲ 체력 게이지의 빨간 체력 바

▲ 체력 게이지의 흰색 배경

Slider의 자식 오브젝트 중에 Fill이란 이름의 오브젝트가 있는데, 오브젝트의 좌표와 크기를 설정할 수 있는 Rect Transform의 Left와 Right는 0으로 수정합니다. 이는 체력 게이지의 빨간색 부분을 좌우로 가득 채우기 위함입니다.

보통 공격을 받으면 붉은색 체력 게이지가 타격을 입은 수치만큼 하얀색으로 변경됩니다. 이처럼 체력 게이지의 흰색 배경이 되는 FillArea 오브젝트도 동일하게 Rect Transform의 Left를 0, Right 역시 0으로 설정합니다.

(5) 앵커 설정

▲ Slider 앵커 설정 1

Slider의 좌표를 변경하기 전에, 앵커(Anchor)를 변경해 체력 게이지를 좌측 상단에 고정시켜 봅시다. Rect Transform 좌측 하단의 네모 두 개와 십자가가 겹쳐 있는 부분이 앵커를 설정하는 부분입니다. 이 버튼을 클릭하면 다음과 같은 창이 나타납니다.

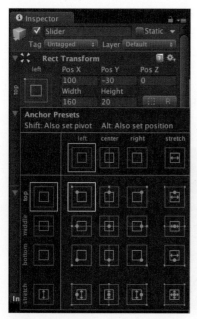

▲ Slider 앵커 설정 2

게임 화면의 좌측 상단을 기준으로 체력 게이지가 나타나게 해야 하기 때문에 left, top 지점에 앵커를 설정했습니다. 이를 위해 Pos X는 100으로, Pos Y는 -30으로 설정합니다. 좌표는 숫자를 변경해가며 감을 익혀보는 것이 좋습니다. 유니티는 수치를 적용하면 바로 화면상에서 변경 내용을 확인할 수 있으므로, 수치를 변경해 가며 원하는 위치에 객체를 놓아가며 감을 익혀보도록 합시다.

▲ Slider 속성 변경 1

계속해서 Slider의 속성을 Inspector 창에서 수정합니다. 캐릭터의 체력을 명확하게 정의해 줘야 그 비율에 맞게 타격 피해에 따른 체력 수치를 설정할 수 있습니다.

▲ Slider 속성 변경 2

Slider의 Inspector 창에서는 Max Value와 Value가 기본값인 1로 설정돼 있습니다. 여기에 서는 플레이어의 최대 체력을 100으로 설정할 것이므로, 이 수치를 100으로 변경했습니 다. 다음 그림이 세팅 완료된 Slider 속성입니다.

▲ Slider 속성 변경 3

(6) 캐릭터의 체력과 게이지의 연동

체력 게이지의 외형이 완성됐다면, 실제 플레이어 캐릭터의 체력과 체력 게이지가 연동되도록 PlayerHealth.cs 스크립트를 /Scripts/Player/ 디렉토리에 생성하고 코드를 다음과 같이 수정합니다.

```csharp
using UnityEngine;
using UnityEngine.UI;
using System.Collections;

public class PlayerHealth : MonoBehaviour
{
    // 주인공의 시작 체력입니다. 기본 100으로 설정돼있습니다.
    public int startingHealth = 100;
    // 주인공의 현재 체력입니다.
    public int currentHealth;
    // 체력 게이지 UI와 연결된 변수입니다.
    public Slider healthSlider;
    // 주인공이 데미지를 입을 때 화면을 빨갛게 만들기 위한 투명한 이미지입니다.
    public Image damageImage;
    // 주인공이 데미지를 입었을 때 재생할 오디오입니다.
    public AudioClip deathClip;

    // 애니메이터 컨트롤러에 매개변수를 전달하기 위해 연결한 Animator 컴포넌트
    Animator anim;
```

```
// 플레이어 게임 오브젝트에 붙어있는 오디오 소스(Audio Source) 컴포넌트
// 효과음을 재생할 때 필요합니다.
AudioSource playerAudio;
// 플레이어의 움직임을 관리하는 PlayerMovement 스크립트 컴포넌트
PlayerMovement playerMovement;
// 플레이어가 죽었는지 저장하는 플래그
bool isDead;


// 오브젝트가 시작하면 호출되는 Awake() 함수입니다.
void Awake()
{
    // Player 게임 오브젝트에 붙어있는 Animator 컴포넌트를 찾아서 변수에 넣습니다.
    anim = GetComponent<Animator>();
    // Player 게임 오브젝트에 붙어있는 AudioSource 컴포넌트를 찾아서 변수에 넣습니다.
    playerAudio = GetComponent<AudioSource>();
    // Player 게임 오브젝트에 붙어있는 PlayerMovement 컴포넌트를 찾아서 변수에 넣습니다.
    playerMovement = GetComponent<PlayerMovement>();
    // 현재 체력을 최대 체력으로 설정합니다.
    currentHealth = startingHealth;
}



// 플레이어가 공격받았을 때 호출되는 함수입니다.
public void TakeDamage(int amount)
{

    // 공격을 받으면 amount만큼 체력을 감소시킵니다.
    currentHealth -= amount;

    // 체력 게이지에 변경된 체력값을 표시합니다.
    healthSlider.value = currentHealth;

    // 만약 현재 체력이 0이하가 된다면 죽었다는 함수를 호출합니다.
    if(currentHealth <= 0 && !isDead)
    {
        // 플레이어가 죽었을 때 수행할 명령이 정의된 Death() 함수를 호출합니다.
        Death();
    }else{
        // 죽은 게 아니라면, 데미지를 입었다는 Trigger를 발동시킵니다.
        anim.SetTrigger("Damage");
    }
}



void Death()
```

```
    {
        // 캐릭터가 죽었다면 isDead 플래그를 true로 설정합니다.
        isDead = true;

    // 애니메이션에서 Die라는 트리거를 발동시킵니다.
        anim.SetTrigger ("Die");
        // 플레이어의 움직임을 관리하는 PlayerMovement 스크립트가 비활성화되게 만듭니다.
        playerMovement.enabled = false;
    }


    }
```

▲ 리스트 6-1 : PlayerHealth.cs 소스 코드

실제 플레이어의 체력과 체력 게이지 연동을 위한 첫 번째 단추로, PlayerHealth.cs 스크립트를 신 안의 Player 오브젝트 컴포넌트로 드래그해 추가합니다. 그러면 다음과 같이 연결해야 할 오브젝트들이 나타납니다.

▲ HealthSlider에 Slider 연결

현재는 HealthSlider가 비어있는 상태입니다. 여기에 앞서 만들었던 Slider를 연결시켜서 PlayerHealth.cs 스크립트가 Slider에 체력 상태를 표시하도록 해야 합니다.

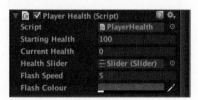

▲ HealthSlider에 Slider 연결 완료

간단한 설정을 통해 연결이 성공적으로 완료됐다면, 주인공이 적으로부터 공격을 당할 때마다 체력 게이지가 감소하게 됩니다.

03 | 적군의 탄생

플레이어 캐릭터의 체력 게이지도 완성됐으니, 실제로 주인공을 가격(?)해서 체력이 적절하게 감소하는지 확인해 보고 싶습니다. 주인공을 때려줄(?) 적군을 만들어 봅시다. 적군은 직접 디자인을 해서 활용할 수도 있지만, 에셋에서 캐릭터 디자인을 구매하는 형식으로 간편하게 적용해 볼 수도 있습니다. 여기에서는 미리 디자인된 캐릭터를 이용해 적군을 생성하도록 하겠습니다. 이 책에서 제작하는 게임에 등장할 적군 캐릭터는 귀여운 슬라임으로 결정했습니다. 슬라임이 실제 게임 화면에 나타도록 추가해 봅시다.

▲ 미리 디자인해 둔 슬라임 몬스터

(1) 슬라임 생성

슬라임 Prefab 샘플은 Prefabs/Enemy/Slime에 있습니다. 이 Prefab을 신에 드래그해 추가합니다.

▲ 슬라임 Prefab을 신에 추가하기

▲ 슬라임의 위치 조정

슬라임을 널따란 필드 위 아무 곳에나 놓을 수도 있겠지만, 주인공을 공격해서 체력이 감소하는 것을 바로 확인해보고 싶습니다. 그래서 슬라임이 플레이어 근처에서 생성되어 주인공 캐릭터와 함께 화면에서 확인할 수 있도록 하겠습니다. 이를 위해 좌표는 다음의 수치를 적용했습니다.

• Position : (100, 0, 100)

• Rotation : (0, -150, 0)

현재 슬라임에는 3D모델링만 되어 있을 뿐, 충돌을 처리해주는 충돌체(Collider)나 슬라임이 어떻게 움직이고 공격할지를 결정하는 스크립트 등이 전혀 붙어있지 않습니다.

현재 슬라임은 인공지능이 없는 상태나 다름없습니다. 슬라임 형태의 조각상이라고 해도 될 만하죠. 그러므로 슬라임을 살아 움직이게 만들어 스스로 플레이어를 인식해 공격하고, 플레이어한테 맞으면 좋은 곳으로 승천(소멸)할 수 있도록 설정해 봅시다. 슬라임이 하는 행동은 크게 세 가지로 요약됩니다.

❶ 플레이어에게 다가간다(EnemyMove.cs).
❷ 플레이어와 가까워지면 플레이어를 공격한다(EnemyAttack.cs).
❸ 자신의 체력이 0이 되면 땅 아래로 가라앉으면서 소멸된다(EnemyHealth.cs).

(2) 슬라임 액션

움직이는 슬라임을 구현하기 위해서는 슬라임 오브젝트에 여러 가지 구성요소를 추가해야 합니다.

1) RigidBody

RigidBody는 물리엔진 중력과 마찰 중력 등을 관리하는 구성요소입니다.

▲ 슬라임 오브젝트에 RigidBody 컴포넌트 추가하기

슬라임 오브젝트에 RigidBody를 [Add Component]로 추가합니다.

2) Sphere Collider

Sphere Collider는 구 충돌체입니다. 유니티에서는 두 오브젝트 간의 충돌 문제를 Collider 라는 컴포넌트를 활용해 쉽게 구현할 수 있습니다.

TIP | Collider란?

Collider는 충돌체를 뜻합니다. 게임을 개발할 때 필요한 아주 근본적인 기술입니다. 만약에 게임 엔진을 사용하지 않고 게임을 개발할 때는 이러한 충돌 문제를 개발자가 스스로 설계해서 충돌 시스템을 구현해야 합니다.

닌텐도의 슈퍼마리오 게임을 예로 들어 보겠습니다. 슈퍼마리오에서 마리오와 독버섯은 서로 부딪히면 둘 중에 하나가 데미지를 입습니다.

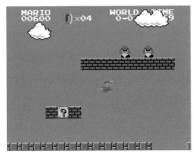

마리오가 독버섯(적 캐릭터)의 옆으로 충돌하면 마리오가 데미지를 입어서 크기가 작아지거나 죽어버립니다. 하지만, 마리오가 위에서 아래로 독버섯을 밟으면 독버섯이 납작해지면서 죽어버립니다. 상황이 역전되는 셈인데, 여기서 충돌이 발생합니다. 두 가지 모두 충돌이지만, 충돌하는 조건에 따라 결과가 달라진 것입니다.

▲ 슈퍼마리오 게임에서 마리오와 독버섯의 충돌 처리

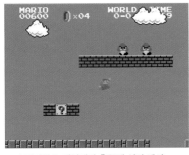

슈퍼마리오를 예를 들어서 충돌 처리에 대해서 구체적으로 작동방식을 분해해 보겠습니다. 우선 계산을 간편하게 하기 위해서 물체를 추상화합니다. 2D 게임에서는 원형이나 사각형이 많습니다. 마리오와 독버섯은 원형으로 충돌체를 설정합니다. 화면상에서는 캐릭터의 애니메이션만 보이지만, 실제로 충돌처리를 위해선 캐릭터를 단순한 도형으로 설정합니다. 그리고 벽돌은 사각형 충돌체가 됩니다.

▲ 슈퍼마리오 게임에서 충돌체 설정 예시

❶ 충돌이 일어났다는 사실을 판정한다.

마리오와 독버섯이 충돌하는 조건은 두 원이 만남으로써 발생한 것입니다. 계산식은 일반적으로 중학교 때 배우는 두 원이 접하는 조건에 따릅니다. 두 원 좌표 간의 거리가 두 원의 각 반지름의 합보다 짧거나 같으면 두 원은 충돌하는 것입니다. 실제로 이런 계산들은 유니티 엔진이 알아서 해주기 때문에, 수학적으로 더 세세한 설명은 하지 않겠습니다.

❷ 충돌이 일어날 당시, 두 객체의 위치를 기준으로 조건을 나눈다.

마리오의 좌표가 독버섯보다 위에 있으면, 결과는 독버섯이 죽습니다. 마리오의 좌표가 독버섯이랑 같은 높이 혹은 그 아래에 있으면 마리오가 데미지를 입습니다.

❸ 조건에 따른 결과를 게임에 적용한다.

조건에 따라 마리오에게 데미지를 입히든지, 독버섯에게 데미지를 입힙니다.

▲ Sphere Collider 컴포넌트

(3) 슬라임 어택

두 오브젝트 간의 충돌을 설정하기 위해 다음 코드들을 적용할 필요가 있습니다.

- EnemyHealth.cs : 슬라임의 체력을 관리해주는 역할을 합니다. 슬라임의 체력이 0이 되거나 작아지면 슬라임은 소멸됩니다.
- EnemyAttack.cs : 슬라임이 주인공을 공격하게 하는 역할을 합니다.
- EnemyMove.cs : 슬라임이 주인공을 찾아 이동하도록 명령하는 역할을 합니다.

1) EnemyHealth.cs

```
using UnityEngine;
using System.Collections;

public class EnemyHealth : MonoBehaviour {

  public int startingHealth = 100;
  public int currentHealth;

  public float flashSpeed = 5f;
  public Color flashColour = new Color(1f, 0f, 0f, 0.1f);

  public float sinkSpeed = 1f;

  bool isDead;
  bool isSinking;
  bool damaged;

  void Awake ()
  {
    currentHealth = startingHealth;
  }

  public void TakeDamage (int amount)
  {
    damaged = true;

    currentHealth -= amount;

    if(currentHealth <= 0 && !isDead)
    {
      Death ();
```

```
    }
  }

  public IEnumerator StartDamage(int damage, Vector3 playerPosition,
float delay, float pushBack)
  {
    yield return new WaitForSeconds(delay);

    try{

      TakeDamage(damage);
      Vector3 diff = playerPosition - transform.position;
      diff = diff / diff.sqrMagnitude;
      GetComponent<Rigidbody>().AddForce((transform.position - new
      Vector3(diff.x,diff.y,0f))*50f*pushBack);
    }catch(MissingReferenceException e)
    {
      Debug.Log (e.ToString());
    }
  }

  void Update ()
  {
    if(damaged)
    {
transform.GetChild(0).GetComponent<Renderer>().material.SetColor("_
OutlineColor", flashColour);
    }
    else
    {
transform.GetChild(0).GetComponent<Renderer>().material.Set-
Color("_OutlineColor", Color.Lerp (transform.GetChild(0).
GetComponent<Renderer>().material.GetColor("_OutlineColor"), Color.
black, flashSpeed * Time.deltaTime));
    }
    damaged = false;

    if(isSinking)
    {

      transform.Translate (-Vector3.up * sinkSpeed * Time.del-
taTime);
```

```
    }
  }

  void Death ()
  {
    isDead = true;

    transform.GetChild(0).GetComponent<BoxCollider>().isTrigger =
    true;
    StartSinking();
  }

  public void StartSinking ()
  {
    GetComponent <NavMeshAgent> ().enabled = false;

    GetComponent <Rigidbody> ().isKinematic = true;

    isSinking = true;

    Destroy (gameObject, 2f);
  }

}
```

▲ 리스트 6-2 : EnemyHealth.cs 소스 코드

EnemyHealth.cs는 슬라임의 체력을 관리하는 스크립트입니다. 각 부분별로 나누어서 살펴봅시다.

```
using UnityEngine;
using System.Collections;

public class EnemyHealth : MonoBehaviour {

    public int startingHealth = 100;
    public int currentHealth;

    public float flashSpeed = 5f;
    public Color flashColour = new Color(1f, 0f, 0f, 0.1f);

    public float sinkSpeed = 1f;

    bool isDead;
    bool isSinking;
    bool damaged;

    void Awake ()
    {
        currentHealth = startingHealth;
    }
```

▲ 리스트 6-3 : EnemyHealth.cs 1～24 라인

startHealth와 currentHealth는 체력에 관한 변수이고, flashSpeed와 flashColour는 슬라임이 공격받았을 때 슬라임 캐릭터의 테두리를 빨갛게 만들기 위한 변수입니다. flashSpeed는 오브젝트 간의 충돌 상황에서 flashColour의 색상을 지속시키는 시간을 의미합니다. 숫자가 작을수록 색상이 나타났다 사라지는 속도가 빠르게 설정됩니다.

isDead, isSinking, damaged 이 세 bool 변수는 슬라임의 현재 상태를 구분해서 상황에 맞는 효과를 슬라임에게 반영해주기 위한 것입니다.

```csharp
public void TakeDamage (int amount)
{
  damaged = true;

  currentHealth -= amount;

  if(currentHealth <= 0 && !isDead)
  {
    Death ();
  }
}

public IEnumerator StartDamage(int damage, Vector3 playerPosition,
float delay, float pushBack)
{
  yield return new WaitForSeconds(delay);

  try{

    TakeDamage(damage);

    Vector3 diff = playerPosition - transform.position;
    diff = diff / diff.sqrMagnitude;
    GetComponent<Rigidbody>().AddForce((transform.position - new
    Vector3(diff.x,diff.y,0f))*50f*pushBack);

  }catch(MissingReferenceException e)
  {
    Debug.Log (e.ToString());
  }
}
```

▲ 리스트 6-4 : EnemyHealth.cs 25~58 라인

TakeDamage() 함수는 주인공으로부터 공격을 받았을 때의 상황을 처리하는 역할을 합니다. StartDamage() 함수는 주인공으로부터 공격을 받았을 때 주인공으로부터 튕겨져 나가는 효과를 주도록 움직이는 힘을 가하는 역할을 합니다.

```csharp
  void Update ()
  {
    if(damaged)
    {

transform.GetChild(0).GetComponent<Renderer>().material.SetColor("_
OutlineColor", flashColour);
    }
    else
    {

transform.GetChild(0).GetComponent<Renderer>().material.Set-
Color("_OutlineColor", Color.Lerp (transform.GetChild(0).
GetComponent<Renderer>().material.GetColor("_OutlineColor"), Color.
black, flashSpeed * Time.deltaTime));
    }
    damaged = false;

    if(isSinking)
    {
      transform.Translate (-Vector3.up * sinkSpeed * Time.del-
      taTime);
    }
  }

  void Death ()
  {
    isDead = true;

    transform.GetChild(0).GetComponent<BoxCollider>().isTrigger =
    true;

    StartSinking();
  }

  public void StartSinking ()
  {
    GetComponent <NavMeshAgent> ().enabled = false;

    GetComponent <Rigidbody> ().isKinematic = true;

    isSinking = true;

    Destroy (gameObject, 2f);
  }
```

▲ 리스트 6–5 : EnemyHealth.cs 59~95 라인

Update() 함수는 매 프레임마다 실행됩니다. 연속적인 행동을 처리할 때 주로 사용됩니다. 슬라임이 데미지를 입었을 때(damaged), 죽었을 때(isDead) 등 상황에 따라 슬라임에 데미지를 입었다는 효과를 주거나, 땅 속으로 가라앉도록 합니다.

Death() 함수는 슬라임이 죽었을 때, 땅바닥을 뚫고 아래로 가라앉도록 충돌체(Collider)의 설정값(IsTrigger)을 변경합니다.

StartSinking() 함수는 죽은 후(Death()) 상태의 슬라임 설정을 변경하고 게임 오브젝트를 삭제하는 뒤처리를 맡게 됩니다.

2) EnemyAttack.cs

```csharp
using UnityEngine;
using System.Collections;

public class EnemyAttack : MonoBehaviour
{
    public float timeBetweenAttacks = 0.5f;
    public int attackDamage = 10;

    GameObject player;
    PlayerHealth playerHealth;
    EnemyHealth enemyHealth;
    bool playerInRange;
    float timer;

    void Awake ()
    {
        player = GameObject.FindGameObjectWithTag ("Player");
        playerHealth = player.GetComponent <PlayerHealth> ();
        enemyHealth = GetComponent<EnemyHealth>();
    }

    void OnTriggerEnter (Collider other)
    {
        if(other.gameObject == player)
        {
            playerInRange = true;
        }
    }

    void OnTriggerExit (Collider other)
    {
        if(other.gameObject == player)
```

```
    {
      playerInRange = false;
    }
  }

  void Update ()
  {
    timer += Time.deltaTime;

    if(timer >= timeBetweenAttacks && playerInRange && enemyHealth.
    currentHealth > 0)
    {
      Attack ();
    }
  }

  void Attack ()
  {
    timer = 0f;

    if(playerHealth.currentHealth > 0)
    {
      playerHealth.TakeDamage (attackDamage);
    }
  }
}
```

▲ 리스트 6-6 : EnemyAttack.cs 소스 코드

EnemyAttack.cs는 슬라임이 플레이어를 공격하는 방식을 정의한 코드입니다. 이 코드를
세 부분으로 나눠서 살펴봅시다.

```
using UnityEngine;
using System.Collections;

public class EnemyAttack : MonoBehaviour
{
  public float timeBetweenAttacks = 0.5f;
  public int attackDamage = 10;

  GameObject player;
  PlayerHealth playerHealth;
  EnemyHealth enemyHealth;
  bool playerInRange;
  float timer;

  void Awake ()
  {
    player = GameObject.FindGameObjectWithTag ("Player");
    playerHealth = player.GetComponent <PlayerHealth> ();
    enemyHealth = GetComponent<EnemyHealth>();
  }
```

▲ 리스트 6-7 : EnemyAttack.cs 1~22 라인

예제 코드의 앞 부분에서는 변수를 선언하고 Awake() 함수에서는 변수들을 초기화합니다. 슬라임의 EnemyAttack 클래스에서는 슬라임이 공격했을 때 주인공에게 데미지를 주기 위해 PlayerHealth 클래스를 참조하도록 합니다.

```
void OnTriggerEnter (Collider other)
{
  if(other.gameObject == player)
  {
    playerInRange = true;
  }
}

void OnTriggerExit (Collider other)
{
  if(other.gameObject == player)
  {
    playerInRange = false;
  }
}
```

▲ 리스트 6-8 : EnemyAttack.cs 23~39 라인

OnTriggerEnter와 OnTriggerExit은 앞서 설명한 충돌체에 관련된 함수들입니다. 구 충돌체(Sphere Collider)에 새로운 물체가 들어오면 OnTriggerEnter() 함수가 실행되고 물체가 나가면 OnTriggerExit()가 실행됩니다. 여기서 새로 접촉한 개체가 주인공이라면 player-InRange 값이 true로 설정됩니다. 이 의미는 주인공이 근처에 있으니 슬라임이 주인공에게 데미지를 줄 수 있는 상태라는 뜻입니다.

```
void Update ()
{
  timer += Time.deltaTime;

  if(timer >= timeBetweenAttacks && playerInRange && enemyHealth.
  currentHealth > 0)
  {
    Attack ();
  }
}

void Attack ()
{
  timer = 0f;

  if(playerHealth.currentHealth > 0)
  {
    playerHealth.TakeDamage (attackDamage);
  }
}
}
```

▲ 리스트 6-9 : EnemyAttack 40~65 라인

슬라임이 주인공 캐릭터를 공격하는 방법을 구현해 봅시다. 이 예제에서 사용한 방법은 슬라임이 주인공 주변으로 오면 일정 시간 간격으로 주인공에게 데미지를 입히는 방식입니다. 이를 위해 충돌이 일어난 상황을 처리하는 OnTriggerEnter와 OnTriggerExit 함수를 사용했습니다. 슬라임에 추가돼 있는 구형 충돌체에 주인공 캐릭터가 들어오면, playerIn-Range 플래그가 true 값으로 설정됩니다. 그리고 캐릭터가 나가면 playerInRange 플래그가 false로 바뀌게 됩니다.

이렇게 캐릭터의 체력 게이지를 생성하고, 적에게 공격을 받으면 수치가 소모되는 과정을 확인해 봤습니다. 다음 챕터에서는 적으로 생성한 슬라임의 움직임을 제어하는 방법을 알아보겠습니다.

CHAPTER 07 | 미소녀 액션 게임 3 체력 게이지, 몬스터(2)

>> 챕터 6에서는 플레이어의 적군이 될 슬라임을 생성하는 방법을 알아보고 플레이어와 충돌이 발생하는 경우의 액션 상황까지 설정해 봤는데, 이번에는 슬라임이 필드 상에서 적정한 범위를 오고가도록 만들어 봅시다.

01 | 맵을 활보하는 슬라임 – 내비게이션

▲ Navigation Agent 컴포넌트

내비게이션은 슬라임이 자동으로 길을 찾아서 플레이어를 찾아갈 수 있도록 하는 유니티의 인공지능 길찾기 모듈입니다. 움직이는 슬라임 구현을 위한 스크립트는 다음과 같습니다.

```
using UnityEngine;
using System.Collections;

public class EnemyMove : MonoBehaviour {

    Transform player;
    NavMeshAgent nav;

    void Awake () {
```

```
    player
      = GameObject.FindGameObjectWithTag ("Player").transform;
    nav = GetComponent <NavMeshAgent> ();

  }

  void Update () {
    if(nav.enabled){
      nav.SetDestination (player.position);
    }
  }

}
```

▲ 리스트 7-1 : EnemyMove.cs 소스 코드

리스트 7-1은 슬라임이 움직이는 방식을 설정하는 코드입니다. 우선 전체적인 코드 구조를 살펴봅시다. 자세한 설명은 뒤에 이어가도록 하겠습니다. 이에 더해 내비게이션 매쉬(Navigation Mash)를 활용하면 캐릭터가 인공지능을 활용해 움직이게 됩니다.

> **TIP 내비게이션 매쉬란?**
>
> 내비게이션 시스템의 목적은 일정 공간에서 두 지점 사이를 움직이기 위한 최적의 경로를 찾는 것입니다. 3D게임에서는 지형이나 물체들이 복잡하게 배치되어 있기 때문에, 이를 단순화해야만 길찾기가 수월해집니다.
>
> 이렇게 길찾기를 쉽게 수행하기 위해 3D 공간을 삼각형으로 이루어진 mesh들로 재구성하는 것을 내비게이션 메시라고 합니다.
>
>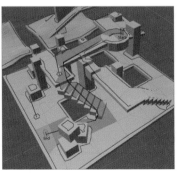
>
> ▲ Navigation Mesh 예시
>
> 내비게이션 메시는 다음과 같은 특징을 가지고 있습니다.
>
> • 이동과 길찾기를 위해서 3D 공간을 2D 형식으로 변환 가능
> • 장애물을 피해서 움직일 수 있는 자유로운 공간을 설정 가능
> • Linked List 형태의 자료구조로 구현 가능

내비게이션 메시를 활용한 길찾기 알고리즘의 작동 프로세스는 다음과 같습니다.

❶ 출발점과 도착점을 연결하는 벡터를 초기 이동 경로로 설정
❷ 내비게이션 메시에 걸쳐있는 삼각형들과 이동 경로 벡터를 비교
❸ 삼각형으로부터 벗어난 이동 경로가 있다면 인접한 삼각형으로 이동경로를 변경
❹ 이동경로 벡터가 삼각형 안에서만 움직일 때까지 ❷ ~ ❸을 반복

이런 식으로 익숙한 2D의 알고리즘들을 이용해서 길찾기를 할 수 있도록 3D 환경을 단순화하는 방법이 바로 내비게이션 메시입니다.

(1) 스크립트를 슬라임 오브젝트에 삽입

/Assets/Scripts/Enemy/ 폴더 아래에 EnemyHealth.cs, EnemyAttack.cs, EnemyMove.cs 파일을 제작한 뒤, 앞서 살펴본 3개의 소스 코드 스크립트를 넣어 줍니다. 그 후 3개 스크립트를 모두 슬라임 오브젝트에 드래그해서 넣습니다. 이렇게 하면 슬라임이 자동으로 이동하는 데 필요한 구성요소는 대부분 추가된 것입니다.

(2) 슬라임이 인공지능으로 길을 찾기 위한 설정 – Navigation Bake

앞서 슬라임에 Navigation Agent라는 구성요소를 추가했었는데, 이는 해당 지형에서 길찾기를 할 수 있도록 해준 것입니다. 하지만 Navigation Agent 구성요소를 추가하기 전에 게임 엔진이 내비게이션 메시(Navigation Mesh)를 따라 길을 미리 계산할 수 있도록 내비게이션 베이킹(Navigation Baking)이라는 과정을 거쳐야 합니다. 메뉴에서 [Window 〉 Navigation]을 선택하면 Inspector 창 우측에 Navigation 창이 생성됩니다.

> **TIP** **내비게이션 베이킹이란?**
>
> 내비게이션 베이킹은 앞서 설명한 내비게이션 메시를 현재 게임 신에 생성하는 것입니다. 내비게이션 베이킹을 실행하면 게임 신 안에 있는 Navigation Static이라고 표시된 게임 오브젝트들을 참조하여 대략적으로 이동할 수 있는 내비게이션 메시를 구성하게 됩니다.

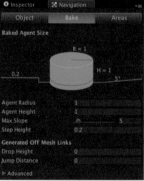

▲ 내비게이션 탭에서 Navigation   ▲ 내비게이션 베이킹을 하기 전에 설

내비게이션 베이킹 탭에서 설정할 수 있는 값들은 다음과 같습니다.

❶ Agent Radius : 에이전트가 벽이나 막다른 공간에 얼마나 가까워질 수 있는지 설정

❷ Agent Height : 에이전트가 얼마나 낮은 문턱을 지나갈 수 있는지 설정

❸ Max Slope : 에이전트가 얼마나 경사진 곳을 오를 수 있는가 설정

❹ Step Height : 에이전트가 계단을 오를 때 얼마나 높은 장애물 위에 올라갈 수 있는 지 설정

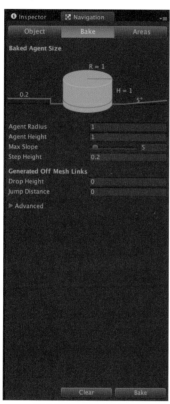

▲ 내비게이션 베이킹 설정하기 1

내비게이션 베이킹을 다음 숫자처럼 설정한 후 [Bake] 버튼을 누르면, Navigation(길찾기)의 Baking 과정이 진행됩니다. 또한 [Bake]를 누르면 화면 하단에 다음 그림과 같은 로딩 표시가 나타나는데, 시간이 좀 소요될 수 있으니 로딩이 다 진행되기까지 잠시 기다리도록 합니다.

[내비게이션 베이킹 설정 값]

변수	값
Agent Radius	1
Agent Height	1
Max Slope	5
Step Height	0.2

▲ 내비게이션 베이킹 설정하기 2

로딩이 완료되면 다음과 같이 신 화면에도 Bake 결과가 나타납니다. 이것으로써 Navigation Agent를 추가한 오브젝트들이 길찾기를 할 수 있는 여건을 갖추게 되었습니다.

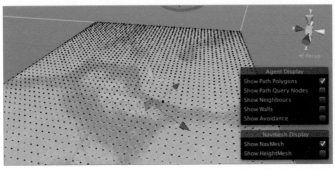

▲ Bake 결과 신 화면

(3) 활보하는 슬라임 코드 예제

이제부터 앞에서 슬라임이 플레이어를 향해 움직이게 만들기 위해 작성한 EnemyMove.cs 를 살펴봅시다.

```
using UnityEngine;
using System.Collections;

public class EnemyMove : MonoBehaviour {

    Transform player;
    NavMeshAgent nav;

    void Awake () {

        player = GameObject.FindGameObjectWithTag ("Player").transform;
        nav = GetComponent <NavMeshAgent> ();
    }

    void Update () {
        if(nav.enabled){
            nav.SetDestination (player.position);
        }
    }
}
```

▲ 리스트 7-2 : EnemyMove.cs 소스 코드

1) 목적지 구현하기

```
player = GameObject.FindGameObjectWithTag ("Player").transform;
```

▲ 리스트 7-3 : 목적지 찾는 소스 코드

리스트 7-3은 길찾기를 할 목적지를 찾는 부분을 구현한 것입니다. 이 함수는 태그(Tag)로 게임 오브젝트를 검색하는 함수인데, 플레이어(Player)라는 태그를 가진 오브젝트는 주인공 밖에 없기 때문에 자연스럽게 주인공을 검색하게 됩니다. 태그는 다양한 방식으로 활용할 수 있습니다. 슬라임에 Enemy라는 태그를 달아놓으면, 어디서든지 슬라임의 게임 오브젝트를 검색할 수 있게 됩니다.

2) 목적지로 이동하기

```
GameObject.FindGameObjectWithTag ("Enemy")
```

▲ 리스트 7-4 : 태그에 넣는 Enemy

```
if(nav.enabled){
   nav.SetDestination (player.position);
}
```

▲ 리스트 7-5 : 목적지로 이동하는 소스 코드

리스트 7-5는 '목적지'로 '가자'고 명령하는 부분입니다. 이 소스 코드에 있는 if문은 NavMeshAgent가 현재 오브젝트에 포함돼 있는지, 또는 활성화되어 있는지를 체크하게 됩니다. 만약 활성화돼 있다면 내비게이션의 길찾기 기능을 가동시키게 됩니다.

유니티에서는 생각보다 길찾기 기능을 구현하는 방법이 어렵지 않습니다. 원래 수작업으로 구현하려면 상당한 스트레스와 에너지가 들어가는 일인데, 이렇게 엔진이 자동적으로 해결해주는 부분이 있다면 최대한 활용하는 것이 전체적인 팀 생산성에 도움이 됩니다.

02 | Non-Targeting 공격 타격 판정

길찾기가 완료되었다면, 슬라임은 필드 위를 자유스럽게 움직이다 적(플레이어)을 만났을 때 반응하게 될 것입니다. 이제 적을 만난 플레이어의 공격 범위를 설정해 봅시다. 공격 타격 범위 판정 구현을 위해 범위를 저장하고, 다양한 공격 옵션을 적용해 보겠습니다.

(1) 타격 판정을 구현하기 위한 아이디어

주인공이 검을 휘두르지만, 실제로 대부분 게임상에서는 정확하게 물리엔진으로 타격을 판정하지 않습니다. 몬스터가 주인공의 공격을 받았다는 판정을 하는 방법 중에 충돌체를 활용한 타격 대상 관리 방식을 알아봅시다.

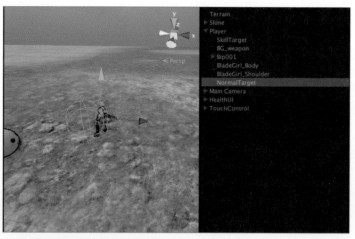

▲ 공격 충돌 범위가 화면에 표시되어 있습니다.

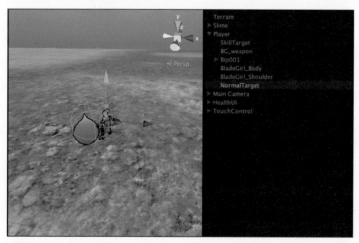

▲ 공격 타격 대상에 슬라임이 추가되었습니다. 이제 유저가 일반 공격 버튼을 누르면 슬라임은 데미지를 받습니다.

슬라임이 NormalTarget 영역 안에 들어오면, 타격 대상 리스트에 슬라임이 추가됩니다. 주인공이 공격을 하면, 타격 대상 리스트에 있는 모든 몬스터에 데미지를 입힙니다. 슬라임이 죽거나 타격 영역 밖으로 벗어나면 타격 대상 리스트에서 슬라임이 제거됩니다.

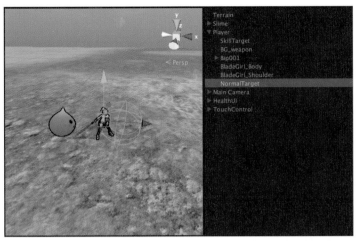

▲ 플레이어가 다른 방향으로 움직이면 슬라임이 타격 반경에서 벗어나게 됩니다. 이때 OnTriggerExit() 함수가 호출됩니다.

(2) 필요한 스크립트 파일 생성하기

NormalTarget.cs, SkillTarget.cs, PlayerAttack.cs를 /Assets/Scripts/Player 폴더 안에 만듭니다. 이 세 가지 스크립트 파일을 하나의 폴더에 넣어두는 이유는 폴더 구조로 파일을 정리하기 위함입니다. 스크립트 파일을 어디에 두어도 잘 동작하지만, 파일들을 찾기 쉽게 정리해두는 것이 팀 단위 개발에서는 큰 도움이 됩니다. 나는 내가 만든 파일이 어디에 있는지 알지만, 다른 팀원은 파일을 찾아서 수정해야 하기 때문입니다.

(3) 공격 대상 감지

주인공이 스킬 공격을 할 때 공격 대상을 감지하기 위해서는 '충돌체'라는 것이 필요합니다. 충돌체를 생성하기 위해 Player 오브젝트에 GameObject라는 빈 게임 오브젝트를 생성한 후에 이름을 SkillTarget으로 변경합니다. 다음으로 SkillTarget 오브젝트에 SphereCollider를 추가해 구(球) 모양의 충돌 감지체를 만들어 봅시다.

이렇게 하는 이유는, 구 안에 들어오는 모든 슬라임들을 스킬 공격을 받는 대상으로 설정하기 위함입니다. 이때 IsTrigger를 체크해서 이 옵션을 선택 상태로 변경합니다.

충돌체의 IsTrigger

충돌체는 IsTrigger라는 속성에 따라 큰 차이를 띄게 됩니다. IsTrigger는 충돌체의 영역 안에 새로운 오브젝트가 진입하는 것을 감지하는 용도로만 쓰고 물리엔진으로 물체끼리 서로 밀어내지 않는다는 것을 설정하는 속성입니다.

❶ IsTrigger가 체크되어 있는 경우

IsTrigger 체크박스가 체크되어 있으면, 우리가 만들었던 SkillTarget이라는 이름의 충돌체는 땅바닥과 몬스터를 뚫고 지나갑니다. IsTrigger가 체크되어 있는 상태에서는 충돌체 영역 안에 들어오는 슬라임을 감지하고 이벤트를 발생시키지만, 슬라임과 충돌해서 밀어내지는 않습니다.

▲ IsTrigger가 체크되어 있는 경우　　▲ IsTrigger가 체크되어 있지 않은 경우

❷ IsTrigger가 체크되어 있지 않은 경우

IsTrigger 체크박스가 체크되어 있지 않으면, 우리가 만들었던 SKillTarger이라는 이름의 충돌체는 땅바닥과 충돌하여 밀려나고, 슬라임도 충돌체 영역 안으로 들어오지 못하게 됩니다.

새로 생성한 SkillTarget 오브젝트의 속성은 다음의 표와 같이 설정합니다.

변수	값
Pos X	0
Pos Y	0
Pos Z	0
Center X	0
Center Y	0
Center Z	0
Radius	3.5

▲ SkillTarget 오브젝트에 SphereCollider 컴포넌트 추가하기

지금까지의 설정이 완료됐다면, 실제 공격 범위 적용을 위해 [SkillTarget] 게임 오브젝트의 [Add Component]를 선택해 SkillTarget.cs 스크립트를 추가합시다.

▲ 구 형태의 스킬 범위

특정 스킬의 경우 앞뒤로 모든 슬라임을 공격하고 뒤로 밀어내는 등의 화려한 움직임을 구현하기도 하지만, 일반 공격까지 그렇게 구현할 필요는 없습니다. 그러므로 일반 공격은 캐릭터가 바라보는 방향에 기다란 원통형으로 타깃 대상을 감지하도록 합니다.

▲ Player 오브젝트 하위에 새로운 게임 오브젝트를 생성합니다.

이를 위해 앞서 했던 것처럼 Player 오브젝트 하위에 새로운 게임 오브젝트를 생성합니다. NormalTarget이라는 이름의 오브젝트를 생성합니다.

그리고 유니티 상단 메뉴에서 [Component > Physics > Capsule Collider]를 선택해서 캡슐 충돌체를 게임 오브젝트에 추가합니다.

그 후 일반 공격 범위와 스킬 공격 범위 안에 있는 적군을 파악하기 위한 충돌체를 사용합니다. 여기서는 캡슐 충돌체(Capsule Collider)를 추가해보겠습니다.

캡슐 충돌체는 캡슐 모양의 충돌체입니다. 모든 충돌체들은 생긴 모양에 따라 나뉘어지는데, 다른 충돌체의 경우 박스형 충돌체(BoxCollider), 구형 충돌체(Sphere Collider), 메시 충돌체(Mesh Collider), 바퀴 충돌체(Wheel Collider), 지형 충돌체(Terrain Collider) 등이 있습니다.

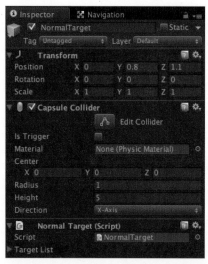

▲ NormalTarget 오브젝트에 Capsule Collider 컴포넌트와 NormalTarget.cs 스크립트 추가하기

NormalTarget 오브젝트의 속성은 다음과 같이 설정합니다.

변수	값
Pos X	0
Pos Y	0.8
Pos Z	1.1
Center X	0
Center Y	0
Center Z	0
Radius	1
Height	5
Direction	X-Axis

충돌체(Collider)가 부딪히더라도 밀어내지 않고 부딪히는 이벤트만 감지하기 위해서 IsTrigger는 반드시 체크해야 합니다. IsTrigger를 체크하지 않으면 슬라임이 NormalTarget 타격 영역에 들어올 수가 없게 됩니다.

(4) 일반 공격 타격 대상 리스트 관리

```
using UnityEngine;
using System.Collections;
using System.Collections.Generic;

// NormalTarget은 일반 공격을 할 때 공격 반경에 있는 적들의 리스트를 관리하는 클래스입니다.
public class NormalTarget : MonoBehaviour {

// 공격 대상에 있는 적들의 리스트입니다.
   public List<Collider> targetList;

// 오브젝트가 생성될 때 호출되는 Awake()에서 targetList 배열을 초기화합니다.
   void Awake()
   {
      targetList = new List<Collider>();
   }

// 적 개체가 공격 반경 안에 들어오면, targetList에 해당 개체를 추가합니다.
   void OnTriggerEnter(Collider other)
   {
      targetList.Add(other);
   }
// 적 개체가 공격 반경을 벗어나면, targetList에서 해당 개체를 제거합니다.
   void OnTriggerExit(Collider other)
   {
      targetList.Remove(other);
   }

}
```

▲ 리스트 7-6 : NormalTarget.cs 소스 코드

NormalTarget이라는 클래스는 플레이어의 근처에 온 적군이 공격 범위에 들어오면 리스트에 저장하는 역할을 합니다. 범위 내에 있는 적의 리스트에 저장하는 이유는, 타격 범위 판정을 좀 더 쉽게 하기 위함입니다.

현실 세계에서는 검으로 상대방에게 타격을 주려면 검의 날과 상대방이 직접 부딪혀야 피해가 발생합니다. 하지만, 게임 상에서는 최대한 계산을 단순하게 만들 수 있는 방향으로 주로 구현하게 됩니다. 왜냐하면, 계산을 단순하게 만들어야 컴퓨터의 자원을 절약해서 효율적으로 사용이 가능하고, 구현 자체도 편해지기 때문입니다.

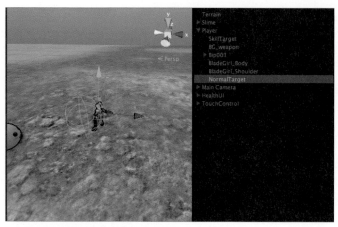

▲ 일반 공격 충돌 범위가 화면에 표시되어 있습니다.

그래서 우리는 평소에 주인공 공격 반경에 들어온 몬스터들의 리스트를 관리하고 있다가, 주인공이 공격할 때 공격 반경 안의 모든 적군에게 공격을 가하게 만들 것입니다.

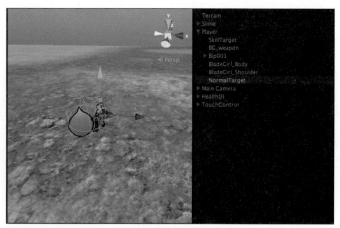

▲ 일반 공격 타격 대상에 슬라임이 추가되었습니다. 이제 유저가 일반 공격 버튼을 누르면 슬라임은 데미지를 받습니다.

```
// 적 개체가 공격 반경 안에 들어오면, targetList에 해당 개체를 추가합니다.
void OnTriggerEnter(Collider other)
{
    targetList.Add(other);
}
```

▲ 리스트 7-7 : NormalTarget 클래스의 OnTriggerEnter() 함수

슬라임이 NormalTarget 영역 안으로 들어오면 리스트 7-6에서 OnTriggerEnter()가 호출됩니다. NormalTarget 클래스의 targetList에는 슬라임이 추가됩니다.

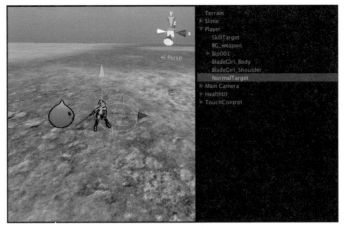

▲ 플레이어가 다른 방향으로 움직이면 슬라임이 타격 반경에서 벗어나게 됩니다. 이때 OnTriggerExit() 함수가 호출됩니다.

```
// 적 개체가 공격 반경을 벗어나면, targetList에서 해당 개체를 제거합니다.
void OnTriggerExit(Collider other)
{
    targetList.Remove(other);
}
```

▲ 리스트 7-8 : NormalTarget 클래스의 OnTriggerExit() 함수

OnTriggerExit()이 호출되면 targetList에서 슬라임이 제거됩니다.

(5) 스킬 공격 타격 대상 리스트 관리

```
using UnityEngine;
using System.Collections;
using System.Collections.Generic;

// SkillTarget은 일반 공격을 할 때 공격 반경에 있는 적들의 리스트를 관리하는 클래스입니다.
public class SkillTarget : MonoBehaviour {

// 스킬 공격 대상에 있는 적들의 리스트입니다.
    public List<Collider> targetList;

// 오브젝트가 생성될 때 호출되는 Awake()에서 targetList 배열을 초기화합니다.
    void Awake()
    {
        targetList = new List<Collider>();
    }

// 적 개체가 스킬 공격 반경 안에 들어오면, targetList에 해당 개체를 추가합니다.
    void OnTriggerEnter(Collider other)
    {
        targetList.Add(other);
    }

// 적 개체가 스킬 공격 반경을 벗어나면, targetList에서 해당 개체를 제거합니다.
    void OnTriggerExit(Collider other)
    {
        targetList.Remove(other);
    }
}
```

▲ 리스트 7-9 : SkillTarget.cs 소스 코드

SkillTarget 클래스는 주인공 캐릭터가 스킬 공격을 할 때 데미지를 줄 대상을 리스트로 저장해두는 클래스입니다. NormalTarget과 동일한 방식으로 작동합니다.

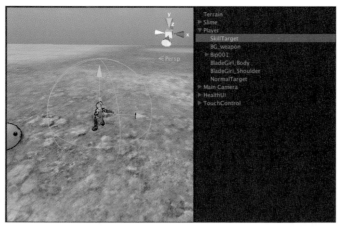

▲ 스킬 타겟의 충돌영역이 구 형태로 표시되어 있습니다. 몬스터가 아직 스킬 공격 대상에 들어가 있지 않은 상태입니다.

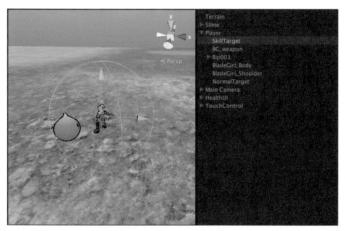

▲ 스킬 공격 대상에 슬라임이 추가되었습니다. 이제 유저가 스킬 공격을 하면 슬라임은 데미지를 받습니다.

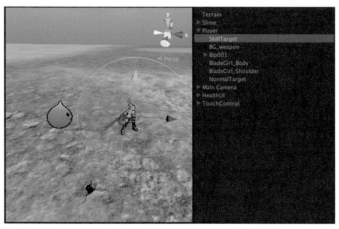

▲ 플레이어가 다른 곳을 향하여 이동하면 슬라임이 타격 반경에서 멀어지고, 반경을 벗어나면 OnTriggerExit() 함수가 호출되어 스킬 타격 대상에서 제외됩니다.

(6) 일반 공격 NormalAttack() 함수 설명

```csharp
using UnityEngine;
using System.Collections;
using System;
using System.Collections.Generic;

public class PlayerAttack : MonoBehaviour {

// 플레이어가 몬스터에게 주는 데미지 수치입니다.
// 레벨/경험치 파츠 업그레이드 챕터에서 캐릭터 성장 시스템을 도입하면 변경될 예정입니다.
   public int NormalDamage = 10;
   public int SkillDamage = 30;
   public int DashDamage = 30;

// 캐릭터의 공격 반경입니다.
// 타겟의 Trigger로 어떤 몬스터가 공격 반경 안에 들어왔는지 판정합니다.
   public NormalTarget normalTarget;
   public SkillTarget skillTarget;

   public void NormalAttack()
   {

// normalTarget에 붙어있는 Trigger Collider에 들어있는 몬스터의 리스트를 조회합니다.
      List<Collider> targetList
         = new List<Collider>(normalTarget.targetList);

// 타겟 리스트 안에 있는 몬스터들을 foreach문으로 하나하나 다 조회합니다.
      foreach(Collider one in targetList){
// 타겟의 게임 오브젝트에 EnemyHealth라는 스크립트를 가져옵니다.
         EnemyHealth enemy = one.GetComponent<EnemyHealth>();
// 만약 EnemyHealth 스크립트가 있다면 몬스터이므로, 몬스터에게 데미지를 줍니다.
         if(enemy != null){
// 몬스터에게 데미지를 얼마 줄지, 얼마나 뒤로 밀려나게 할지(pushBack).
            StartCoroutine(enemy.StartDamage(NormalDamage,
                             transform.position, 0.5f, 0.5f));

         }

      }

   }
   public void DashAttack()
   {
```

```
// normalTarget에 붙어있는 Trigger Collider에 들어있는 몬스터의 리스트를 조회합니다.
    List<Collider> targetList
        = new List<Collider>(skillTarget.targetList);

// 타깃 리스트 안에 있는 몬스터들을 foreach문으로 하나하나 다 조회합니다.
    foreach(Collider one in targetList){

// 타깃의 게임 오브젝트에 EnemyHealth라는 스크립트를 가져옵니다.
        EnemyHealth enemy = one.GetComponent<EnemyHealth>();

// 만약 EnemyHealth 스크립트가 있다면 몬스터이므로, 몬스터에게 데미지를 줍니다.
        if(enemy != null){
// 몬스터에게 데미지를 주면서, 데미지를 얼마 줄지, 얼마나 뒤로 밀려날지(pushBack),
            StartCoroutine(enemy.StartDamage(DashDamage,
                                transform.position, 1f, 2f));


        }
      }
    }

  public void SkillAttack()
  {

// normalTarget에 붙어있는 Trigger Collider에 들어있는 몬스터의 리스트를 조회합니다.
    List<Collider> targetList
        = new List<Collider>(skillTarget.targetList);

// 타겟 리스트 안에 있는 몬스터들을 foreach문으로 하나하나 다 조회합니다.
    foreach(Collider one in targetList){

// 타겟의 게임 오브젝트에 EnemyHealth라는 스크립트를 가져옵니다.
        EnemyHealth enemy = one.GetComponent<EnemyHealth>();

// 만약 EnemyHealth 스크립트가 있다면 몬스터이므로, 몬스터에게 데미지를 줍니다.
        if(enemy != null){

// 몬스터에게 데미지를 주면서, 데미지를 얼마 줄지, 얼마나 뒤로 밀려날지(pushBack),
            StartCoroutine(enemy.StartDamage(SkillDamage,
                                transform.position, 1f, 2f));


        }
      }
    }
}
```

▲ 리스트 7-10 : PlayerAttack.cs 소스 코드

리스트 7-10은 일반 공격과 스킬 공격, 그리고 대시 공격의 타격 처리 전체 스크립트입니다. 각 부분을 나눠서 자세히 살펴봅시다.

NormalAttack() 함수는 일반 공격 범위 안에 들어온 모든 적군에게 데미지를 입히고 튕겨내는 StartDamage() 루틴을 실행합니다. NormalAttack() 함수를 순서대로 살펴봅시다.

1) 공격 대상 적군 리스트를 조회합니다.

```
List<Collider> targetList = new List<Collider>(normalTarget.targetList);
```

▲ 리스트 7-11 : NormalAttack()의 첫 번째 처리

2) 타깃 리스트에 있는 오브젝트에서 EnemyHealth 오브젝트를 조회합니다.

```
// 타깃의 게임 오브젝트에 EnemyHealth라는 스크립트를 가져옵니다.
    EnemyHealth enemy = one.GetComponent<EnemyHealth>();
```

▲ 리스트 7-12 : NormalAttack()의 두 번째 처리

3) 타깃 리스트에 있는 오브젝트가 적 오브젝트인지 EnemyHealth 오브젝트가 null인지 체크하여 판단합니다.

```
// 만약 EnemyHealth 스크립트가 있다면 몬스터이므로, 몬스터에게 데미지를 줍니다.
    if(enemy != null){
```

▲ 리스트 7-13 : NormalAttack()의 세 번째 처리

4) 적에게 데미지를 줍니다.

```
// 몬스터에게 데미지를 주면서, 데미지를 얼마 줄지, 얼마나 뒤로 밀려날지(pushBack),
    StartCoroutine(enemy.StartDamage(NormalDamage.transform.po-
    sition, 0.5f, 0.5f));
```

▲ 리스트 7-14 : NormalAttack()의 네 번째 처리

(7) DashAttack() 함수 설명

```
public void DashAttack()
{

// normalTarget에 붙어있는 Trigger Collider에 들어있는 몬스터의 리스트를 조회합니다.
    List<Collider> targetList
        = new List<Collider>(skillTarget.targetList);

// 타깃 리스트 안에 있는 몬스터들을 foreach 문으로 하나하나 다 조회합니다.
    foreach(Collider one in targetList){

// 타깃의 게임 오브젝트에 EnemyHealth라는 스크립트를 가져옵니다.
        EnemyHealth enemy = one.GetComponent<EnemyHealth>();

// 만약 EnemyHealth 스크립트가 있다면 몬스터이므로, 몬스터에게 데미지를 줍니다.
        if(enemy != null){
// 몬스터에게 데미지를 주면서, 데미지를 얼마 줄지, 얼마나 뒤로 밀려날지(pushBack).
            StartCoroutine(enemy.StartDamage(DashDamage,
                            transform.position, 1f, 2f));

        }

    }
}
```

▲ 리스트 7-15 : DashAttack() 함수

DashAttack() 함수는 대시 공격 범위 안에 들어온 모든 적군에게 데미지를 입히고 튕겨내는 StartDamage() 루틴을 실행합니다. DashAttack() 함수는 NormalAttack()과 동일한 과정을 거치므로 이전의 설명을 참조하시기 바랍니다.

(8) SkillAttack() 함수 설명

```
    public void SkillAttack()
    {

// normalTarget에 붙어있는 Trigger Collider에 들어있는 몬스터의 리스트를 조회합니다.
    List<Collider> targetList
        = new List<Collider>(skillTarget.targetList);

// 타깃 리스트 안에 있는 몬스터들을 foreach문으로 하나하나 다 조회합니다.
    foreach(Collider one in targetList){

// 타깃의 게임 오브젝트에 EnemyHealth라는 스크립트를 가져옵니다.
        EnemyHealth enemy = one.GetComponent<EnemyHealth>();

// 만약 EnemyHealth 스크립트가 있다면 몬스터이므로, 몬스터에게 데미지를 줍니다.
        if(enemy != null){

// 몬스터에게 데미지를 주면서, 데미지를 얼마 줄지, 얼마나 뒤로 밀려날지(pushBack),
            StartCoroutine(enemy.StartDamage(SkillDamage,
                            transform.position, 1f, 2f));

        }

    }

    }
```

▲ 리스트 7-16 : SkillAttack() 함수

SkillAttack() 함수는 대시 공격 범위 안에 들어온 모든 적군에게 데미지를 입히고 튕겨내는 StartDamage() 루틴을 실행합니다. SkillAtack() 역시 NormalAttack()과 동일한 과정을 거칩니다. StartDamage()를 호출할 때 전달하는 변수만 달라진다는 차이점이 있습니다.

▲ 캡슐 형태의 공격 범위

여기까지 잘 따라왔다면 예시로 제시한 그림과 같은 형태로 '캡슐 형태의 공격 범위', 즉 타 깃 범위가 설정됩니다.

타깃 범위를 설정한 후 앞에서 생성했던 PlayerAttack.cs를 Player 오브젝트에 옮겨 놓으면 다음 그림과 같이 NormalTarget와 SkillTarget 오브젝트가 비어있는 것(None)을 확인할 수 있습니다. PlayerAttack.cs에 들어갈 소스 코드는 다음 챕터에서 확인해 보겠습니다.

▼ ⓒ Player Attack (Script)	🔲 ⚙
Script	🔳 PlayerAttack ⊙
Normal Damage	10
Skill Damage	30
Dash Damage	30
Normal Target	None (Normal Target) ⊙
Skill Target	None (Skill Target) ⊙

▲ Player Attack Script 창

여기에 앞에서 만들어본 두 가지 충돌체(Collider)를 연결합니다. NormalTarget에는 앞서 만 든 캡슐 형태의 Normal Target을 연결하고 SkillTarget에는 Skill Target을 연결합니다. 이렇 게 일반/대시/스킬 공격 설정까지 완료됐습니다.

03 | 주인공 움직임을 관리하는 스크립트 – PlayerMovement.cs

```
using UnityEngine;
using System;
using System.Collections;

[RequireComponent(typeof(Animator))]
public class PlayerMovement: MonoBehaviour {

    // 애니메이터 컨트롤러에 매개변수를 전달할수 있도록 Animator 변수를 선언합니다.
    protected Animator avatar;
    protected PlayerAttack playerAttack;

    // 마지막으로 공격, 스킬, 대시 한 시점을 저장해둡니다.
    float lastAttackTime, lastSkillTime, lastDashTime;

    // 현재 주인공이 공격 중인지, 아니면 대시 공격을 하고 있는지 저장합니다.
    public bool attacking = false;
    public bool dashing = false;

    void Start ()
    {
    // 플레이어 게임 오브젝트에 붙어있는 Animator 클래스와 PlayerAttack 클래스를 변수에 할당
받습니다.
        avatar = GetComponent<Animator>();
        playerAttack = GetComponent<PlayerAttack>();
    }

    // 터치패드에서 위/아래 방향값을 받아 v에 저장합니다.
    // 터치패드에서 좌/우 방향값을 받아 h에 저장합니다.
    float h, v;
    // 터치패드의 방향이 변경되면 OnStickChanged 함수가 호출됩니다.
    public void OnStickChanged(Vector2 stickPos)
    {
        h = stickPos.x;
        v = stickPos.y;
    }

    // 공격 버튼이 눌렸을 때 호출되는 함수입니다.
    public void OnAttackDown()
    {
        attacking = true;
        avatar.SetBool("Combo", true);
        StartCoroutine(StartAttack());

    }
```

```
   // 유저가 공격 버튼에서 마우스나 손가락을 뗏을 때 호출되는 함수입니다.
   public void OnAttackUp()
   {
      avatar.SetBool("Combo", false);
      attacking = false;
   }


   // 일반 공격을 구현한 비동기 함수입니다.
   // 공격 버튼을 누른지 1초마다 적들에게 데미지를 입힙니다.
   IEnumerator StartAttack()
   {
      if(Time.time - lastAttackTime> 1f){
         lastAttackTime = Time.time;
         while(attacking){
            avatar.SetTrigger("AttackStart");
            playerAttack.NormalAttack();
            yield return new WaitForSeconds(1f);
         }
      }

   }

   // 유저가 스킬 공격 버튼을 눌렀을 때 호출되는 함수입니다.
   public void OnSkillDown()
   {

      if(Time.time - lastSkillTime > 1f)
      {
         avatar.SetBool("Skill", true);
         lastSkillTime = Time.time;
         playerAttack.SkillAttack();
      }

   }

   // 유저가 스킬 공격 버튼에서 마우스나 손가락을 떼었을 때 호출되는 함수입니다.
   public void OnSkillUp()
   {

      avatar.SetBool("Skill", false);

   }

   // 유저가 대시 공격 버튼을 눌렀을 때 호출되는 함수입니다.
   public void OnDashDown ()
   {
```

```
        if(Time.time - lastDashTime > 1f){

            lastDashTime = Time.time;
            avatar.SetTrigger("Dash");
            playerAttack.DashAttack();

        }

    }

    // 주인공 캐릭터가 터치패드의 방향에 따라 움직이게 만드는 명령입니다.
    // Update() 함수는 매 프레임마다 호출되어 실시간으로 움직임을 반영합니다.
    void Update ()
    {

        if(avatar)
        {

            avatar.SetFloat("Speed", (h*h+v*v));

            if(h != 0f && v != 0f){

                transform.rotation = Quaternion.LookRotation(new Vector3(h, 0f,
                v));

            }

        }

    }

}
```

▲ 리스트 7-17 : PlayerMovement.cs 소스 코드

대시, 스킬, 일반 공격을 수행하기 위해 챕터 5에서 만들었던 PlayerMovement.cs의 중간에 다음과 같은 3개 함수의 호출을 추가합니다.

• playerAttack.DashAttack() : 이 함수는 대시 공격을 수행하는 함수입니다. 대시 공격을 하면 캐릭터가 앞으로 달려가다가 검을 휘두르는 액션을 취합니다.

• playerAttack.SkillAtack() : 스킬 공격을 수행하는 함수입니다. 스킬 공격을 하면 캐릭터가 하늘로 뛰어올라 필살기 공격을 하도록 합니다. 공격대상은 Skill 공격 범위에 들어온 적군들입니다.

- playerAttack.NormalAttack() : 이 함수는 일반 공격을 수행하는 함수입니다. 일반 공격을 하면 주인공이 검을 휘두르는 액션을 취합니다. 공격 대상은 NormalTarget 충돌체에 들어온 적군들입니다.

이렇게 스크립트를 추가 및 수정한 후 플레이어에 적용합니다. 스크립트를 적용하면 플레이어가 기본 공격, 스킬 공격, 대시 공격을 할 수 있게 됩니다.

이번 챕터에서는 스스로 필드 위를 돌아다니며 플레이어를 기다리는 슬라임의 이동 범위를 설정하고, 거리에 따른 플레이어의 공격 범위를 설정하는 방법까지 알아봤습니다. 다음 챕터에서는 이 내용들을 조금 더 심화해서 필드에 슬라임이 리젠(자동 생성)되도록 하는 방법과 적에게 공격받을 시 긴박감을 느낄 수 있도록 화면 변화를 주는 방법을 살펴봅시다.

CHAPTER 08 | 미소녀 액션 게임 4
슬라임 자동 생성 및 화면 효과

» 게임이라면, 주인공이 수많은 적을 물리치며 성장하는 과정이 필요한 법! 지금까지 주인공을 움직이고 공
격과 스킬, 그리고 슬라임의 인공지능을 구현해 봤다면, 이번 챕터에서는 주인공과 슬라임의 무한 대결구
도를 만들어 봅시다. 게임의 룰이자 목표를 '얼마나 많은 슬라임을 쓰러트리는가?'로 설정하고 시간이 지
남에 따라 슬라임이 무한으로 생성되도록 해보겠습니다.

01 | 슬라임 무한생성하기

이번 챕터에서 구현할 스크립트의 기능을 간단히 요약하자면 다음과 같습니다.

> a. 일정 시간을 기다린다.
> b. 시간이 되면 특정 오브젝트를 생성한다.

우선 최종 스크립트를 보면서 대략적으로 어떻게 구현해야 할지 감을 잡아 봅시다.

```csharp
using UnityEngine;
using System.Collections;

public class EnemySpawn : MonoBehaviour
{
  public GameObject enemy;
  public float intervalTime = 10f;
  public Transform[] spawnPools;

  void Start ()
  {
    InvokeRepeating ("Spawn", intervalTime, intervalTime);
  }

  void Spawn ()
  {
    int spawnPoolIndex = Random.Range (0, spawnPools.Length);

    Instantiate (enemy, spawnPools[spawnPoolIndex].position,
    spawnPools[spawnPoolIndex].rotation);
  }
}
```

▲ 리스트 8-1 : 슬라임을 무한 생성하는 Enemy Spawn 스크립트

InvokeRepeating("FUNC", A, B)라는 함수는 "FUNC"라는 특정 함수를 A초 뒤에 호출하고, 그 후로는 매번 B초마다 반복적으로 "FUNC"를 호출하도록 하는 함수입니다. 여기에서는 InvokeRepeating("Spawn", 10, 10)라고 입력했는데, 이는 10초 뒤에 첫 번째 몬스터를 생성하고, 그 뒤로 매 10초마다 몬스터를 생성하도록 설정한 것입니다.

이 스크립트에 대해 좀 더 자세히 살펴봅시다.

1) 모든 몬스터 생성 지점 중에 하나를 랜덤으로 선택합니다.

```
int spawnPoolIndex = Random.Range (0, spawnPools.Length);
```

▲ 리스트 8-2 : 몬스터 생성 지점 중에 하나를 랜덤으로 고르는 스크립트

2) 새로운 슬라임을 Instantiate() 함수로 생성합니다.

```
Instantiate (enemy, spawnPools[spawnPoolIndex].position,
spawnPools[spawnPoolIndex].rotation);
```

▲ 리스트 8-3 : 특정 위치에 몬스터를 생성하는 스크립트

enemy는 새로 생성될 몬스터 오브젝트입니다. 여기서 제시한 소스 코드대로 설정한다면 랜덤 생성 지점의 position과 rotation에 몬스터가 생성됩니다.

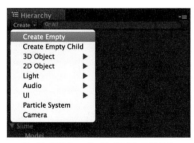

▲ 새로운 게임 오브젝트를 생성하기 위해 [Create] > [Create Empty]를 선택

이제 슬라임을 계속 생성하는 EnemySpawn.cs 스크립트가 위치할 새로운 오브젝트를 만들어보겠습니다. EnemySpawn.cs의 경로는 Assets/Scripts/Controller입니다. 새로운 오브젝트의 이름은 EnemySpawn으로 설정했습니다. 새롭게 생성된 EnemySpawn 오브젝트에 앞서 만든 EnemySpawn.cs를 드래그하여 추가합니다.

◀ EnemySpawn.cs을 게임 오브젝트에 추가하면 Inspector에 나오는 화면

오브젝트에 스크립트가 잘 추가됐다면, 앞의 화면처럼 표시됩니다. 이 화면에서 Enemy Spawn의 Enemy 부분에 /Resources/Prefab에 있는 Slime('슬라임의 Prefab가 있는 위치' 그림 참고)을 연결합니다. 이렇게 연결하는 이유는 EnemySpawn.cs 코드가 주기적으로 생성하는 적군의 표본을 필요로 하기 때문입니다. 만약 여기에 슬라임 Prefab가 아닌 고블린 Prefab를 연결한다면, 고블린이 무한 생성됩니다.

▲ 슬라임의 Prefab이 있는 위치

Slime을 Enemy에 연결하고 난 뒤에 슬라임이 생성되는 위치를 지정합니다. 이 예제에서는 위치를 4개 생성해 볼 것입니다. Spawn Pools의 Size를 4로 설정합시다. 그러면 다음과 같은 Element들이 1~4까지 표시됩니다.

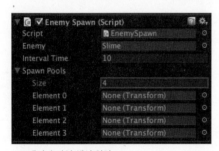

▲ 4개의 슬라임 생성 위치

이제 적군을 생성할 위치를 몇 군데 설정해 보겠습니다. 이 부분은 임의로 하면 됩니다. 보다 따라하기 쉽도록 자세히 알아봅시다.

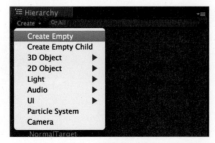

▲ 슬라임이 생성되는 위치를 지정해주기 위해 생성하는 4개의 빈 게임 오브젝트

먼저 각각 4 곳의 서로 다른 위치에서 적들을 소환하기 위해 4개의 빈 오브젝트를 생성합니다. [Create Empty] 명령으로 4개의 빈 오브젝트를 생성하고 각각의 이름을 Spawn-Pool1, SpawnPool2, SpawnPool3, SpawnPool4로 설정합니다. 이번 챕터의 예제에서는 SpawnPool1의 위치를 각각 다음 그림과 같이 설정했습니다.

▲ SpawnPool1의 위치 설정

▲ SpawnPool2의 위치 설정

▲ SpawnPool3의 위치 설정

▲ SpawnPool4의 위치 설정

4개의 오브젝트 위치를 설정한 후 슬라임을 생성해주는 오브젝트끼리 한 그룹으로 묶어주기 위해 편의상 EnemySpawn 오브젝트의 하위에 4개의 SpawnPool을 이동시킵니다.

▲ EnemySpawn 객체 하위에 묶어둔 4개의 슬라임 생성 지점

이 4개의 SpawnPool을 EnemySpawn의 EnemySpawn.cs에 추가된 SpawnPools의 Element 0~3에 각각 연결합니다. 그러면 다음과 같이 연결됩니다.

▲ 설정이 완료된 EnemySpawn 객체의 모습

이렇게 설정하면 슬라임이 10초마다 앞서 설정한 4군데의 스폰 지점 중 한 곳에서 랜덤으로 생성됩니다. 이를 통해 실제로 플레이를 해보면 몰이사냥이 가능해집니다.

02 | 플레이어가 데미지를 입을 때 화면을 빨갛게 만들기

슬라임이 근처에 있으면 플레이어가 공격을 받게 되는데, 이때 화면을 빨갛게 만들어서 데미지 입는 장면을 보다 박진감 넘치게 표현해 봅시다. 이를 위한 전체 소스 코드는 다음과 같습니다.

```csharp
using UnityEngine;
using UnityEngine.UI;
using System.Collections;

public class PlayerHealth : MonoBehaviour
{
    // 주인공의 시작 체력입니다. 기본 100으로 설정돼 있습니다.
    public int startingHealth = 100;
    // 주인공의 현재 체력입니다.
    public int currentHealth;
    // 체력 게이지 UI와 연결된 변수입니다.
    public Slider healthSlider;
    // 주인공이 데미지를 입을 때 화면을 빨갛게 만들기 위한 투명한 이미지입니다.
    public Image damageImage;
    // 주인공이 데미지를 입었을 때 재생할 오디오입니다.
    public AudioClip deathClip;
    // 화면이 빨갛게 변하고나서 다시 투명한 상태로 돌아가는 속도입니다.
    public float flashSpeed = 5f;
    // 주인공이 데미지를 입었을 때 화면이 변하게되는 색상입니다.
    public Color flashColour = new Color(1f, 0f, 0f, 0.1f);

    // 애니메이터 컨트롤러에 매개변수를 전달하기 위해 연결한 Animator 컴포넌트
    Animator anim;
    // 플레이어 게임 오브젝트에 붙어있는 오디오 소스(Audio Source) 컴포넌트
    // 효과음을 재생할 때 필요합니다.
    AudioSource playerAudio;
    // 플레이어의 움직임을 관리하는 PlayerMovement 스크립트 컴포넌트
    PlayerMovement playerMovement;
    // 플레이어가 죽었는지 저장하는 플래그
    bool isDead;
```

```
// 플레이어가 데미지를 입었는지 저장하는 플래그
bool damaged;

// 오브젝트가 시작하면 호출되는 Awake() 함수입니다.
void Awake()
{

    // Player 게임 오브젝트에 붙어있는 Animator 컴포넌트를 찾아서 변수에 넣습니다.
    anim = GetComponent<Animator>();
    // Player 게임 오브젝트에 붙어있는 AudioSource 컴포넌트를 찾아서 변수에 넣습니다.
    playerAudio = GetComponent<AudioSource>();
    // Player 게임 오브젝트에 붙어있는 PlayerMovement 컴포넌트를 찾아서 변수에 넣습니다.
    playerMovement = GetComponent<PlayerMovement>();
    // 현재 체력을 최대 체력으로 설정합니다.
    currentHealth = startingHealth;
}

// 매 프레임마다 호출되는 Update() 함수입니다.
void Update()
{
// 이 코드는 몬스터에게 공격받았을 때 화면을 빨갛게 하는 역할을 합니다.
    if(damaged)
    {
        // 공격 받자마자 damageImage의 색상을 빨간색(flashColour)으로 변경합니다.
        damageImage.color = flashColour;
    }
    else
    {
        // 공격받고 난 후에는 서서히 투명한 색(Color.clear)으로 변경합니다.
        damageImage.color = Color.Lerp(damageImage.color, Color.clear,
        flashSpeed * Time.deltaTime);
    }
    // damaged 플래그로 damaged가 true일 때 화면을 빨갛게 만드는 명령을 딱 한 번만 수행하게
    할 수 있습니다.
    damaged = false;
}

// 플레이어가 공격받았을 때 호출되는 함수입니다.
public void TakeDamage(int amount)
{
    // 공격을 받으면 damaged 변수를 true로 변경합니다.
    damaged = true;

    // 공격을 받으면 amount만큼 체력을 감소시킵니다.
    currentHealth -= amount;
```

```
        // 체력 게이지에 변경된 체력값을 표시합니다.
        healthSlider.value = currentHealth;

        // 만약 현재 체력이 0 이하가 된다면 죽었다는 함수를 호출합니다.
        if(currentHealth <= 0 && !isDead)
        {

            // 플레이어가 죽었을 때 수행할 명령이 정의된 Death() 함수를 호출합니다.
            Death();
        }else{
            // 죽은 게 아니라면, 데미지를 입었다는 트리거를 발동시킵니다.
            anim.SetTrigger("Damage");
        }
    }


    void Death()
    {
        // 캐릭터가 죽었다면 isDead 플래그를 true로 설정합니다.
        isDead = true;
        // 애니메이션에서 Die라는 트리거를 발동시킵니다.
        anim.SetTrigger("Die");
        // 플레이어의 움직임을 관리하는 PlayerMovement 스크립트가 비활성화되게 만듭니다.
        playerMovement.enabled = false;
    }


}
```

▲ 리스트 8-4 : playerHealth.cs 소스 코드

Assets/script/player에 있는 PlayerHealth.cs 스크립트에서는 크게 세 가지 역할을 수행합니다. 첫 번째로, TakeDamage() 함수로 슬라임에게 공격받았을 때, 체력을 차감하는 역할이 있습니다.

두 번째로, 데미지를 받았을 때, damaged 플래그와 Update() 함수로 화면을 잠시 빨갛게 만드는 역할을 합니다.

세 번째로, 체력이 0 이하가 되면 캐릭터를 죽게 만드는 역할을 수행합니다.

(1) 데미지 화면 효과 구현

앞서 만들어본 HealthUI에서 우클릭을 하고 [UI > Image]를 선택해서 새로운 이미지를 추가합니다.

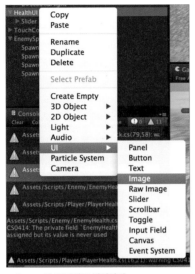

▲ Image UI 오브젝트 생성하기

그러면 HealthUI 아래에 이미지(Image)가 하나 생깁니다. 투명한 상태의 이 이미지로 화면 전체를 덮어 둡니다. 추후에 슬라임이 플레이어를 공격하면, 이 이미지를 반투명한 빨간색으로 반짝이게 하면 됩니다. 이를 위해 이미지의 속성값을 변경해 봅시다.

▲ DamageImage 게임 오브젝트의 이미지 속성

이미지의 이름은 DamageImage로 설정합니다. DamageImage의 가로/세로 길이를 기본값으로 설정하면, 디바이스 크기에 따라 유동적으로 변하지 않고 빈 영역이 생길 것입니다.

어느 상황에서도 화면 전체를 덮을 수 있도록 앵커를 변경해서 화면 전체를 채우도록 합시다. RectTransform 좌측 하단의 네모를 클릭하면 앵커 설정을 위한 옵션들이 나타납니다.

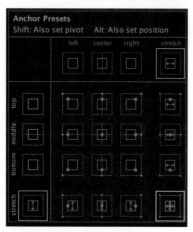

▲ 전체 화면으로 늘리는 옵션을 선택

전체 화면을 설정할 수 있는 창이 나타나면, 화면 우측 하단 구석에 있는 파란 십자 모양의 전체 화면으로 UI를 늘리는 옵션을 선택합니다. 그 후 속성을 바꿔봅시다.

▲ DamageImage의 속성 변경

캐릭터가 좌측 상단 구석에 위치하므로, Left가 0이고 Top도 0입니다. 또한 Pos Z도 UI이기 때문에 깊이가 필요 없으므로 0으로 설정합니다. 우측 하단에 여백이 없으므로 Right도 0이고 Bottom도 0입니다.

Left : 0, Top : 0, Pos Z : 0
Right : 0, Bottom : 0

이렇게 화면 전체를 채우는 하얀색의 네모난 이미지가 생성됐습니다. 이번에는 색을 약간 투명한 빨간색으로 변경해 봅시다. 이미지 컬러 창의 우측 하얀색 네모 부분을 클릭하면 색상을 선택하는 색상 팔렛트 창이 뜹니다.

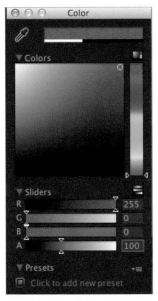

▲ 색상 투명도 조절

색상 팔렛트에서 빨간색을 선택하고 투명도를 조절할 수 있습니다. 여기에서는 다음과 같은 색상 설정값을 적용했습니다.

R : 255, G : 0, B : 0, A : 100

이렇게 구성된 값은 다음과 같은 화면 효과로 표현됩니다.

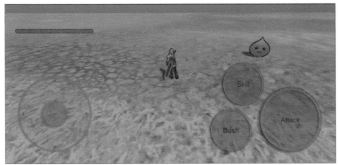

▲ 화면을 가득 덮는 투명한 빨간색

처음에는 데미지를 받지 않은 상태이므로, 컬러의 투명값은 0으로 설정합니다.

▲ 투명도 설정 0

(2) 나타났다 사라지는 데미지 효과 구현

컬러 설정이 완료됐다면, 실제 게임에 적용을 해야 할 차례입니다. 데미지를 받으면 색이 투명한 빨간색으로 잠시 변했다가 다시 원상태로 돌아갈 수 있도록 구현해 봅시다. 앞서 제작한 스크립트를 보면 DamageImage라는 부분이 오브젝트에 연결되지 않은 상태로 있는 것을 확인할 수 있습니다.

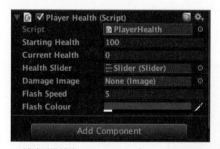

▲ 앞서 만들었던 DamageImage과 PlayerHealth의 DamageImage을 연결

이 스크립트에 앞서 만들었던 DamageImage 오브젝트를 연결하면 됩니다. DamageImage 오브젝트를 마우스로 드래그하여 PlayerHealth의 DamangeImage에 연결시켜줍니다.

(3) 터치 컨트롤러 오류

여기까지 구현된 상태에서는 터치 컨트롤러의 동작이 제대로 이뤄지지 않을 것입니다. 이는 두 캔버스가 충돌을 일으켜서 발생하는 현상입니다. 문제를 해결하기 위해서는 우선, HealthUI 오브젝트를 클릭해서 속성을 확인해야 합니다.

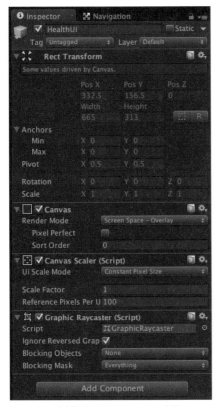

▲ HealthUI에 있는 Graphic Raycaster 제거

또한 충돌 문제를 막기 위해 HealthUI의 속성에 있는 Graphic Raycaster 컴포넌트를 삭제해야 합니다.

▲ Graphic Raycast 제거

Graphic Raycaster 컴포넌트를 삭제하면 더 이상 터치 컨트롤러 이상 현상이 발생하지 않는 것을 확인할 수 있습니다.

(4) 데미지 상태와 죽음 상태

앞서 PlayerHealth.cs를 수정하면서 추가한 두 가지 애니메이션 파라미터가 있을 것입니다. 하나는 다이(Die)고 하나는 데미지(Damage)입니다. 공격받거나 죽었을 때 취하는 애니메이션을 애니메이션 컨트롤러에 적용해 보겠습니다.

다음 그림은 이전까지 만들었던 애니메이터 컨트롤러입니다.

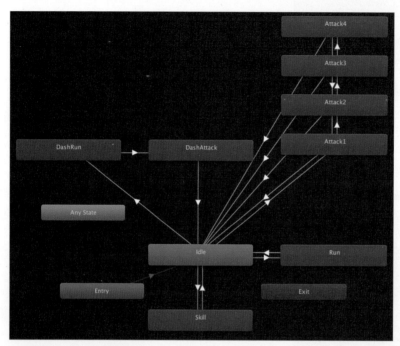

▲ 플레이어의 애니메이션 컨트롤러

여기에 죽음과 데미지라는 두 가지 상태를 추가해 보겠습니다.

▲ 빈 스테이트 추가

우선 하나의 상태를 만들고 그 이름을 Death로 합니다. 이 상태는 죽음 상태와 연결됩니다. 모션(Motion)은 BG_Death로 설정합니다.

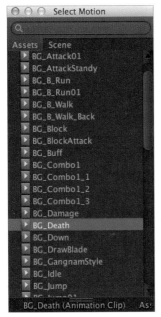

▲ Death 애니메이션

그러면 다음과 같이 설정됩니다.

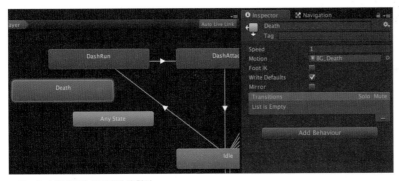

▲ Death 스테이트에 애니메이션 할당

그 후 Any State에서 Death 상태로 전환되는 과정을 추가합니다. 우선 Any State에서 우클릭을 한 후 [Make Transition]을 선택합니다. 그리고 화살표를 Death에 올려두고 좌클릭하면, Any State에서 Death로 선이 연결됩니다.

▲ 어떤 스테이트에서나 죽음(Die) 트리거가 발동되면 Death 스테이트로 전환됩니다.

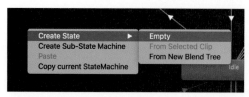

▲ 새로운 스테이트를 생성하겠습니다.

캐릭터가 죽는 애니메이션을 추가했으니 이번에는 캐릭터가 데미지를 입는 애니메이션을 추가해보겠습니다. [Animator] 탭에서 오른쪽 클릭을 해서 [Create State 〉 Empty] 메뉴로 새로운 스테이트를 생성하겠습니다.

▲ 스테이트가 생성되었습니다.

새로운 스테이트 생성이 완료되면, 해당 스테이트의 이름을 [Damage]로 변경하겠습니다.

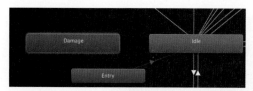

▲ 스테이틀의 이름을 [Damage]로 변경합니다.

▲ [Idle] 스테이트에서 [Damage] 스테이트로 전환시키는 Transition을 만듭니다.

[Idle] 스테이트에서 오른쪽 클릭을 해서 [Make Transition] 메뉴를 클릭해서 [Damage] 스테이트로 연결합니다. 그리고 생성된 전환 방향 막대기를 클릭하면 [Inspector] 탭에 트랜지션에 대한 정보가 표시됩니다.

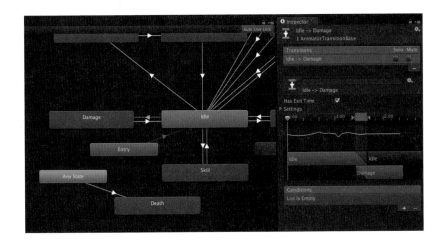

[Idle]에서 [Damage]로 전환하는 방향 막대기를 선택하면 우측 하단에서 [Conditions]를 확인하실 수 있습니다.

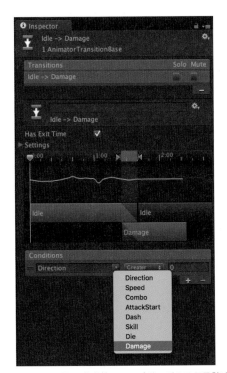

▲ Damage를 트랜지션(Transition)의 조건으로 등록합니다.

[Idle]에서 [Damage]로 전환하는 방향 막대기를 선택하면 [Inspector] 탭 하단에 Conditions 항목이 있습니다. [Coditions] 항목에서 더하기(+) 버튼을 눌러서 새로운 조건을 등록합니다. 그리고 조건은 [Damage]로 설정합니다.

▲ [Damage] 스테이트에서 [Idle] 스테이트로 전환시키는 Transition을 생성합니다.

[Damage] 스테이트에서 다시 [Idle] 스테이트로 전환시키는 Transition을 생성합니다. 이 트랜지션은 캐릭터가 데미지를 입은 후에 원래 애니메이션 상태로 돌아가게 만드는 역할을 합니다.

전환을 위해서는 그에 합당한 조건이 필요합니다. 전환 조건을 걸어야 하는데, 아직 매개 변수를 추가하지 않았으니 왼쪽 탭에 [Parameters]를 클릭해서 매개변수 리스트를 출력합니다.

▲ 매개변수 설정

죽음 조건을 생성하기 위해 매개변수 설정 화면 우측 상단의 [+] 버튼을 누른 후 Trigger를 선택하여 새로운 트리거를 추가합니다.

▲ 매개변수에 트리거 추가

▲ 추가되는 트리거의 이름은 Die

처음 만들어진 트리거의 이름은 Die로 하고, 두 번째 트리거의 이름은 Damage로 합니다.

▲ Damage 트리거 추가

▲ Death 스테이트로 전환

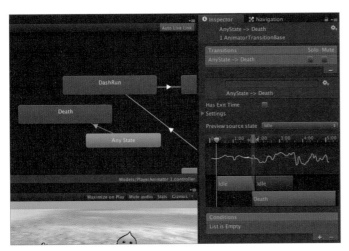

▲ Any State에서 Death로 전환 설정

Any State에서 Death로 가는 조건을 설정하기 위해 Conditions 아래에 [+] 버튼을 클릭합니다.

▲ Death 죽음 스테이트로 전환하기 위한 조건 설정

[Die]를 선택합시다.

▲ Die 트리거를 조건으로 설정합니다.

여기까지 설정이 마무리됐다면 Die가 Trigger되었을 때, 주인공 캐릭터는 BG_Death 애니메이션을 재생하게 됩니다. 여기까지 작업을 통해 플레이어가 공격을 받으면 화면이 빨갛게 되고, 체력이 감소하며, 체력이 0이 되었을 때는 죽는 애니메이션과 함께 캐릭터가 죽는 기능을 구현하였습니다.

CHAPTER
09 | C# 기본기 1
객체지향 프로그래밍

>> 8챕터까지는 캐릭터를 움직일 수 있도록 하는 터치 컨트롤러를 개발해 보았습니다. 이번 챕터에서는 C# 프로그래밍의 기초를 다루게 됩니다. 게임 인터페이스를 개발하다가 갑자기 프로그래밍 강의가 등장해서 의문을 가질 수도 있겠습니다만, 프로그래밍 언어를 배워보지 않고 유니티 개발을 시작하는 이들을 위해 C# 언어의 기본기를 간단히 살펴보고자 합니다. 게임 개발도 기본적으로 소프트웨어 개발이기에, 유니티 3D에서 사용하는 C#이라는 언어에 대한 이해가 필요합니다.

유니티3D의 C# 프로그램은 .NET이 아닌 Mono-runtime이라는 가상머신 위에서 동작합니다. JAVA와 같이 가상머신 위에 프로그램을 구동시키는 방식을 사용하기에 여러 디바이스에서도 동일한 기능을 수행할 수 있게 됩니다. 이번 챕터에서는 C# 설계의 기본이 되는 패러다임인 객체지향 프로그래밍에 대해서 알아봅니다.

01 | 객체지향 프로그래밍이란 무엇인가요?

객체지향 프로그래밍(Object Oriented Programming, OOP)은 컴퓨터 프로그래밍을 다루는 관점 중 하나입니다. 예전에는 프로그램을 명령어들의 집합이라고 생각했던 반면, 객체지향 프로그래밍에서는 프로그램을 객체들의 모임으로 정의하고 있습니다. 그리고 그 객체가 서로 메시지를 주고받으며, 데이터를 처리할 수 있게 합니다. 이렇게 객체지향 방식으로 프로그램을 개발하는 데에는 그럴 만한 핵심적인 이유가 있습니다.

객체지향 프로그래밍 패러다임으로 개발을 하는 이유는 다음과 같습니다.

> "캡슐화, 상속, 다형성을 활용하여 코드의 재사용성이 높으며 프로그램의 유지보수가 용이해지기 때문입니다."

> **TIP** **C#과 유니티3D**
>
> C#은 마이크로소프트사에서 .NET 프로그램 개발환경을 구축하기 위해 제작되었습니다. JAVA와 같은 세대에 개발된 개발 언어로, 기본적으로 객체지향 언어이며 멀티 플랫폼 상에서 구동이 가능하도록 설계되었습니다. 이러한 프로그램 언어가 필요하게 된 배경에는 네트워크 프로그램의 수요가 폭발적으로 증가하던 시기가 있습니다. 플랫폼 독립적인 프로그램을 만들 수 있다는 점과 생산성 면에서도 뛰어나다는 점이 개발자들에게 매력적으로 다가갔던 것입니다. 이런 경험으로 인해 개발자들은 어느 환경에서나 구동이 가능한 언어에 더욱 관심을 갖기 시작했습니다.

02 | 객체지향 언어의 기본 구성요소

객체지향 언어는 기본적으로 클래스(Class), 객체(Object), 메소드(Method)로 구성됩니다.

(1) 클래스

어떤 문제를 해결하기 위해 속성과 기능을 정의한 것입니다. 객체지향 프로그램의 기본 구성요소로서, 사용자 정의 데이터 타입이라고 할 수 있습니다.

```csharp
class Person{
  public int Age;

  public Person()
  {
    Age = 20;
  }

  public int GetAge()
  {
    return Age;
  }

}
```

▲ 리스트 9-1 : Person 클래스

리스트 9-1에서 Person이라는 클래스를 정의하였습니다. 클래스는 마치 설계도와 같습니다. 이 클래스를 토대로 객체를 할당하게 되면 메모리 상에 클래스 설계에 따른 공간이 만들어집니다.

(2) 객체

객체란 클래스가 실제로 메모리 상에 할당된 인스턴스를 말합니다. 객체가 가진 자신의 속성은 메모리 상에 저장되며, 객체가 수행하는 행동은 클래스의 정의에 따르므로, 자원을 효율적으로 활용할 수 있게 됩니다.

```csharp
Person person = new Person();
```

▲ 리스트 9-2 : Person 클래스를 토대로 인스턴스 생성 1

리스트 9-2는 Person 클래스를 인스턴스로 만들어서 person이라는 변수에 할당하는 코드입니다. 클래스의 설계에 따라 메모리 상에 공간을 만들고 그 인스턴스를 person 변수에 저장합니다.

(3) 메소드

객체에서 속성을 변경하거나 연산을 할 때에는 객체 안의 메소드라는 서브루틴을 사용합니다. 또한 객체끼리는 메시지를 주고받으면서 서로 통신을 하게 됩니다.

```
Person person = new Person();
int age = person.GetAge();
```

▲ 리스트 9-3 : Person 클래스를 토대로 인스턴스 생성 2

객체를 생성한 후에는 메소드를 호출해서 해당 객체의 속성이나 정보를 조회하거나 수정할 수 있습니다. 앞의 예제 코드를 해석하자면, Person이라는 클래스를 new 연산으로 메모리 상에 생성한다는 뜻입니다. 그리고 이 객체가 가진 변수를 직접 조절하는 대신, GetAge() 라는 메소드로 person의 Age 값을 조회할 수 있습니다.

03 | 객체지향 프로그램의 특징

객체지향 프로그램의 특징을 나열하자면, 다음 세 가지로 정리할 수 있습니다.

(1) 캡슐화

캡슐화(Encapsulation)는 객체지향 프로그램의 핵심적인 특징입니다. 클래스(Class)라는 캡슐 (Capsule)에 변수와 함수를 정의합니다. 그 클래스를 메모리 상에 불러들이면 객체(Object)가 됩니다. 예를 들어, 클래스가 '붕어빵 틀'이라고 하면, 객체(Object)는 붕어빵이라고 할 수 있습니다.

(2) 상속

상속(Inheritance)은 부모 클래스의 모든 변수와 함수를 상속받고, 자신만의 특징을 추가하여 변형하는 방식입니다. 하나의 클래스를 참조하려고 하지만 일부분의 기능이 다른 클래스를 구현하려고 한다면 똑같이 만들어야 합니다.

(3) 다형성

다형성(Polymorphism)이란 같은 이름의 변수나 함수라고 하더라도 상황에 따라 다른 의미로 해석될 수 있는 특성을 의미합니다. 함수라고 하더라도, 주어지는 매개변수나 조건에 따라서 다른 작업을 수행하는 것을 말합니다.

04 | 자료 구조의 기본

게임을 개발하다 보면, 경험치 테이블, 몬스터 리스트, 퀘스트 리스트, 오브젝트 풀 관리 등 여러 가지 자료의 배열을 만들 일이 생깁니다. 처음으로 개발하게 되면 생각 없이 이런 저런 자료형을 손에 잡히는 대로 사용하겠지만, 모든 자료형은 상황별로 가장 적절한 때가 있습니다. 자료형을 잘못 선택하면 프로그램의 연산속도나 메모리 사용량이 극적으로 차이가 나게 됩니다. 이에 각 자료형이 쓰이는 적절한 상황과 성능의 차이를 간단하게 짚고 넘어갈 필요가 있습니다. 단순히 자료 구조의 특성뿐만 아니라, 상황에 따른 자료 구조의 선택과 선택에 대한 근거도 확인해 두는 것이 좋습니다.

우선 각 자료 구조별로 추가, 검색, 삭제, 인덱스 등에 접근하는 데 소요되는 시간을 시간 복잡도로 표시한다면 다음의 표와 같습니다.

[시간 복잡도]

자료 구조	추가	검색	삭제	인덱스 접근
T[]	O(n)	O(n)	O(n)	O(1)
LinkedList⟨T⟩	O(1)	O(n)	O(n)	O(n)
List⟨T⟩	O(1)	O(n)	O(n)	O(1)
Stack⟨T⟩	O(1)	–	O(1)	–
Queue⟨T⟩	O(1)	–	O(1)	–
Dictionary⟨K,T⟩	O(1)	O(1)	O(1)	–
SortedDictionary⟨K,T⟩	O(log n)	O(log n)	O(log n)	–
HashSet⟨T⟩	O(1)	O(1)	O(1)	–
SortedSet⟨T⟩	O(log n)	O(log n)	O(log n)	–

표에서는 O(1), O(log n), O(n)과 같은 세 가지 요소를 확인할 수 있습니다. 이론적으로만 자세하게 설명하면 자칫 내용이 복잡해질 수 있기에, 세 가지 시간 복잡도의 실제 수치를 예로 들어 설명하겠습니다.

배열의 사이즈가 1024인 배열에서 O(1)의 속도는 약 1초, O(log n)의 속도는 약 10초, O(n)의 속도는 1024초라고 보면 됩니다. 이 표에서 보면 Dictionary와 HashSet은 항상 O(1)의 속도로 자료를 처리합니다. 그렇기 때문에 특정 기능을 개발할 때, Dictionary나 HashSet에 높은 우선순위를 부여하고 결정하는 게 좋습니다. 이해를 돕기 위해 예제 파일을 사용하겠습니다.

샘플 코드 중 CSharpBasic1 폴더를 열어서 /Assets/Scenes/CollectionTest.unity3d 신을 열면, 다음 그림과 같은 화면이 나타납니다.

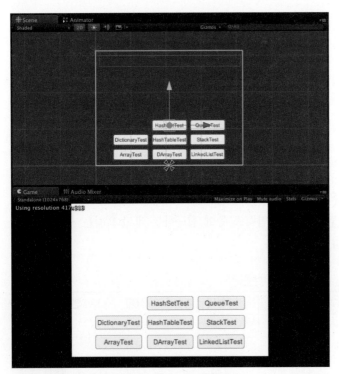

▲ 여러 가지 테스트를 화면상에서 수행할 수 있도록 한 예제

샘플 프로그램의 동작 방식은 이렇습니다. 버튼을 누르면 Controller라는 게임 오브젝트 상에서 CollectionTest라는 스크립트의 특정 함수를 실행하게 됩니다.

▲ 예제의 하이어라키 구조

예를 들어, ButtonArray라는 이름의 버튼은 유저가 해당 버튼을 누르면 On Click()에 정의된 바와 같이 Controller → CollectionTest.ArrayTest라는 함수로 명령을 전달하는 식입니다.

▲ 버튼과 연결된 테스트 함수

(1) 일반 배열

배열(Array)은 같은 자료형을 가진 변수 여러 개를 동시에 저장하는 자료 구조입니다. 프로그래밍을 배운 적이 있다면 다음과 같은 표현은 자주 접했을 것입니다.

```
int[] exp = new int[10];
```

▲ 리스트 9-4 : 배열 예제 코드

여기에서 int는 자료형이고, exp는 배열의 이름, 그리고 [10]은 배열의 크기입니다. 종합하자면, 이 코드는 exp라고 하는 int 변수를 10개 생성하는 코드입니다.

배열(Array)의 적절한 사용 예를 통해 배열에 대해 알아봅시다. 다음의 요건이 충족됐을 때 배열을 사용합니다.

- 값으로 검색할 필요가 없을 경우 : 값으로 검색하는 일이 많다면 HashTable이 훨씬 빠릅니다.
- 검색할 때 키가 숫자인 경우 : 키가 숫자가 아니라면, Dictionary가 더 편리합니다.
- 맨 앞이나 맨 뒤에 있는 데이터만 접근하지 않고 골고루 접근하는 경우 : 맨 앞이나 맨 뒤의 데이터만 다루는 자료 구조의 경우 Queue나 Stack이 더 적절한 구조일 확률이 높습니다.

```
using UnityEngine.UI;

public class CollectionTest : MonoBehaviour {

    public Text textResult;

    public void ArrayTest()
    {
        int[] exp = new int[10];
        exp[0] = 0;
        exp[1] = 100;
        exp[2] = 300;
        exp[3] = 800;
        exp[4] = 1500;
        exp[5] = 3200;
        exp[6] = 6800;
        exp[7] = 15000;
        exp[8] = 27000;
        exp[9] = 55000;

        textResult.text = "[ArrayTest] Required Exp for Level 4 : " +
exp[4];

    }
}
```

▲ 리스트 9-5 : int[] 형식의 배열

리스트 9-4는 int[] exp = new int[10]; 형식의 일반 배열을 구현한 예시입니다. 일반 배열 중에서도 검색 키는 숫자를 사용하고, 값으로 검색하지 않으며, 배열의 한 가운데를 조회하는 경우가 많을 때, 이런 형태의 배열을 사용하는 것이 좋습니다.

(2) 동적 배열

기존의 배열은 크기를 미리 설정해서 사용하는데, 동적 배열(D-Array)은 최대 배열 길이에 상관없이 작동하는 배열입니다. 동적 배열에는 ArrayList와 List⟨T⟩가 있습니다.

> **TIP ArrayList와 List⟨T⟩의 차이점**
>
> ArrayList는 자료형에 상관없이 아무 자료형이나 동시에 넣을 수 있는 구조입니다. List⟨T⟩는 특정 자료형을 지정한 후에 같은 자료형들로만 이루어진 동적 배열입니다.

이러한 동적 배열 클래스의 배열 확장이 필요한 경우 2배의 새로운 배열을 생성시키고, 새로운 배열에 기존 배열의 데이터를 모두 복사한 다음, 기존의 배열을 삭제해야 합니다. 다음의 요건이 충족될 때 동적 배열을 사용합니다.

• 배열의 최대 크기가 유동적이라서 미리 설정하기 어려울 때

```csharp
using UnityEngine;
using System.Collections;
using UnityEngine.UI;

public class CollectionTest : MonoBehaviour {

    public Text textResult;

    public void DArrayTest()
    {
        ArrayList list = new ArrayList();
        list.Add(0);
        list.Add(100);
        list.Add(300);
        list.Add(800);
        list.Add(1500);
        list.Add(3200);
        list.Add(6800);
        list.Add(15000);
        list.Add(27000);
        list.Add(55000);

        textResult.text = "[DArrayTest] Required Exp for Level 4 : " +
        list[4];

    }
}
```

▲ 리스트 9-6 : ArrayList 배열의 구현 예시

리스트 9-6는 ArrayList 배열의 구현 예시입니다. ArrayList는 한 번 생성하고 나면 그 안에 어떤 변수든 집어넣을 수 있습니다. 리스트 9-5에서 구현했던 int[] 형식은 정수형 값밖에 넣을 수 없었지만, ArrayList에는 정수형 값을 넣다가 문자열을 넣는 것도 가능합니다.

(3) LinkedList

LinkedList(링크드리스트)는 값을 들고 있는 노드들과 다음/이전 노드의 포인터를 갖고 있는 자료 구조입니다. LinkedList는 특정 노드에서 노드를 삽입, 삭제하기에는 편리합니다. (검색 복잡도 : O(1)) 하지만, 특정 값을 검색하기 위해서는 전체 노드를 검사해야 하므로 비효율적입니다. 주로 중간 중간 데이터를 넣고 빼는 일이 많을 때 유용합니다.

```csharp
using UnityEngine;
using System.Collections;
using UnityEngine.UI;
using System.Collections.Generic;

public class CollectionTest : MonoBehaviour {

    public Text textResult;

    public void LinkedListTest()
    {
        LinkedList<string> linked = new LinkedList<string>();
        linked.AddLast("Monkey");
        linked.AddLast("Cow");
        linked.AddLast("Mouse");

        linked.AddAfter(linked.Find("Monkey"), "Chiken");

        foreach(string one in linked)
        {
            Debug.Log (one);
        }


    }
}
```

▲ 리스트 9-7 : LinkedList의 구현 예시

리스트 9-7은 LinkedList의 구현 예시입니다. LinkedList는 3개의 변수가 들어있더라도, "Cow"라는 변수에 접근하려면 첫 번째 변수부터 하나씩 검색을 해서 찾아내야 합니다. 그리고 "Monkey"와 "Cow" 사이에 새로운 "Chiken"이라는 값을 삽입하려면 다음과 같은 명령어로 수행이 가능합니다.

```csharp
linked.AddAfter(linked.Find("Monkey"), "Chiken");
```

▲ 리스트 9-8 : LinkedList에서 중간에 값 삽입하기

(4) Dictionary

Dictionary(딕셔너리) 구조는 사용자가 원하는 대로 키를 설정할 수 있는 자료 구조입니다. 일반적으로 Array나 ArrayList는 키가 '0, 1, 2, 3…'의 형식으로 자동으로 증가되지만, Dictionary의 경우 사용자가 string이나, int와 관련해서도 원하는 키값을 설정할 수 있습니다. 예를 들어 저자의 경우에는 예전에 게임을 구현할 때 유저가 가지고 있는 아이템 개수를 저장하기 위해 Dictionary를 사용하기도 했습니다.

```csharp
using UnityEngine;
using System.Collections;
using UnityEngine.UI;
using System.Collections.Generic;
using System.Text;

public class CollectionTest : MonoBehaviour {

  public Text textResult;

  public void DictionaryTest()
  {
    Dictionary<string, int> items = new Dictionary<string, int>();
    items.Add("potion", 3);
    items.Add("booster", 2);
    items.Add("ticket", 1);

    StringBuilder str = new StringBuilder();

    foreach(var item in items)
    {
      str.Append("Key: " + item.Key + " / Value : " + item.Value +
      "\n");
    }

    textResult.text = str.ToString();

  }

}
```

▲ 리스트 9-9 : Dictionary를 구현한 예시

Dictionary의 특이한 점은 키값으로 문자열 같이 다양한 변수형을 넣을 수 있다는 것입니다. 리스트 9-9 예제에서는 Key를 string으로, Value를 int로 설정하고 있습니다.

```
public void WWWTest()
{
    WWW www = new WWW(
                        public WWW (            ▲ 4 of 5 ▼
                          string url,
                          byte[] postData,
                          Dictionary<string, string> headers
                        )
}
```

▲ WWW 클래스의 생성자 중 Dictionary를 사용하는 경우

또한 WWW 클래스를 활용한 웹 통신을 할 때 쓰게 되는데, WWW 요청의 헤더를 명시할 때 Dictionary를 사용합니다.

(5) HashTable

HashTable(해시테이블)은 구조가 거의 비슷하긴 하지만, Generic 형식으로 키와 밸류를 저장하는 게 아니라 object를 그대로 넣는 방식입니다. C#에서는 형 변환에 자원을 많이 소비하기에 벤치마크 테스트를 검토해보면, Dictionary가 속도 면에서 좀 더 효율적입니다.

```csharp
using UnityEngine;
using System.Collections;
using UnityEngine.UI;
using System.Collections.Generic;
using System.Text;

public class CollectionTest : MonoBehaviour {

    public Text textResult;

    public void HashTableTest()
    {
        Hashtable table = new Hashtable();
        table.Add("potion", 3);
        table.Add("booster", 4);
        table.Add("ticket", 2);

        StringBuilder str = new StringBuilder();

        foreach(DictionaryEntry item in table)
        {
            str.Append("Key: " + item.Key + " / Value : " + item.Value +
            "₩n");
        }
```

```
      textResult.text = str.ToString();
   }


}
```

▲ 리스트 9-10 : HashTable 구현 예시

HashTable의 구현 예시를 살펴보면, HashTable을 생성할 때 자료형에 대한 정의가 없다는 것을 확인할 수 있습니다. Dictionary는 자료형을 명확하게 설정하는 반면, HashTable은 그냥 아무 자료형이나 다 받아줍니다. 여기에서 성능의 차이가 벌어지게 됩니다. 자료형이 명확하기 때문에 Dictionary의 속도가 더 빠릅니다. 그래서 웬만하면 Dictionary가 더 나은 자료 구조인 경우가 많습니다.

```
Hashtable table = new Hashtable();
```

▲ 리스트 9-11 : 자료형을 명시하지 않고 생성하는 HashTable

리스트 9-5부터 리스트 9-11까지 모든 자료 구조 테스트 함수들이 하나의 소스 코드인 CollectionTest.cs 안에 정리돼 있습니다. 앞서 설명한 모든 코드를 모아보면 Collection-Test.cs 코드가 다음과 같이 완성됩니다.

```
using UnityEngine;
using System.Collections;
using UnityEngine.UI;
using System.Collections.Generic;
using System.Text;

public class CollectionTest : MonoBehaviour {

   public Text textResult;

   public void ArrayTest()
   {
      int[] exp = new int[10];
      exp[0] = 0;
      exp[1] = 100;
      exp[2] = 300;
      exp[3] = 800;
      exp[4] = 1500;
      exp[5] = 3200;
```

```
  exp[6] = 6800;
  exp[7] = 15000;
  exp[8] = 27000;
  exp[9] = 55000;

  textResult.text = "[ArrayTest] Required Exp for Level 4 : " +
  exp[4];

}

public void DArrayTest()
{
  ArrayList list = new ArrayList();
  list.Add(0);
  list.Add(100);
  list.Add(300);
  list.Add(800);
  list.Add(1500);
  list.Add(3200);
  list.Add(6800);
  list.Add(15000);
  list.Add(27000);
  list.Add(55000);

  textResult.text = "[DArrayTest] Required Exp for Level 4 : " +
  list[4];

}

public void LinkedListTest()
{
  LinkedList<string> linked = new LinkedList<string>();
  linked.AddLast("Monkey");
  linked.AddLast("Cow");
  linked.AddLast("Mouse");

  linked.AddAfter(linked.Find("Monkey"), "Chiken");

  StringBuilder str = new StringBuilder();

  foreach(string one in linked)
  {
    str.Append(one);
    str.Append("\n");
  }
```

```csharp
    textResult.text = str.ToString();

}

public void DictionaryTest()
{
  Dictionary<string, int> items = new Dictionary<string, int>();
  items.Add("potion", 3);
  items.Add("booster", 2);
  items.Add("ticket", 1);

  StringBuilder str = new StringBuilder();

  foreach(var item in items)
  {
    str.Append("Key: " + item.Key + " / Value : " + item.Value +
    "\n");
  }

  textResult.text = str.ToString();

}

public void HashTableTest()
{
  Hashtable table = new Hashtable();

  table.Add("potion", 3);
  table.Add("booster", 4);
  table.Add("ticket", 2);

  StringBuilder str = new StringBuilder();

  foreach(DictionaryEntry item in table)
  {
    str.Append("Key: " + item.Key + " / Value : " + item.Value +
    "\n");
  }

  textResult.text = str.ToString();
}

public class Friend{
  public string name;
```

```
  }

  public class Friend{
    public string name;
    public int level;
    public int point;
    public int rank;
    public Friend(string _name, int _level, int _point, int _rank)
    {
      name = _name;
      level = _level;
      point = _point;
      rank = _rank;
    }
  }


  // No duplicate entries
  public void HashSetTest()
  {
    Friend chris = new Friend("Chris",10,1230,1);
    Friend john = new Friend("John",5,234,3);
    Friend annie = new Friend("Annie",7,902,2);

    HashSet<Friend> friend_list = new HashSet<Friend>();
    friend_list.Add(chris);
    friend_list.Add(john);
    friend_list.Add(annie);

    bool contain = friend_list.Contains(chris);
    Debug.Log (contain.ToString());

  }

}
```

▲ 리스트 9-12 : CollectionTest.cs 전체 코드

(6) 케이스 스터디 : 친구 랭킹

모바일 게임에서 자주 사용하는 소셜 랭킹 기능에서는 어떤 자료 구조를 활용해야 하는지 알아봅시다. 우선 일반적으로 생각하는 친구 랭킹의 특징을 나열해 봤습니다.

1) 모든 유저마다 친구들의 구성이 다르다.

나의 친구 리스트와 친구의 친구 리스트는 당연히 다르게 구성되어 있으므로 친구 랭킹은 각 유저별로 다르게 나오게 됩니다.

2) 보안상, 친구 리스트는 매번 게임을 실행할 때마다 가져온다.

카카오톡이나 페이스북 모두 친구 리스트를 매번 게임을 실행할 때마다 가져오게 되어 있습니다.

3) 친구의 유저 아이디나 순위로 꺼내 올 수 있어야 한다.

Dictionary와 같이 순위나 유저 아이디로 직접 접근을 할 수 있어야 합니다. 랭킹 3, 4, 5위인 유저를 바로 가져올 수 있어야 하는데, 실제로도 그럴 일이 생기는 경우가 많습니다. 예를 들면, 순위 변동이 일어날 때 나보다 순위가 낮아진 유저들을 화면에 보여줘야 하는 경우에 친구 랭킹에서 '내 순위 + 1'인 유저를 바로 조회해서 뿌려줘야 하기 때문입니다.

4) 게임이 한 판 종료될 때마다 순위는 매번 바뀐다.

게임을 플레이할수록 내 점수가 오르기 때문에, 내가 게임을 플레이하기 전에 5위였다가도 3위나 1위가 될 수 있습니다. 즉, 나의 순위로 인해 친구들의 순위가 변경될 수 있습니다.

5) 친구 랭킹에 내 랭킹도 표시되어야 한다.

친구들의 랭킹 정보에 나의 점수와 랭킹도 같이 표시됩니다.

이처럼 생각보다 친구 랭킹의 특징은 까다롭습니다. 사실 모바일 게임에서 가장 다루기 복잡한 부분이 바로 친구 랭킹이라 해도 과언이 아닙니다.

(7) 친구 랭킹에서의 적절한 자료 구조

구체적인 친구 랭킹 구현은 다음 번 챕터에서 살펴보기로 하고, 이번 챕터에서는 어떤 자료 구조가 친구 랭킹에 적절한지를 생각해보도록 합시다.

1) 메모리상에 자료 구조로 저장되는 게 낫다.

친구 랭킹 정보는 자주 변경됩니다. 그러므로 모바일상에서 데이터베이스(DB)나 파일형태로 저장되는 것보다는 메모리상에 저장되는 게 좋습니다.

2) 친구 랭킹 정보는 검색과 직접 접근 복잡도가 O(1)이어야 한다.

이 책에서 배운 자료 구조들 중에서 조회가 가장 빠른 O(1)의 속도를 보이는 배열은 Dictionary, HashTable, HashSet 세 가지가 있습니다.

3) 랭킹 순위로 바로 조회가 가능해야 하며, 값이 아니라 키로 검색할 수 있어야 한다.

Dictionary, HashTable(HashSet은 Key-Value 자료 구조가 아니라 유니크한 값(Value)으로만 이루어져 있기 때문에 랭킹 순위로 바로 조회할 수 없습니다.)

4) 키나 값에 여러 가지 자료형을 섞어 쓰지 않아도 된다.

Dictionary나 HashTable 둘 다 Hash 기술을 사용하여 검색하기 때문에 속도가 빠릅니다. 하지만, Dictionary가 제네릭 기반이라 좀 더 빠른 속도를 보입니다. C#에서는 캐스팅이 오버헤드를 가지는 경우가 많기 때문입니다. 그래서 유저들의 순위를 저장하는 자료 구조로는 Dictionary가 가장 적절하다는 결론이 나옵니다. 사실 저자가 개인적으로 유니티3D C#에서 가장 많이 애용하는 자료 구조가 Dictionary입니다. 여러 가지 경우에도 유연하게 구현이 가능하고 속도도 빠릅니다.

결과적으로 친구 랭킹을 표시하는 데 가장 적절한 방안은 Dictionary를 활용하는 것입니다. 내가 구현할 기능의 자료형 특성을 정리해 놓고, 거기에 적절한 자료 구조의 특성을 체크해보면 가장 잘 맞는 자료 구조를 찾을 수 있을 것입니다.

(8) Generic 변수

Generic 변수는 .NET 2.0때 도입되었으며, 아주 매력적인 기능으로 많은 개발자들의 사랑을 받아왔습니다(Java에서는 Java 5.0 버전에서 도입되었습니다).

예전에는 ArrayList list = new ArrayList();와 같은 형태로 리스트를 생성하고 그 안에는 어떤 자료형이든 넣을 수 있었지만, Generic 변수가 도입된 후에는 ArrayList〈int〉 list = new ArrayList〈int〉();와 같은 형태로 자료형을 명시하게 됐습니다.

이게 뭐가 그리 중요한 것인지 궁금할 수도 있겠습니다. 사실 자료형 변환을 하는 데에는 많은 리소스가 소비됩니다. 그렇기 때문에 자료형을 명확하게 정의하는 것만으로도 수행 성능 향상에 크게 기여할 수 있습니다. 또한 형 변환 시에는 캐스팅을 실패하는 예외까지 항상 신경써야 하니, 버그를 예방하는 데에도 도움이 됩니다.

HashSet에 친구 리스트를 저장하는 과정을 통해 Generic 변수에 관해 보다 자세히 살펴보겠습니다.

```
using UnityEngine;
using System.Collections;
using UnityEngine.UI;
using System.Collections.Generic;
using System.Text;

public class CollectionTest : MonoBehaviour {

    public Text textResult;

    public class Friend{
        public string name;
        public int level;
        public int point;
        public int rank;
        public Friend(string _name, int _level, int _point, int _rank)
        {
            name = _name;
            level = _level;
            point = _point;
            rank = _rank;
        }
    }

    // No duplicate entries
    public void HashSetTest()
    {
        Friend chris = new Friend("Chris",10,1230,1);
        Friend john = new Friend("John",5,234,3);
        Friend annie = new Friend("Annie",7,902,2);

        HashSet<Friend> friend_list = new HashSet<Friend>();
        friend_list.Add(chris);
        friend_list.Add(john);
        friend_list.Add(annie);

        bool contain = friend_list.Contains(chris);
        Debug.Log (contain.ToString());

    }

}
```

▲ 리스트 9-13 : HashSet에 친구 리스트를 저장하는 예제

리스트 9-13의 예제에서는 HashSet⟨T⟩ 제네릭 자료 구조로 친구들을 저장했습니다. Friend라는 클래스를 정의하고, HashSet⟨T⟩의 자료형으로는 Friend 클래스를 자료형으로 설정하였습니다. 그러면 friend_list라는 변수는 항상 Friend 인스턴스만 저장이 가능하게 됩니다. 이런 방식으로 Friend 자료형을 리스트로 관리할 수 있습니다.

(9) 리스트 내 반복문

리스트의 데이터를 일일이 읽어 들여서 특정한 명령을 수행해야 할 때가 있습니다. 예를 들어 게임 친구 중에서 가장 레벨이 높은 유저를 찾아내야 한다면, 리스트를 일일이 조회하면서 값이 가장 큰 유저를 찾아내야 합니다. 이럴 때 자주 사용하게 되는 반복문은 foreach입니다.

```csharp
using UnityEngine;
using System.Collections;
using UnityEngine.UI;
using System.Collections.Generic;
using System.Text;

public class CollectionTest : MonoBehaviour {

    public Text textResult;

    public class Friend{
        public string name;
        public int level;
        public int point;
        public int rank;
        public Friend(string _name, int _level, int _point, int _rank)
        {
            name = _name;
            level = _level;
            point = _point;
            rank = _rank;
        }
    }

    public void HashSetTest()
    {
        Friend chris = new Friend("Chris",10,1230,1);
        Friend john = new Friend("John",5,234,3);
        Friend annie = new Friend("Annie",7,902,2);
        Friend rosy = new Friend("Rosy",1,10,4);
```

```
        HashSet<Friend> friend_list = new HashSet<Friend>();
        friend_list.Add(chris);
        friend_list.Add(john);
        friend_list.Add(annie);
        friend_list.Add(rosy);

        StringBuilder str = new StringBuilder();

        foreach(Friend friend in friend_list)
        {
          str.Append("Name: ");str.Append(friend.name);
          str.Append(" / ");
          str.Append("Level: ");str.Append(friend.level);
          str.Append(" / ");
          str.Append("Point: ");str.Append(friend.point);
          str.Append(" / ");
          str.Append("Rank: ");str.Append(friend.rank);
          str.Append("₩n");
        }
        textResult.text = str.ToString();
    }

}
```

▲ 리스트 9-14 : HashSet〈Friend〉 리스트 멤버를 일일이 탐색하여 조회하는 예제

앞의 예제에서 사용한 foreach 부분은 리스트 내의 아이템들을 각각 하나씩 돌아가면서 조회하는 반복문입니다.

```
foreach(Friend friend in friend_list)
{
    str.Append("Name: ");str.Append(friend.name);
    str.Append(" / ");
    str.Append("Level: ");str.Append(friend.level);
    str.Append(" / ");
    str.Append("Point: ");str.Append(friend.point);
    str.Append(" / ");
    str.Append("Rank: ");str.Append(friend.rank);
    str.Append("₩n");
}
```

▲ 리스트 9-15 : foreach 반복문

앞의 예제 코드를 실행하고, 유니티 화면에서 [HashSetTest] 버튼을 클릭하면 상단에 다음 그림과 같은 내용이 표시됩니다.

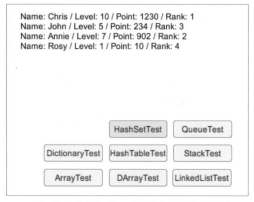

▲ HashSet〈Friend〉 친구 리스트를 화면에 표시하는 반복문

(10) StringBuilder를 활용한 성능 향상

문자열은 기본적으로 Dynamic Array와 비슷하게 동작합니다. 길이가 1인 문자열로 시작해서 길이가 늘어날 때마다 2배씩 길이를 늘이는 방식입니다. 하지만 그 전체 사이즈를 늘이는 과정에서 자원 및 수행능력의 낭비가 발생하게 됩니다. C# 개발자들은 이런 문제점을 해결하고, 보다 성능을 향상시키기 위해 StringBuilder를 많이 활용하고 있습니다.

이번에는 일반 string 문자열 간의 + 연산과 StringBuilder의 Append 함수 두 가지 방식을 비교하는 벤치마크 테스트를 수행해 봅시다.

```csharp
using UnityEngine;
using System.Collections;
using UnityEngine.UI;
using System.Collections.Generic;
using System.Text;

public class CollectionTest : MonoBehaviour {

    public Text textResult;

    public void StringBuilderTest()
    {
        float timeStart = Time.time;
        System.DateTime StartTime = System.DateTime.Now;

        string s = "";
```

```
      for(int i = 0 ; i < 10000 ; i++)
      {
        s += "Data inserting!";
      }
      long timeStrPassed = (System.DateTime.Now - StartTime).Ticks;

      StartTime = System.DateTime.Now;

      StringBuilder str = new StringBuilder();
      for(int i = 0 ; i < 10000 ; i++)
      {
        str.Append("Data inserting!");
      }

      long timeSBPassed = (System.DateTime.Now - StartTime).Ticks;

      textResult.text = "String str += 10,000 times : " + timeStrPassed
      + " ticks!\n"
        + "StringBuilder .Append() 10,000 times : " + timeSBPassed + "
        ticks!";

    }
  }
```

▲ 리스트 9–16 : string 문자열의 + 연산과 StringBuilder의 Append() 함수 속도 비교

리스트 9–16 예제 코드와 같이 str += 연산과 StringBuilder.Append() 연산을 비교해보면, 확실히 StringBuilder가 더 빠른 수행 속도를 보여줍니다. string 문자열을 10,000번 더하는 데 걸린 시간은 3.479초인 반면에 StringBuilder를 활용해 문자열을 10,000번 더하면 0.0069초가 걸립니다(화면에 표시된 ticks라는 단위는 10,000,000 ticks = 1초입니다. 천만 ticks와 1초가 같은 시간입니다). 결론적으로, StringBuilder를 사용하는 것이 500배 이상의 속도 차이를 보여주므로, 문자열을 더할 때는 StringBuilder를 사용하는 습관을 들이는 것이 좋습니다.

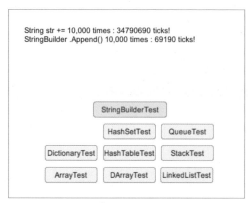

```
String str += 10,000 times : 34790690 ticks!
StringBuilder .Append() 10,000 times : 69190 ticks!
```

▲ string 문자열 더하기 연산과 StringBuilder의 Append() 연산 속도 비교

문자열의 연결이 많은 부분이라면, 약간 불편하더라도, C#에서는 StringBuilder를 애용하는 것이 좋은 코딩 습관입니다.

저자의 경우에는 웹 통신을 할 때나 로깅 작업을 할 때도 문자열을 많이 다루는 편입니다. 이때 유의하여 StringBuilder를 활용하면, 전체적인 게임 성능에 좋은 영향을 미치는 경우가 많습니다.

자료 구조와 수행 성능 최적화는 서버 프로그램 및 클라이언트 프로그램에서도 많이 고려되어야 하는 부분입니다. 특히 서버 프로그램은 데이터에 대한 처리 비중이 높기 때문에 더욱 중요합니다.

다음 챕터에서는 C#의 대표적인 프로그래밍 기능 중 하나인 코루틴(Coroutine)과 이를 활용한 간단한 애니메이팅에 대해서 알아보겠습니다.

CHAPTER
10

C# 기본기 2
코루틴, 팝업 애니메이션

≫ 이번 챕터에서는 코루틴(Coroutine)에 대해서 알아보겠습니다. 쉽게 말해, 코루틴은 중간 중간 쉬면서 기능을 수행할 수 있는 함수를 지칭합니다. 우리가 흔히 알고 있는 함수(서브루틴, Subroutine)의 하위 개념이라고 할 수 있습니다.

01 | 코루틴

유니티 개발을 하게 되면 거의 대부분 코루틴을 사용하게 됩니다. 전반적으로 활용되는 곳이 많은데, 다음과 같은 상황에서 작업을 수행할 때 코루틴이 효과적으로 활용될 수 있습니다.

- 여러 개로 이루어진 작업을 단계적으로 수행하게 한다(예 : 게임 로딩).
- 다른 연산이 이루어질 때까지 대기할 수 있다(예 : 웹 통신 응답 대기).
- 인터페이스에 애니메이션을 넣을 수 있다(예 : 팝업 창 위아래로 부드럽게 움직이기).
- 주기적인 연산을 특정 시간 단위로 수행할 수 있다(예 : 카운트다운 표시하기).

코루틴은 서브루틴의 하위 개념입니다. 서브루틴은 우리가 흔히 알고 있는 함수인데, 우선 서브루틴의 정의부터 살펴봅시다. 참고로 함수, 루틴, 서브루틴, 메소드, 프러시저는 소프트웨어에서 특정 동작을 수행하는 코드의 일정 부분을 의미합니다.

(1) 서브루틴의 특징

어떤 루틴에서 서브루틴을 호출하게 되면, 루틴에서 서브루틴의 특정 변수에 값을 전달하게 됩니다. 이 전달하는 변수를 매개변수(parameter)나 인자(argument)라고 부릅니다. 서브루틴이 해야 할 일이 종료되면 실행 흐름이 원래 루틴으로 돌아옵니다. 만약에 반환해야 할 값(return value)이 있다면, 반환값을 자신을 호출한 루틴으로 돌려주어 원래 루틴에서 사용하기도 합니다.

(2) 코루틴의 정의

프로그램에서 순서는 일반적으로 호출'되는' 루틴이 호출'하는' 루틴에 속하는 방식이 대부분입니다. 하지만 코루틴은 종속 관계가 아니라 대등한 관계로 서로를 호출하는 방식입니다.

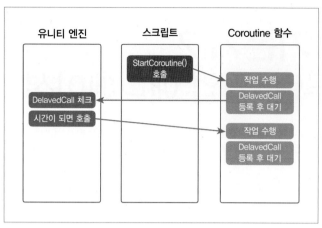

▲ 코루틴의 동작 순서

두 개의 코루틴을 동시에 실행시키는 경우와 일반 함수를 호출하는 경우 두 가지를 비교해 살펴보겠습니다.

02 | 코루틴 실습

우선 코루틴 실습을 통해 실제적인 작동 방식을 이해해 봅시다. 1부터 100까지 출력하는 두 개의 루틴을 실행해 보고, 코루틴을 이용한 팝업 애니메이션까지 구현해 봅시다.

(1) 1부터 100까지 출력하는 두 개의 루틴

첫 번째 실습에서는 1부터 100까지 출력하는 두 개의 루틴을 구현해서 동시에 실행시켜 보겠습니다. 이번 실습에서도 챕터 8에서 했던 것처럼 샘플 프로젝트 중에 CSharpBasic2 프로젝트를 가져와서, 버튼을 누르면 특정 테스트 연산을 수행하도록 만들어 볼 것입니다.

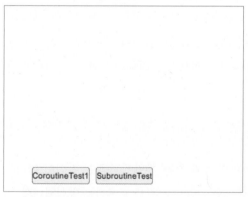

▲ 코루틴 테스트 신 화면

코루틴 테스트 신 화면의 두 가지 버튼은 각각 CoroutineTest1, SubroutineTest 함수, 그리고 OnClick()에 연결되어 있습니다. 각 함수를 구현해 보고 실행시켜 봅시다.

간단한 함수 두 가지를 구현해 볼 텐데, 우선 코드 전체를 확인해 보고 직접 타이핑하는 방식으로 예제를 활용하면 좋겠습니다.

```csharp
using UnityEngine;
using System.Collections;

public class Controller : MonoBehaviour {

    public void CoroutineTest1()
    {
        StartCoroutine(Coroutine1());
        StartCoroutine(Coroutine2());
    }

    public void SubroutineTest()
    {
        Subroutine1();
        Subroutine2();
    }

    public IEnumerator Coroutine1()
    {
        for(int i = 0 ; i < 100 ; i++)
        {
            Debug.Log ("Coroutine1 : " + i);
            yield return new WaitForFixedUpdate();
        }
    }

    public IEnumerator Coroutine2()
    {
        for(int i = 0 ; i < 100 ; i++)
        {
            Debug.Log ("Coroutine2 : " + i);
            yield return new WaitForFixedUpdate();
        }
    }

    public void Subroutine1()
    {
        for(int i = 0 ; i < 100 ; i++)
        {
```

```
        Debug.Log ("Subroutine1 : " + i);
    }
}

public void Subroutine2()
{
    for(int i = 0 ; i < 100 ; i++)
    {
        Debug.Log ("Subroutine2 : " + i);
    }
}

}
```

▲ 리스트 10-1 : 서브루틴 테스트 소스 코드 Controller.cs

리스트 10-1에서 볼 수 있는 심플한 두 개의 함수는 간단한 로직을 수행하게 됩니다. 우선 CoroutineTest1() 함수는 Coroutine1()과 Coroutine2() 두 가지 코루틴 함수를 실행합니다.

```
public void CoroutineTest1()
{
    StartCoroutine(Coroutine1());
    StartCoroutine(Coroutine2());
}
```

▲ 리스트 10-2 : 코루틴 테스트1 함수

SubroutineTest() 함수는 Subroutine1()과 Subroutine2() 두 서브루틴(함수)을 실행합니다.

```
public void SubroutineTest()
{
    Subroutine1();
    Subroutine2();
}
```

▲ 리스트 10-3 : 서브루틴 테스트 함수

이 두 함수들은 모두 동일한 기능을 수행합니다. 하지만 코루틴과 서브루틴 내용을 하나씩 살펴보면, 기능은 동일하지만 약간 다르다는 것을 알 수 있습니다.

```csharp
public IEnumerator Coroutine1()
{
    for(int i = 0 ; i < 100 ; i++)
    {
        Debug.Log ("Coroutine1 : " + i);
        yield return new WaitForFixedUpdate();
    }
}

public IEnumerator Coroutine2()
{
    for(int i = 0 ; i < 100 ; i++)
    {
        Debug.Log ("Coroutine2 : " + i);
        yield return new WaitForFixedUpdate();
    }
}
```

▲ 리스트 10-4 : Coroutine1, Coroutine2 함수 정의

우선 코루틴은 0부터 99까지 순차적으로 디버깅 로그에 "Coroutine1 : 0"부터 "Coroutine1 : 99"를 출력합니다.

```csharp
public void Subroutine1()
{
    for(int i = 0 ; i < 100 ; i++)
    {
        Debug.Log ("Subroutine1 : " + i);
    }
}

public void Subroutine2()
{
    for(int i = 0 ; i < 100 ; i++)
    {
        Debug.Log ("Subroutine2 : " + i);
    }
}
```

▲ 리스트 10-5 : Subroutine1, Subroutine2 함수 정의

그리고 서브루틴은 디버깅 로그에 "Subroutine1 : 0"부터 "Subroutine1 : 99"를 차례대로 즉, 0부터 99까지 순차적으로 출력하는 로직입니다. 코루틴과 서브루틴 둘 다 동일한 기능을 하지만, 'yield return new WaitForFixedUpdate();'라고 적힌 구문에서 차이가 발생하게 됩니다.

```
yield return new WaitForFixedUpdate();
```

▲ 리스트 10-6 : yield return으로 유니티 엔진에 실행 흐름을 넘겨줍니다.

서브루틴을 호출했을 때와 코루틴을 호출했을 때, 각각 어떤 디버깅 로그가 찍히는지 확인해 봅시다. 우선, 서브루틴의 경우에는 다음과 같이 디버깅 로그가 출력됩니다.

▲ Subroutine1과 Subroutine2 함수 실행 로그

...
Subroutine2 : 95
Subroutine2 : 96
Subroutine2 : 97
Subroutine2 : 98
Subroutine2 : 99

이런 식으로 Subroutine1이 보이지 않고 Subroutine2만 마지막에 실행되는 것을 확인할 수 있습니다. 이는 Subroutine1이 끝난 후에 Subroutine2가 실행되기 때문에 Subroutine1이 보이지 않는 것입니다.

그렇다면 코루틴은 어떻게 디버깅 로그에 찍히는지 확인해 봅시다.

▲ Coroutine1과 Coroutine2의 실행 순서

...
Coroutine1 : 97

Coroutine2 : 97

Coroutine1 : 98

Coroutine2 : 98

Coroutine1 : 99

Coroutine2 : 99

코루틴의 경우에는 Coroutine1과 Coroutine2가 한 번씩 번갈아가면서 연산을 수행하는 것을 확인할 수 있습니다.

왜 이런 차이가 발생하는 지 설명하기 위해 프로세스가 흘러가는 모습을 그림으로 정리해 보겠습니다.

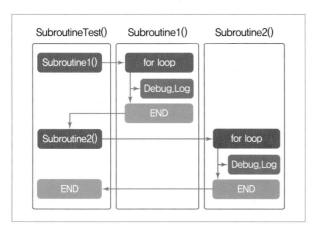

▲ Subroutine1과 Subroutine2의 호출 흐름도 순서

우선, 서브루틴의 경우는 Subroutine1이 끝날 때까지 for문의 루프를 벗어나지 못합니다. 모든 실행이 완료돼야만 서브루틴의 종료 지점에 도달할 수 있습니다. Subroutine1()이 종료되고 나서 Subroutine2()가 실행되기 때문에 Debug.Log()에 찍힌 모습을 확인하면, 가장 마지막 로그로 'Subroutine2 : 0'부터 'Subroutine2 : 99'까지 끊이지 않고 표시됩니다. 핵심적으로 서브루틴 안에서는 쉬는 시간이 없고, for문이 끝날 때까지 끝까지 간다는 사실을 파악해 둘 필요가 있습니다.

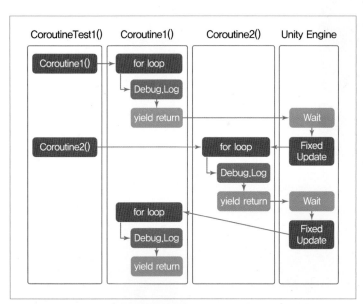

▲ Coroutine1과 Coroutine2의 호출 흐름도 순서

코루틴의 경우에는 쉬는 시간이 있습니다. Coroutine1()의 연산이 다 끝나기 전에 for문의 반복문을 한 번만 실행하고, yield return new WaitForFixedUpdate(); 구문을 통해 바로 쉬는 시간에 들어갑니다. Coroutine1()은 한 번의 연산을 수행한 다음 FixedUpdate가 올 때까지 프로세스를 반환하고, 다른 일이 남았는지 체크합니다. 만약 Coroutine2()가 쉬는 시간인데 Coroutine1()이 아직 실행되지 않았다면 쉬는 시간 중에 Coroutine2() 작업을 수행할 것입니다.

코루틴의 특징은 하나의 프로세스를 시간 단위로 나눠 서로 쓴다는 것입니다. 진입 지점이 여러 군데로 나뉘어져 있고, 반환도 여러 번 하는 것이 코루틴의 특징입니다. 일반적인 서브루틴에서는 return을 하거나 서브루틴의 마지막 블록에 도달해서 끝나는 경우에 한 번만 반환을 하는데, 이와는 차이가 있다고 할 수 있습니다.

(2) 코루틴을 이용한 팝업 애니메이션 구현

코루틴을 활용해 팝업창을 위에서 아래로 내리는 간단한 애니메이션을 제작해 보겠습니다. 0.5초 동안 위에서 아래로 움직이는 애니메이션을 구현해 봅시다.

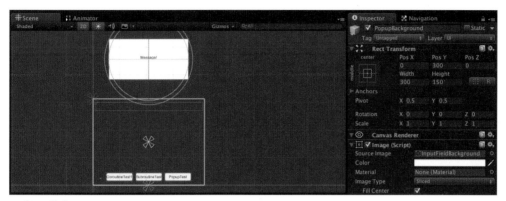

▲ 테스트 화면

iTween이나 Animation 같은 애니메이션 모듈로 이런 간단한 애니메이션을 구현할 수도 있지만, 직접 구현을 해보는 이유는 다른 모듈로 해결할 수 없는 애니메이션을 만들어야 할 경우에는 직접 코딩으로 애니메이션을 구현해야 하기 때문입니다.

우선, Hierachy 탭에서 [Create – UI – Image]를 선택해 빈 이미지를 만듭니다.

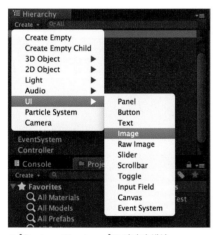

▲ [Create – UI – Image]로 이미지 생성

❶ 빈 이미지의 Source Image를 'UI Sprite'로 설정합니다.
❷ Width를 300으로 설정합니다.
❸ Height를 150으로 설정합니다.
❹ Pos X = 0, Pos Y = 300, Pos Z = 0으로 설정합니다.
❺ 이름은 PopupBackground라고 설정합니다.

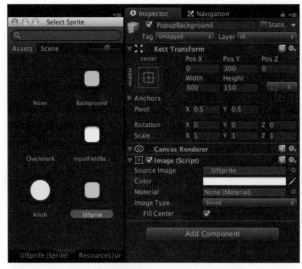

▲ PopupBackground 설정 화면

그리고 Hierachy 탭에서 [Create – UI – Text]를 선택해, 생성된 이미지 안에 Text 인터페이스를 추가합니다.

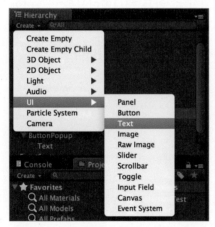

▲ [Create – UI – Text]로 텍스트 UI 추가

Text 오브젝트의 속성은 다음과 같이 설정합니다.

❶ 오브젝트의 Pos X, Y, Z는 (0, 0, 0)으로 설정합니다.
❷ Width는 160으로 Height는 30으로 설정합니다.
❸ Text 탭에서 Text 필드에는 'Message!'라고 입력합니다.

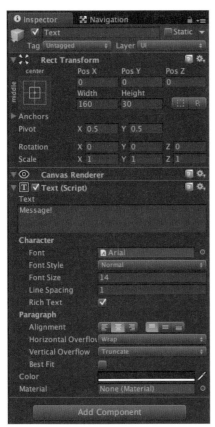

▲ Text 오브젝트 설정

그 후 Controller.cs의 소스 코드를 변경해 봅시다.

```csharp
using UnityEngine;
using System.Collections;

public class Controller : MonoBehaviour {

    public Transform PopupBackground;

    public void CoroutineTest1()
    {
        StartCoroutine(Coroutine1());
        StartCoroutine(Coroutine2());
    }

    public void SubroutineTest()
    {
        Subroutine1();
        Subroutine2();
    }

    public IEnumerator Coroutine1()
    {
        for(int i = 0 ; i < 100 ; i++)
        {
            Debug.Log ("Coroutine1 : " + i);
            yield return new WaitForFixedUpdate();
        }
    }

    public IEnumerator Coroutine2()
    {
        for(int i = 0 ; i < 100 ; i++)
        {
            Debug.Log ("Coroutine2 : " + i);
            yield return new WaitForFixedUpdate();
        }
    }

    public void Subroutine1()
    {
        for(int i = 0 ; i < 100 ; i++)
        {
            Debug.Log ("Subroutine1 : " + i);
        }
    }
```

```csharp
    public void Subroutine2()
    {
        for(int i = 0 ; i < 100 ; i++)
        {
            Debug.Log ("Subroutine2 : " + i);
        }
    }

    public void ShowPopup()
    {
        StartCoroutine(StartShowPopup());
    }

    public IEnumerator StartShowPopup()
    {
        float timeStart = Time.time;
        while(true)
        {
            float timePassed = Time.time - timeStart;
            float rate = timePassed / 0.5f;
            PopupBackground.localPosition = new Vector3(0f,300f - 300f*rate,0f);

            if(timePassed>0.5f){

                PopupBackground.localPosition = new Vector3(0f,0f,0f);

                break;
            }

            yield return new WaitForFixedUpdate();

        }
    }

}
```

▲ 리스트 10-7 : Controller.cs 소스 코드

여기에서는 PopupBackground 변수와 ShowPopup(), StartShowPopup() 함수를 추가했습니다. 이렇게 Controller.cs를 수정하고 나면, Controller 오브젝트에 연결해야 할 PopupBackground 변수가 속성 창에 표시됩니다. 드래그 앤 드롭으로 Controller의 PopupBackground 변수와 방금 만든 PopupBackground 오브젝트를 연결합니다.

▲ Controller 오브젝트 설정

그럼 앞서 구현한 함수에 대해 보다 자세히 살펴봅시다.

```
public void ShowPopup()
{
    StartCoroutine(StartShowPopup());
}


public IEnumerator StartShowPopup()
{
    float timeStart = Time.time;
    while(true)
    {
        float timePassed = Time.time - timeStart;
        float rate = timePassed / 0.5f;

        PopupBackground.localPosition = new Vector3(0f,300f -
300f*rate,0f);

        if(timePassed>0.5f){

            PopupBackground.localPosition = new Vector3(0f,0f,0f);

            break;
        }

        yield return new WaitForFixedUpdate();

    }
}
```

▲ 리스트 10-8 : StartShowPopup 함수 정의

ShowPopup() 함수는 StartCoroutine(StartShowPopup())으로 StartShowPopup()이라는 코루틴 함수를 호출합니다. 코루틴 함수를 StartCoroutine(StartShowPopup())이 아닌 그냥 StartShowPopup()으로 실행하면 함수가 실행되지 않습니다.

StartShowPopup() 함수는 다음과 같은 방식으로 동작합니다.

❶ timeStart라는 float 변수에 현재 시간을 저장해 둡니다.

❷ while(true)로 무한반복 루프를 설정합니다.

❸ timePassed라는 float 변수에 현재 시간과 시작 시간의 차이값을 저장해 둡니다.

❹ rate는 0.5초가 얼마나 지났는지를 0부터 1 사이의 값으로 계산합니다.

❺ PopupBackground의 localPosition을 변경하여 팝업의 위치를 재설정합니다.

❻ 만약에 경과시간이 0.5초가 지나면, PopupBackground의 위치를 최종 위치로 설정하고, break로 무한 루프를 벗어납니다.

이제 ShowPopup() 함수를 호출하기 위해 버튼을 새로 만들어 보겠습니다. 또한 Hierachy 탭에서 Button 오브젝트도 만들어봅시다. [Create > UI > Button]을 클릭하면 새로운 버튼이 생성됩니다.

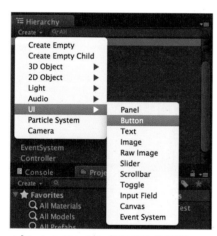

▲ [Create > UI > Button]으로 버튼 추가하기

버튼 설정을 위해 다음과 같은 값을 지정했습니다.

❶ 오브젝트의 이름은 ButtonPopup으로 설정합니다.

❷ Pos X, Y, Z는 (110, 30, 0)으로 설정합니다.

❸ Width, Height는 각각 100, 30으로 설정합니다.

❹ Button 탭의 OnClick () 부분에 Controller 오브젝트의 Controller.ShowPopup() 함수를 연결합니다.

❺ 자식 오브젝트 중 Text에 있는 텍스트를 'PopupTest'로 변경합니다.

▲ ButtonPopup 이미지 속성

▲ Text 속성

이렇게 버튼을 추가한 상태에서 프로그램을 실행해 봅시다. 실행을 하고 PopupTest 버튼을 누르면, 위에서 아래로 내려오는 팝업창을 볼 수 있습니다.

최종적으로 다음 그림과 같은 팝업 애니메이션이 완성됐습니다.

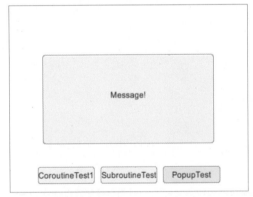

▲ 팝업 애니메이션 결과 화면

03 | 스레드와 코루틴의 차이점

스레드와 코루틴의 차이점을 간단하게 설명하고 코루틴의 개념 설명을 마치겠습니다. 스레드는 동시에 여러 프로세스가 여러 작업을 진행하는 것이고, 코루틴은 하나의 프로세스를 여러 루틴들이 시간을 나눠서 쓰는 방식입니다. 다만, 유니티에서는 일반적으로 스레드를 거의 다루지 않기 때문에 코루틴을 많이 사용하는 편입니다.

» 기초반 파트에서 게임을 구현하는 표면적인 요소들을 살펴봤다면, 이제는 좀더 깊이 들어가 게임이 어떤 방식으로 구현되는지를 살펴봅니다. 어떤 코드를 어디에 적용하면 어떤 기능을 구현할 수 있는지 확인할 수 있습니다. 기본적 인 게임 화면 구성 외에 필요한 다양한 기법들을 습득하고, 유니티를 이용한 게임 개발의 원리를 이해할 수 있을 것 입니다. 꼼꼼히 따라해보고, 다양한 기능들을 다양하게 응용해 보세요. 세상에 없던 어떤 신비로운 게임이 나올지도 모릅니다!

게임 제작
중급반

CONTENTS

CHAPTER

11

마이크로소프트 애저와 .NET을 활용한 C# API 서버 만들기

≫ 이번 쳅터에서는 클라우드 서버를 활용한 게임 서버 프로그래밍에 대해 알아보겠습니다. 먼저, 요즘 게임 서버를 개발하는 데 자주 쓰이는 기술들에 대해서 간략히 비교해 보도록 합시다. 다만, 이는 저자의 개인 적이고 주관적인 견해이며 참고용으로만 활용하시길 권합니다.

01 | 서버 개발 시 아키텍처 결정사항

본론에 들어가기에 앞서 서버 기술 선택에서 유명한 명언을 소개하고자 합니다.

> "엔지니어는 비싸지만 서버는 저렴하다!
> Engineers are expensive and servers are not!"

어떤 기술이 좋다기보다는, 회사 내에 엔지니어링 팀이 해당 기술의 프레임워크 장점을 가 장 잘 살릴 수 있는가가 중요한 법입니다.

유니티3D로 게임을 개발한다고 하더라도, 서버와의 통신이 필요하면 결정해야 하는 사항 들이 많습니다. 개발을 시작하기 전에 어떤 서버를 사용하고 어떤 기술을 사용할 것인지 결정하는 과정이 필요합니다. 주요 결정사항들은 다음과 같습니다.

---

1) 클라우드 서버 일반 서버 중 어떤 서버를 쓸 것인가?
　옵션 : 마이크로소프트 애저 클라우드 서버, 아마존 클라우드 서버, 구글 앱 엔진 ...

2) 어떤 언어를 쓸 것인가?
　옵션 : Python, C#, Java, C++ ...

3) 어떤 데이터베이스 솔루션을 사용할 것인가?
　옵션 : MySQL, SQL Server(MSSQL), PostgreSQL, Oracle, Redis ...

4) 어떤 운영체제를 선택할 것인가?
　옵션 : 윈도우, 우분투, CentOS ...

5) 통신 방식은 어떤 기술을 쓸 것인가?
　옵션 : HTTP REST API, Websocket, Socket ...

---

02 | 서버의 아키텍처 결정사항

이 책에서 구현할 서버의 예제는 클라우드 서버의 형태로 C#을 이용해 설명합니다. 그밖에 예제 작업에 필요한 정보들은 다음과 같습니다.

(1) 서버 형태 - 클라우드 서버

이 책에서는 클라우드 서버 사용법을 소개하기로 방향을 잡았습니다. 왜냐하면, 초기 도입 비용이 거의 없고 개발단계에서는 단 몇 만원으로 테스트를 충분히 해볼 수 있기 때문입니다. 또한 최근 개발자들의 클라우드 서버 수요가 높아지고 있는 추세이기 때문에 클라우드 서버 사용법을 설명하는 것이 의미가 있을 것입니다.

(2) 서버 언어 - C#

서버에서 사용할 언어는 유니티3D 클라이언트의 C#과 통일했습니다. 한 가지 언어로 서버와 클라이언트에 대해 설명하는 것이 효율적이라고 생각되기 때문입니다.

TIP   다양한 서버 언어들

- C++ 서버 : 속도면에서는 여러 벤치마크 테스트에서 최고의 속도를 자랑합니다. 라이브러리와 개발자 커뮤니티도 잘 구성되어 있습니다. 대형 MMORPG에서는 대부분 C++ 서버를 활용하고 있습니다. 다만, 프로그램 작성 중에 세세하게 설정해야 하는 부분이 많아서 개발의 속도가 파이썬이나 C#보다는 약간 느린 편입니다.

- C# 서버 : C#은 최근 게임 서버 개발에 많이 도입되는 언어입니다. 주로 모바일 게임에서 많이 활용되기 시작하다가 최근에는 MMORPG에서도 사용되는 것을 쉽게 발견할 수 있습니다. 만약 유니티3D에서 C#으로 게임을 개발한다면 서버와 클라이언트의 언어가 통일될 수 있어서 학습비용이 낮아지고 재사용성이 높아진다는 장점이 있습니다.

- Java 서버 : 모바일 게임 '크래시 오브 클랜'이 바로 Java 서버로 만들어진 게임입니다. Java는 여러 유명한 프레임워크와 개발자 커뮤니티로 유명합니다.

- 파이썬 서버 : 모바일 게임 '쿠키런'이 파이썬 서버로 제작된 게임입니다. 파이썬은 상당히 빠른 개발속도를 자랑하며, 스타트업에서 많이 활용하는 언어입니다. 다른 장점들도 많이 있지만, 무엇보다 개발 생산성이 뛰어나서 많이 애용되고 있습니다.

---

(3) 데이터베이스 솔루션 - 클라우드 MySQL

저자의 경우 개인적으로 MySQL과 SQL Server 두 데이터베이스를 자주 사용합니다. 개발자라면 접근하기 쉬운 MySQL을 대부분 다뤄봤을 거라 판단됩니다. 2016년에 출판된 이 책의 초판본에서는 MSSQL을 사용했었는데, 비용적인 면과 접근성 두 가지를 고려하여 개정판에서는 MySQL로 서버 개발하는 법을 살펴보겠습니다.

(4) 운영체제 – 윈도우

C# 서버를 구현하는 가장 편한 방법은 마이크로소프트사의 ASP.NET을 애저의 웹사이트 인스턴스에 게시하는 것입니다. 게임 서버와 데이터베이스 서버가 구동되는 운영체제는 윈도우이지만, 이 책에서 설명하는 예제를 통해서는 실제로 윈도우 서버에 원격접속하지는 않을 생각이니 참고하길 바랍니다.

03 | 애저를 활용한 서버 구성

이 책에서 배울 솔루션들을 정했으니, 우선 그 솔루션들이 움직이게 될 서버를 하나 구성해보도록 하겠습니다. 클라우드 서버를 사용하기로 하였는데, 이번 챕터에서는 여러 클라우드 서비스 중 마이크로소프트 애저(Azure)의 사용법을 확인해 볼 것입니다. 다음 챕터에서는 AWS(아마존웹서비스)의 사용법을 알아보겠습니다.

이 책에서 설명하는 예제들을 따라 하기 위해서는 서버가 필요합니다. C# 서버를 돌리기 위해 서버를 무료 체험판으로 제공되는 서비스 중에서도 C# ASP.NET과 연동이 잘 되는 마이크로소프트의 애저의 가입부터 URL 생성까지 자세히 알아봅시다.

우선 Azure Portal(http://portal.azure.com/)에 접속합니다. 그러면 첫 화면에서 로그인 화면을 만날 수 있습니다.

▲ 애저 로그인 페이지

TIP 마이크로소프트 애저?

애저는 마이크로소프트의 클라우드 컴퓨팅 플랫폼입니다. 분석, 컴퓨팅, 데이터베이스, 모바일, 네트워킹, 저장소 및 웹 서비스가 통합된 형태로 계속해서 성장하고 있는 서비스 컬렉션이라고 할 수 있습니다. 보다 빠른 작동 속도와 함께 효율적으로 서버를 구성해 비용을 절감할 수 있는 것이 특징입니다.

애저 웹사이트 (http://azure.microsoft.com/ko-kr/overview/what-is-azure/)

핫메일(Hotmail) 주소가 있다면 메일 계정으로 로그인하고, 없다면 핫메일에 회원가입을 한 후 로그인합니다. 로그인을 하면 portal에 접속할 수 있습니다.

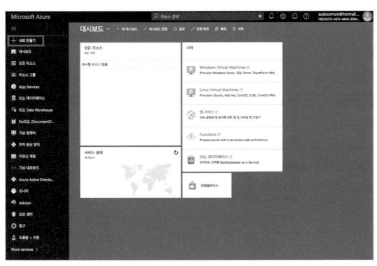

▲ 애저 포탈 화면

portal.azure.com에서 로그인을 하면 애저 포탈 화면이 표시됩니다.

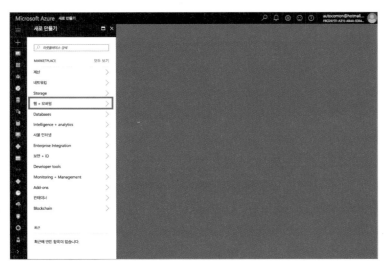

▲ 새로운 서버 만들기

[새로 만들기] 버튼을 눌러서 새로운 서버를 만들어봅시다. 사이트 내에서 요구하는 회원 정보를 입력한 후 구입 버튼을 클릭합니다.

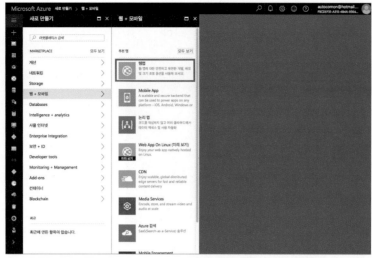

▲ 새로운 웹앱 생성

새로운 웹앱을 생성합니다.

▲ 새 구독에 등록

아직 결제연동을 하지 않았기 때문에 [새 구독에 등록] 버튼을 눌러 진행하면 됩니다.

> **TIP** **마이크로소프트 비즈 스파크 프로그램**
>
> 스타트업이라면, 마이크로소프트의 비즈스파크 프로그램을 통해서 다양한 무료 지원을 받을 수 있습니다. 특히, 이번 챕터와 다음 챕터에서 설명할 마이크로소프트 애저나 아마존 AWS의 크레딧을 무료로 지원받을 수 있으니 꼭 혜택을 확인하고 가입할 것을 추천합니다.
>
> **[지원 조건]**
> - 설립 5년 이내의 회사
> - 연 매출 100만 달러 이하
> - 소프트웨어나 앱을 개발하는 회사
>
> **[비즈 스파크 프로그램 혜택]**
> ❶ 마이크로소프트 소프트웨어 라이선스
> - 윈도우 8 라이선스 키
> - 윈도우 7 라이선스 키
> - 비주얼스튜디오 Ultimate 라이선스
> - 기타 마이크로소프트의 여러 가지 소프트웨어 라이선스
> ❷ 호스팅 파트너
> - 아마존 AWS 크레딧
> - 마이크로소프트 애저 크레딧

▲ 구독 추가 페이지

구독 추가에서 무료 체험을 선택합니다.

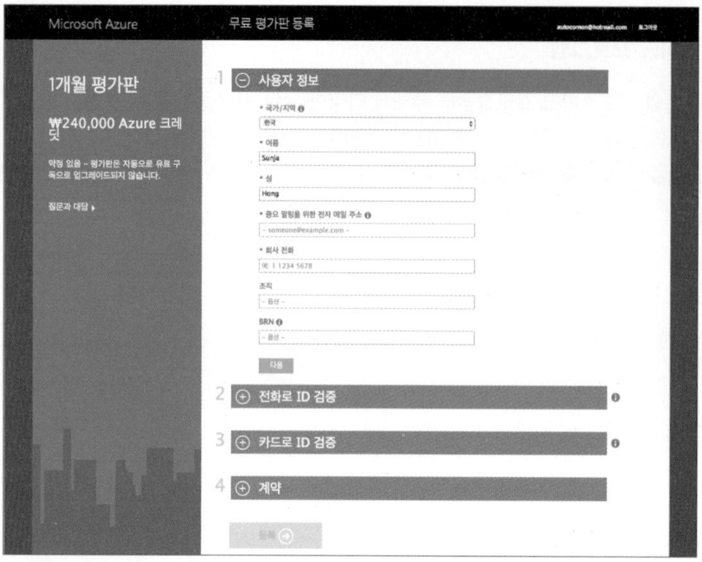

▲ 사용자 정보 입력

무료 체험을 위해 사용자 정보를 입력합니다.

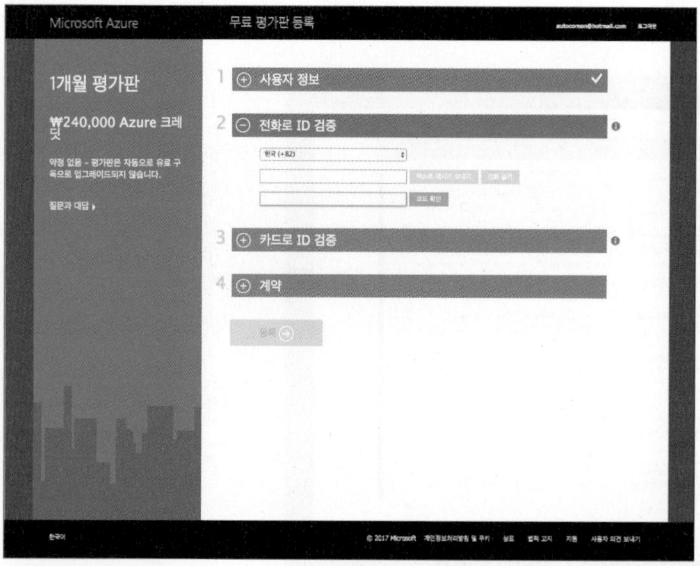

▲ 본인확인 전화 인증

애저 서비스를 이용하기 위해서는 초기 사용자 정보 입력 시 전화로 본인확인 절차를 거쳐야 합니다.

▲ 결제 정보 입력 전, 사용자 동의

무료 버전이지만, 신용 정보를 확인하기 위해 결제 정보를 입력해야 합니다. 결제 정보를 입력해도, 금액이 결제되지는 않습니다(카드 인증을 위해 1,000원 정도가 결제되었다가 취소됩니다). 결제 정보를 입력 한 후 [확인] 버튼을 클릭합니다.

▲ 계약 및 개인정보처리방침에 동의

카드 정보를 입력 완료하고 '구독 계약, 제안 세부 정보 및 개인정보처리방침에 동의합니다.'라는 체크박스에 체크를 합니다. 그리고 밑에 [등록] 버튼을 눌러서 다음 단계로 넘어갑니다.

▲ 등록하기

[등록] 버튼을 눌러서 등록 프로세스를 마칩니다.

▲ 등록에 약간의 시간이 걸린다

[등록] 버튼을 누르면 잠시 후에 다음 화면으로 이동합니다.

▲ 구독 시작

등록이 완료되면 '구독이 모두 준비되었습니다'라는 화면이 뜹니다. 이제 [Azure 구독 시작] 버튼을 누릅니다.

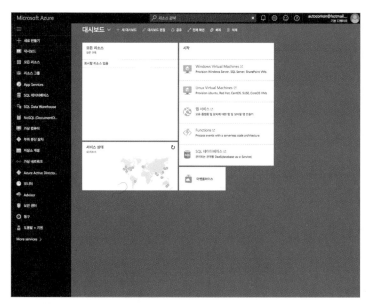

▲ 등록 완료

이제 24만 원의 무료 크레딧과 함께 애저를 마음껏 사용할 수 있게 되었습니다. 등록과정을 마쳤으니, 게임 서버를 올릴 '웹앱'을 만들어봅시다.

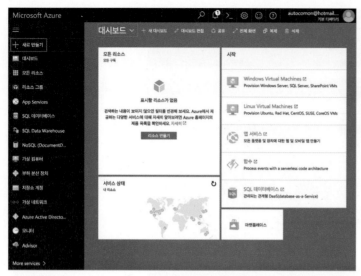

▲ 새로 만들기

왼쪽 메뉴 상단의 [새로 만들기] 버튼을 눌러서 새로운 인스턴스를 만드는 작업을 시작합니다.

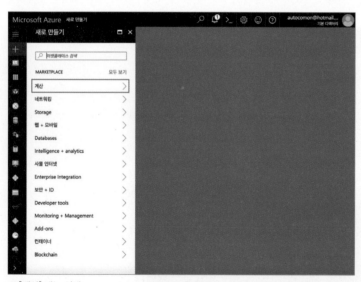

▲ [계산] 메뉴 선택

[새로 만들기] 메뉴를 눌러서 나온 항목들 중 가장 위에 있는 [계산] 항목을 선택합니다.

▲ [웹앱] 메뉴를 선택

[계산] 메뉴를 눌러서 나온 항목들 중에 가장 위에 있는 [웹앱]을 선택합니다.

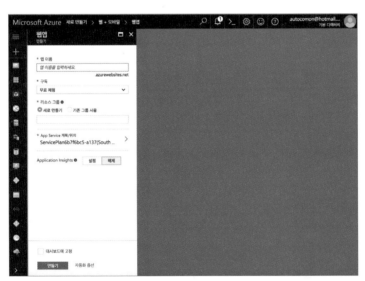

▲ 앱 이름, 리소스 그룹 이름 정하기

이제 서버의 이름을 선택할 차례입니다. '앱 이름'과 '리소스 그룹'에 본인이 원하는 서버의 이름을 적어주세요.

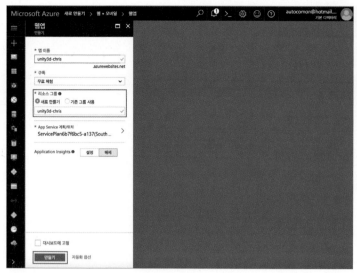

▲ 서버 코드 업로드

이제 내가 만든 서버 코드를 서버에 올려봅시다. 우리가 사용할 오픈소스 서비스는 깃허브 (Github)입니다. 아직 깃허브에 가입하지 않았다면, 다음 과정을 따라 깃허브에 가입합니다. Github.com에 접속해서 우측 상단의 [Sign Up] 링크를 누릅니다.

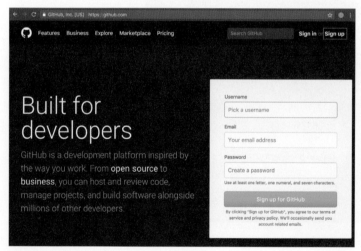

▲ Sign Up 선택

UserName(아이디), Email(이메일), Password(비밀번호)를 입력합니다.

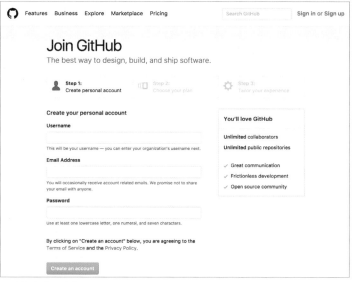

▲ 사용자 정보 입력

세 가지 항목을 입력하고, [Create an account] 버튼을 눌러 새로운 계정을 생성합니다.

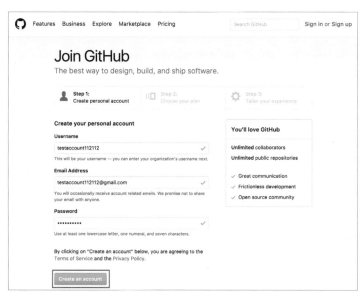

▲ 새로운 계정 생성

Step 3에서는 딱히 해야 할 것이 없습니다. 화면 맨 밑으로 내려서 [Submit] 버튼만 누르면 됩니다.

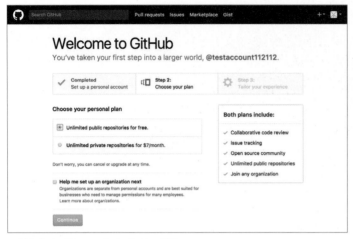

▲ Unlimited public repositories for free 선택

Step2에서는 Unlimited public repositories for free를 선택한 후 [Continue] 버튼을 누릅니다.

▲ Submit 버튼 선택

Step3에서는 화면 맨 아래쪽의 [Submit] 버튼을 누릅니다. 그럼 가입이 완료됩니다.

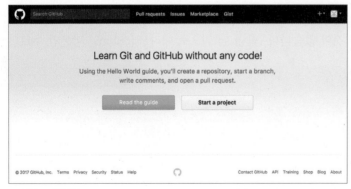

▲ 깃허브 가입 완료

이제 API 서버 구현을 위한 소스코드를 다운로드할 차례입니다. 이를 위해 브라우저에서 다음의 링크로 접속합니다.

https://github.com/chris-chris/unity-core-server-login

이는 저자가 만든 게임 API 서버의 최초 버전입니다. 화면 우측 상단에 있는 [Fork] 버튼을 눌러서 프로젝트를 복사합니다. 만약에 이메일 인증을 하지 않았다면, 이메일 인증을 한 후에 다시 [Fork] 버튼을 누릅니다.

▲ 깃허브에 복사

그리고 다시 본인의 깃허브에서 [Fork] 버튼을 눌러서 프로젝트를 복사해 넣습니다.
이제 다시 Azure Portal로 돌아가겠습니다. 아까 만들었던 [웹앱] 인스턴스를 클릭한 후, [배포 옵션] 메뉴를 선택합니다.

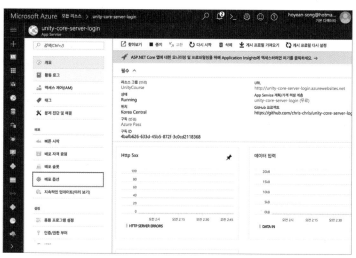

▲ 좌측 메뉴에서 [배포 옵션] 메뉴 선택

배포 옵션에 들어가면, [설정] 버튼이 있습니다. 화면 상단의 [설정] 버튼을 클릭합니다.

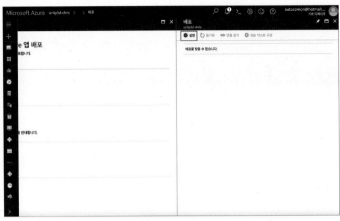

▲ 배포 옵션 화면에서 [설정] 버튼 선택

[설정] 버튼을 누르면, [소스 선택]이라는 메뉴가 나타납니다. 해당 메뉴를 클릭합니다.

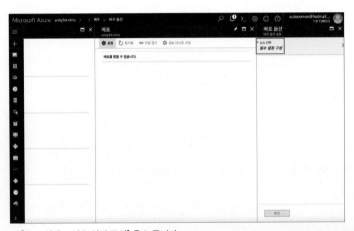

▲ [소스 선택 – 필수 설정 구성] 을 누릅니다.

어떤 소스를 서버에 배포할 지 설정하는 화면입니다. 여기에서 우리는 Github을 연결할 것
입니다. Github을 클릭해주세요.

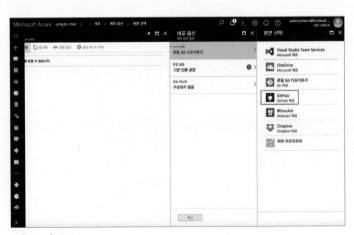

▲ [Github] 선택

Github를 선택했다면, 다음은 본인의 계정에 연결을 할 차례입니다. [권한 부여] 메뉴를 클릭하여, Github에 로그인해주세요.

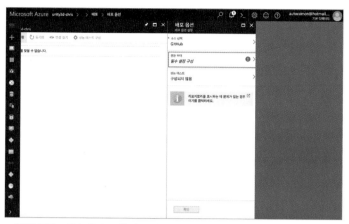

▲ [권한 부여 – 필수 설정 구성] 메뉴 선택

[권한 부여 – 필수 설정 구성] 메뉴를 선택합니다.

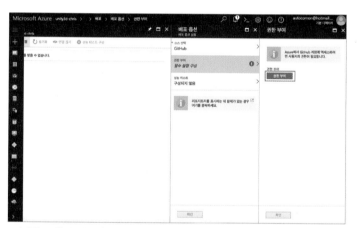

▲ [권한 부여] 버튼을 누른 후 깃허브 계정 로그인

[권한 부여] 버튼을 누르고 로그인 절차가 완료된 후, [확인] 버튼을 누르면 깃허브 계정 연동이 완료됩니다.

▲ 깃허브 인증 완료

깃허브 인증이 완료되면 앞의 그림과 같은 화면이 나옵니다. 여기서 [확인] 버튼을 눌러서 다음 단계로 넘어갑니다.

▲ unity-core-server-login 프로젝트 선택

앞서 [Fork]를 이용해 복사/붙여넣기했던 unity-core-server-login 프로젝트를 선택합니다.

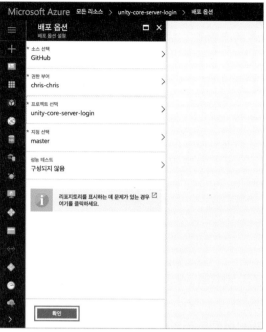

▲ [확인] 버튼 눌러서 배포 시작

끝으로 [확인] 버튼을 눌러서 배포를 시작합니다. 이렇게 간단하게 API 서버 배포가 완료되었습니다.

▲ 배포 완료 확인

잠시후 [배포 옵션] 메뉴를 다시 눌러서 들어가면 서버 프로그램 배포가 완료되었는지 확인할 수 있습니다.

잠시 기다린 후, 화면 좌측의 메뉴에서 [배포 옵션] 메뉴를 클릭합니다. 그러면 서버 프로그램 배포가 완료되었는지 진행 상태를 확인할 수 있습니다. 동그라미 아이콘이 돌아가고 있으면 아직 배포중인 것이고, 체크 표시가 있으면 배포가 성공한 것입니다.

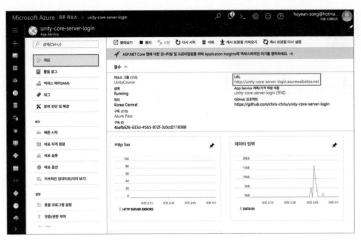

▲ [개요] 메뉴에서 URL 주소 복사

배포가 성공한 것을 확인하였다면, 다시 화면 좌측의 [개요] 메뉴를 클릭해서 대시보드로 들어갑니다. 그리고 우측 상단의 'URL' 항목에서 서버의 주소를 확인합니다. 이 서버 주소는 만드는 사람마다 다 다른 주소로 설정되어있을 것입니다. 저자의 경우에는 http://unity-core-server-login.azurewebsites.net로 설정되어있습니다.

브라우저에서 본인의 서버 주소를 적은 후, 뒤에다가 /api/values를 붙여서 엔터를 쳐보겠습니다.

http://[본인의 서버 주소]/api/values

← → C ⓘ unity-core-server-login.azurewebsites.net/api/values

["value1","value2"]

▲ 서버 접속 확인

'서버 주소/api/values'로 접속해서 앞의 그림과 같은 결과가 잘 나오는지 확인합니다.

앞서 만들었던 Azure 웹앱 서버에 우리가 Fork한 github 저장소가 배포된 것을 확인할 수 있습니다. 아주 간단한 방식으로 github 저장소와 클라우드 서버를 연동하여 배포를 완성했습니다. 챕터 17, 18에서는 실제로 이 웹앱 서버를 활용하여 코드를 수정한 후 배포를 진행할 것입니다.

12 클라우드 데이터베이스 서버 생성 및 관리하기

>> 게임을 개발할 때, 클라이언트가 먼저 눈에 보이기 때문에 클라이언트가 개발의 대부분이라고 생각할 수 있지만, 서버 개발도 상당한 양을 차지합니다. 서버는 크게 두 가지로 나뉘는데 하나는 게임 서버와 데이터베이스 서버입니다. 이번 챕터에서는 데이터베이스 서버를 생성하여 게임 서버와 연동시켜 봅시다.
이전 챕터에서 했던 예제 서버 구성 의사결정대로 클라우드 서버에 C#으로 서버 개발을 할 것이고, 데이터베이스는 MySQL Server로 진행하도록 하겠습니다. 이번 챕터에서는 마이크로소프트 애저(Microsoft Azure)에 MySQL Server 데이터베이스 서버를 생성해보겠습니다.

01 │ 클라우드 서버 : Microsoft SQL Azure 데이터베이스

마이크로소프트의 애저 서비스를 통해 SQL 데이터베이스 서버를 생성하고 MySQL Workbench를 이용하여 데이터베이스 서버를 관리하는 방법을 알아보겠습니다.

(1) 마이크로소프트 애저에서 MySQL SQL 데이터베이스 생성하기

가장 먼저, http://portal.azure.com으로 접속해서 MySQL 데이터베이스를 생성해 봅시다.

▲ 애저 포탈 메인화면

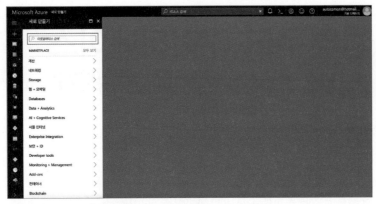

▲ [마켓플레이스 검색] 창을 클릭한 후 'MySQL' 입력

▲ 검색 결과에서 Microsoft의 'MySQL용 Azure 데이터베이스' 선택하고 [만들기] 버튼 클릭

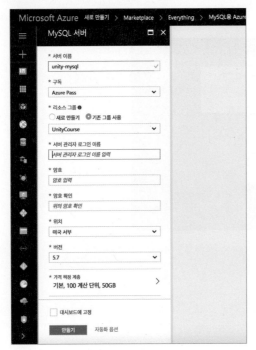

▲ 데이터베이스에 관련된 필수 정보 입력

새로운 데이터베이스를 만들기 위해 필수 정보들을 설정해야 합니다.

- 서버 이름 : 서버 이름은 원하시는 대로 설정합니다. 여기서는 unity-mysql이라고 정했습니다.
- 구독 : 클라우드 데이터베이스 요금을 내기 위해 [구독]을 선택합니다.
- 리소스 그룹 : 새로 만들어도 되고, 기존에 만들어둔 그룹을 선택해도 상관없습니다.
- 서버 관리자 로그인 이름 : 데이터베이스에 접속할 아이디를 설정합니다.
- 암호 : 암호를 입력합니다.
- 암호 확인 : 똑같은 암호를 입력합니다.
- 위치 : [동아시아]로 설정합니다.
- 버전 : 5.7로 설정합니다.
- 가격 책정 계층 : 가격 책정 계층은 제일 저렴한 버전으로 설정하겠습니다. 계산 단위를 50으로 낮춥니다. 그래서 [기본, 50 계산 단위, 50GB]로 설정합니다.

▲ 가격 책정 계층을 [기본, 50 계산 단위, 50GB]로 설정

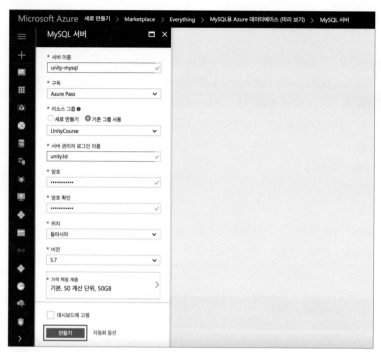

▲ MySQL 서버 생성

준비가 완료되었다면, [만들기] 버튼을 클릭해서 MySQL 서버를 생성합니다.

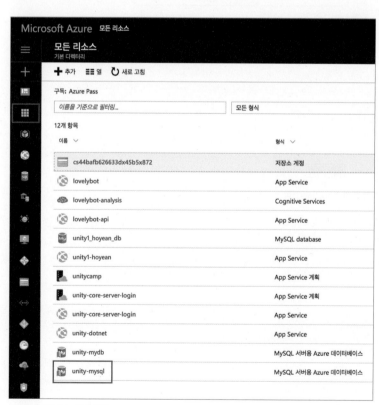

▲ 데이터베이스 서버 클릭

좌측 메뉴에서 빨간 네모로 표시한 [모든 리소스] 메뉴를 선택한 후, 방금 생성한 데이터베이스 서버를 클릭합니다.

데이터베이스 정보를 확인하기 전에 가장 먼저, 보안설정을 변경해야 합니다.

▲ [연결 보안] 메뉴에서 보안 설정 변경

[연결 보안] 메뉴를 클릭해서 들어가면 SSL 설정과 방화벽 규칙이 보입니다. 우리는 [방화벽 규칙]을 변경해볼 것입니다.

▲ [방화벽 규칙] 변경

▲ [방화벽 규칙]에 규칙 입력

[방화벽 규칙]에 규칙 이름은 'all', 시작 IP는 '0.0.0.0', 종료 IP는 '255.255.255.255'로 설정합니다.

▲ [방화벽 규칙]을 추가한 후 [저장] 버튼 클릭

방화벽을 추가했으면, 이제 접속 정보를 확인할 차례입니다.

▲ 데이터베이스 접속 정보 확인

좌측의 [속성] 메뉴를 클릭해서 들어가면, 서버 호스트 주소와 접속할 수 있는 유저아이디를 확인할 수 있습니다. 비밀번호는 따로 표시되지 않습니다. 데이터베이스를 생성했을 때 입력했던 비밀번호를 사용하면 됩니다.

▲ MySQL Workbench에서 새로운 데이터베이스 추가

MySQL Workbench를 실행한 후, 중간에 [+] 버튼을 눌러서 새로운 데이터베이스를 추가합니다.

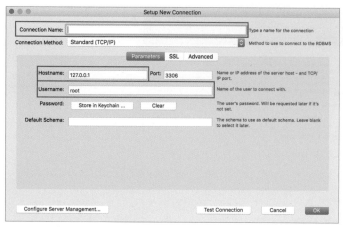

▲ 새로운 데이터베이스 추가를 위한 정보 입력

새로운 데이터베이스를 추가하는 화면이 나타났습니다. 여기에 총 4가지 정보를 넣습니다.

- A. Connection Name : 접속 이름. 이 항목은 아무렇게나 적어도 됩니다.
- B. Hostname : Azure MySQL [속성] 창에서 [서버 이름]에 해당하는 정보입니다.
- C. Username : Azure MySQL [속성] 창에서 [서버 관리자 로그인 이름]에 해당하는 정보입니다.
- D. Password : MySQL 서버를 생성할 때 입력했던 비밀번호입니다.

우선, Connection Name, Hostname, Username 세 가지 항목에 정보를 채워 넣고, Password 오른쪽에 [Store in Keychain…] 버튼을 클릭해서 비밀번호를 입력하는 창을 띄웁니다.

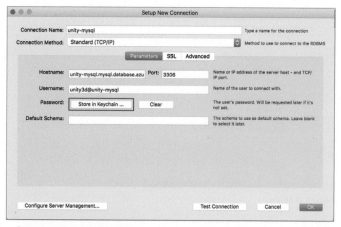

▲ [Store in Keychain] 버튼 클릭

[Store in Keychain] 버튼을 눌러서 비밀번호를 입력합니다.

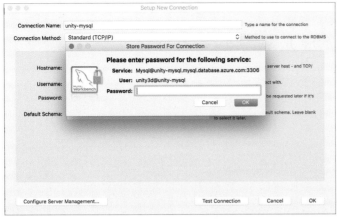

▲ 비밀번호 입력

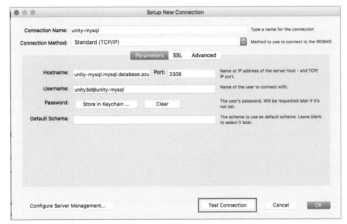

▲ [Test Connection] 버튼 클릭

비밀번호 입력을 완료한 후에, 우측 하단의 [Test Connection] 버튼을 누르면 접속을 테스트한 결과가 팝업으로 뜹니다. Successfully로 시작하는 문장이 있다면, 접속에 성공한 것입니다.

▲ 데이터베이스 접속 테스트 성공

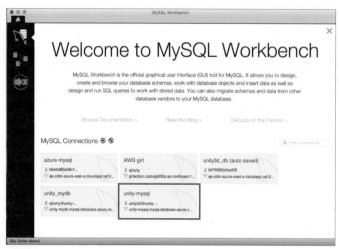

▲ 항목에 추가된 데이터베이스

데이터베이스가 항목에 추가된 것을 확인할 수 있습니다. 추가한 데이터베이스를 더블클릭해서 접속합니다.

(2) 데이터베이스 생성하기

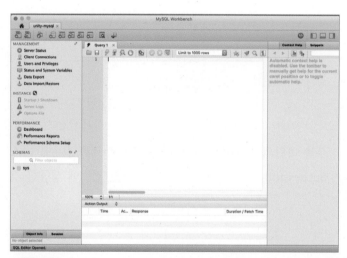

▲ 접속 성공

앞의 그림은 접속에 성공한 화면입니다. 화면 가운데 흰색 공간을 클릭해서 쿼리를 작성해봅시다.

▲ create database unity3d_db; 입력

가운데 화면에 다음과 같이 쿼리를 작성해보겠습니다.

create database unity3d_db;

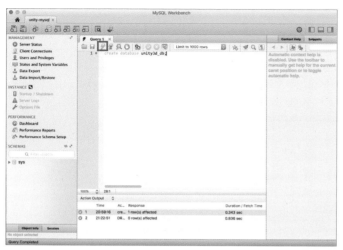

▲ 쿼리 실행

번개 모양 버튼을 눌러서 쿼리를 실행해보겠습니다.

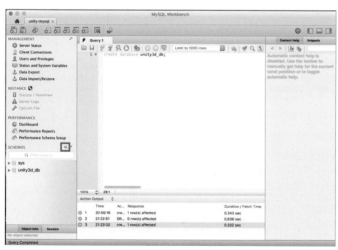

▲ 새로 고침

좌측 메뉴에 빨간 네모 영역으로 표시된 [새로 고침] 버튼을 눌러서 SCHEMAS 화면을 업데이트 합니다. 그러면 하단에 [unity3d_db] 데이터베이스가 표시됩니다.

이제 테이블을 하나 만들어봅니다.

서버까지 스킬업 유니티 3D액션게임

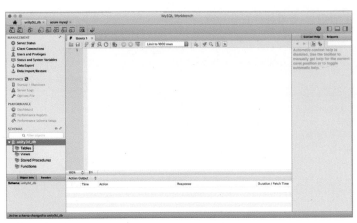

▲ [Tables] 항목에서 우클릭

[Tables] 항목에 마우스를 대고 마우스 오른쪽 클릭을 합니다.

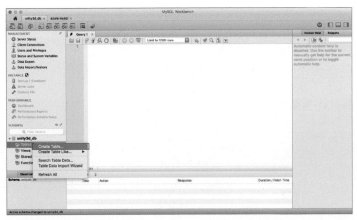

▲ [Create Table...] 메뉴 클릭

▲ 테이블 이름 입력

[Name] 항목에 테이블의 이름을 tb_user로 입력합니다.

tb_user 테이블에 필요한 컬럼을 다 입력합니다.

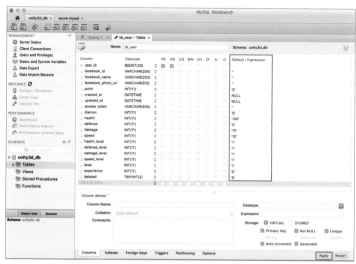

▲ tb_user 테이블에 필요한 기본값 입력

tb_user 테이블에 필요한 기본값들을 입력합니다. 그리고 [Apply] 버튼을 눌러서 테이블을 생성합니다.

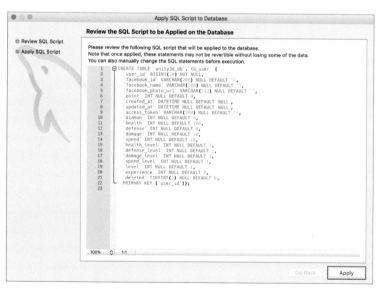

▲ tb_user 테이블에 필요한 기본값 입력

tb_user 테이블에 필요한 기본값을 입력하고 [Apply] 버튼을 눌러서 계속 진행합니다.

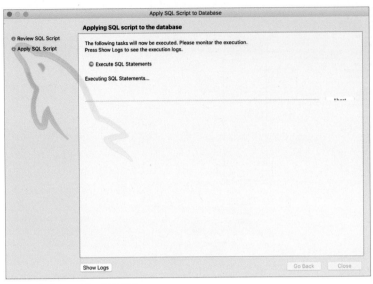

▲ 테이블 생성 스크립트 동작 확인

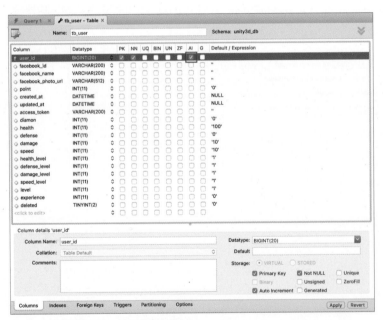

▲ user_id 컬럼에 [Auto Increment] 설정 추가

user_id 컬럼에 [Auto Increment] 설정을 추가하겠습니다. Auto Increment를 설정하면 자동으로 1부터 카운트를 하나씩 추가하면서 알아서 ID를 설정해주는 속성입니다. 주로 테이블의 키값에 Auto Increment 설정을 합니다.

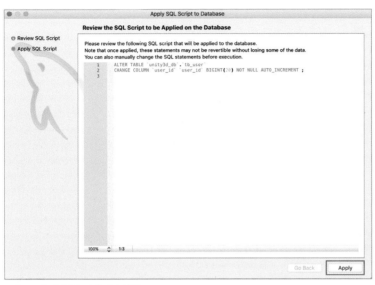

▲ [Apply] 버튼을 눌러서 계속 진행

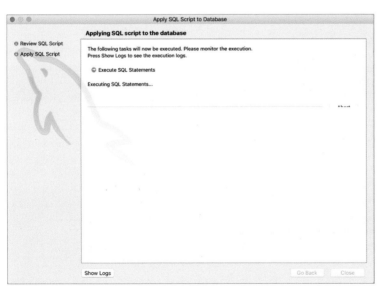

▲ 스크립트 적용 중

스크립트 적용에 약간의 시간이 걸릴 수 있습니다. 잠시 기다려 주세요.

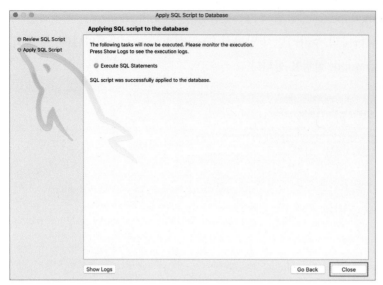

▲ [Close] 버튼을 눌러 팝업 닫기

이제 이 테이블을 생성하는 스크립트를 조회하는 법을 살펴봅시다.

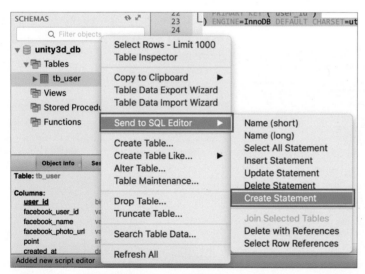

▲ [Send to SQL Editor]에서 [Create Statement] 항목 클릭

tb_user 테이블을 오른쪽 클릭한 후 [Send to SQL Editor]에서 [Create Statement] 항목을
클릭합니다.

▲ 테이블 생성 스크립트 확인

테이블을 생성할 수 있는 테이블 생성 스크립트를 확인할 수 있습니다.

```sql
CREATE TABLE `tb_user` (
    `user_id` bigint (20) NOT NULL AUTO_INCREMENT,
    `facebook_id` varchar (200) DEFAULT '',
    `facebook_name` varchar (200) DEFAULT '',
    `facebook_photo_url` varchar (512) DEFAULT '',
    `point` int (11) DEFAULT '0',
    `created_at` datetime DEFAULT NULL,
    `updated_at` datetime DEFAULT NULL,
    `access_token` varchar (200) DEFAULT '',
    `diamon` int (11) DEFAULT '0',
    `health` int (11) DEFAULT '100',
    `defense` int (11) DEFAULT '0',
    `damage` int (11) DEFAULT '10',
    `speed` int (11) DEFAULT '10',
    `health_level` int (11) DEFAULT '1',
    `defense_level` int (11) DEFAULT '1',
    `damage_level` int (11) DEFAULT '1',
    `speed_level` int (11) DEFAULT '1',
    `level` int (11) DEFAULT '1',
    `experience` int (11) DEFAULT '0',
    `deleted` tinyint (2) DEFAULT '0',
    PRIMARY KEY (`user_id`)
) ENGINE=InnoDB DEFAULT CHARSET=utf8;
```

▲ 리스트 12-1 : tb_user.sql – tb_user 생성문

02 | 나머지 테이블 생성하기

이제 우리가 앞으로 사용할 몇 가지 테이블의 생성문을 하나씩 실행해보겠습니다.

(1) tb_upgrade_info 테이블

```
CREATE TABLE `tb_upgrade_info` (
  `upgrade_id` int(11) NOT NULL,
  `upgrade_type` varchar(100) DEFAULT NULL,
  `upgrade_level` int(11) DEFAULT NULL,
  `upgrade_amount` int(11) DEFAULT NULL,
  `upgrade_cost` int(11) DEFAULT NULL,
  PRIMARY KEY (`upgrade_id`)
) ENGINE=InnoDB DEFAULT CHARSET=utf8;
```

▲ 리스트 12-2 : tb_upgrade_info.sql – tb_upgrade_info 테이블 생성문

(2) tb_level_info 테이블

```
CREATE TABLE `tb_level_info` (
  `level` int(11) NOT NULL,
  `experience` int(11) DEFAULT NULL,
  `defense` int(11) DEFAULT NULL,
  `health` int(11) DEFAULT NULL,
  `damage` int(11) DEFAULT NULL,
  `speed` int(11) DEFAULT NULL,
  PRIMARY KEY (`level`)
) ENGINE=InnoDB DEFAULT CHARSET=utf8;
```

▲ 리스트 12-3 : tb_level_info.sql – tb_level_info 테이블 생성문

(3) tb_stage_record 테이블

```
CREATE TABLE `tb_stage_record` (
  `stage_record_id` bigint(20) NOT NULL AUTO_INCREMENT,
  `user_id` bigint(20) DEFAULT NULL,
  `point` int(11) DEFAULT NULL,
  `record_time` datetime DEFAULT NULL,
  PRIMARY KEY (`stage_record_id`)
) ENGINE=InnoDB DEFAULT CHARSET=utf8;
```

▲ 리스트 12-4 : tb_stage_record.sql – tb_stage_record 테이블 생성문

```
INSERT INTO `tb_upgrade_info` (`upgrade_id`,`upgrade_type`,`upgrade_
level`,`upgrade_amount`,`upgrade_cost`) VALUES (1,'Health',1,5,10) ;
INSERT INTO `tb_upgrade_info` (`upgrade_id`,`upgrade_type`,`upgrade_
level`,`upgrade_amount`,`upgrade_cost`) VALUES (2,'Health',2,5,10) ;
INSERT INTO `tb_upgrade_info` (`upgrade_id`,`upgrade_type`,`upgrade_
level`,`upgrade_amount`,`upgrade_cost`) VALUES (3,'Health',3,5,10) ;
INSERT INTO `tb_upgrade_info` (`upgrade_id`,`upgrade_type`,`upgrade_
level`,`upgrade_amount`,`upgrade_cost`) VALUES (101,'Damage',1,10,20) ;
INSERT INTO `tb_upgrade_info` (`upgrade_id`,`upgrade_type`,`upgrade_
level`,`upgrade_amount`,`upgrade_cost`) VALUES (102,'Damage',2,10,20) ;
INSERT INTO `tb_upgrade_info` (`upgrade_id`,`upgrade_type`,`upgrade_
level`,`upgrade_amount`,`upgrade_cost`) VALUES (103,'Damage',3,10,20) ;
INSERT INTO `tb_upgrade_info` (`upgrade_id`,`upgrade_type`,`upgrade_
level`,`upgrade_amount`,`upgrade_cost`) VALUES (201,'Defense',1,2,10) ;
INSERT INTO `tb_upgrade_info` (`upgrade_id`,`upgrade_type`,`upgrade_
level`,`upgrade_amount`,`upgrade_cost`) VALUES (202,'Defense',2,2,10) ;
INSERT INTO `tb_upgrade_info` (`upgrade_id`,`upgrade_type`,`upgrade_
level`,`upgrade_amount`,`upgrade_cost`) VALUES (203,'Defense',3,2,20) ;
INSERT INTO `tb_upgrade_info` (`upgrade_id`,`upgrade_type`,`upgrade_
level`,`upgrade_amount`,`upgrade_cost`) VALUES (301,'Speed',1,1,5) ;
INSERT INTO `tb_upgrade_info` (`upgrade_id`,`upgrade_type`,`upgrade_
level`,`upgrade_amount`,`upgrade_cost`) VALUES (302,'Speed',2,1,5) ;
INSERT INTO `tb_upgrade_info` (`upgrade_id`,`upgrade_type`,`upgrade_
level`,`upgrade_amount`,`upgrade_cost`) VALUES (303,'Speed',3,1,5) ;
```

▲ 리스트 12-5 : tb_upgrade_info_insert.sql – tb_upgrade_info 테이블 데이터 삽입 명령어

여기에 적어둔 데이터베이스 테이블 생성문과 초기 데이터 삽입 명령어는 다음의 github 저장소에 올라가 있으니, 각자 만든 데이터베이스에 해당 테이블들과 데이터를 생성하기 바랍니다.

https://github.com/chris-chris/unity-core-server-login/tree/master/sql

▲ 각 데이터베이스 테이블 생성문과 데이터 삽입 스크립트

각 데이터베이스 테이블 생성문과 데이터 삽입 스크립트가 있습니다. 각 스크립트를 실행하는 방법은 다음과 같습니다. .sql 파일 안에 들어있는 스크립트를 메모장 등을 활용해 열어서 복사한 후에, MySQL Workbench의 가운데 빈창에다 복사한 후 번개 모양의 아이콘을 클릭합니다.

▲ 번개 모양 아이콘 클릭

이제 스크립트를 복사해서 붙여넣은 후 번개 모양 아이콘을 클릭합니다.

여기까지 클라우드 데이터베이스의 아주 간단한 사용법을 알아보았습니다. 향후 실제 예제를 통해서 게임 애플리케이션 서버와 데이터베이스의 연동을 다루어보도록 하겠습니다. 우선 다음 장에서는 스테이지 관리 스크립트에 대해 다뤄봅니다. 점수를 서버 api를 통해 call하는 등의 데이터베이스 활용방법은 챕터 16부터 이어집니다.

미소녀 액션 게임 5
스테이지 관리 스크립트
StageController

>> 지난 챕터에서는 서버와 데이터베이스 세팅 방법을 배워봤습니다. 이제 다시 유니티로 돌아와서 게임 클라이언트를 서버와 연동해보도록 하겠습니다. 챕터 13에서는 게임이 끝났을 때 캐릭터의 포인트를 정산하고, 새로운 게임을 시작하도록 안내하기 위해 팝업 메시지를 띄우는 방법을 배워봅니다.

01 | 게임 포인트 정산 방식 설계하기

여기에서 예제를 통해 만드는 게임은 게임 플레이가 끝났을 때, 게임의 결과를 서버에 업로드하는 과정을 거치게 됩니다. 플레이 결과를 서버에 업로드하는 일은 유저의 점수를 기반으로 순위를 매기거나, 보상을 지급하기 위해 꼭 필요한 과정입니다.

(1) 설계하면서 생각 정리하기

우선 게임 종료와 새로운 게임 시작 시점을 명확히 하기 위해 게임의 룰을 몇 가지 정해야 합니다. 이에 StageController.cs라는 스크립트를 생성하고, 이 스크립트에서 게임의 점수와 종료 행위를 수행하도록 합니다. 이 스크립트가 담당할 기능은 다음의 세 가지 기능입니다. 그리고 이벤트의 발생은 다른 객체에서 일어나고, 그 이벤트에서 StageController로 메시지를 보내게 됩니다.

> **A. 플레이어의 체력이 0이 되면 게임이 종료된다.**
> PlayerHealth.cs에서 체력 데이터를 관리하고 있으니, 이 객체에서 체력이 0이 될 때 StageController.cs에 게임이 종료되었다는 사실을 알리도록 합니다.
>
> **B. 결과를 팝업으로 띄운다.**
> 경과 시간과 포인트 결과를 팝업 메시지로 띄웁니다. 팝업은 별도의 팝업 스크립트를 생성하여 표시하겠습니다.
>
> **C. 플레이어가 몬스터를 한 마리 죽일 때마다 점수를 10점 올리고 화면에 표시한다.**
> 몬스터가 죽었을 때, EnemyHealth.cs의 StageController에 점수가 더 쌓이도록 메시지를 보낼 것입니다. 이 점수를 상단에 표시되도록 하겠습니다.

이런 관계를 다이어그램으로 표시하면 다음과 같습니다.

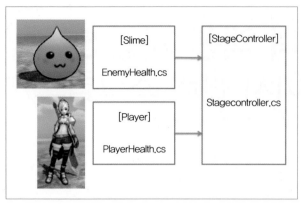

▲ 객체 간 함수 호출 다이어그램

(2) 스테이지 관리 코드 StageController.cs 만들기

세 가지 규칙을 처리하는 스크립트부터 만들어 봅시다. /Scripts/Controller/ 폴더에 Stage-Controller.cs라는 C# 스크립트를 생성합니다. 그 후 플레이어가 죽었을 때와 슬라임이 죽었을 때를 처리할 수 있는 함수를 만듭니다.

```csharp
using UnityEngine;
using System.Collections;
using UnityEngine.UI;
using System.Collections.Generic;

// 스테이지를 관리하는 콘트롤러입니다. 스테이지의 시작과 종료 시점에 스테이지의 시작과 마감을 처리합니다.
// 스테이지에서 획득한 포인트도 여기에서 관리합니다.
public class StageController : MonoBehaviour {

    // 스테이지 콘트롤러의 인스턴스를 저장하는 static 변수입니다.
    public static StageController Instance;
    // StagePoint는 현재 스테이지에서 쌓은 포인트를 저장하는 변수입니다.
    public int StagePoint = 0;
    // 현재 포인트를 표시하는 Text 게임 오브젝트입니다.
    public Text PointText;
    // Use this for initialization
    void Start () {
        // Instance 변수에 현재 클래스의 인스턴스를 설정합니다.
        Instance = this;

    }
    // StageController에서는 AddPoint() 함수로 유저가 획득한 포인트를 저장합니다.
    public void AddPoint(int Point)
    {
```

```
        // 기존 점수에 새로 획득한 점수를 추가합니다.
        StagePoint += Point;
        // 현재 포인트를 화면의 Text 게임 오브젝트에 갱신하여 반영합니다.
        PointText.text = StagePoint.ToString();
    }


    public void FinishGame()
    {
        Application.LoadLevel (Application.loadedLevel);
    }
}
```

▲ 리스트 13-1 : StageController.cs 소스 코드

리스트 13-1 소스 코드에 대한 자세한 설명은 밑에서 하나씩 쪼개서 살펴보도록 합시다.

(3) StageController를 담을 게임 오브젝트 생성하기

1) 게임 오브젝트 생성

Hierachy 탭에서 [Create] 버튼을 누르고 [Create Empty]를 클릭해서 새로운 빈 게임 오브젝트를 생성합니다.

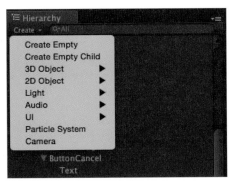

▲ Hierachy 탭에서 [Create > Create Empty]로 빈 게임 오브젝트를 생성합니다.

2) 게임 오브젝트 이름 변경

그렇게 생성된 게임 오브젝트의 이름은 StageController로 설정합니다.

▲ Inspector 탭에서 새로 만든 게임 오브젝트의 이름을 StageController로 변경합니다.

3) 게임 오브젝트에 연결

StageController 게임 오브젝트에 StageController.cs 스크립트를 Inspector 탭으로 드래그
해서 게임 오브젝트에 연결합니다.

▲ StageController 게임 오브젝트에 Stage Controller 스크립트 추가

(4) 화면 상단 중앙에 현재 점수를 표시하기 위해 포인트 텍스트 UI 생성하기

1) 텍스트 UI 생성하기

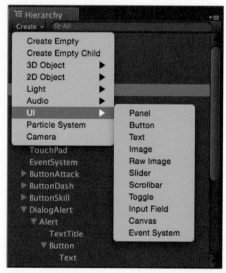

▲ Hierachy 탭에서 [Create > UI > Text]를 클릭해서 새로운 텍스트 UI 생성

2) 텍스트 UI 이름 변경하기

텍스트 UI의 이름을 PointText로 변경합니다. 이름을 변경하는 이유는 알아보기 쉽게 정리하기 위함입니다. 다른 이름으로 변경해도 상관은 없습니다.

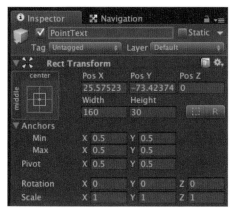

▲ 텍스트 UI의 이름을 PointText로 변경

3) 텍스트 UI의 앵커(Anchor) 변경하기

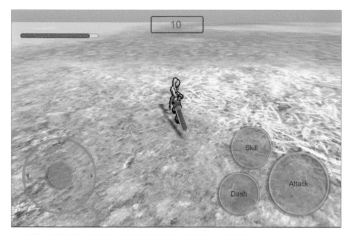

▲ 중앙 상단에 있는 빨간색 점선 영역 안에 포인트가 표시됩니다.

중앙 상단에 포인트가 위치하도록 만들어 봅시다. 화면의 최상단 정중앙으로부터 상대좌표를 잡도록 앵커를 설정하려면, 앞 그림의 Inspector 창에 빨간색 네모로 표시한 부분을 클릭해 설정 화면을 불러옵니다.

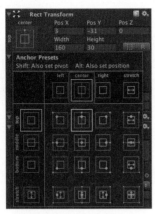

▲ 앵커를 중앙 상단으로 설정

앞의 그림처럼 Rect Transform에 표시한 빨간색 네모 영역을 클릭하면 포인트 텍스트 UI가 항상 중앙 상단 기준으로 상대 좌표를 설정하게 됩니다.

4) 텍스트 UI의 나머지 속성들 변경하기

▲ 포인트 텍스트 UI의 나머지 속성 설정

하이어라키 탭에서 PointText 게임 오브젝트를 선택한 후에 인스펙터(Inspector) 탭에서 다음과 같은 속성값을 설정해줍니다. 각각 속성과 값을 설정하는 위치는 화면 앞의 그림에서처럼 인스펙터 탭에서 보다 자세히 설정할 수 있습니다.

속성	값
Pos X (1번)	0
Pos Y (2번)	−35
Text (3번)	0
Font Size (4번)	20
Alignment (5번)	가운데 정렬
Color (6번)	빨간 색

5) StageController 스크립트의 PointText 변수와 PointText 게임 오브젝트 연결하기

StageController 스크립트에서 포인트가 변경되었을 때 화면 상단에 포인트를 갱신해주기 위해서 StageController 스크립트와 PointText 오브젝트를 연결해 주어야 합니다.

▲ StageController의 PointText와 PointText 게임 오브젝트 연결하기

Hierachy 탭에서 [StageController]를 선택한 후 Hierachy 탭의 PointText 오브젝트를 StageController의 PointText 변수에 연결해 줍니다.

(5) 슬라임을 하나 처치할 때마다 StageController의 함수 호출하기

적 슬라임을 하나 처치할 때마다 StageController에 10점을 추가하는 함수를 호출합니다. StageController 스크립트 안의 Instance라는 이름의 변수를 활용하여 어디서나 StageController에 있는 함수나 변수에 접근할 수 있습니다. 일반 변수 선언과는 달리 앞에 static이라고 선언되어 있습니다.

TIP **정적(static) 변수란?**

정적(static) 변수란 클래스를 새로 생성하지 않고서도 접근할 수 있는 변수입니다. 클래스를 새로 생성해야만 쓸 수 있는 인스턴스 변수와는 대조되는 변수입니다.

❶ User 클래스의 level 변수가 인스턴스 변수인 경우

[정의]
```
public class User{
  public int level;
}
```
[사용]
```
User user = new User();
user.level = 1;
```

❷ User 클래스의 level 변수가 정적 변수인 경우

[정의]
```
public class User{
  public static int level;
}
```
[사용]
```
User.level = 2;
```

```
public static StageController Instance;
```

▲ 리스트 13-2 : StageController static 변수

static 변수를 클래스에 선언한 뒤, 게임 오브젝트가 신에서 로드될 때 호출되는 Start() 함수에서 Instance = this;라고 지정합니다.

```
// Use this for initialization
void Start () {

    Instance = this;

}
```

▲ 리스트 13-3 : Start() 함수

(6) EnemyHealth 스크립트에서 StageController의 AddPoint() 함수를 호출하기

EnemyHealth.cs 스크립트에서 슬라임이 죽었을 때 StageController에 포인트를 추가하는 함수를 호출해야 합니다. 딱 한 줄의 스크립트가 필요합니다.

```
StageController.Instance.AddPoint(10);
```

▲ 리스트 13-4 : 객체의 Static 변수를 활용한 접근

이렇게 StageController 객체에 바로 접근하여 AddPoint()라는 함수를 실행합니다.

```
using UnityEngine;
using UnityEngine.UI;
using System.Collections;

public class EnemyHealth : MonoBehaviour {

    // 적군이 시작하는 체력 기본값은 100으로 설정하지만, 인스펙터 창에서 변경 가능합니다.
    public int startingHealth = 100;
    // 적군의 현재 체력
    public int currentHealth;

    // 적군이 타격받을 때 캐릭터의 테두리를 빨간색으로 잠시 바꾸고 사라지는 속도를 결정합니다.
    public float flashSpeed = 5f;
    // 적군이 타격받을 때 캐릭터의 테두리가 변하는 색상입니다. 기본 빨간색입니다.
    public Color flashColour = new Color(1f, 0f, 0f, 0.1f);

    // 적군이 죽으면 땅바닥으로 가라앉는데 가라앉는 속도를 정해주는 변수입니다.
    public float sinkSpeed = 1f;

    // 몬스터가 죽었는지 체크하는 변수입니다.
    bool isDead;
    // 몬스터가 죽어서 가라앉고 있는지 체크하는 변수입니다.
    bool isSinking;
    // 몬스터가 지금 데미지를 입었는지 체크하는 변수입니다. 데미지를 입었을 때 테두리를 빨갛게 하기 위해
    필요합니다.
    bool damaged;

    // 몬스터가 처음 생성될 때 호출되는 Start() 함수입니다.
    void Start ()
    {
        // 몬스터가 죽고 나서 다시 쓰일 때를 위해서 초기화는 Init() 함수에서 합니다.
        Init();
    }
```

```
// 오브젝트 풀 활용 : 몬스터가 죽고 나서 다시 쓰일 때를 위해서 초기화는 Init() 함수에서 합니다.
public void Init()
{
    // 몬스터가 시작할 때 체력이 가득 찬 상태로 다시 초기화됩니다.
    currentHealth = startingHealth;

    // 죽지 않았고, 데미지를 받지 않았고, 가라앉고 있지 않다고 플래그를 설정합니다.
    isDead = false;
    damaged = false;
    isSinking = false;

    // 몬스터의 Collider를 Trigger가 아니도록 변경시킵니다.
    // Trigger가 true면 지면이나 플레이어와 충돌하지 않습니다.
    BoxCollider collider = transform.GetComponentInChildren<BoxCollider>();
    collider.isTrigger = false;

    // 더 이상 플레이어를 찾아 길찾기를 하지 않도록 NavMeshAgent를 비활성화시킵니다.
    GetComponent<NavMeshAgent>().enabled = true;
}

// 데미지를 받았을 때 처리하는 함수입니다.
public IEnumerator StartDamage(int damage, Vector3 playerPosition, float
pushBack, float delay)
{
    yield return new WaitForSeconds(delay);

    // 공격은 죽지 않았을 때만 받습니다.
    if(!isDead){
        // 가끔 MissingReferenceException 예외가 발생하는데, 예외가 발생해도 스킵하도록
        예외 처리합니다.
        try{

            // 데미지 1 : 데미지를 몬스터의 체력에 반영합니다.
            TakeDamage(damage);

            // 데미지 2 : 몬스터를 뒤로 밀려나게 합니다. 뭔가 타격받을 때 액션성을 더해줍니다.
            PushBack(playerPosition, pushBack);


        }catch(MissingReferenceException e)
        {

            // 이 예외는 발생해도 그냥 무시하겠습니다.
            Debug.Log(e.ToString());
```

```
        }
      }
  }

  // 몬스터가 데미지를 입었을 때 처리하는 함수입니다.
  public void TakeDamage (int amount)
  {
      // 테두리에 타격 효과를 빨간색으로 주기 위해 플래그를 True로 변경합니다.
      damaged = true;

      // 현재 체력을 데미지만큼 차감시킵니다.
      currentHealth -= amount;

      // 현재 체력이 0보다 작거나 같으면 이 몬스터는 죽습니다.
      if(currentHealth <= 0 && !isDead)
      {
          Death ();
      }
  }

  // 뒤로 밀려나게 만드는 함수입니다. 주인공의 위치와 밀려나는 정도를 매개변수로 전달합니다.
  void PushBack(Vector3 playerPosition, float pushBack)
  {
      // 주인공 캐릭터의 위치와 몬스터 위치의 차이를 벡터로 구합니다.
      Vector3 diff = playerPosition - transform.position;
      // 주인공과 몬스터 사이의 차이를 정규화시킵니다(거리를 1로 만드는 것을 정규화라고 함).
      diff = diff / diff.sqrMagnitude;
      // 현재 몬스터의 RigidBody에 힘을 가합니다.
      // 플레이어 반대 방향으로 밀려나는데, pushBack만큼 비례해서 더 밀려납니다.
      GetComponent<Rigidbody> ().AddForce(diff*-10000f*pushBack);
  }

  // 매 프레임마다 실행되는 Update()문입니다.
  void Update ()
  {
      // 데미지를 입었을 때, 몬스터의 테두리를 빨갛게 만듭니다.
      if(damaged)
      {
          transform.GetChild(0).GetComponent<Renderer> ().material.SetCol-
          or("_OutlineColor", flashColour);

      }
      else
      {
```

```
    transform.GetChild(0).GetComponent<Renderer> ().material.
    SetColor("_OutlineColor", Color.Lerp (transform.GetChild(0).
    GetComponent<Renderer> ().material.GetColor("_OutlineColor"), Color.
    black, flashSpeed * Time.deltaTime));
}
damaged = false;

// 몬스터가 죽어서 가라앉고 있으면
if(isSinking)
{
    // 몬스터의 몸체를 아래로 움직이도록 합니다.
    transform.Translate (-Vector3.up * sinkSpeed * Time.deltaTime);
}
}

// 몬스터 체력이 0 이하가 되어 죽었을 때 호출되는 함수입니다.
void Death ()
{
    // 죽었다고 체크합니다.
    isDead = true;

    // StageController에 현재 스테이지 포인트를 증가시킵니다.
    StageController.Instance.AddPoint(10);

    // Trigger가 몬스터의 Collider를 true가 되도록 변경시킵니다.
    // Trigger가 true면 지면이나 플레이어와 충돌하지 않습니다.
    BoxCollider collider = transform.GetComponentInChildren<BoxCollid
    er> ();
    collider.isTrigger = true;

    // 더 이상 플레이어를 찾아 길찾기를 하지 않도록 NavMeshAgent를 비활성화시킵니다.
    GetComponent <NavMeshAgent> ().enabled = false;

    // 가라앉도록 플래그를 활성화합니다.
    isSinking = true;
}
}
```

▲ 리스트 13-5 : EnemyHealth.cs 소스 코드

리스트 13-5 소스 코드는 이전 챕터에서 완성한 EnemyHealth에서 딱 한 줄을 더 추가한 코드입니다. 만약 위 코드가 어떤 식으로 동작하는지 다시 한 번 자세히 살펴보고 싶다면, 챕터 6의 설명을 참고하면 됩니다.

(7) PlayerHealth 스크립트에서 StageController의 FinishGame() 함수를 호출하기

주인공이 죽었을 때, 스테이지를 종료하는 함수를 호출해봅시다. 여기에서도 Death() 함수에서 StageController의 FinishGame() 함수를 호출하도록 하겠습니다. 마찬가지로, static 변수인 StageController.Instance 변수로 객체에 접근해 FinishGame() 함수를 실행합시다.

```
StageController.Instance.FinishGame();
```

▲ 리스트 13-6 : 게임을 종료하는 함수

```
using UnityEngine;
using UnityEngine.UI;
using System.Collections;

// 플레이어의 체력을 관리하는 스크립트입니다.
public class PlayerHealth : MonoBehaviour
{
    // 플레이어의 초기 체력입니다. 기본값으로 100이 설정되어 있지만, 인스펙터(Inspector)에서 변수
    를 조절할 수 있습니다.
    public int startingHealth = 100;
    // 플레이어의 현재 체력입니다. 몬스터에게 데미지를 입으면 이 수치가 감소하고 0이 되면 사망합니다.
    public int currentHealth;
    // 체력 게이지와 연결되는 변수입니다. 이 슬라이더의 값을 변경하여 화면 좌측 상단의 체력 게이지를 변
    경할 수 있습니다.
    public Slider healthSlider;
    // 플레이어가 몬스터에게 공격받을 때 화면을 잠시 빨갛게 만드는 damageImage입니다.
    public Image damageImage;
    /*public AudioClip deathClip;*/
    public float flashSpeed = 5f;
    public Color flashColour = new Color(1f, 0f, 0f, 100f/250f);

    // 애니메이터(Animator)는 우리가 만들었던 AnimatorController를 관리하는 클래스입니다.
    Animator anim;
    // 플레이어의 목소리나 효과음을 재생하는 오디오 소스(AudioSource)입니다.
    AudioSource playerAudio;
    // 플레이어의 움직임을 관리하는 PlayerMovement 클래스를 연결하는 변수입니다.
    PlayerMovement playerMovement;
    // 플레이어가 죽었는지 여부를 저장하는 boolean 변수입니다.
    bool isDead;
    // 플레이어가 데미지를 받았는지 여부를 저장하는 boolean 변수입니다.
    bool damaged;

    // 오브젝트가 시작하면 호출되는 Awake() 함수입니다.
```

```
void Awake ()
{
    // Player 게임 오브젝트에 붙어 있는 Animator 컴포넌트를 찾아서 변수에 넣습니다.
    anim = GetComponent <Animator> ();
    // Player 게임 오브젝트에 붙어 있는 AudioSource 컴포넌트를 찾아서 변수에 넣습니다.
    playerAudio = GetComponent <AudioSource> ();
    // Player 게임 오브젝트에 붙어 있는 PlayerMovement 컴포넌트를 찾아서 변수에 넣습니다.
    playerMovement = GetComponent <PlayerMovement> ();
    // 현재 체력을 최대 체력으로 설정합니다.
    currentHealth = startingHealth;
}

// 매 프레임마다 호출되는 Update() 함수입니다.
void Update ()
{
    // 이 코드는 몬스터에게 공격받았을 때 화면을 빨갛게 하는 역할을 합니다.
    if(damaged)
    {
        // 공격받자마자 damageImage의 색상을 빨간색(flashColour)으로 변경합니다.
        damageImage.color = flashColour;
    }
    else
    {
        // 공격받은 후에는 서서히 투명한 색(Color.clear)으로 변경합니다.
        damageImage.color = Color.Lerp (damageImage.color, Color.clear,
        flashSpeed * Time.deltaTime);
    }
    // damaged 플래그로 damaged가 true일 때 화면을 빨갛게 만드는 명령을 딱 한 번만 수행하게
    할 수 있습니다.
    damaged = false;
}

// 플레이어가 공격 받았을 때 호출되는 함수입니다.
public void TakeDamage (int amount)
{
    // 공격을 받으면 damaged 변수를 true로 변경합니다.
    damaged = true;

    // 공격을 받으면 amount만큼 체력을 감소시킵니다.
    currentHealth -= amount;

    // 체력 게이지에 변경된 체력값을 표시합니다.
    healthSlider.value = currentHealth ;

    // 만약 현재 체력이 0 이하가 된다면 죽었다는 함수를 호출합니다.
```

```csharp
        if(currentHealth <= 0 && !isDead)
        {
            // 플레이어가 죽었을 때 수행할 명령이 정의된 Death() 함수를 호출합니다.
            Death();
        }else{
            // 죽은 게 아니라면, 데미지를 입었다는 트리거를 발동시킵니다.
            anim.SetTrigger("Damage");
        }
    }


    void Death()
    {

        StageController.Instance.FinishGame();

        // 캐릭터가 죽었다면 isDead 플래그를 true로 설정합니다.
        isDead = true;
        // 애니메이션에서 Die라는 트리거를 발동시킵니다.
        anim.SetTrigger("Die");
        // 플레이어의 움직임을 관리하는 PlayerMovement 스크립트가 비활성화되게 만듭니다.
        playerMovement.enabled = false;
    }


}
```

▲ 리스트 13-7 : PlayerHealth.cs 소스 코드

리스트 13-7의 PlayerHealth.cs 소스 코드는 챕터 6의 리스트 6-1 PlayerHealth.cs 코드에 하단의 한 줄만 추가한 코드입니다.

```csharp
StageController.Instance.FinishGame();
```

▲ 리스트 13-8 : PlayerHealth.cs 소스 코드에 추가한 한 줄

일단 이렇게 하면, 플레이어의 체력이 0이 되어 죽었을 때 스테이지를 종료하는 함수를 호출하게 됩니다.

CHAPTER

CHAPTER 14
미소녀 액션 게임 6
어디서나 호출 가능한
팝업 모듈 개발

≫ 챕터 13을 통해 기본적인 규칙을 마련했으니, 본격적으로 팝업을 띄워보도록 합시다. 이번 챕터에서는 게임이 종료되면, 게임 재시작에 대한 여부를 물어보는 팝업을 띄우는 과정을 살펴봅니다. 팝업은 게임 내에서 자주 쓰이는 요소인데, 이 책에서 팝업 모듈은 uGUI를 활용해 제작했습니다.

01 | 텍스트를 출력하는 알림 팝업창

일반 응용프로그램에서 사용하는 것처럼 게임에서도 마찬가지로 여러 가지 목적으로 다이얼로그(팝업창)를 사용합니다. 이번 챕터에서는 전체 다이얼로그를 관리하는 다이얼로그 관리자(Dialog Manager), 간단한 텍스트 출력을 위한 Alert 다이얼로그, 긍정/부정의 응답을 할 수 있는 Confirm 다이얼로그를 만들어보겠습니다.

TIP uGUI VS NGUI

유니티에서 기본 지원하는 uGUI와 NGUI를 비교해 살펴봅시다. uGUI는 유니티에서 공식적으로 지원하는 UI 엔진입니다. 이 UI 엔진이 나오기 전에는 대부분 게임개발에서 NGUI를 많이 사용해왔습니다. 간단하게 비교하자면 다음의 표와 같습니다.

[uGUI와 NGUI 비교]

	장 점	단 점
NGUI	생산성 빠른 업데이트	유료 라이선스 유니티 업데이트 호환성이 낮음
uGUI	유니티 공식 엔진 유니티 업데이트 호환성 우수	느린 업데이트

(1) 알림창 부모 클래스 : DialogData와 DialogController

일종의 MVC 구조처럼 다이얼로그 클래스 하나가 모든 기능을 담당하는 것이 아니라, DialogData 클래스와 DialogController 클래스 두 개로 나누었습니다. 두 개로 나누는 이유는 클래스 예제 코드와 함께 차근차근 살펴봅시다.

```csharp
public class DialogData
{
  public DialogType Type { get; set; }

  public DialogData(DialogType type)
  {
    this.Type = type;
  }
}
```

▲ 리스트 14-1 : DialogData

앞의 DialogData 예제는 다이얼로그 데이터 클래스입니다. 다이얼로그에 표시될 데이터 (타이틀 문자열, 표시될 문자열 등)를 담고 있게 됩니다. 앞으로 만들 다이얼로그의 데이터는 이 클래스를 상속시켜서 구현할 것입니다.

```csharp
using UnityEngine;
using System;
using System.Collections;

// 일반 팝업창과 확인 팝업창을 관리하는 DialogController***(DialogControllerAlert,
DialogControllerConfirm)의 부모 클래스입니다.
public class DialogController : MonoBehaviour
{
  // 팝업창의 Transform입니다.
  public Transform window;

  // 팝업창이 보이는지 조회하거나, 보이지 않게 설정하는 변수입니다.
  public bool Visible
  {
    get
    {
      return window.gameObject.activeSelf;
    }
```

```
    private set
    {
        window.gameObject.SetActive(value);
    }
}


public virtual void Awake()
{
}

public virtual void Start()
{

}
```

// 팝업이 화면에 나타날 때 OnEnter() 열거형(IEnumerator) 함수로 애니메이션을 구현할 수 있습니다.

```
IEnumerator OnEnter(Action callback)
{
    Visible = true;

    if( callback != null ) {
        callback();
    }
    yield break;
}
```

// 팝업이 화면에서 사라질 때 OnEnter() 열거형(IEnumerator) 함수로 애니메이션을 구현할 수 있습니다.

```
IEnumerator OnExit(Action callback)
{
    Visible = false;

    if( callback != null ) {
        callback();
    }
    yield break;
}

public virtual void Build(DialogData data)
{

}
```

// 팝업이 화면에 나타날 때 OnEnter() 열거형(IEnumerator) 함수로 애니메이션을 구현할 수 있습니다.

```
public void Show(Action callback)
```

```
    {
        StartCoroutine(OnEnter(callback));
    }

    // 팝업이 화면에서 사라질 때 OnEnter() 열거형(IEnumerator) 함수로 애니메이션을 구현할 수
있습니다.
    public void Close(Action callback)
    {
        StartCoroutine(OnExit(callback));
    }
}
```

▲ 리스트 14-2 : DialogController

리스트 14-2의 DialogController 예제는 다이얼로그의 기본적인 동작을 구현한 다이얼로그 컨트롤러 클래스입니다. 마찬가지로, 앞으로의 다이얼로그 컨트롤러는 이 클래스를 상속해서 만들어집니다.

다이얼로그 클래스를 두 개로 분리시킨 이유는, 실제로 화면에 나타나는 다이얼로그 UI를 종류마다 하이어라키에 단 하나만 만들어놓고, 안의 내용물만 바꿔서 표현해 주는 방법을 사용할 것이기 때문입니다.

예를 들어, OK 버튼을 누르면 다이얼로그가 종료된다거나 하는 등 일련의 UI를 조종하는 기능들은 각 다이얼로그의 컨트롤러에 구현해서 하이어라키에 있는 객체에 컴포넌트로 추가하게 됩니다. 실제로 다이얼로그를 화면에 띄울 때에는 원하는 다이얼로그 데이터 클래스만 생성해서 다이얼로그 관리자에게 넘겨주면 관리자가 알아서 데이터 클래스에 대응되는 컨트롤러를 찾아서 화면에 띄워줍니다.

TIP **Virtual과 Override는 무엇인가요?**

DialogController.cs의 소스 코드를 보면 virtual 혹은 override라는 한정자가 나옵니다. 한정자는 함수의 사용 범위를 제한하는 예약어를 말합니다. 주로 부모 자식 클래스로 클래스를 추상화할 때 자주 사용됩니다.

❶ virtual 함수
부모 클래스 함수 앞에 붙는 한정자로 자식 클래스에 의해서 재정의될 수 있습니다. 소스 코드에 사용했던 함수로 살펴봅시다.

```
public virtual void Build(DialogData data)
{

}
```

DialogController.cs 소스 코드에 이렇게 떡하니 비어있는 함수가 있습니다. 이렇게 비어있는 함수를 정의하는 이유는 아직 정의되지 않았지만, 자식에 의해 정의될 것이라는 것을 명시해줍니다.

❷ override 함수

자식 클래스가 부모의 함수를 오버라이드할 때 쓰는 연산자입니다. 부모가 구현한 함수를 다시 정의할 때 사용합니다. 소스 코드에서 사용했던 함수로 다시 확인해 봅시다. DialogControllerConfirm 클래스는 DialogController 클래스의 자식 클래스입니다. 이 클래스의 소스 코드를 살펴보겠습니다.

```
public override void Build(DialogData data)
{
    base.Build(data);
    if(!(data is DialogDataConfirm)) {
        Debug.LogError("Invalid dialog data");
        return;
    }
    // DialogDataConfirm로 데이터를 받고 화면의 제목과 메시지의 내용을 입력합니다.
    Data = data as DialogDataConfirm;
    LabelTitle.text = Data.Title;
    LabelMessage.text = Data.Message;
}
```

이렇게 부모 클래스에 virtual 함수를 자식 클래스가 override 한정자로 덮어쓸 수 있게 됩니다.

(2) 알림창을 관리하는 객체 : Dialog Manager

다른 프로그램들은 여러 가지 다이얼로그를 띄울 수 있지만, 게임에서는 대개 다이얼로그를 화면 중앙에 하나만 띄웁니다. 화면에는 오직 하나의 다이얼로그만 표시된다고 생각하면 됩니다. 그렇다고 이미 화면에 다이얼로그 하나가 표시되어 있는 상황에서 다른 다이얼로그의 팝업 요청을 무시할 수는 없습니다. 그러므로 다이얼로그 관리자에서 팝업 요청들을 대기열(Queue)에 저장해 두었다가, 순차적으로 다이얼로그를 보여주도록 구현하는 게 좋습니다.

팝업 요청들은 다이얼로그 데이터 클래스를 통해 전달됩니다. 데이터 클래스의 종류에 따라 어떤 다이얼로그 컨트롤러를 호출할지 결정하고, 적당한 다이얼로그를 선택해서 화면에 띄우게 됩니다.

```csharp
using UnityEngine;
using System.Collections;
using System.Collections.Generic;

// 다이얼로그의 종류를 구분하는 enum 변수입니다.
// DialogType.Alert , DialogType.Confirm 이런 식으로 다이얼로그의 유형을 지정할 수 있습니다.
public enum DialogType
{
    Alert,
    Confirm,
    Ranking
}


// DialogManager는 다이얼로그들을 관리하는 관리 클래스입니다.
public sealed class DialogManager
{
    // 유저에게 보여줄 팝업창들을 저장해 놓는 리스트입니다. 리스트에 들어온 순서대로 꺼내서 하나씩 유저
    에게 보여줍니다.
    List<DialogData> _dialogQueue;
    // 다이얼로그 타입에 따른 컨트롤러를 매핑한 Dictionary 변수입니다.
    // DialogType.Alert 유형은 DialogControllerAlert
    Dictionary<DialogType, DialogController> _dialogMap;
    // 현재 화면에 떠있는 다이얼로그를 지정합니다.
    DialogController _currentDialog;
    // 싱글톤 패턴으로 하나의 인스턴스를 전역적으로 공유하기 위해 instance를 여기에 생성합니다.
    private static DialogManager instance = new DialogManager();

    public static DialogManager Instance
    {
        get
        {
            return instance;
        }
    }

    // 생성자입니다. 클래스의 인스턴스가 생성될 때 인스턴스 변수들을 초기화해 줍니다.
    private DialogManager()
    {
        _dialogQueue = new List<DialogData>();
        _dialogMap = new Dictionary<DialogType, DialogController>();

    }

    // Regist 함수로 특정 DialogType에 매칭되는 DialogController를 지정합니다.
    public void Regist( DialogType type, DialogController controller )
```

```
{
    _dialogMap[type] = controller;
}
// Push 함수로 DialogData를 추가합니다.
public void Push(DialogData data)
{
    // 다이얼로그 리스트를 저장하는 변수에 새로운 다이얼로그 데이터를 추가합니다.
    _dialogQueue.Add(data);

    if (_currentDialog == null)
    {
        // 다음으로 보여줄
        ShowNext();
    }
}


// Pop 함수로 리스트에서 마지막으로 열린 다이얼로그를 닫습니다.
public void Pop()
{
    if (_currentDialog != null){
        _currentDialog.Close(
            delegate {
                _currentDialog = null;

                if (_dialogQueue.Count > 0)
                {
                    ShowNext();
                }
            }
        );
    }
}


private void ShowNext()
{
    // 다이얼로그 리스트에서 첫 번째 멤버를 가져옵니다.
    DialogData next = _dialogQueue[0];
    // 가져온 멤버의 다이얼로그 유형을 확인합니다.
    // 그래서 그 다이얼로그 유형에 맞는 다이얼로그 컨트롤러(DialogController)를 조회합니다.
    DialogController controller = _dialogMap[next.Type].
    GetComponent<DialogController>();
    // 조회한 다이얼로그 컨트롤러를 현재 열린 팝업의 다이얼로그 컨트롤러로 지정합니다.
    _currentDialog = controller;
    // 현재 열린 다이얼로그 데이터를 화면에 표시합니다.
    _currentDialog.Build(next);
    // 다이얼로그를 화면에 보여주는 애니메이션을 시작합니다.
```

```
        _currentDialog.Show( delegate {} );
        // 다이얼로그 리스트에서 꺼내온 데이터를 제거합니다.
        _dialogQueue.RemoveAt(0);
    }


    // 현재 팝업 윈도우가 표시되어 있는지 확인하는 함수입니다.
    // _currentDialog가 비어 있으면, 현재 화면에 팝업이 떠있지 않다고 판단합니다.
    public bool IsShowing()
    {
        return _currentDialog != null;
    }
}
```

▲ 리스트 14-3 : DialogManager.cs 다이얼로그 정의 스크립트

Regist 함수는 어떤 다이얼로그 데이터가 어떤 컨트롤러와 연결되는지 등록해주는 함수입니다. 이 함수는 각 컨트롤러 컴포넌트의 초기화 부분에서 호출해 줍니다.

Push 함수는 다이얼로그 데이터를 매개 변수로 받으며 어떤 다이얼로그를, 어떤 데이터를 사용해서 띄울지 관리자에게 알려주는 역할을 합니다. 즉, 다이얼로그를 화면에 보여주고자 할 때 사용하는 함수입니다.

Pop 함수는 다이얼로그가 닫힐 때 컨트롤러가 관리자에게 현재 다이얼로그가 닫힘을 알려주는 함수입니다. 대기열에 데이터가 남아 있는 경우 다음 다이얼로그를 화면에 표시합니다. ShowNext는 말 그대로 다음 다이얼로그를 화면에 표시하는 함수입니다. 대기열의 첫 번째 데이터를 꺼내서 컨트롤러를 찾고 컨트롤러의 Build 함수와 Show 함수를 호출합니다. 여기까지 팝업 기능 구현과 관련해 여러 다이얼로그를 만들 수 있는 기반을 만들어 봤습니다.

TIP **Sealed는 무엇인가요?**

Sealed라는 단어는 함수의 사용 범위를 제한하는 한정자 중 하나입니다. 클래스 상속 관계가 정의될 때, 부모의 Sealed 함수를 상속한 자식은 이 함수를 오버라이드(Override)할 수 없다고 명시하는 것입니다. 사실 Sealed 한정자를 안써도 크게 문제될 일은 없습니다. 하지만 Sealed 한정자를 사용하게 되면 성능상 장점이 있습니다. 런타임 시에 특정 함수가 호출되면 부모 자식 클래스를 뒤져서 최종적으로 사용해야 할 함수를 찾아야 하는데, 그 과정을 생략시켜주기 때문입니다.

〈CLR via C# 2nd Edition〉 책의 p270에는 다음과 같은 문장이 있습니다.

'가상 함수를 호출하는 것은 그렇지 않은 함수를 호출하는 것보다 성능이 떨어진다. 이유는 CLR이 해당 호출 변수가 참조한 실제 타입을 런타임 시에 확인해서 실제 타입의 메소드를 호출해야 하기 때문이다. 하지만 JIT 컴파일러가 가상 함수를 호출할 때 이 타입이 Sealed되었다는 것을 확인하면 일반 함수처럼 좀 더 효과적으로 호출한다.'

(3) OK 버튼만 있는 알림(Alert) 팝업 : DialogDataAlert, DialogControllerAlert

앞에서 기본적인 클래스 설계를 했지만 틀만 잡았을 뿐이고, 아직 실제 구동을 위한 코드가 만들어지지 않았기 때문에 화면에 다이얼로그를 띄울 수는 없습니다. 이제 간단한 Alert 다이얼로그를 만들어 보면서 어떻게 커스텀 다이얼로그를 만들어 가는지 알아봅시다.

우선 uGUI를 사용해서 다이얼로그가 화면 위에 표시되도록 해 봅시다. 전체적인 계층구조는 다음 그림과 같습니다.

▲ DialogAlert 오브젝트의 자식 오브젝트들

TouchControl 아래에 있는 다이얼로그들은(여기에서는 DialogAlert, DialogConfirm) 하위에 각자의 배경과 텍스트 같은 UI 구성요소들을 가지고 있습니다.

Alert 다이얼로그 아래에 Alert이라는 이름의 게임 오브젝트는 하위에 Text, Button 등의 컴포넌트를 가지고 있습니다. 여기에서는 배경, 타이틀 텍스트, 내용 텍스트, 버튼으로 꾸몄습니다.

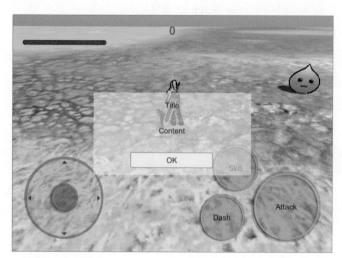

▲ 화면에 나타난 팝업창

알림창과 선택창을 화면에 띄우기 위해서는 DialogData를 상속받은 데이터 클래스와 Dia-logController를 상속받은 컨트롤러, 두 가지 클래스만 만들어주면 됩니다. 우선 데이터 클래스부터 정의합니다. DialogAlert는 타이틀 텍스트와 내용 텍스트를 표현합니다.

```csharp
using System;

// DialogDataAlert는 확인 팝업의 데이터를 저장하는 클래스입니다.
public class DialogDataAlert : DialogData
{

    // 제목을 저장하는 string 변수입니다.
    public string Title {
        get;
        private set;
    }

    // 팝업창의 본문을 저장하는 string 변수입니다.
    public string Message {
        get;
        private set;
    }

    // 유저가 확인 버튼을 눌렀을 때 호출되는 콜백 함수를 저장하는 변수입니다.
    public Action Callback {
        get;
        private set;
    }

    // 새로운 클래스를 생성할 때 변수들을 같이 전달해주어 객체를 생성하는 생성자입니다.
    public DialogDataAlert(string title, string message, Action callback =
    null)
        : base( DialogType.Alert )
    {
        this.Title = title;
        this.Message = message;
        this.Callback = callback;
    }
}
```

▲ 리스트 14-4 : DialogDataAlert

DialoagDataAlert는 알림 팝업에 들어갈 제목(Title)과 내용(Message)을 가지고 있는 클래스입니다. 다이얼로그에 들어갈 정보는 제목(Title)과 내용(Message) 문자열밖에 없기 때문에, 데이터 클래스도 그 둘을 담고 있습니다. CallBack은 다이얼로그가 화면에 떴을 때, 유저가 OK 버튼을 누르면 호출되는 콜백 함수입니다.

TIP **콜백 함수(Callback)를 활용한 코드 최적화**

C#의 콜백 함수는 소프트웨어 디자인 패턴 중 하나인 콜백 패턴을 활용한 코딩 방법입니다.

(1) 콜백 패턴

호출자(Caller)가 피호출자(Callee)를 호출하는 것이 아니라 반대로 피호출자(Callee)가 호출자(Caller)를 호출하는 패턴을 말합니다. 지금 여기서 제작 중인 DialogManager, DialogData, DialogController는 콜백 함수를 활용합니다. 확인 버튼만 있는 Alert 팝업에는 OK 버튼이 있고, Confirm 팝업에는 YES와 NO의 선택지가 있으며 각 버튼을 눌렀을 때 수행해야 하는 일이 다를 것입니다.

(2) 콜백 함수의 예시

리스트 14-4 DialogDataAlert 클래스를 예로 들어 설명하겠습니다. DialogDataAlert 객체를 생성할 때 다음과 같이 코드를 작성할 수 있습니다.

```
DialogDataAlert alert = new DialogDataAlert("Alert Title", "Alert Mes-
sage", delegate() { Debug.Log("OK pressed"); };
```

이렇게 정의하고 Alert 객체를 DialogManager에 등록하면 Alert 팝업이 뜹니다. 유저가 확인 버튼을 누르면, callback 함수에 적힌 Debug.Log("OK pressed"); 코드가 실행되어 디버깅 로그에 OK pressed가 표시됩니다.

(3) 콜백 함수를 활용할 수 있는 다른 상황들

개발을 하다 보면 다음과 같은 상황에 부딪히게 됩니다.

A. 서버 API에 HTTP 요청을 보냈는데, 서버로부터 응답을 받으면 특정 함수를 실행시켜야 할 때
B. 게임 버전이 낮아 업데이트 유도 팝업창을 띄운 후에 확인 버튼을 누르면 앱스토어로 이동시켜야 할 때
C. 애니메이션이 완료되는 시점에 특정 함수를 실행시켜야 할 때

이런 상황에서도 콜백 함수를 활용하여 깔끔하게 코드를 재활용할 수 있습니다.

다음은 컴포넌트로 들어갈 컨트롤러 클래스입니다.

```
using UnityEngine;
using System.Collections;
using UnityEngine.UI;

// 확인 버튼 하나만 있는 다이얼로그 컨트롤러(DialogController)입니다.
public class DialogControllerAlert : DialogController
{
    // 제목(Title)을 설정하기 위해 Text 게임 오브젝트를 연결하는 변수입니다.
    public Text LabelTitle;
    // 내용(Message)을 설정하기 위해 Text 게임 오브젝트를 연결하는 변수입니다.
    public Text LabelMessage;

    // 현재 클래스에 전달될 알림창의 데이터 객체를 선언합니다.
    DialogDataAlert Data {
        get;
        set;
    }

    public override void Awake ()
    {
        base.Awake ();
    }

    public override void Start ()
    {
        base.Start ();
        // DialogManager에 현재 이 다이얼로그 컨트롤러 클래스가 확인창을 다룬다는 사실을 등록합니다.
        DialogManager.Instance.Regist ( DialogType.Alert, this );
    }
    // 확인 팝업창이 생성될 때 호출되는 함수입니다.
    public override void Build(DialogData data)
    {
        base.Build(data);
        // 데이터가 없는데 Build를 하면 로그를 남기고 예외 처리를 합니다.
        if(!(data is DialogDataAlert)) {
            Debug.LogError("Invalid dialog data!");
            return;
        }

        // DialogDataAlert로 데이터를 받고 화면의 제목과 메시지의 내용을 입력합니다.
        Data = data as DialogDataAlert;
        LabelTitle.text = Data.Title;
        LabelMessage.text = Data.Message;
    }
```

```
    public void OnClickOK()
    {
        // 확인 버튼을 누르면, Callback 함수를 호출합니다.
        // calls child's callback
        if (Data!=null && Data.Callback != null)
            Data.Callback();
        // 모든 과정이 끝났으므로, 현재 팝업을 DialogManager에서 제거합니다.
        DialogManager.Instance.Pop();
    }
}
```

▲ 리스트 14-5 : DialogControllerAlert

DialogControllerAlert 클래스는 생성될 때, DialogManger에게 Regist(DialogType.Alert, this) 명령으로 자신이 DialogType.Alert 형식의 팝업을 관리하는 컨트롤러임을 알려줍니다.

Build 함수 내부에서는 타이틀과 메시지 문자열을 데이터로부터 받아서 UI에 적용시킵니다. 컨트롤러는 'Dialogs' 아래에 있는 'DialogAlert' 게임 오브젝트의 컴포넌트로 들어갑니다. 컴포넌트를 추가하고 나서, 화면상에 글자를 표시하는 UI 오브젝트인 라벨(Label)들을 이 스크립트가 컨트롤할 수 있도록 TextTitle, TextMessage와 같은 public 변수들을 추가해 봅시다.

▲ public 변수 연결

컨트롤러의 OnClickOK는 OK 버튼의 OnClick으로 들어갈 함수입니다. UIButton 컴포넌트의 onClick 콜백 함수를 다음과 같이 추가합니다. 이제 버튼을 누르면 컨트롤러에게 이벤트가 전달됩니다.

▲ 콜백 함수 추가

여기까지 하면, Alert 다이얼로그를 사용할 수 있습니다. 이제 게임의 신이 시작할 때, 팝업 창이 바로 화면에 뜨도록 해 봅시다. 여기서는 StageController.cs의 소스 코드를 수정하여, 게임의 시작과 끝에 팝업이 뜨도록 했습니다.

```
using UnityEngine;
using System.Collections;
using UnityEngine.UI;

public class StageController : MonoBehaviour {

    public static StageController Instance;

    public int StagePoint = 0;

    public Text PointText;

    // Use this for initialization
    void Start () {

        Instance = this;
        DialogDataAlert alert = new DialogDataAlert("START", "Game Start!",
delegate() {
            Debug.Log ("OK Pressed");
        });

        DialogManager.Instance.Push(alert);

    }

    public void AddPoint(int Point)
    {
        StagePoint += Point;
        PointText.text = StagePoint.ToString();
    }

    public void FinishGame()
    {
        Application.LoadLevel (Application.loadedLevel);
    }

}
```

▲ 리스트 14-6 : StageController의 Start() 함수에 알림창 호출 코드 넣기

앞서 설명한대로 다이얼로그를 띄우는 시점에서 컨트롤러 로직을 걱정할 필요 없이 단순히
데이터 클래스를 만들고, 원하는 데이터를 채워 넣고 관리자에게 Push 함수로 요청을 보내
면 됩니다. StageController.cs에 새로 추가된 코드는 리스트 14-7과 같습니다.

```
DialogDataAlert alert = new DialogDataAlert("START", "Game Start!",
delegate() {
    Debug.Log ("OK Pressed");
});

DialogManager.Instance.Push(alert);
```

▲ 리스트 14-7 : StageController.cs 에 추가된 알림창 호출 코드

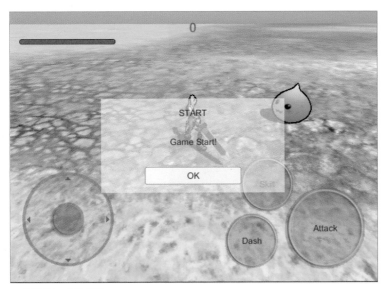

▲ 다이얼로그 출력 확인

이제 게임이 시작되면 다이얼로그 출력 확인 그림과 같이 알림창이 화면에 나타나게 됩니다.

02 | Yes or No 선택 팝업창

Alert 다이얼로그는 오직 닫히기 위해서 존재합니다. 이번에는 예(Yes)/아니오(No)를 선택할 수 있는 확인(Confirm) 다이얼로그를 만들어 봅시다.

(1) 확인 팝업 : DialogDataConfirm, DialogControllerConfirm

예/아니오를 선택하는 팝업창은 주로 상점이나 장비창에서 볼 수 있습니다. 다음 그림과 같이 세븐나이츠의 상점 팝업을 예로 들 수 있습니다.

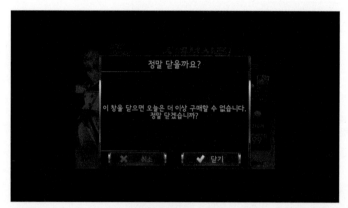

▲ 정말 닫을까요? 이런 팝업창을 모바일 게임 구매 유도창에서 흔히 볼 수 있습니다.

알림(Alert) 팝업과 마찬가지로 확인(Confirm) 팝업도 데이터 클래스와 컨트롤러 클래스를 파생시켜줍니다.

(2) DialogDataConfirm 만들기

```
using System;

// DialogDataConfirm는 예/아니오 팝업의 데이터를 저장하는 클래스입니다.
public class DialogDataConfirm : DialogData
{
    // 제목(Title)을 저장하는 string 변수입니다.
    public string Title {
        get;
        private set;
    }

    // 팝업 내용(Message)을 저장하는 string 변수입니다.
    public string Message {
        get;
```

```
        private set;
    }

    // 팝업에서 예/아니오 버튼을 클릭했을 때 호출되는 콜백을 저장하는 변수입니다.
    public Action<bool> Callback {
        get;
        private set;
    }

    // DialogDataConfirm의 생성자입니다. 제목, 내용, 그리고 콜백 함수를 매개변수로 전달합니다.
    public DialogDataConfirm(string title, string message, Action<bool>
callback = null)
        : base( DialogType.Confirm )
    {
        this.Title = title;
        this.Message = message;
        this.Callback = callback;
    }
}
```

▲ 리스트 14-8 : DialogDataConfirm 클래스 정의

DialogDataConfirm의 경우 DialogDataAlert과 다른 부분이 딱 한 군데 있습니다. 바로 콜백 함수에 bool형 매개변수가 정의되어 있다는 것입니다.

```
public Action<bool> Callback {
    get;
    private set;
}
```

▲ 리스트 14-9 : 콜백 함수에 정의돼 있는 bool 매개변수

즉, 유저가 두 버튼 중에 하나를 누르면 동일한 함수가 호출되지만 매개변수가 다르게 전달되도록 만든 것입니다.

(3) DialogControllerConfirm 만들기

```csharp
using UnityEngine;
using System.Collections;
using UnityEngine.UI;

// 예/아니오를 선택할 수 있는 분기형 팝업창을 관리하는 컨트롤러입니다.
public class DialogControllerConfirm : DialogController
{
    // 제목(Title)을 변경할 수 있도록 연결된 Text 게임 오브젝트 변수입니다.
    public Text LabelTitle;
    // 내용(Message)을 변경할 수 있도록 연결된 Text 게임 오브젝트 변수입니다.
    public Text LabelMessage;

    // 제목과 내용, 그리고 콜백 함수를 가지고 있는 데이터입니다.
    DialogDataConfirm Data {
        get;
        set;
    }

    public override void Awake ()
    {
        base.Awake ();
    }

    public override void Start ()
    {
        base.Start ();

        // DialogManager에 현재 이 다이얼로그 컨트롤러 클래스가 확인창을 다룬다는 사실을 등록합니다.
        DialogManager.Instance.Regist ( DialogType.Confirm, this );
    }

    // 확인 팝업창이 생성될 때 호출되는 함수입니다.
    public override void Build(DialogData data)
    {
        base.Build(data);
        // 데이터가 없는데 Build를 하면 로그를 남기고 예외 처리를 합니다.
        if(! (data is DialogDataConfirm) ) {
            Debug.LogError("Invalid dialog data!");
            return;
        }
```

```
        // DialogDataConfirm로 데이터를 받고 화면의 제목과 메시지의 내용을 입력합니다.
        Data = data as DialogDataConfirm;
        LabelTitle.text = Data.Title;
        LabelMessage.text = Data.Message;
    }

    public void OnClickOK()
    {
        // 예(OK) 버튼을 누르면, 콜백 함수를 호출합니다.
        if (Data.Callback != null)
            Data.Callback( true );

        Debug.Log("OnClickOK");

        // 모든 과정이 끝났으므로, 현재 팝업을 DialogManager에서 제거합니다.
        DialogManager.Instance.Pop();
    }

    public void OnClickCancel()
    {
        // 아니오(CANCEL) 버튼을 누르면, 콜백 함수를 호출합니다.
        if (Data.Callback != null)
            Data.Callback( false );

        // 모든 과정이 끝났으므로, 현재 팝업을 DialogManager에서 제거합니다.
        DialogManager.Instance.Pop();
    }
}
```

▲ 리스트 14-10 : DialogControllerConfirm 클래스의 소스 코드

ConfirmDialog가 Alert 다이얼로그와 다른 점은 콜백 함수를 통해서 사용자가 어떤 입력을 받았는지 알 수 있다는 것입니다. 컨트롤러 클래스는 대부분의 내용이 Alert 다이얼로그에서 설명한 것과 동일하게 이뤄집니다. 다른 부분만 살펴봅시다.

예/아니오를 선택하는 Confirm 팝업은 다이얼로그 타입이 DialogType.Confirm으로, Alert 다이얼로그와는 다릅니다. 데이터 형식도 DialogDataConfirm이며, 콜백 함수는 예(OK)/아니오(CANCEL)를 눌렀을 때 서로 다른 값을 콜백 함수에 전달합니다.

```
// 제목과 내용, 그리고 콜백 함수를 가지고 있는 데이터입니다.
DialogDataConfirm Data {
    get;
    set;
}


public override void Start ()
{
    base.Start ();

    // DialogManager에 현재 이 다이얼로그 컨트롤러 클래스가 확인창을 다룬다는 사실을 등록합니다.
    DialogManager.Instance.Regist ( DialogType.Confirm, this );
}


// 확인 팝업창이 생성될 때 호출되는 함수입니다.
public override void Build(DialogData data)
{
    base.Build(data);
    // 데이터가 없는데 Build를 하면 로그를 남기고 예외 처리를 합니다.
    if(!(data is DialogDataConfirm)) {
        Debug.LogError("Invalid dialog data!");
        return;
    }

    // DialogDataConfirm로 데이터를 받고 화면의 제목과 메시지의 내용을 입력합니다.
    Data = data as DialogDataConfirm;
    LabelTitle.text = Data.Title;
    LabelMessage.text = Data.Message;
}


public void OnClickOK()
{
    // 예(OK) 버튼을 누르면, 콜백 함수를 호출합니다.
    if (Data.Callback != null)
        Data.Callback( true );

    Debug.Log("OnClickOK");

    // 모든 과정이 끝났으므로, 현재 팝업을 DialogManager에서 제거합니다.
    DialogManager.Instance.Pop();
}


public void OnClickCancel()
{
    // 아니오(CANCEL) 버튼을 누르면, 콜백 함수를 호출합니다.
```

```
    if (Data.Callback != null)
      Data.Callback( false );

    // 모든 과정이 끝났으므로, 현재 팝업을 DialogManager에서 제거합니다.
    DialogManager.Instance.Pop();
  }
```

▲ 리스트 14-11 : DialogControllerConfirm이 DialogControllerAlert과 다른 코드

Start 함수에서 등록할 때 Confirm 데이터 타입에 대한 컨트롤러임을 관리자에게 등록합니다. OK 버튼과 Cancel 버튼에서 각각 true/false를 매개변수로 전달해서 콜백 함수를 호출하고 다이얼로그를 닫습니다.

(4) 유니티 신에서 OK 버튼과 Cancel 버튼에 연결하기

유니티 신에서 DialogControllerConfirm의 OnClickOK() OnClickCancel() 함수를 게임 오브젝트의 자식 중 OK 버튼과 Cancel 버튼에 연결해 봅시다.

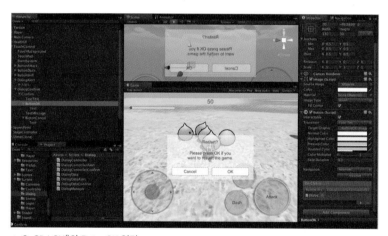

▲ OnClickOK()와 ButtonOK 연결

알림(Alert) 팝업에서도 버튼과 DialogControllerAlert을 연결해 주는 방법에 대해 설명했는데, 여기서 다시 한 번 되짚고 넘어갑시다. 이를 위해 우선 OK 버튼과 Cancel 버튼을 눌렀을 때, DialogControllerConfirm의 OnClickOK(), OnClickCancel() 함수가 실행되도록 설정해보겠습니다.

▲ DialogConfirm 오브젝트

DialogConfirm 게임 오브젝트에는 DialogControllerConfirm 스크립트가 붙어 있습니다. DialogConfirm의 자식 중 Confirm이란 이름을 가진 게임 오브젝트는 투명한 흰색의 배경을 그리는 UI 오브젝트입니다. 또한 TextTitle은 제목이고, TextMessage는 가운데 표시되는 메시지의 내용입니다. ButtonOK는 OK 버튼이고, ButtonCancel은 Cancel 버튼입니다.

(5) StageController에서 게임이 종료될 때 확인 팝업 띄우기

StageController에서 게임이 종료될 때 확인 팝업 띄우는 방법을 살펴봅시다. 플레이어가 죽어서 게임이 끝나면, 게임을 다시 시작하겠냐고 묻는 팝업이 뜹니다. 이때 Cancel 버튼을 누르면 게임이 종료됩니다. 실제 모바일에서 구동 중인 게임일 경우에는 앱이 종료되겠지만, 유니티 에디터에서는 앱이 종료되는 등의 동작을 확인할 수 없습니다.

```
using UnityEngine;
using System.Collections;
using UnityEngine.UI;
using Boomlagoon.JSON;
using System.Collections.Generic;

// 스테이지를 관리하는 컨트롤러입니다. 스테이지의 시작과 종료 시점에 스테이지의 시작과 마감을 처리합니다.
// 스테이지에서 획득한 포인트도 여기에서 관리합니다.
public class StageController : MonoBehaviour {

    // 스테이지 컨트롤러의 인스턴스를 저장하는 static 변수입니다.
    public static StageController Instance;
    // StagePoint는 현재 스테이지에서 쌓은 포인트를 저장하는 변수입니다.
```

```csharp
public int StagePoint = 0;
// 현재 포인트를 표시하는 Text 게임 오브젝트입니다.
public Text PointText;

// Use this for initialization
void Start () {
    // Instance 변수에 현재 클래스의 인스턴스를 설정합니다.
    Instance = this;
    // 다이얼로그 데이터를 하나 생성합니다. 제목하고 내용, 그리고 콜백 함수를 매개변수로 전달합니다.
    DialogDataAlert alert = new DialogDataAlert("START", "Game Start!", del-
    egate() {
        Debug.Log ("OK Pressed");
    });
    // 생성한 Alert 다이얼로그 데이터를 DialogManager에 추가합니다.
    DialogManager.Instance.Push(alert);

}
// StageController에서는 AddPoint() 함수로 유저가 획득한 포인트를 저장합니다.
public void AddPoint(int Point)
{
    // 기존 점수에 새로 획득한 점수를 추가합니다.
    StagePoint += Point;
    // 현재 포인트를 화면의 Text 게임 오브젝트에 갱신하여 반영합니다.
    PointText.text = StagePoint.ToString();
}

public void FinishGame()
{
    // DialogDataConfirm 클래스의 인스턴스를 생성합니다.
    // 이때 제목(Title), 내용(Message), 콜백 함수(delegate(bool yn))를 매개변수로 전달
    합니다.
    DialogDataConfirm confirm = new DialogDataConfirm("Restart?", "Please
    press OK if you want to restart the game.",
        delegate(bool yn) {
        if(yn) {
            Debug.Log ("OK Pressed");
            Application.LoadLevel (Application.loadedLevel);
        }else{
            Debug.Log ("Cancel Pressed");
            Application.Quit();
        }
    });
```

```
        // 생성한 다이얼로그 데이터를 다이얼로그 매니저에게 전달합니다.
        DialogManager.Instance.Push(confirm);
    }
}
```

▲ 리스트 14-12 : StageController의 FinishGame() 함수에 Confirm 팝업 호출 코드 넣기

StageController.cs에 추가된 확인창 팝업 호출 코드는 리스트 14-13에 적혀 있는 코드입니다.

```
// DialogDataConfirm 클래스의 인스턴스를 생성합니다.
    // 이때 제목(Title), 내용(Message), 콜백 함수(delegate(bool yn))를 매개변수로 전달합니다.
    DialogDataConfirm confirm = new DialogDataConfirm("Restart?", "Please
press OK if you want to restart the game.",
    delegate(bool yn) {
    if(yn) {
      Debug.Log ("OK Pressed");
      Application.LoadLevel (Application.loadedLevel);
    }else{
      Debug.Log ("Cancel Pressed");
      Application.Quit();
    }
});
    // 생성한 다이얼로그 데이터를 다이얼로그 매니저에게 전달합니다.
    DialogManager.Instance.Push(confirm);
```

▲ 리스트 14-13 : Confirm 팝업 호출 예시

데이터 클래스를 만들 때, 생성자에 delegate로 콜백 함수를 설정해 놓고 Push하면 선택 팝업창 생성이 완료됩니다. 매개변수로 들어온 bool 타입의 변수를 이용하면 답변에 따라 분기하는 형태로 응용할 수도 있습니다.

15 | 페이스북 유니티 SDK 세팅하기

>> 게임 플레이 데이터를 다룰 때 기본적으로 필요한 부분이 바로 로그인입니다. A라는 유저와 B라는 유저가
고유한 값으로 구분 되어야지만 데이터를 구분해서 서버에 저장할 수 있기 때문입니다. 최근 앱 개발 분
야나 게임 개발 분야에서 자주 쓰이는 SNS 연동방식으로 카카오톡과 페이스북을 들 수 있습니다. 이 책에
서는 SNS 연동에 대한 심의과정이 비교적 간편한 페이스북을 이용한 로그인 처리를 다룰 생각입니다.

01 | 페이스북 SDK 개발환경 설정하기

유니티와 페이스북 SDK를 연동해서 페이스북 친구 리스트와 프로필 이미지 등을 불러오는
방법에 대해서 살펴봅시다.

(1) 페이스북 개발자 홈페이지에서 SDK 다운로드

우선, 페이스북 개발자 홈페이지(http://developers.facebook.com)에서 유니티용 SDK를 받아
야 합니다.

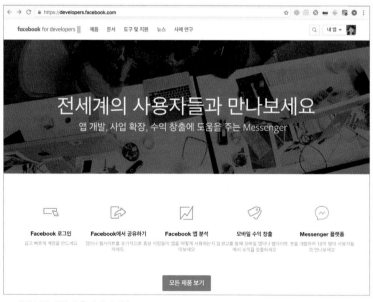

▲ 페이스북 개발자 홈페이지 접속

사이트에 접속한 후 앞의 그림과 같은 화면에서 좌측 하단을 보면, SDKs 하단에 [Unity SDK]가 있습니다. [Unity SDK]를 클릭합니다.

▲ Unity SDK 링크 클릭

이어서 [Download the SDK]를 누릅니다.

▲ Download the SDK 버튼 클릭

이름	크기	종류
▼ 📁 facebook-unity-sdk-7.9.0	--	폴더
.DS_Store	6KB	도큐멘트
▼ 📁 AudienceNetworkSDK	--	폴더
📄 audience-network-unity-sdk-4.17.0.unitypackage	43.8MB	Unity 도큐멘트
▼ 📁 FacebookSDK	--	폴더
📄 facebook-unity-sdk-7.9.0.unitypackage	25.3MB	Unity 도큐멘트

▲ facebook-unity-sdk-7.9.0.zip의 압축 해제

여기서는 2016년 11월 9일에 배포된 7.9.0 버전의 SDK를 다운로드해 봤습니다. 그러면 'facebook-unity-sdk-7.9.0.zip'라는 이름의 파일이 다운로드됩니다.

(2) 압축 해제

이 압축 파일을 압축 해제하면 두가지 유니티 패키지 파일이 나옵니다.

이 파일 중에 'facebook-unity-sdk-7.9.0.unitypackage' 파일을 실행하면, 유니티 프로젝트에 페이스북 SDK가 임포트됩니다.

▲ 페이스북 SDK Import

(3) 페이스북 SDK의 실행 흐름도

페이스북 SDK의 흐름도는 다음과 같습니다.

호출하는 함수 → FB.Init() → FB.Login() → FB.Feed() or FB.AppRequest()

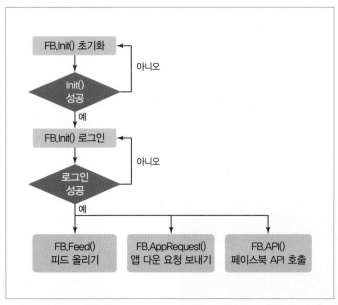

▲ 페이스북 SDK의 실행 순서도

페이스북 SDK 호출을 위해 가장 먼저, 라이브러리를 초기화합니다. 초기화한다는 것은 페이스북 서버와 접속한다는 것을 의미합니다. 초기화를 하지 않으면 페이스북 SDK의 기능을 사용할 수 없습니다.

초기화 이후에 로그인을 진행합니다. 로그인까지 성공하면, 페이스북에 피드를 올리는 일이나 친구에게 앱 다운 요청을 보낼 수 있게 됩니다. 이후 자신의 프로필 이미지나 페이스북 이름 그리고 친구리스트와 친구의 프로필 이미지 데이터는 API()를 호출해서 조회할 수 있습니다. 이 부분은 페이스북의 Graph API를 활용하게 됩니다.

무엇보다 이 모든 요청을 하기 전에 최우선적으로 페이스북 App을 등록해야, 로그인부터 모든 요청을 처리할 수 있습니다.

(4) 페이스북 개발자 사이트에서 앱 등록하기1 – 생성하기

우선 페이스북 개발자 사이트(http://developers.facebook.com)에서 새로운 앱을 등록하는 과정이 필요합니다. 이를 위해 개발자 사이트에 접속해서 [My Apps] 탭을 클릭합니다.

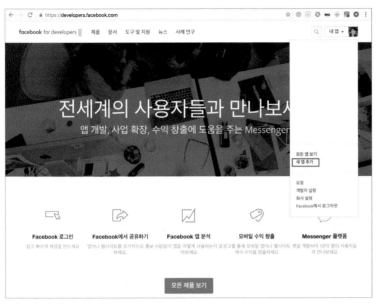

▲ [새 앱 추가] 메뉴 클릭

여기에서는 앱의 이름을 '미소녀 액션게임'이라고 설정했지만, 다른 이름으로 설정해도 상관없습니다. 분류를 [게임]으로 설정하면, 페이스북 게임 규정 상 대한민국 한국게임물관리위원회의 승인을 받기 전까지는 모바일에서 친구초대 기능을 활용할 수 없게 됩니다. 만약, 친구초대가 필요하지 않다면 그냥 [엔터테인먼트] 분류로 설정해도 상관없습니다.

▲ 앱의 이름과 이메일, 카테고리를 선택 후 [앱 ID 만들기] 버튼 클릭

[앱 ID 만들기] 버튼을 누르면 새로운 페이스북 앱이 생성되면서 다음 화면으로 이동합니다.

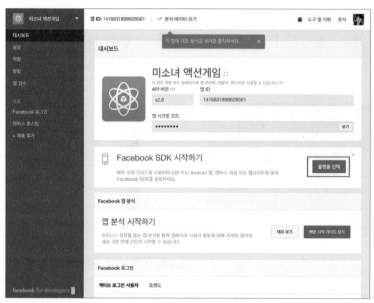

▲ [플랫폼] 버튼 클릭

[플랫폼 선택] 버튼을 눌러서 페이스북 유니티 SDK를 연동할 플랫폼을 선택합니다.

▲ [Android] 클릭

유니티로 개발한다면 향후 폭넓은 사용을 위해 iOS와 Android를 둘 다 생성해서 설정하는 게 좋습니다. 우선은 Android를 선택합니다.

Android를 선택하면 다음과 같이 App 이름을 설정하는 화면이 나타납니다.

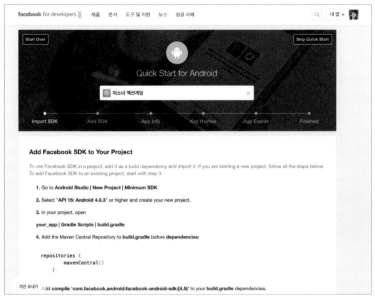

▲ 화면 맨 밑으로 이동

그리고 맨 밑으로 화면을 스크롤해보겠습니다.

▲ 게임 패키지 명 설정

[Package Name]에 원하는 이름을 게임 패키지 명으로 설정하면 됩니다. 이 패키지 명은 구글 플레이 스토어와 애플 앱스토어에서 앱을 구분하는 중요한 구분자가 됩니다. 유니티에서도 같은 패키지명으로 설정해야 하는데, 그 방법은 뒤에서 소개하겠습니다. 그리고 [Default Activity Class Name]은 com.facebook.unity.FBUnityDeepLinkingActivity로 설정하길 바랍니다. [Default Activity Class Name]은 안드로이드 페이스북 앱에서 이 책에서 만

든 게임을 호출할 때 전환할 앱의 실행 클래스명입니다. 페이스북 광고를 클릭했을 때 실행될 안드로이드 클래스로 앱을 실행시키기 때문에, 이 클래스 명을 필요로 합니다.

▲ [이 패키지 이름 사용] 버튼 클릭

TIP **유니티에서 안드로이드 Packgage Name 설정하는 법**

유니티 상에서 Package Name을 설정하는 곳은 상단 메뉴의 [File]입니다. 이곳에서 [Build]를 클릭하면 나오는 화면에서 Platform을 Android로 선택한 상태에서 [Build] 버튼을 누르면 속성 창에 다음과 같이 나타납니다.

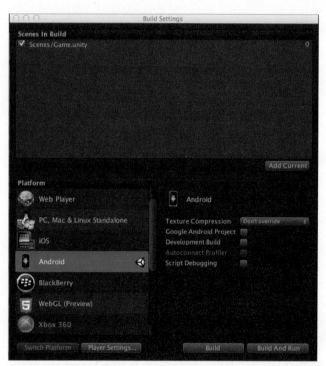

▲ 상단 메뉴에서 [File] – [Build]을 선택하여 위 창을 연 후에 [Player Settings..] 버튼 클릭

▲ PlayerSettings.bundleIdentification을 수정해서 Package Name 설정

[Other Settings] 탭에서 [PlayerSettings.bundleIdentification]을 'com.unity5.action'으로 설정합니다. 이 패키지 명은 안드로이드 구글 플레이 스토어, 그리고 애플 앱스토어에 등록할 때 앱을 구분하는 중요한 키가 됩니다.

[Package Name]과 [Dafault Activity Class Name]을 설정하면 다음과 같이 키 해시값을 설정하는 화면을 만날 수 있습니다.

(5) 페이스북 개발자 사이트에서 앱 등록하기3 – 키 해시값 설정

▲ [Show how to generate a development key has] 링크 클릭

Development Key Hashes를 등록하는 화면입니다. 보안상 개발자의 키를 가지고 정상적인 앱인지 인증을 하기 위해 이 과정을 수행합니다.
[Show how to generate a development key hash]라는 링크를 클릭하면 대략적인 가이드라인이 나옵니다.

▲ 가이드 확인

아직 안드로이드 SDK를 설치하지 않았다면, 이 가이드라인이 소용이 없으니 먼저 안드로이드 SDK 설치 방법을 소개한 후에, 다시 해시키를 조회하는 과정을 살펴봅시다.

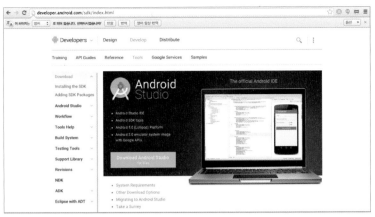

▲ [Download Android Studio] 버튼을 눌러 안드로이드 스튜디오 다운로드

Developer Key Hashes 값을 조회하기 위해서는 우선 안드로이드 개발 SDK가 설치되어 있어야 합니다.

안드로이드 개발자 홈페이지(http://developer.android.com/sdk/index.html)에서 [Get SDK] 버튼을 클릭하면 다음과 같은 화면이 뜨는데, Android Studio라는 통합 안드로이드 개발 환경을 다운로드해 설치하기를 바랍니다.

(6) 페이스북 개발자 사이트에서 앱 등록하기4 – 키 해시값 구하기

1) Mac에서 Developer Key Hashes 구하기

Mac에서는 응용프로그램에서 유틸리티 폴더 안의 터미널 응용프로그램을 실행합니다.

▲ [응용프로그램] – [유틸리티] – [터미널] 순서로 찾아서 실행

```
●●●                    ⬆ Chris — bash — 80×24
Last login: Mon Mar 16 16:57:23 on ttys001
Chris-ui-MacBook-Pro:~ Chris$ ▮
```

▲ 터미널 화면

이렇게 터미널 창이 뜨면, 가이드라인에서처럼 다음의 명령어를 입력합니다. 〈리스트 15-1〉의 명령어를 입력하면, 현재 컴퓨터에서 빌드하는 안드로이드 앱을 페이스북 서버에서 인증할 수 있게 됩니다. 페이스북에서 앱을 생성한 개발자가 맞다는 것을 증명하기 위한 인증 과정이라고 보면 됩니다.

```
keytool -exportcert -alias androiddebugkey -keystore ~/.android/debug.
keystore | openssl sha1 -binary | openssl base64
```

▲ 리스트 15-1 : 맥의 터미널에서 해시키를 조회하기 위해 입력하는 명령

'키 저장소 비밀번호 입력:'이라고 입력 커맨드가 뜨면 그냥 엔터를 누릅니다.

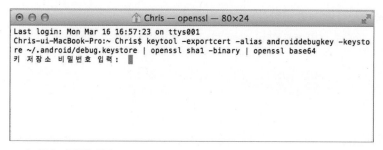

```
●●●                    ⬆ Chris — openssl — 80×24
Last login: Mon Mar 16 16:57:23 on ttys001
Chris-ui-MacBook-Pro:~ Chris$ keytool -exportcert -alias androiddebugkey -keysto
re ~/.android/debug.keystore | openssl sha1 -binary | openssl base64
키 저장소 비밀번호 입력: ▮
```

▲ 키 저장소 비밀번호 입력

엔터를 입력하면 다음과 같이 28자리의 해시 코드가 나옵니다.

```
●●●                    ⬆ Chris — bash — 80×24
Last login: Mon Mar 16 16:57:23 on ttys001
Chris-ui-MacBook-Pro:~ Chris$ keytool -exportcert -alias androiddebugkey -keysto
re ~/.android/debug.keystore | openssl sha1 -binary | openssl base64
키 저장소 비밀번호 입력:

*************** WARNING WARNING WARNING ***************
* 키 저장소에 저장된 정보의 무결성이  *
* 확인되지 않았습니다! 무결성을 확인하려면, *
* 키 저장소 비밀번호를 제공해야 합니다.        *
*************** WARNING WARNING WARNING ***************

fsav/ec43CEZvQNrKFn2RZxcZEw=
Chris-ui-MacBook-Pro:~ Chris$ ▮
```

▲ 키해시

이를 통해 확인한 저의 개발 코드는 'fsav/ec43CEZvQNrKFn2RZxcZEw='입니다. 이 키를 방금 화면의 Development Key Hashes란에 입력합니다.

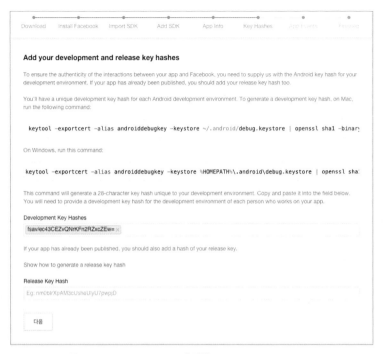

▲ Key Hashes를 Development Key Hashes에 삽입

Release Key Hashes를 구하는 방법은 비슷하니, 직접 시도해보길 바랍니다. 테스트용 개발에서는 Development Key Hashes만 입력해도 문제가 없습니다. Release Key Hashes는 구글 플레이 스토어에 올리기 위한 키이고, Development Key Hashes는 개발 용 키입니다.

2) 윈도우에서 Developer Key Hashes 구하기

윈도우에서 Key Hash를 구하기 위해서는, 몇 가지 준비물이 필요합니다. openssl.exe, keytool.exe, 그리고 debug.keystore 파일입니다. keytool은 자바 sdk와 같이 설치되니 따로 설치할 필요는 없고, debug.keystore 파일도 안드로이드 sdk를 설치하면 자동으로 만들어지니 따로 만들 필요는 없습니다. 마지막으로 남은 openssl.exe만 설치하면 됩니다.

구글 코드 웹사이트(http://code.google.com/p/openssl-for-windows/downloads/list)에서 자신에게 맞는 버전을 다운로드하고 압축을 풀어줍니다.

▲ 윈도우용 openssl 라이브러리 다운로드

압축을 푼 폴더를 적당한 위치로 옮겨준 다음, 이 경로를 환경변수 Path에 추가합니다.

▲ 시스템 변수에서 Path의 값의 앞부분에 openssl 압축을 풀어둔 폴더 추가

이렇게 하면, cmd 창에서 openssl에 직접 접근하는 것이 가능해 집니다.

Key Hash를 얻기 위해선 debug.keystore 파일의 위치를 알고 있어야 합니다. 대부분은 C:\Users\[계정명]\.android 폴더 안에 있습니다.

Cmd 콘솔창에서 다음과 같은 명령줄을 입력해 줍니다. 앞서 언급한대로 자신이 가지고 있는 debug.keystore의 위치를 각자 기입해 주어야 합니다.

```
keytool -exportcert -alias androiddebugkey -keystore c:\Users\Eng-
hqii\.android\debug.keystore | openssl sha1 -binary | openssl base64
```

▲ 리스트 15-2 : debug.keystore의 위치 입력〉

그리고 '키 저장소 비밀번호 입력:'이라고 입력 커맨드가 뜨면 그냥 엔터를 누릅니다.

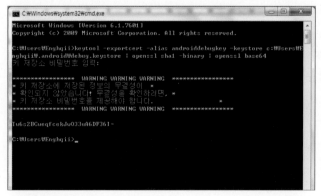

▲ 키 해시 값 확인

여기서 확인한 Key Hash는 'Tw6s2BCweqfcekJwO33uA6DF361'입니다. 이 키를 Development Key Hashes 란에 넣습니다.

참고로 이 개발 키 해시 값은 개발하는 컴퓨터마다 다르니, 개발 컴퓨터가 두 대 이상이라면 각각 컴퓨터에서 동일한 과정을 거쳐 Key Hashes를 입력해야 합니다.

Key Hashes 값을 입력한 후에 [다음] 버튼을 누르면 다음과 같은 화면이 나옵니다. 안드로이드 소스 코드 상에 코드를 추가하는 가이드가 주어지지만, Unity SDK 안에 이미 포함되어 있으니 안드로이드 소스 코드를 수정할 필요는 없습니다.

여기까지 안드로이드 빌드에서 페이스북 SDK 연동을 위한 앱 등록은 완료되었습니다.

등록을 다 마치면, SDK 호출 코드에 대한 설명이 나옵니다. 유니티에서는 직접 호출할 일이 없으므로 그냥 넘어가면 됩니다.

(7) 내가 생성한 앱 설정 페이지에서 App ID 값 조회하기

그럼 페이스북 개발자 사이트에서 맨 위의 [내 앱] 메뉴를 클릭해서 내가 등록한 모든 App들을 조회해 봅시다. 그러면 다음과 같은 화면이 표시됩니다. 그 중에서 앞서 등록한 [미소녀 액션 게임]을 클릭해서 설정 창으로 들어갑니다.

▲ 설정 창

설정 대시보드에 표기된 정보 중 [App ID]와 [App Secret] 부분이 이 책의 예제에서 SDK에 가져다 쓸 두 가지 정보입니다. [App ID]와 [App Secret]은 SDK가 페이스북 서버에 로그인할 때 쓰는 아이디랑 패스워드 정도로 이해하면 됩니다.

▲ 페이스북 서버 접속 정보

[App Secret] 정보를 조회하려면 오른쪽에 [Show] 버튼을 클릭하고 자신의 페이스북 비밀 번호를 입력하면 세부적인 내용이 표시됩니다.

▲ 페이스북 서버 접속 정보 확인

(8) App ID 값을 SDK에 설정하기

App ID와 App Secret 값을 유니티에서 세팅해 봅시다. 유니티 최상단 메뉴에서 페이스북 SDK를 설치하면서 새로 생긴 [Facebook] 메뉴의 [Edit Settings]를 누릅니다.

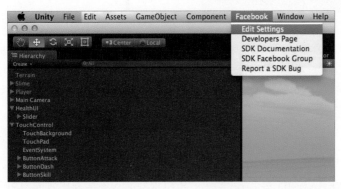

▲ [Edit Settings] 클릭

그러면 Inspector 탭에 FacebookSettings라는 항목이 표시됩니다.

▲ FacebookSettings

여기에 [App Name]과 [App Id]를 업데이트하면 됩니다. 그리고 [Regenerate Android Manifest] 버튼을 누릅니다.

02 | 페이스북 SDK 샘플 실행해보기

(1) 페이스북 예제 씬들을 빌드 세팅에 추가하기

페이스북 SDK 샘플 프로그램을 실행하기 위해서 미리 세팅해줘야 하는 일들을 해보겠습니다. 가장 먼저 페이스북 SDK를 프로젝트에 추가하기 위해서 다운로드한 SDK 압축파일을 풀고 facebook-unity-sdk-7.9.0.unitypackage를 실행합니다.

▲ 압축파일 풀고 압축 해제

페이스북 SDK를 Import 완료하면, 앞의 그림과 같은 파일들이 추가됩니다.

▲ 페이스북 SDK를 Import하면 생기는 파일들

SDK를 Import한 후에 유니티 메뉴에서 [File] 메뉴 중 [Build Settings] 항목을 클릭합니다.

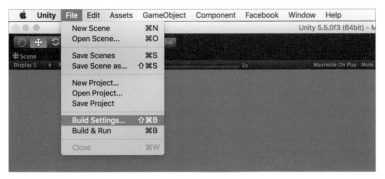

▲ [File] – [Build Settings] 메뉴 선택

Build Settings 창의 상단에는 Scenes in Build 영역이 있습니다. 이 영역에 Scenes들을 세팅할 것입니다. /Assets/FacebookSDK/Examples 폴더에 있는 씬들을 Build Setting의 Scenes in Build 영역으로 드래그합니다.

▲ FacebookSDK/Examples 폴더에 있는 모든 Scene들을 드래그해서 [Scenes In Build] 영역으로 이동

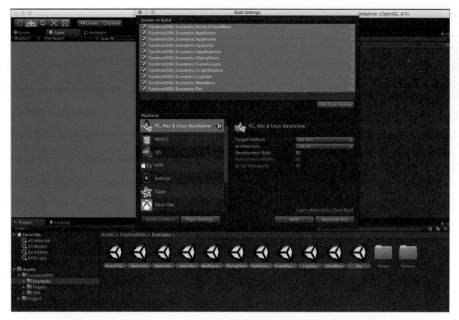

▲ 드래그 완료

(2) FB.Init() 함수 실행해서 페이스북 서버와 접속하기

다시 /FacebookSDK/Examples/MainMenu 씬을 열어봅시다. 씬을 실행해보면 다음과 같은 화면이 표시됩니다.

▲ MainMenu 씬을 열어서 실행시킨 후 [FB.Init] 버튼 클릭

이 화면에서 [FB.Init] 버튼을 누릅니다. 그러면 [Login] 버튼과 다른 여러 버튼들이 활성화 됩니다.

▲ Login 버튼 클릭

(3) FB.Login() 함수 실행해서 로그인하기

[Login] 버튼을 클릭하면 다음과 같이 [User Access Token]을 요청하는 화면이 나타납니다. 이 창에 있는 [Find Access Token] 버튼을 누릅니다.

▲ 로그인을 위해서 토큰을 입력하는 화면에서 [Find Access Token] 버튼 클릭

[Find Access Token]을 누르면 브라우저 창이 뜨면서 다음과 같이 User Token과 App Token이 주어집니다.

▲ 이동한 브라우저에서 [User Token]이라고 쓰인 오른쪽 칸에 적힌 문자열 복사

그런데 우리가 필요로 하는 [User Access Token]의 내용 부분에는 "You need to grant permissions to your app to get an access token(당신은 액세스 토큰을 얻기 위해 접근 권한을 부여해야합니다)"이라고 적혀 있습니다.

"need to grant permissions(권한을 부여해야 함)"에 연결된 링크를 클릭하면 다음과 같은 팝업이 뜨면서 새로운 User Token이 생성됩니다. 이 UserToken 내용을 복사해서 유니티의 Game 화면으로 돌아와서 해당 문자열을 복사해 넣습니다.

▲ 복사해온 유저 토큰 입력

그리고 [Send Success] 버튼을 누르면 로그인 성공을 확인할 수 있습니다.

▲ 로그인 완료

(4) 페이스북 담벼락에 글 올리기

화면을 맨 아래로 내려보면 [Share Dialog]라는 버튼이 있습니다. 이 버튼을 클릭하면, 여러 가지 방식으로 나의 페이스북 담벼락에 새로운 글을 쓰는 팝업이 뜹니다.

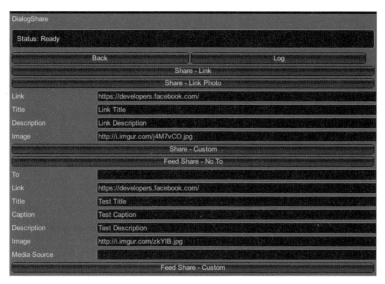

▲ [Share Dialog] 버튼을 누르면 나오는 화면에서, [Share – Custom] 버튼 클릭

[Share Custom] 버튼을 누르면 자신의 페이스북 담벼락에 새로운 글을 쓸 수 있습니다.

▲ 페이스북에 글 공유 완료

하지만, 실제 SDK로 페이스북에 포스팅하기 위해서는 페이스북에게 앱을 검수받아야 합니다.

토글 박스를 클릭해서 공개상태를 [예]로 변경하면 팝업이 뜹니다. [확인] 버튼을 눌러서 누구나 SDK로 로그인 및 API 요청을 할 수 있게 변경합니다. 만약 저 토글 버튼이 눌러지지가 않는다면 왼쪽의 [설정] 메뉴를 클릭해서 앱 설정 중 [연락처 이메일]을 업데이트 하길 바랍니다.

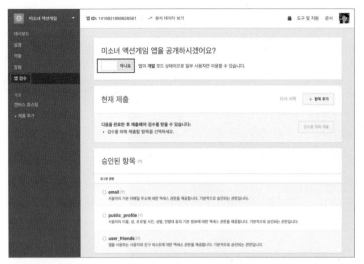

▲ 다시 페이스북 대시보드로 돌아가서 [앱 검수] 메뉴를 선택한 후 토글 버튼 클릭

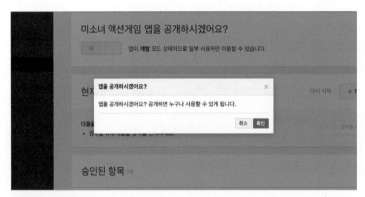

▲ [확인] 버튼 선택

▲ [설정] – [기본 설정] 메뉴에서 앱 아이콘 이미지와 개인정보처리방침 URL 설정

하지만, 이를 승인받기 위해선 [앱 아이콘 이미지]와 [개인정보처리방침 URL]을 앱 설정에 서 추가해주어야 합니다. 페이스북에서는 이런 제출항목을 검토한 후 승인처리를 해줍니다.

▲ [앱 검수] 메뉴에서 [+ 항목 추가] 버튼 선택

▲ [publish_actions] 항목 체크 후 [항목 1개 추가] 버튼 클릭

항목 추가 창이 뜨면 [publish_actions] 항목을 체크합니다. [항목 1개 추가] 버튼을 누르면 항목이 추가됩니다.

사실 실제 게임에서 페이스북 담벼락에 글을 쓰는 기능을 많이 쓰지는 않습니다. 로그인을 하고 친구리스트만 불러오는 기능만 사용하시려면, 앱을 공개하는 정보로만 세팅해도 좋습니다.

▲ 앱 공개, 앱 검수 요청 완료

이번 챕터에서는 페이스북 SDK의 기본 연동법을 다루어보았습니다. 다음 챕터에서는 페이스북 SDK를 활용해서 우리가 개발한 서버에 로그인하는 법까지 알아봅시다.

데이터베이스 이해와 게임 데이터베이스 설계

》 이번 챕터에서는 챕터 12에서 생성했던 데이터베이스 인스턴스를 활용해서 데이터베이스를 다루는 법을 살펴봅니다. 우리는 이 챕터에서 향후 필요한 데이터베이스 테이블을 모두 만들게 됩니다.

01 | 데이터베이스의 이해

소게임 개발에 있어서 데이터베이스는 게임에서 필요로 하는 밸런싱 정보, 캐릭터 정보, 아이템 정보, 게임 기록 등을 저장하는 저장소입니다. 우리가 게임 서버라고 부르는 서버는 크게 데이터베이스와 게임 서버 두 가지로 이루어집니다.

(1) 데이터베이스 자료형에 대한 이해

데이터베이스가 하는 일을 이해하기 위해 어떠한 종류의 데이터가 저장되는지 살펴보겠습니다.

간단한 게임에 필요한 정보들을 서버에 저장한다고 했을 때, 필요할만한 게임의 데이터를 생각나는 대로 나열해보겠습니다.

- 유저의 식별번호
- 유저의 이름
- 아이템의 공격력
- 아이템 뽑기 확률
- 유저의 레벨
- 아이템 식별번호
- 몬스터의 체력
- 유저의 접속 기록
- 유저의 경험치
- 유저가 가진 아이템의 리스트
- 유저의 게임 가입 시간
- 튜토리얼 완료 여부

여기에서 저장하는 정보를 몇 가지 기준으로 분류해봅시다.

- 유저의 식별번호 : 정수형 숫자
- 유저의 레벨 : 정수형 숫자
- 유저의 경험치 : 정수형 숫자
- 유저의 이름 : 문자열
- 아이템 식별번호 : 정수형 숫자
- 유저가 가진 아이템의 리스트 : 아이템 ID와 아이템 개수의 리스트(1번 아이템 : 1개, 3번 아이템: 2개)
- 아이템의 공격력 : 정수형 숫자

- 몬스터의 체력 : 정수형 숫자
- 유저의 게임 가입 시간 : 시간
- 아이템 뽑기 확률 : 실수형 숫자
- 유저의 접속 기록 : 유저의 식별번호와 접속 시간으로 구성된 리스트
- 튜토리얼 완료 여부 : 참 / 거짓

(2) 각 자료형에 대한 설명

그럼 여기서 나오는 정수형 숫자, 실수형 숫자, 문자열, 그리고 리스트에 대해서 리뷰해보 겠습니다.

❶ 정수형 숫자

정수형 숫자는 이런 종류의 데이터를 가지고 있습니다.

1, 2, 3, 4, 5, 6 … 10,000,000,000

정수형 숫자는 소수점이 없는 형태의 숫자를 말합니다.

개발하면서 접하는 자료형 중 가장 많이 쓰이는 자료형이라고 할 수 있습니다. 우리가 생각할 수 있는 게임의 대부분의 데이터 중에 대부분이 이러한 정수형 숫자로 이루어져 있습니다.

❷ 실수형 숫자

소수점이 있는 형태의 숫자는 '실수형 숫자'입니다. 예를 들어 0.12, 3.14, 0.0001, 403.324 와 같은 숫자들이 실수형 숫자입니다.

❸ 문자열

문자열은 한글이나 영어, 그리고 숫자로 이루어진 문자열을 뜻합니다. 예를 들어, "마나 가 부족합니다." "레벨업! 레벨3이 되었습니다." 이런 종류의 문자를 저장하는 변수가 문자열 변수입니다.

❹ 시간

데이터 중에는 시간 정보를 저장하는 변수들이 있습니다. 가입 시점, 플레이 시점, 결제 시점 등 시간을 기록해야 할 때 시간형 변수를 사용합니다. 유니티의 C#에서 이러한 자 료를 저장할 때는 DateTime과 같은 변수를 사용합니다. MySQL에서는 datetime 형식의 칼럼을 사용합니다.

❺ 리스트

리스트는 자료형이라 볼 수는 없습니다. 다만, 데이터 자료형을 설계하는 방법을 설명하기 위해 어떻게 저장하면 좋을지 설명하고자 합니다. 예시를 들었던 다른 데이터들의 경우에는 하나의 변수로 설명이 됩니다. 하지만, 유저가 가진 아이템의 리스트의 경우에는 하나의 숫자로는 표현할 수 없습니다. 이렇게 어떤 유저가 가진 무엇 무엇의 리스트와 같은 데이터는 유니티의 C#의 경우에는 배열 변수를 사용하여 저장하며, MySQL과 같은 관계형 데이터베이스에서는 별도의 매핑 테이블을 만들어서 데이터를 저장할 수 있습니다. 아직 무슨 말인지 이해되지 않을 수도 있습니다. 예제로 실습을 따라해 보면, 좀 더 이해가 잘 될 것입니다. 뒤에 다시 천천히 살펴보도록 하고 다음으로 넘어갑시다.

우리가 유니티를 개발하면서 정보를 저장할 때는 int나 String, 혹은 float 같은 변수들을 사용했습니다. MySQL에서도 이러한 정보를 저장하는 데 자료형을 사용합니다. INT, FLOAT 와 같은 익숙한 자료형도 있지만 VARCHAR, BIGINT 같은 처음 보는 자료형이 등장합니다.

교통정리 먼저 들어가겠습니다. 우리가 저장하길 원하는 데이터와 C#의 변수, 그리고 MySQL의 자료형을 비교해봅시다. 앞서 예시로 들었던 자료형 위주로 표로 정리해보았습니다.

C# 자료형	MySQL 자료형	설명
int	INT	정수형 데이터
long, Int64	BIGINT	큰 정수형 데이터
float	FLOAT	실수형 데이터
double	DOUBLE	큰 실수형 데이터
string	VARCHAR(길이), TEXT	문자열
DateTime	DATETIME, DATE	시간

▲ 표 16-1 : 자료형

물론 자료형은 〈표 16-1〉에서 정리한 것보다 훨씬 많습니다. 여기서는 자주 사용하는 자료형 위주로 소개했습니다. 사실 게임 개발할 때 이 표 안에 있는 자료형만으로 대부분의 데이터를 저장할 수 있습니다.

02 | 유저 테이블 설계해보기

유저 정보를 저장하는 데이터를 설계해보겠습니다. 미소녀 액션게임을 만들기 위해 유저에게 필요한 정보를 모두 나열하겠습니다.

(1) 유저 테이블에 필요한 정보 나열

- 유저의 식별번호
- 유저의 페이스북 이미지 URL
- Access Token
- 체력
- 스피드
- 스피드레벨
- 경험치

- 유저의 페이스북 식별번호
- 유저의 페이스북 Access Token
- 유저 가입 시점
- 방어력
- 체력레벨
- 공격력레벨
- 다음 레벨까지 경험치

- 유저의 페이스북 이름
- 포인트
- 다이아몬드 수
- 공격력
- 방어력레벨
- 레벨
- 현재 레벨부터 쌓은 경험치

(2) 유저 테이블 각 데이터에 맞는 자료형 지정

앞의 데이터들을 저장하기 위해서는 각각 데이터에 맞는 변수명을 지정해야 합니다.

데이터	C# User 클래스 변수명	MySQL tb_user 컬럼명
유저의 식별번호	UserID	user_id
유저의 페이스북 식별번호	FacebookID	facebook_id
유저의 페이스북 이름	FacebookName	facebook_name
유저의 페이스북 이미지 URL	FacebookPhotoURL	facebook_photo_url
유저의 페이스북 Access Token	FacebookAccessToken	facebook_access_token
포인트	Point	point
Access Token	AccessToken	access_token
유저 가입 시점	CreatedAt	created_at
다이아몬드 수	Diamond	diamond
체력	Health	health
방어력	Defense	defense
공격력	Damage	damage
스피드	Speed	speed
체력 레벨	HealthLevel	health_level
방어력 레벨	DefenseLevel	defense_level
공격력 레벨	DamageLevel	damage_level
스피드 레벨	SpeedLevel	speed_level

레벨	Level	level
경험치	Experience	experience
다음 레벨까지 필요한 경험치	ExpForNextLevel	별도 함수로 필요 경험치 계산
현재 레벨에서 쌓인 경험치	ExpFromLastLevel	별도 함수로 쌓인 경험치 계산

▲ 표 16-2 : 데이터별 변수명

(3) 서버에서 유저 데이터를 표현하는 클래스 정의

이 데이터를 C#에서 클래스로 정의해보겠습니다.

```csharp
using System;

namespace DotnetCoreServer.Models
{
  public class User
  {

    public long UserID;
    public string FacebookID;
    public string FacebookName;
    public string FacebookPhotoURL;
    public string FacebookAccessToken;
    public int Point;
    public string AccessToken;
    public DateTime CreatedAt;
    public int Diamond;
    public int Health;
    public int Defense;
    public int Damage;
    public int Speed;
    public int HealthLevel;
    public int DefenseLevel;
    public int DamageLevel;
    public int SpeedLevel;
    public int Level;
    public int Experience;
    public int ExpForNextLevel;
    public int ExpAfterLastLevel;

  }
}
```

▲ 리스트 16-1 : C# 클래스로 표현한 데이터〉

(4) 데이터베이스 유저 테이블 정의

데이터베이스에서는 문자열을 VARCHAR()라는 형식으로 지정합니다. 괄호 안에는 문자열이 최대 몇 글자까지 늘어날 수 있는지 설정할 수 있는 숫자를 적어둡니다.

MySQL tb_user 컬럼명	자료형	데이터	비고
user_id	BIGINT	유저의 식별번호	AUTO INCREMENT
facebook_id	VARCHAR(200)	유저의 페이스북 식별번호	
facebook_name	VARCHAR(200)	유저의 페이스북 이름	
facebook_photo_url	VARCHAR(512)	유저의 페이스북 이미지 URL	
point	INT	포인트	
access_token	VARCHAR(200)	Access Token	
created_at	DATETIME	유저 가입 시점	
diamond	INT	다이아몬드 수	
health	INT	체력	
defense	INT	방어력	
damage	INT	공격력	
speed	INT	스피드	
health_level	INT	체력레벨	
defense_level	INT	방어력레벨	
damage_level	INT	공격력레벨	
speed_level	INT	스피드레벨	
level	INT	레벨	
experience	INT	경험치	
deleted	TINYINT	유저 삭제여부	

▲ 표 16-3 : 유저 테이블 정의

(5) 테이블 생성 스크립트

우리는 챕터 12에서 tb_user 테이블을 MySQL Workbench로 생성해보았습니다. 앞에서 정의한 대로 이미 테이블을 만들었죠. 우리가 챕터 12에서 MySQL Workbench의 유저 인터페이스 상에서 테이블을 생성했을 때, 이런 스크립트가 자동으로 만들어졌습니다.

```
CREATE TABLE `tb_user` (
  `user_id` bigint(20) NOT NULL AUTO_INCREMENT,
  `facebook_id` varchar(200) DEFAULT '',
  `facebook_name` varchar(200) DEFAULT '',
  `facebook_photo_url` varchar(512) DEFAULT '',
  `point` int(11) DEFAULT '0',
  `created_at` datetime DEFAULT NULL,
  `updated_at` datetime DEFAULT NULL,
  `access_token` varchar(200) DEFAULT '',
  `diamond` int(11) DEFAULT '0',
  `health` int(11) DEFAULT '1',
  `defense` int(11) DEFAULT '1',
  `damage` int(11) DEFAULT '1',
  `speed` int(11) DEFAULT '10',
  `health_level` int(11) DEFAULT '1',
  `defense_level` int(11) DEFAULT '1',
  `damage_level` int(11) DEFAULT '1',
  `speed_level` int(11) DEFAULT '1',
  `level` int(11) DEFAULT '1',
  `experience` int(11) DEFAULT '0',
  `deleted` tinyint(2) DEFAULT '0',
  PRIMARY KEY (`user_id`)
) ENGINE=InnoDB AUTO_INCREMENT=1 DEFAULT CHARSET=utf8;
```

▲ 리스트 16-2 : 자동으로 생성된 스크립트

03 | 업그레이드 정보 테이블 설계해보기 : tb_ugrade_info

(1) 업그레이드 정보 테이블에 필요한 정보 나열

- 업그레이드 식별번호
- 업그레이드 유형
- 업그레이드 레벨
- 업그레이드 수치
- 업그레이드 비용

(2) 유저 테이블 각 데이터에 맞는 자료형 지정

앞의 데이터들을 저장하기 위해 각각 데이터에 맞는 변수명을 지정해보겠습니다.

데이터	C# User 클래스 변수명	MySQL tb_user 컬럼명
업그레이드 식별번호	UgradeID	upgrade_id
업그레이드 유형	UpgradeType	upgrade_type
업그레이드 레벨	UpgradeLevel	upgrade_level
업그레이드 수치	UpgradeAmount	upgrade_amount
업그레이드 비용	UpgradeCost	upgrade_cost

▲ 표 16-4 : 자료형 지정

(3) 서버에서 유저 데이터를 표현하는 클래스 정의

이 데이터를 C#에서 클래스로 정의해보겠습니다.

```
using System;

namespace DotnetCoreServer.Models
{
  public class UpgradeInfo
  {

    public int UpgradeID;
    public string UpgradeType;
    public int UpgradeLevel;
    public int UpgradeAmount;
    public int UpgradeCost;

  }
}
```

▲ 리스트 16-3 : 지정한 자료형의 클래스 정의

(4) 데이터베이스 업그레이드 정보 테이블 정의

MySQL tb_upgrade_info 컬럼명	자료형	데이터	비고
upgrade_id	INT	업그레이드 식별번호	
upgrade_type	VARCHAR(100)	업그레이드 유형	
upgrade_level	INT	업그레이드 레벨	
upgrade_amount	INT	업그레이드 수치	
upgrade_cost	INT	업그레이드 비용	

▲ 표 16-5 : 업그레이드 정보 테이블

(5) 테이블 생성하기

〈표 16-5〉와 같은 테이블을 생성하기 위해 MySQL Workbench에서 테이블을 생성해보겠습니다. 이번에는 테이블 생성 스크립트를 실행해서 생성해보겠습니다.

```
use unity3d_db;

CREATE TABLE `tb_upgrade_info` (
  `upgrade_id` int(11) NOT NULL,
  `upgrade_type` varchar(100) DEFAULT NULL,
  `upgrade_level` int(11) DEFAULT NULL,
  `upgrade_amount` int(11) DEFAULT NULL,
  `upgrade_cost` int(11) DEFAULT NULL,
  PRIMARY KEY (`upgrade_id`)
) ENGINE=InnoDB DEFAULT CHARSET=utf8;
```

▲ 리스트 16-4 : 테이블 생성 스크립트

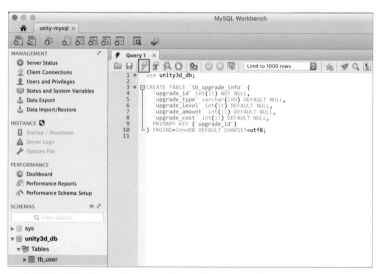

▲ 업그레이드 정보 테이블 생성 스크립트 입력 후 [실행] 버튼 클릭

업그레이드 정보 테이블 생성 스크립트를 입력한 후 번개 모양의 [실행] 버튼을 클릭합니다. 실행이 완료되면, 테이블이 생성됩니다.

▲ SCHEMAS 업데이트

좌측 중앙에 빨간 네모로 표시한 [새로 고침] 버튼을 클릭해서 SCHEMAS를 업데이트 해줍니다. 그러면 좌측에 tb_upgrade_info 테이블이 생성된 것을 확인할 수 있습니다.

04 | 스테이지 기록 테이블 설계해보기

(1) 스테이지 기록 테이블에 필요한 정보 나열

- 스테이지 기록 식별번호
- 유저 식별번호
- 점수
- 플레이 시점

(2) 스테이지 기록 테이블 각 데이터에 맞는 자료형 지정

위 데이터들을 저장하기 위해 각각 데이터에 맞는 변수명을 지정해보겠습니다.

데이터	C# User 클래스 변수명	MySQL tb_user 컬럼명
스테이지 기록 식별번호	StageRecordID	stage_record_id
유저 식별번호	UserID	user_id
점수	Point	point
플레이 시점	RecordTime	record_time

▲ 표 16-6 : 기록 테이블 자료형 지정

(3) 서버에서 유저 데이터를 표현하는 클래스 정의

이 데이터를 C#에서 클래스로 정의해보겠습니다.

```csharp
using System;

namespace DotnetCoreServer.Models
{
  public class StageRecord
  {

    public long StageRecordID;
    public long UserID;
    public int Point;
    public DateTime RecordTime;

  }
}
```

▲ 리스트 16-5 : 기록 테이블 자료형 클래스

(4) 데이터베이스 업그레이드 정보 테이블 정의

MySQL tb_stage_record 컬럼명	자료형	데이터	비고
stage_record_id	BIGINT	스테이지 기록 식별번호	
user_id	BIGINT	유저 식별번호	
point	INT	점수	
record_time	DATETIME	기록 시간	

▲ 표 16-7 : 업그레이드 정보 테이블

(5) 테이블 생성하기

이번에도 테이블을 생성하기 위해 MySQL Workbench에서 테이블을 생성해보겠습니다. 이번에는 테이블 생성 스크립트를 실행해서 생성해보겠습니다.

```
use unity3d_db;

CREATE TABLE `tb_stage_record` (
  `stage_record_id` bigint(20) NOT NULL AUTO_INCREMENT,
  `user_id` bigint(20) DEFAULT NULL,
  `point` int(11) DEFAULT NULL,
  `record_time` datetime DEFAULT NULL,
  PRIMARY KEY (`stage_record_id`)
) ENGINE=InnoDB AUTO_INCREMENT=1 DEFAULT CHARSET=utf8;
```

▲ 리스트 16-6 : 테이블 생성 스크립트

앞서와 마찬가지로 〈리스트 16-6〉의 쿼리를 실행하면, tb_stage_record 테이블이 생성됩니다. 쿼리를 실행하는 방법은 앞에서 설명한것과 동일함으로 다음으로 넘어갑니다.

05 | 레벨 정보 테이블 설계해보기

(1) 레벨 정보 테이블에 필요한 정보 나열

- 레벨
- 상승 체력
- 레벨에 필요한 경험치
- 상승 데미지
- 상승 방어력
- 상승 스피드

(2) 레벨 정보 테이블 각 데이터에 맞는 자료형 지정

앞의 데이터들을 저장하기 위해 각각 데이터에 맞는 변수명을 지정해보겠습니다.

데이터	C# User 클래스 변수명	MySQL tb_user 컬럼명
레벨	Level	level
경험치	Experience	experience
상승 방어력	Defense	defense
상승 체력	Health	health
상승 데미지	Damage	damage
상승 스피드	Speed	speed

▲ 표 16-8 : 레벨 정보 테이블 변수명

(3) 서버에서 유저 데이터를 표현하는 클래스 정의

이 데이터를 C#에서 클래스로 정의해보겠습니다.

```csharp
using System;

namespace DotnetCoreServer.Models
{
  public class LevelInfo
  {

    public int Level;
    public int Experience;
    public int Defense;
    public int Health;
    public int Damage;
    public int Speed;

  }
}
```

▲ 리스트 16– 7 : 레벨 정보 테이블 클래스 정의

(4) 데이터베이스 업그레이드 정보 테이블 정의

MySQL tb_level_info 컬럼명	자료형	데이터	비고
level	INT	스테이지 기록 식별번호	
experience	INT	유저 식별번호	
defense	INT	상승 방어력	
health	INT	상승 체력	
damage	INT	상승 공격력	
speed	INT	상승 스피드	

▲ 표 16-9 : 업그레이드 정보 테이블

(5) 테이블 생성하기

이번에도 테이블을 생성하기 위해 MySQL Workbench에서 테이블을 생성해보겠습니다.
이번에는 테이블 생성 스크립트를 실행해서 생성해보겠습니다.

```
use unity3d_db;

CREATE TABLE `tb_level_info` (
  `level` INT NOT NULL,
  `experience` INT NULL,
  `defense` INT NULL,
  `health` INT NULL,
  `damage` INT NULL,
  `speed` INT NULL,
  PRIMARY KEY (`level`));
```

▲ 리스트 16-8 : 테이블 생성 스크립트

앞서와 동일하게 〈리스트 16-8〉의 쿼리를 실행하면, tb_level_info 테이블이 생성됩니다.
이렇게 우리가 필요로 하는 기본 데이터베이스 세팅이 완료됐습니다.

CHAPTER

17 | C# REST API 구현 1

>> 이번 챕터에서는 챕터 16에서 생성했던 데이터베이스 인스턴스를 활용해서 데이터베이스를 다루는 법을 알아봅니다. 이 챕터 예제를 통해 개발할 서버 프로그램은 ASP.NET Core 기술을 사용하여 구현하는 방향으로 구성하였습니다.

01 | Github에서 서버 프로젝트 코드 다운로드

본격적으로 로그인 등을 처리하는 API를 만들어봅시다. 저자가 만들어둔 ASP.NET Core 샘플 프로젝트를 Fork 한 후 다운로드합니다. 지난 챕터 11에서 Fork하는 법을 소개한 바 있습니다. 관련 내용은 해당 페이지를 참고하길 바랍니다. 먼저 브라우저에서 다음의 주소로 이동합니다..

https://github.com/chris–chris/unity-core-server-login

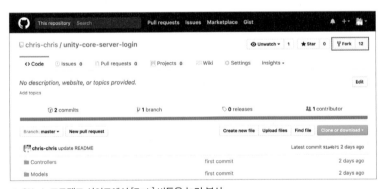

▲ Github 프로젝트 사이트에서 [Fork] 버튼을 눌러 복사

Github 프로젝트 사이트로 접속한 후 우측 상단의 [Fork] 버튼을 눌러 코드를 각자 개인 프로젝트로 복사해갑니다. 그렇게 하면 주소창의 URL이 조금 변경된 것을 확인할 수 있습니다.

▲ 상단 주소 변경 확인

[Fork]를 완료하면, 상단 주소표시줄의 주소가 변경됩니다. 예를 들어, 본인의 Github 아이디가 karadress라면, 다음과 같이 주소가 변경됩니다.

https://github.com/karadress/unity-core-server-login/

그러니 만약 본인의 아이디가 abcabc라면 다음과 같이 바뀌겠죠.

https://github.com/abcabc/unity-core-server-login/

이제 내 계정으로 Fork한 소스 코드를 다운로드하는 법을 알아봅시다. 소스 코드를 다운로드(Clone)하기 위해서 SourceTree라는 프로그램을 사용합니다. SourceTree 프로그램을 아직 설치하지 않았다면, 다음 사이트에 접속해서 다운로드한 후 설치합니다.

https://www.sourcetreeapp.com/

▲ 소스트리 앱 다운로드

(1) Mac에서 프로젝트 소스 코드 Clone하기

SourceTree 프로그램을 엽니다. 그리고 [+ 새 저장소] 버튼을 누른 뒤 [URL에서 복제] 메뉴를 클릭합니다.

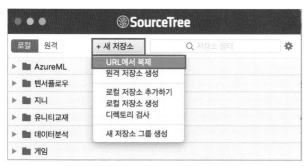

▲ [+ 새 저장소] 버튼을 누른 후 [URL에서 복제] 메뉴 클릭

▲ Source URL에 Github 프로젝트 URL 입력 후 [클론] 버튼 클릭

Source URL에 Github 프로젝트 URL을 입력하고 [클론] 버튼을 누릅니다.

▲ 프로젝트 코드를 Clone 완료

(2) Windows에서 프로젝트 소스 코드 Clone하기

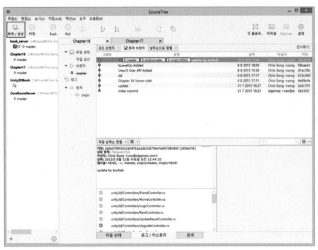

▲ [복제/생성] 메뉴 클릭

▲ [클론] 버튼을 클릭해서 프로젝트 받기

[복제/생성] 메뉴를 선택한 후 [클론] 버튼을 클릭해서 프로젝트를 받습니다. 이때, 본인 저장소에 Fork 된 URL을 넣어야 합니다.

▲ 프로젝트 소스 코드 다운로드

프로젝트 소스 코드를 받았다면, 프로젝트 소스 코드를 Visual Studio Code로 열어봅시다.

02 | ASP.NET Core SDK 설치

아직 중요한 ASP.NET Core를 설치하지 않았습니다. 다음 링크로 가면, 설치방법에 대한
안내를 확인할 수 있습니다.

https://www.microsoft.com/net/core

(1) Mac 유저

▲ ASP.NET Core 설치

[Download .NET SDK]를 눌러서 SDK를 다운로드합니다. 다운이 완료되면 SDK 설치파일
을 실행해서 설치를 시작합니다.

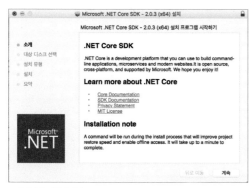

▲ [계속] 버튼 클릭

▲ 한 번 더 [계속] 버튼 클릭

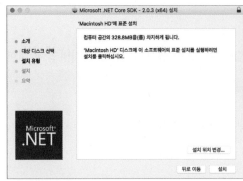

▲ [설치] 버튼 클릭

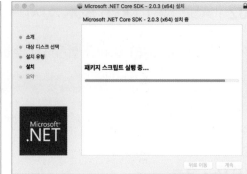

▲ [계속] 버튼 클릭

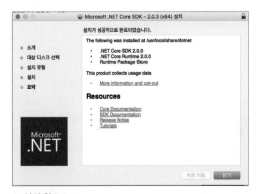

▲ 설치 완료

설치가 완료된 것을 확인할 수 있습니다.

(2) Windows 유저

다음 링크로 가면, ASP.NET Core SDK 설치 파일을 받을 수 있습니다.

https://www.microsoft.com/net/download/core

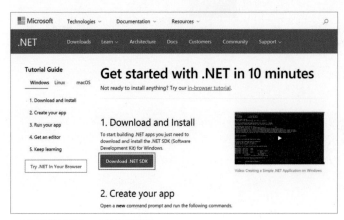

▲ 윈도우용 .NET Core SDK 다운로드

앞의 그림과 같이 웹페이지에 접속해서 [Download .NET SDK]를 클릭하면 설치 파일이 다운로드됩니다.

▲ 약관 동의에 체크한 후, [Install] 버튼 클릭

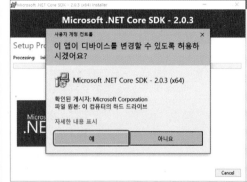

▲ 설치 허용 메시지

[이 앱이 디바이스를 변경할 수 있도록 허용하시겠어요?]라는 팝업창이 뜨면, [예]를 눌러 계속 진행합니다.

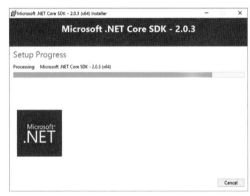

▲ 설치 진행 중

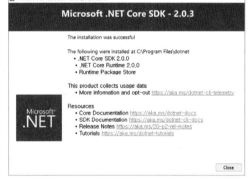

▲ 설치 완료

설치가 완료되었습니다. [Close] 버튼을 눌러서 창을 닫습니다.

03 │ Visual Studio Code 설치 및 실행하기

(1) Mac 유저

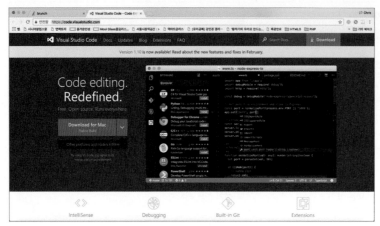

▲ Visual Studio Code Mac 버전 다운로드 버튼 클릭

▲ Visual Studio Code 압축 파일의 압축 해제

▲ 압축 해제 된 실행파일을 [응용 프로그램] 폴더로 이동

다운로드한 파일을 실행합니다.

▲ 응용 프로그램에 Visual Studio Code 설치 확인

다운로드한 파일을 실행하면 프로그램 설치가 시작됩니다.

▲ [열기] 버튼 클릭

앞의 그림 순서대로 진행한 후 Visual Studio Code를 실행하면 확인 팝업이 뜹니다. [열기]
버튼을 누르세요.

▲ Visual Studio Code 맥 버전 실행 확인

(2) Windows 유저

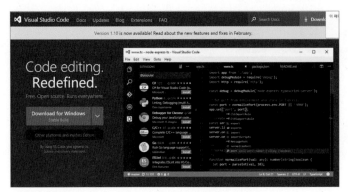

▲ Visual Studio Code 사이트에 접속해서 설치 프로그램 다운로드

▲ [다음] 버튼 클릭

[다음] 버튼을 눌러서 설치를 계속 진행합니다.

▲ [다음] 버튼 클릭

▲ [다음] 버튼 클릭

▲ [다음] 버튼 클릭

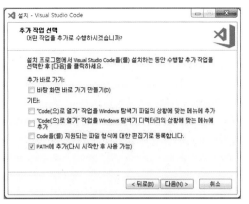

▲ 기본설정으로 [다음] 버튼 클릭

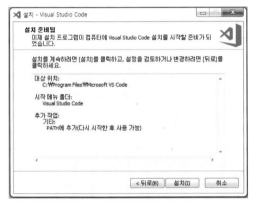

▲ [설치] 버튼 클릭

앞의 그림 순서대로 진행한 후 [설치] 버튼을 눌러서 설치를 시작합니다.

▲ [마침] 버튼을 누르면 설치 완료

▲ Visual Studio Code 프로그램 실행 화면

04 | 서버프로그램의 데이터베이스 접속 정보 설정하기

서버 프로그램에서 데이터베이스에 접근하기 위해서는 당연히 서버의 주소와 포트, 아이디, 비밀번호, 그리고 사용할 데이터베이스 이름이 필요합니다. 처음 서버 프로그램을 개발할 때 자주 범하는 실수가, 소스 코드 상에 데이터베이스 정보를 입력해서 쓰는 방식입니다.

여기서는 데이터베이스 접속 정보를 설정 파일에 저장하여 활용할 것입니다.

TIP 왜 데이터베이스 접속 정보를 소스 코드에 넣으면 안되나요?

소스코드 상에 데이터베이스 정보를 입력하면 좋지 않은 이유로 세 가지를 꼽을 수 있습니다.

❶ 데이터베이스 접속 정보를 변경하려면 프로그램을 중지해야 한다.

라이브 서비스를 운영 중인데, 데이터베이스에 장애가 생겨서 잠시 임시 데이터베이스 서버로 교체할 일이 생겼다고 합시다. 그리고 게임 서버가 20대가 있다고 하면, 20개의 서버에 데이터베이스 정보를 수정한 빌드를 모두 배포해야 합니다. 그리고 배포하는 동안에는 서비스는 먹통이 되겠죠. 한 마디로 잘못된 코딩 습관은 장애 대응 능력에 엄청난 손실을 가져옵니다.

❷ 잘못된 접속 정보를 실 서버에 배포할 위험이 생긴다.

라이브 서비스들은 대부분 테스트 서버와 실 서버를 나눠서 운영합니다. 왜냐하면, 실 서버에서는 아직 안정화되지 않은 새로운 기능을 추가하면서 테스트를 할 수가 없기 때문이죠. 그래서 게임 서버는 테스트 서버와 실 서버용으로 나뉘게 되는데, 이를 나눠두지 않았다면 데이터베이스 접속 정보를 바꿀 일이 많아질 겁니다.

테스트 서버에서 개발을 마친 후에 소스 코드를 코드 저장소에 배포하면서 데이터베이스 접속 정보까지 같이 업로드될 수가 있습니다. 이런 식으로 잘못된 접속 정보가 실 서버에 배포될 리스크가 생길 수 있습니다.

❸ 개발팀 내의 정보 공유에 장애가 됩니다.

만약 소스 코드 상에 데이터베이스 접속 정보를 적어놓게 된다면, 개발팀 내의 다른 개발자는 데이터베이스 접속 정보가 어디 있는 지 소스 코드를 다 뒤져봐야 합니다. 그리고 만약 정보를 찾았다고 하더라도 그 정보가 원하는 데이터베이스 정보인지 확신할 수 없겠죠. 테스트 코드일 수도 있고, 또 다른 어딘가에 데이터베이스 정보가 있을 지도 모르니까요.

즉, 뭔가 형식적인 틀 안에서 프로젝트를 관리하는 것이 개발팀의 정보 공유에 도움이 됩니다.

▲ [연결 문자열] 버튼 클릭해서, 접속 정보 확인

[연결 문자열] 버튼을 클릭해서, API 서버에 설정할 데이터베이스 접속 정보를 확인합니다.

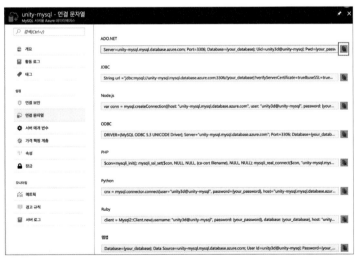

▲ ADO.NET 우측의 [복사] 버튼을 클릭해 접속 문자열 복사

여러 가지 연결 문자열 중에서 여기서 사용할 연결 문자열은 맨 위의 'ADO.NET'입니다.

우측의 [복사] 버튼을 눌러서, 접속 문자열을 복사해둡니다.

▲ 복사 확인

복사한 연결 문자열을 앞서 챕터 11에서 만들어봤던 프로젝트에 반영해봅시다.

(1) appsettings.json 파일 열기

우선 데이터베이스 접속 정보를 설정하기 위해 설정 파일을 열어야 합니다.

(2) 설정 값 입력하기

설정 메뉴를 클릭하면 오른쪽에 엑셀 테이블 같은 화면이 나타납니다. 여기에다가 데이터베이스 접속 정보를 명시합니다. 여기에 정의한 값들은 소스 코드 상에서 접근이 가능합니다. 만약 ConnectionString이라는 이름으로 설정값을 저장하면, 소스 코드 상에서는 다음과 같은 표현으로 설정값에 접근할 수 있게 됩니다.

SQL Server에 접속하기 위해서는 접속 문자열을 설정해야 하는데, 접속 문자열은 다음과 같이 구성되어 있습니다.

```
Server=tinkerbell-db.mysql.database.azure.com;User Id=unity@tinkerbell-
db;Password=unitycamp!1;Database=unity3d_db;Pooling=False
```

▲ 리스트 17-1 : SQL Server 접속 문자열

리스트 17-1의 접속 정보는 챕터 12에서 생성한 Azure MySQL 서버의 접속 정보입니다. 이런 식의 접속 정보를 사용하여 데이터베이스를 접속하는 코드는 〈리스트 17-2〉와 같습니다.

```
{
 "ConnectionStrings":{
     "DefaultConnection": "Server=tinkerbell-db.mysql.database.azure.
com;User Id=unity@tinkerbell-db;Password=unitycamp!1;Database=unity3d_
db;Pooling=False"
 },
 "Logging": {
  "IncludeScopes": false,
  "LogLevel": {
   "Default": "Warning"
  }
 }
}
```

▲ 리스트 17-2 : 데이터베이스 접속 코드

(3) DB 접속을 담당하는 클래스 DB.cs 살펴보기

이제 DB와의 접속을 담당하는 클래스를 살펴봅시다. 다운로드한 프로젝트의 Models 폴더에서 DB.cs 파일을 열어봅니다.

```csharp
using System;
using MySql.Data.MySqlClient;
using Microsoft.Extensions.Configuration;
public interface IDB
{
        MySqlConnection GetConnection();
}


public class DB : IDB
{
    public string ConnectionString;

    public DB(IConfiguration configuration){
        this.ConnectionString = configuration.GetConnectionString("Defa
ultConnection");
    }

    public MySqlConnection GetConnection()
    {
        MySqlConnection connection = new MySqlConnection
```

```
        {
            ConnectionString = this.ConnectionString
        };
        connection.Open();
        return connection;
    }


}
```

▲ 리스트 17-3 : DB.cs

모델 클래스에서 데이터베이스에 접속할 때는 리스트 17-3 코드로 MySqlConnection을 가져올 수 있습니다. 이렇게 데이터베이스 접속 정보 설정을 완료한 후, 서버를 실행해 봅시다.

05 │ Visual Studio Code에 필요한 라이브러리 설치하기

Visual Studio Code에서 게임 서버를 실행하기 위해 먼저 설치해야 할 라이브러리가 있습니다. Visual Studio Code를 열고 다음 그림처럼 왼쪽 다섯 가지 아이콘 중 제일 밑에 있는 아이콘을 클릭합니다.

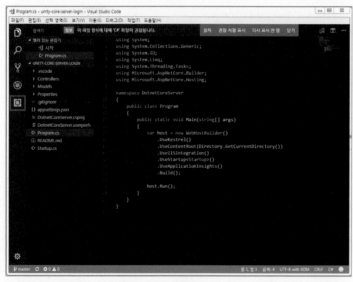

▲ 왼쪽 메뉴 아이콘 중 가장 아래에 있는 아이콘 클릭

▲ 검색창에서 c# 검색

▲ [설치] 버튼 클릭

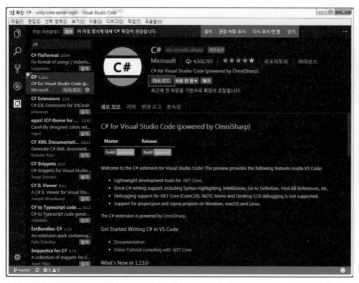

▲ [다시 로드] 버튼 클릭

앞의 그림 순서대로 진행했다면, [다시 로드] 버튼을 눌러서 Visual Studio Code 프로그램
을 종료한 후 다시 켜줍니다.

06 | 내 컴퓨터에서 C# 서버 프로그램 실행하기

필요한 라이브러리를 설치하였으니, 서버 프로그램을 실행해봅시다. 우리는 서버 프로그
램을 디버그 모드에서 실행해볼 것입니다. 가장 먼저, Visual Studio Code 좌측에 있는 아
이콘들 중에 4번째 아이콘, 벌레 모양의 아이콘을 클릭합니다.

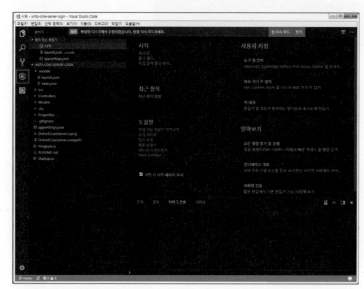

▲ 왼쪽 메뉴 중 4번째 아이콘 클릭

디버깅 화면으로 전환이 되면, 좌측 상단에 초록색 플레이 버튼을 클릭해 서버 프로그램을
디버그 모드로 실행시킵니다.

▲ 좌측 상단의 초록색 세모 버튼 클릭

초록색 플레이 버튼을 클릭하면, 서버 프로그램이 실행되기 시작합니다.

▲ 서버 실행

C# 서버 프로그램이 실행되었습니다. 서버 프로그램이 실행되면, 다음과 같이 로그가 찍힐
것입니다.

▲ 서버가 실행 경로 출력

서버가 실행되면, 어느 경로에 서버가 실행되었는지 출력됩니다. 일반적으로 실행되는 서버의 주소는 http://localhost:5000입니다.

서버가 잘 작동하고 있는 지 확인하려면, 구글 크롬 브라우저에서 URL을 입력해 접속해봅니다. 여기에서는 http://localhost:5000 경로에 서버가 실행되었기 때문에, 이 뒤에다가 /api/values를 붙여서 http://localhost:5000/api/values 주소로 접속했습니다.

```
["value1","value2"]
```

▲ /api/values 경로로 접속을 통해 서버 동작 확인

해당 주소에 접속하면 서버가 잘 동작하고 있는지 확인할 수 있습니다. 다음 챕터에서는 postman을 활용해 Login API를 호출해보고, 각 소스 코드의 동작원리에 대해 리뷰해 보겠습니다.

CHAPTER
18 C# REST
API 구현 2

>> 챕터 17에서는 서버를 개발하기 위한 환경 설정을 주로 했습니다. 이번 챕터에서는 Postman이라는 API 테스트 프로그램으로 API 호출을 해보고, 우리가 만든 서버를 Azure Webapp에 배포해 보겠습니다. 그리고 C# ASP.Net Core 서버 프로그램의 소스 코드에 대해서 알아봅니다.

01 | Postman으로 내 컴퓨터에 떠있는 서버의 Login API 호출하기

Postman을 설치해 봅시다. Postman은 API 호출을 테스트하기 위해 저자가 애용하는 API Test Tool입니다. Postman을 설치하기 위해 Google에서 postman이라는 키워드로 검색합니다.

▲ Google에서 postman 검색

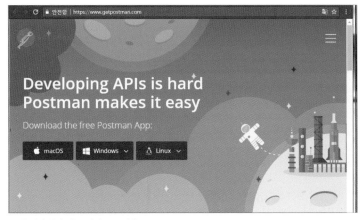

▲ 운영체제에 맞는 버전으로 다운로드

▲ postman 로그인 화면

설치 파일을 실행하면 곧바로 postman의 로그인 화면이 뜹니다.

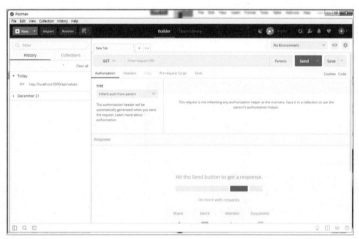

▲ 로그인 화면

로그인을 하면 앞의 그림과 같은 화면이 표시됩니다.

▲ 호출할 API의 URL 입력

빨간 네모 영역에 호출할 API의 URL을 입력합니다. 단, 챕터 17에서 실행했던 C# 서버 프로그램이 디버깅 모드로 동작하고 있는 상태여야 합니다. 여기에서는 챕터 17에서 구글 크롬 브라우져로 테스트했던 URL을 그대로 활용하겠습니다.

http://localhost:5000/api/values

이 URL을 입력하고 오른쪽에 있는 [Send] 버튼을 클릭합니다.

▲ API 결과 표시

[Send] 버튼을 눌러서 API를 호출하고 나면 하단에 API의 결과가 표시됩니다. 이번에는 Login API를 호출해보겠습니다.

▲ [POST] 항목 클릭

API의 HTTP Method를 변경해보겠습니다. URL 좌측에 [GET]이라고 되어있는 토글박스를 클릭한 후에 [POST]라고 써있는 항목을 클릭합니다.

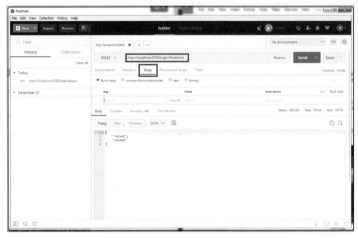

▲ URL을 변경하고 [Body] 탭 클릭

Login API를 호출하기 위해 URL을 변경합니다. 챕터 17에서 실행시켰던 서버 프로그램의 주소 뒤에다가 /Login/Facebook을 붙여서 URL을 작성합니다.

http://localhost:5000/Login/Facebook

그리고 URL 밑에 [Body] 탭을 클릭합니다.

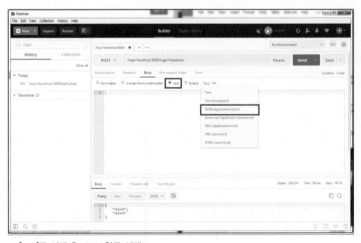

▲ [raw]를 선택 후 JSON 항목 선택

옵션 항목 중에서 [raw] 옵션 박스를 클릭합니다. 그리고 우측에 [Text] 토글박스를 클릭해서 JSON 항목을 선택합니다.

▲ Body에 JSON 형식으로 요청을 보낼 데이터 입력

이제 데이터를 입력합니다. Body 하단에 있는 빈 공간에 JSON 형식으로 데이터를 채워 넣습니다. 여기에서는 예시로 다음과 같이 작성했습니다.

```
{
    "FacebookID":"1",
    "FacebookName":"Chris",
    "FacebookPhotoURL":"http://abc"
}
```

▲ 리스트 18-1 : Login API에 전송해볼 JSON Body

JSON Body를 입력한 후에는 우측에 있는 파란색 [Send] 버튼을 클릭하면, API의 응답 결과가 하단에 표시됩니다.

▲ API 응답 결과

여기까지 Postman을 사용하는 법을 살펴봤습니다.

02 | Git Commit / Git Push로 Azure Webapp에 서버 프로그램 배포하기

챕터 17에서 우리는 Git에서 받은 C# 서버 프로그램의 데이터베이스의 접속 정보를 챕터 12에서 만들었던 데이터베이스로 변경했습니다. 이 변경된 정보를 챕터 11에서 만들었던 Azure Webapp에 배포해봅시다. Git Commit과 Git Push 두 가지 명령만 수행하면 됩니다. 가장 먼저, 혹시나 Git이 컴퓨터에 제대로 설치되지 않을 경우에 대비해 Git 기본 세팅을 한 번 더 살펴보고 넘어갑시다.

▲ [Download] 버튼을 눌러서 git 설치

사이트(https://git-scm.com)에 접속한 후 [Download] 버튼을 눌러서 운영체제에 맞는 설치 프로그램을 설치합니다. 설치가 완료되면, Windows의 명령프롬포트(cmd)와 Mac의 Terminal에서 Git을 사용할 수 있게 됩니다.

본격적으로 Git을 사용하기 전에 세팅해야 하는 기본 스텝이 있습니다. 이를 위해 명령 프롬프트나 터미널을 열고 다음과 같은 명령어를 실행해야 합니다.

```
git config —global user.email "<본인의 이메일 주소>"
git config —global user.name "<본인의 이름>"
```

▲ 리스트 18-2 : Git을 설치한 후 가장 먼저 실행해야 하는 명령어

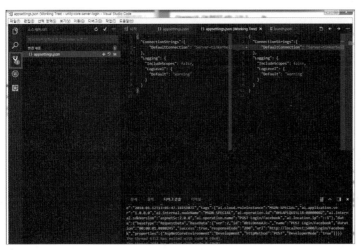

▲ 기본정보 설정

여기에서는 저자의 이메일과 이름으로 Git에 기본정보를 설정했습니다. 이 명령어를 실행해야 Git을 제대로 사용할 수 있게 됩니다.

이제, Visual Studio Code를 열어서 우리가 받았던 서버 프로그램을 열어봅시다.

▲ Git 관리 화면

화면의 왼쪽에서 세 번째 메뉴 아이콘을 클릭하면 앞의 그림과 같이 Git을 관리하는 화면이 보입니다.

▲ [터미널] 탭 클릭

[터미널] 탭을 클릭해서 명령 프롬프트 혹은 터미널을 띄웁니다.

▲ git commit −a −m "데이터베이스 정보 업데이트"

▲ git push

명령 프롬프트 혹은 터미널에서 다음 명령어를 실행해봅시다.

```
git commit −a −m "데이터베이스 정보 업데이트"
git push
```

▲ 리스트 18-3 : git commit / git push 명령어

리스트 18-3의 명령어들을 입력하고, github.com의 아이디와 비밀번호를 요청에 따라 입력하면 코드가 github.com으로 전송됩니다.

git commit과 git push를 성공했으면, Azure Portal로 가보겠습니다.

https://portal.azure.com

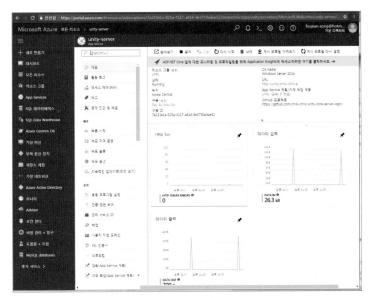

▲ 웹앱 인스턴스

Azure Portal에서는 챕터 11에서 만들었던 웹앱 인스턴스로 들어갑니다.

▲ 서버 배포 확인

왼쪽 메뉴에 [배포 옵션]을 클릭해서 들어가면 앞서 git push한 결과가 이미 서버에 배포된 것을 확인할 수 있습니다. 배포가 완료된 것을 확인했으니 서버에 배포된 API를 호출해봅시다.

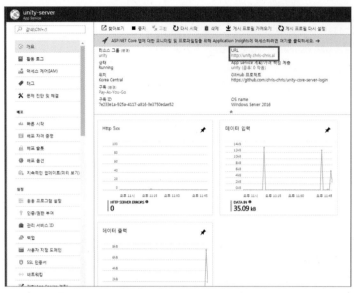

▲ 서버 주소 확인

서버 호스트명은 좌측 메뉴 중 [개요] 메뉴를 클릭한 후, 오른쪽에서 확인할 수 있습니다.

03 | Postman으로 Azure Webapp에 떠있는 서버의 Login API 호출하기

이 책의 예제에 사용된 URL은 http://unity.chris-chris.ai입니다. 이렇게 도메인이 설정되어있는 이유는 따로 도메인을 구매해서 연결했기 때문입니다. 실제 예제를 따라하고 있는 독자들에게는 이 책에 나온 예제와 다르게 모두 각각 다른 주소로 잡혀있을 것입니다.

[URL]에 적혀있는 주소 뒤에 /Login/Facebook을 붙이면 앞서 내 컴퓨터에서 실행했던 URL과 비슷한 URL이 나옵니다.

이 책의 예제에서는 다음과 같이 나왔습니다.

http://unity.chris-chris.ai/Login/Facebook

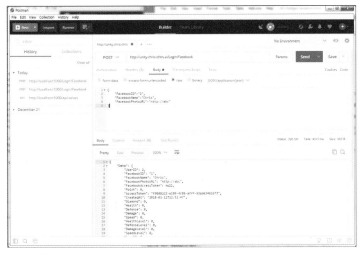

▲ URL 변경

Postman에서 URL을 다음과 같이 변경한 후 다시 [Send] 버튼을 누릅니다.

http://〈본인의 웹앱 URL〉/Login/Facebook

그러면 서버에서 응답이 온 것을 확인할 수 있습니다. 이렇게 호출한 URL은 본인의 컴퓨터에서 띄운 서버 프로그램과는 다릅니다. 본인의 컴퓨터에서 띄운 localhost 서버 프로그램은 본인의 컴퓨터 안에서만 동작하지만, Azure Webapp에 배포된 서버 프로그램의 경우에는 스마트폰을 포함하여 어디서나 접근이 가능합니다. 드디어 여러분만의 서버가 완성되었습니다.

04 | 데이터 처리 방식 설계하기

이제 서버 프로그램이 어떻게 이루어져있는지 살펴봅시다. 서버 프로그램을 만들 때는 데이터베이스를 연동해서 서버 프로그램을 개발할 때 데이터를 어떤 식으로 다룰지를 명확하고 깔끔하게 정리하는 것이 소스 코드의 품질을 높이는 데 도움이 됩니다.

(1) 전문가들의 조언

유닉스 팀의 멤버였던 Rob Pike라는 개발자는 프로그래밍의 다섯 가지 원칙을 정하였는데, 그 중 5번째 원칙을 눈여겨 볼만 합니다.

"Rule 5. Data dominates. If you've chosen the right data struc-
tures and organized things well, the algorithms will almost al-
ways be self-evident. Data structures, not algorithms, are cen-
tral to programming."

"룰 5. 데이터가 모든 것을 지배한다. 만약 당신이 올바른 데이터
구조를 선택하고 알맞게 조직하면, 알고리즘은 스스로 명확해진다.
알고리즘이 아니라 데이터 구조가 프로그램의 핵심이다."

▲ Rob Pike

데이터 구조를 명확하고 적절하게 구성하는 일은 중요합니다. 엄청나게 대단한 데이터 구
조를 설계하라는 말이 아니라, 적어도 데이터 구조를 깔끔하고 명확하게만 작성하면 프로
그램의 품질 향상에 아주 많은 기여를 할 수 있습니다.

(2) 데이터 처리 기능을 독립적인 모듈로 개발

데이터를 조회하고 반영하는 모델 코드는 재사용성이 높은 코드입니다. 여러 로직에서 동
일하게 호출할 일이 많죠. 그렇기 때문에 독립적인 모듈로 만들어서 공통적으로 활용할 수
있게 하는 것이 좋습니다.

05 | 모델-뷰-컨트롤러(MVC) 패턴으로 데이터 처리 방식 설계하기

모델-뷰-컨트롤러 패턴은 아키텍쳐 패턴에서 아주 기본적인 내용입니다. 프로그램의 구
조를 Model, View, 그리고 Controller 세 가지로 나누어서 개발하는 것을 의미합니다. 이
패턴을 적절하게 사용하면, 유저가 보는 시각적인 부분과, 비즈니스 로직, 그리고 데이터
처리를 서로 영향 없이 독립적으로 구동되게 만들 수 있습니다.

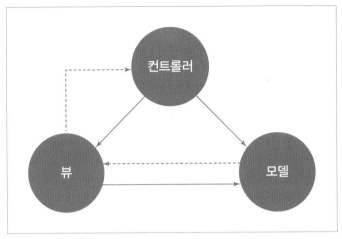

▲ 모델-뷰-컨트롤러 관계도

모델-뷰-컨트롤러 패턴에서는 컨트롤러가 중심적인 역할을 합니다. 앞의 개념도에서 실선은 직접 호출을 의미합니다. 개념도에서처럼 컨트롤러가 뷰와 모델을 호출할 수 있습니다. 점선은 직접 호출하지는 않지만 이벤트가 발생했을 때 콜백 함수로 뷰가 컨트롤러를 호출하는 등 간접적인 관계를 나타냅니다.

유니티3D의 경우 모델, 뷰, 컨트롤러가 모두 존재하지만, API 서버 프로그램에서는 사실 유저에게 시각적으로 보이는 뷰(View)는 없기 때문에, 모델과 컨트롤러의 두 가지만 신경쓰면 됩니다.

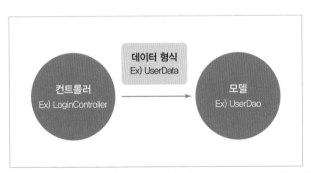

▲ 컨트롤러(LoginController)에서 API 요청을 받고 모델(UserDao)에서 데이터를 조회한다

현재 유저가 로그인을 하는 API의 구성은 앞의 개념도와 비슷합니다. 유저가 API를 호출하면 LoginController에서 요청을 받아서 데이터베이스를 조회하기 위해 UserDao에 데이터를 요청하고 UserDao은 UserData 클래스에 정의된 데이터 형식으로 컨트롤러에 데이터를 전달해주는 형식입니다.

06 | Login API 개발하기

로그인을 하는 API를 개발해보겠습니다. 챕터 13에서 배웠던 Facebook SDK를 통해 Face-
book의 유저 아이디, 이름, 프로필 URL를 서버에 전달하고 이를 통해 유저가 로그인을 하
도록 합니다.

URL 주소	/Login/Facebook	
HTTP Method	POST	
URL 파라미터		
요청 본문(Body)	FacebookID	long (BIGINT)
	FacebookName	string (NVARCHAR(100))
	FacebookPhotoURL	string (VARCHAR(200))

요청 본문 예시	{
	   "FacebookID":"7712341234327",
	   "FacebookName":"Lucky7",
	   "FacebookPhotoURL":"abc.jpg"
	}	

응답 본문(Body)	ResultCode	int (INT)
	Message	string (VARCHAR(100))
	응답 본문(Body)Data	UserData

응답 본문 예시	{
	   "Data": {
	     "UserID": 24,
	     "FacebookID": "7712341234327",
	     "FacebookName": "Lucky7",
	     "FacebookPhotoURL": "abc.jpg",
	     "FacebookAccessToken": null,
	     "Point": 0,
	     "AccessToken": "07b6097f-8ce3-49f7-8a64-c0ae8e3a404a",
	     "CreatedAt": "2017-07-08T06:17:13",
	     "Diamond": 0,
	     "Health": 0,
	     "Defense": 0,
	     "Damage": 0,
	     "Speed": 0,
	     "HealthLevel": 0,
	     "DefenseLevel": 0,
	     "DamageLevel": 0,
	     "SpeedLevel": 0,
	     "Level": 0,
	     "Experience": 0,
	     "ExpForNextLevel": 0,	

```
            "ExpAfterLastLevel": 0
    },
    "Message": "New User",
    "ResultCode": 2
}
```

▲ 표 18-1 : LoginResult 클래스

(1) Login API의 전체적인 작동 흐름 설명

Login API는 흐름은 다음과 같습니다. HTTP 요청이 오면 요청은 컨트롤러로 전달됩니다. 이 요청에 들어있는 데이터들을 UserData 같은 클래스로 변환되어서 전달됩니다.

(2) 필요한 클래스들을 Models 폴더 안에 생성하기

우리가 따라해볼 첫 프로젝트에는 이미 로그인 API가 구현되어있습니다. 코드를 살펴보고 이해하는 것으로 시작하겠습니다. 우선 데이터에 관련된 다음 네 개의 코드를 살펴보겠습니다.

A. UserData.cs
B. LoginDao.cs
C. ResultBase.cs
D. LoginResult.cs

ResultBase는 LoginResult처럼 클라이언트에 반환하는 결과의 양식을 담는 클래스들의 부모 클래스입니다.

(3) UserData 데이터 형식 정의하기

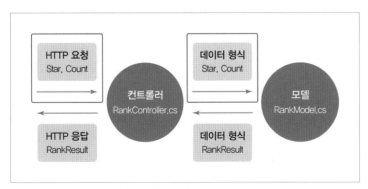

▲ UserData 형식으로 요청을 받고 모델까지 전달

LoginController이 LoginDao의 함수를 호출할 때 매개변수로 UserData 객체를 전달합니다. 이제 유저 데이터를 주고받기 위해 UserData라는 클래스를 정의해봅시다.

```csharp
using System;

namespace DotnetCoreServer.Models
{
  public class User
  {

    public long UserID { get; set; }
    public string FacebookID { get; set; }
    public string FacebookName { get; set; }
    public string FacebookPhotoURL { get; set; }
    public string FacebookAccessToken { get; set; }
    public int Point { get; set;}
    public string AccessToken { get; set; }
    public DateTime CreatedAt { get; set; }
    public int Diamond;
    public int Health;
    public int Defense;
    public int Damage;
    public int Speed;
    public int HealthLevel;
    public int DefenseLevel;
    public int DamageLevel;
    public int SpeedLevel;
    public int Level;
    public int Experience;
    public int ExpForNextLevel;
    public int ExpAfterLastLevel;


  }
}
```

▲ 리스트 18-4 : User 클래스

UserData 클래스는 데이터를 주고받을 때 하나의 단위가 됩니다. 데이터베이스에 있는 tb_user 테이블과 동일한 구조를 가지고 있어서, 한 유저의 정보라고 생각하면 됩니다.

데이터	C# User 클래스 변수명	MySQL tb_user 컬럼명
유저의 식별번호	UserID	user_id
유저의 페이스북 식별번호	FacebookID	facebook_id
유저의 페이스북 이름	FacebookName	facebook_name
유저의 페이스북 이미지 URL	FacebookPhotoURL	facebook_photo_url
유저의 페이스북 Access Token	FacebookAccessToken	facebook_access_token
포인트	Point	point
Access Token	AccessToken	access_token
유저 가입 시점	CreatedAt	created_at
다이아몬드 수	Diamond	diamond
체력	Health	health
방어력	Defense	defense
공격력	Damage	damage
스피드	Speed	speed
체력 레벨	HealthLevel	health_level
방어력 레벨	DefenseLevel	defense_level
공격력 레벨	DamageLevel	damage_level
스피드 레벨	SpeedLevel	speed_level
레벨	Level	level
경험치	Experience	experience
다음 레벨까지 필요한 경험치	ExpForNextLevel	별도 함수로 필요 경험치 계산
현재 레벨에서 쌓인 경험치	ExpFromLastLevel	별도 함수로 쌓인 경험치 계산

▲ 표 18-2 : User 클래스와 데이터베이스 상 tb_user 관계 설정

(4) LoginResult 데이터 형식 정의하기

LoginDao에서 LoginController에 데이터베이스의 결과를 전달할 때 LoginResult라는 클래스에 데이터를 정리해서 반환해줍니다. 그리고 API의 결과로 LoginResult의 형식에 따라 결과를 반환합니다. 앞서 생성한 LoginResult.cs 파일을 열고 다음의 코드를 입력합니다.

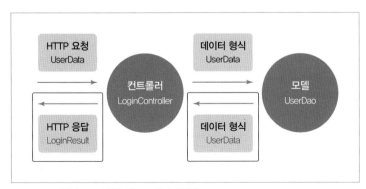

▲ UserData 형식으로 요청을 받고 모델까지 전달

```
using System;

namespace DotnetCoreServer.Models
{
  public class LoginResult : ResultBase{
    public User Data;


  }
}
```

▲ 리스트 18-5 : LoginResult 클래스

(5) Login Model

Login API를 개발하기 위해 모델-뷰-컨트롤러의 모델인 Login Model을 제작해봅시다. Login Model은 유저가 로그인하기 위해서 데이터베이스에 데이터를 입력하고 출력하는 기능을 담당합니다. Login Model이 데이터베이스와 주고받는 데이터를 개념상으로 나타낸다면 다음과 같은 형태가 됩니다.

모델 클래스인 LoginDao.cs는 데이터베이스에 질의를 보내고 질의의 결과를 받아서 조합한 후에 컨트롤러에 전달합니다. LoginDao.cs을 생성했다면, 생성한 후에는 리스트 18-6과 같이 코드를 작성합니다. LoginDao는 LoginController의 요청에 따라 데이터베이스에 질의를 보내고 결과를 다시 컨트롤러에 정리해서 보내는 역할을 합니다. Login API의 경우 데이터베이스에 질의하는 구문은 다음과 같습니다.


```
using MySql.Data.MySqlClient;

using System;
using System.Collections.Generic;

namespace DotnetCoreServer.Models
{
  public interface IUserDao{
    User FindUserByFUID(string FacebookID);
    User GetUser(long UserID);
    User InsertUser(User user);
    bool UpdateUser(User user);
  }

  public class UserDao : IUserDao
```

```
    {
      public IDB db {get;}

      public UserDao(IDB db){
        this.db = db;
      }

      public User FindUserByFUID(string FacebookID){
        User user = new User();
        using(MySqlConnection conn = db.GetConnection())
        {
          string query = String.Format(
              "SELECT user_id, facebook_id, facebook_name, facebook_photo_url,
  point, created_at, access_token FROM tb_user WHERE facebook_id = '{0}'",
              FacebookID);

          Console.WriteLine(query);

          using(MySqlCommand cmd = (MySqlCommand)conn.CreateCommand())
          {
            cmd.CommandText = query;
            using (MySqlDataReader reader = (MySqlDataReader)cmd.Execute-
  Reader())
            {
              if (reader.Read())
              {
                user.UserID = reader.GetInt64(0);
                user.FacebookID = reader.GetString(1);
                user.FacebookName = reader.GetString(2);
                user.FacebookPhotoURL = reader.GetString(3);
                user.Point = reader.GetInt32(4);
                user.CreatedAt = reader.GetDateTime(5);
                user.AccessToken = reader.GetString(6);
                return user;
              }
            }
          }
          conn.Close();
        }
        return null;
      }

      public User GetUser(long UserID){
```

```
            User user = new User();
        using(MySqlConnection conn = db.GetConnection())
        {
            string query = String.Format(
                @"
            SELECT
                user_id, facebook_id, facebook_name,
                facebook_photo_url, point, created_at,
                access_token, diamond, health, defense, damage,
                speed, health_level, defense_level,
                damage_level, speed_level,
                level, experience
            FROM tb_user
            WHERE user_id = {0}",
                UserID);

            Console.WriteLine(query);

            using(MySqlCommand cmd = (MySqlCommand)conn.CreateCommand())
            {
                cmd.CommandText = query;
                using (MySqlDataReader reader = (MySqlDataReader)cmd.Execute-
Reader())
                {
                    if (reader.Read())
                    {
                        user.UserID = reader.GetInt64(0);
                        user.FacebookID = reader.GetString(1);
                        user.FacebookName = reader.GetString(2);
                        user.FacebookPhotoURL = reader.GetString(3);
                        user.Point = reader.GetInt32(4);
                        user.CreatedAt = reader.GetDateTime(5);
                        user.AccessToken = reader.GetString(6);

                        user.Diamond = reader.GetInt32(7);
                        user.Health = reader.GetInt32(8);
                        user.Defense = reader.GetInt32(9);
                        user.Damage = reader.GetInt32(10);
                        user.Speed = reader.GetInt32(11);
                        user.HealthLevel = reader.GetInt32(12);
                        user.DefenseLevel = reader.GetInt32(13);
                        user.DamageLevel = reader.GetInt32(14);
                        user.SpeedLevel = reader.GetInt32(15);
                        user.Level = reader.GetInt32(16);
```

```
                        user.Experience = reader.GetInt32(17);

                }
            }
        }

        conn.Close();
    }
    return user;
}


public User InsertUser(User user){

    string query = String.Format(
        "INSERT INTO tb_user (facebook_id, facebook_name, facebook_photo_
url, point, access_token, created_at) VALUES ('{0}','{1}','{2}',{3}, '{4}', now())",
                user.FacebookID, user.FacebookName, user.FacebookPhotoURL, 0,
user.AccessToken);

    Console.WriteLine(query);

    using(MySqlConnection conn = db.GetConnection())
    using(MySqlCommand cmd = (MySqlCommand)conn.CreateCommand())
    {

        cmd.CommandText = query;
        cmd.ExecuteNonQuery();

        conn.Close();
    }


    return user;
}

public bool UpdateUser(User user){
    using(MySqlConnection conn = db.GetConnection())
    {
        string query = String.Format(
            @"
            UPDATE tb_user SET
                health = {0}, defense = {1}, damage = {2}, speed = {3},
                    health_level = {4}, defense_level = {5}, damage_level = {6},
speed_level = {7},
```

```
                    diamond = {8}, point = {9}
                WHERE user_id = {10}
                ",
                user.Health, user.Defense, user.Damage, user.Speed,
                    user.HealthLevel, user.DefenseLevel, user.DamageLevel, user.
        SpeedLevel,
                user.Diamond, user.Point, user.UserID
                );

            Console.WriteLine(query);

            using(MySqlCommand cmd = (MySqlCommand)conn.CreateCommand())
            {
                cmd.CommandText = query;
                cmd.ExecuteNonQuery();

            }

            conn.Close();
          }
        return true;
      }


   }
 }
```

▲ 리스트 18-6 : UserDao 클래스

LoginDao 작성이 완료되면, 데이터에 관련된 클래스들은 완성된 셈입니다. 그럼 최전방에서 HTTP 요청을 받아들이는 LoginController를 마저 살펴봅시다.

(6) LoginController 코드 리뷰

LoginController는 HTTP 요청을 받고 응답을 보내주는 부분입니다. Login API는 POST로 JSON 형식의 데이터를 받아서, LoginDao을 통해 데이터베이스에 데이터를 요청하고, 결과를 받아서 HTTP 응답을 보내는 역할을 합니다.

LoginController.cs 역시 프로젝트에 이미 구현이 되어있습니다.

```csharp
using System;
using System.Collections.Generic;
using System.Linq;
using System.Threading.Tasks;
using Microsoft.AspNetCore.Mvc;
using DotnetCoreServer.Models;

namespace DotnetCoreServer.Controllers
{
    [Route("[controller]/[action]")]
    public class LoginController : Controller
    {

        IUserDao userDao;
        public LoginController(IUserDao userDao){
            this.userDao = userDao;
        }

        // GET api/user/5
        [HttpGet("{id}")]
        public User Get(int id)
        {
            User user = userDao.GetUser(id);
            return user;
        }

        // POST Login/Facebook
        [HttpPost]
        public LoginResult Facebook([FromBody] User requestUser)
        {

            LoginResult result = new LoginResult();

            User user = userDao.FindUserByFUID(requestUser.FacebookID);

            if(user != null && user.UserID > 0){ // 이미 가입되어 있음

                result.Data = user;
                result.Message = "OK";
                result.ResultCode = 1;

                return result;
```

```
        } else { // 회원가입 해야 함

            string AccessToken = Guid.NewGuid().ToString();

            requestUser.AccessToken = AccessToken;
            userDao.InsertUser(requestUser);
            user = userDao.FindUserByFUID(requestUser.FacebookID);
            result.Data = user;
            result.Message = "New User";
            result.ResultCode = 2;

            return result;

        }

    }

  }
}
```

▲ 리스트 18-7 : LoginController 클래스

LoginController의 각 함수를 살펴봅시다. LoginController에 다음과 같이 선언된 변수는 유저와 관련된 데이터를 데이터베이스에서 조회하고 업데이트하는 UserDao 클래스로 연결해줍니다.

```
    IUserDao userDao;
    public LoginController(IUserDao userDao){
        this.userDao = userDao;
    }
```

▲ 리스트 18-8 : LoginController 클래스에서 IUserDao 인터페이스를 주입받는 코드

여기에서 IUserDao라는 클래스 이름으로 UserDao 변수가 설정되었습니다. IUserDao는 UserDao 클래스의 인터페이스 클래스입니다. 앞서 UserDao.cs 클래스의 코드를 보면 두 가지 클래스가 선언된 것을 확인할 수 있습니다. IUserDao와 UserDao입니다.

```
public interface IUserDao{
    User FindUserByFUID(string FacebookID);
    User GetUser(long UserID);
    User InsertUser(User user);
    bool UpdateUser(User user);
}

public class UserDao : IUserDao
{

// …

}
```

▲ 리스트 18-9 : IUserDao 인터페이스를 구현한 UserDao 클래스

UserDao와 IUserDao가 나뉘어져 있는 것은 바로 의존성 주입(Dependency Injection) 기법을 사용하기 위해서입니다. IUserDao는 인터페이스이고, 이를 구현한 구현체가 UserDao입니다. 그리고 이렇게 만들어진 IUserDao와 UserDao는 게임 서버가 실행될 때 Startup.cs 클래스에서 각 클래스의 인스턴스가 생성된 후 각 인스턴스의 생성자에 주입됩니다.

```
using System;
using System.Collections.Generic;
using System.Linq;
using System.Threading.Tasks;
using Microsoft.AspNetCore.Builder;
using Microsoft.AspNetCore.Hosting;
using Microsoft.Extensions.Configuration;
using Microsoft.Extensions.DependencyInjection;
using Microsoft.Extensions.Logging;
using DotnetCoreServer.Models;

namespace DotnetCoreServer
{
  public class Startup
  {
    public Startup(IHostingEnvironment env)
    {
      var builder = new ConfigurationBuilder()
        .SetBasePath(env.ContentRootPath)
          .AddJsonFile("appsettings.json", optional: false, reloadOnChange:
true)
```

```
            .AddEnvironmentVariables();
         Configuration = builder.Build();
      }


   public IConfigurationRoot Configuration { get; }

    // This method gets called by the runtime. Use this method to add ser-
   vices to the container.
      public void ConfigureServices(IServiceCollection services)
      {
      // Add framework services.
      services.AddMvc()
       .AddJsonOptions(options =>
       {
            options.SerializerSettings.ContractResolver = new Newtonsoft.
   Json.Serialization.DefaultContractResolver();
         });;

      services.AddSingleton<IConfiguration>(Configuration);
      services.AddSingleton<IUserDao,UserDao>();
      services.AddSingleton<IStageResultDao,StageResultDao>();
      services.AddSingleton<IRankDao,RankDao>();
      services.AddSingleton<IDB,DB>();

      }


    // This method gets called by the runtime. Use this method to configure
   the HTTP request pipeline.
      public void Configure(IApplicationBuilder app, IHostingEnvironment
   env, ILoggerFactory loggerFactory)
      {
      loggerFactory.AddConsole(Configuration.GetSection("Logging"));
      loggerFactory.AddDebug();

      app.UseMvc();
      }
    }
}
```

▲ 리스트 18–10 : Startup.cs 게임 서버가 실행될 때 호출되는 명령이 정의된 클래스

게임 서버가 실행될 때, Startup.cs이 필요한 명령들을 수행합니다. 이때, 각 Controller 클래스들과 Dao 클래스들이 생성됩니다. 런타임 시에 UserDao를 Singleton 클래스로 생성하고, 이 생성된 인스턴스를 각 컨트롤러에 주입합니다. 해당하는 코드는 다음과 같습니다.

```
    // This method gets called by the runtime. Use this method to add ser-
vices to the container.
    public void ConfigureServices(IServiceCollection services)
    {
        // Add framework services.
        services.AddMvc()
        .AddJsonOptions(options =>
        {
            options.SerializerSettings.ContractResolver = new Newtonsoft.
Json.Serialization.DefaultContractResolver();
        });;

        services.AddSingleton<IConfiguration>(Configuration);
        services.AddSingleton<IUserDao,UserDao>();
        services.AddSingleton<IStageResultDao,StageResultDao>();
        services.AddSingleton<IRankDao,RankDao>();
        services.AddSingleton<IDB,DB>();

    }
```

▲ 리스트 18-11 : Startup.cs 에러 런타임 시에 의존성 주입에 필요한 클래스 생성

Startup 클래스에서 의존성 주입(Dependency Injection)에 필요한 인스턴스들을 Singleton 형식으로 생성하여 주입합니다.

TIP **의존성 주입(Dependency Injection)이란?**

의존성 주입이란, 클래스 간의 의존 관계를 소스 코드 내부에서 선언하지 않고 상위의 클래스에서 선언하거나 설정 파일 등을 통해 정의되도록 하는 디자인 패턴입니다.

의존성 주입 디자인 패턴의 장점은 다음과 같습니다.

- 의존 관계 설정이 컴파일 시에 되지 않고, 런타임 시에 이루어져 모듈 간의 의존성을 줄일 수 있다.
- 코드 재사용성을 높인다.

의존성 주입 패턴에는 세 가지가 있는데, 다음과 같습니다.

- 생성자 주입
- 세터(Setter)를 활용한 주입
- 인터페이스를 통한 주입

그리고 여기에서 구현한 게임 서버 코드에서는 '인터페이스를 통한 주입'으로 의존성 주입(Dependency Injection)을 구현했습니다.

07 | User API 구현하기

특정 유저의 정보를 조회하는 API의 코드를 리뷰해보겠습니다. API가 동작하는 구조는 Login API와 비슷합니다. 가장 먼저 UserController에서 요청을 받아오고, 파라미터에 있는 정보에 따라 UserDao가 데이터베이스에서 해당하는 유저 정보를 반환할 것입니다.

```csharp
using System;
using System.Collections.Generic;
using System.Linq;
using System.Threading.Tasks;
using Microsoft.AspNetCore.Mvc;
using DotnetCoreServer.Models;

namespace DotnetCoreServer.Controllers
{
    [Route("[controller]/[action]")]
    public class UserController : Controller
    {
        IUserDao userDao;

        public UserController(IUserDao userDao){
            this.userDao = userDao;
        }

        [HttpGet]
        public UserResult Info(long UserID){

            UserResult result = new UserResult();
            result.Data = userDao.GetUser(UserID);
            return result;

        }

    }

}
```

▲ 리스트 18-12 : UserController.cs 유저 정보를 조회하는 API

UserController는 유저 정보를 조회하는 /User/Info API를 구현한 구현체입니다. UserController의 Info() 함수는 UserID를 매개변수로 받습니다. 그리고 UserDao를 통해서 데이터베이스에서 해당 유저의 데이터를 조회해옵니다.

이렇게 LoginController와 Usercontroller에 대한 플로우를 살펴봤습니다. 이 외에도 몇 가지 Controller가 코드 상에 들어있습니다. 동작이 되는 코드들이니, 찬찬히 하나씩 살펴보면 많은 도움이 될 것입니다. 동작하는 코드를 조금씩 고쳐보면서 나만의 게임 서버 코드로 만들어가는 방식이 처음에는 가장 쉬운 접근방법입니다.

다음 챕터부터는 다시 유니티로 돌아가서 유니티 클라이언트 개발과 서버를 연동하는 방식으로 개발을 진행해 나가겠습니다.

CHAPTER

19

C# 서버와
게임 연동

» 처음 유니티 엔진을 사용한다면 보통 네트워크 통신을 다룰 때 매우 고생하는 경우가 많습니다. 대부분의
유니티 교재에서는 네트워크 통신 부분을 다루지 않는데, 이번 챕터에서는 앞선 시간에 만든 서버 프로그
램과 유니티 클라이언트의 C# 스크립트가 통신하는 방법에 대해 살펴보겠습니다. 여타 책에서는 잘 다루
지 않는 부분이라 생소할 수는 있겠지만 배워두면 큰 도움이 될 것입니다. 어떤 규모의 게임이든 결국 서
버와 통신을 해야 하기 때문이죠. 참고로 이번 챕터의 예제를 제대로 실행하기 위해서는 앞서 15챕터의
페이스북 셋팅 부분이 완료되어 있어야 한다는 점 참고 바랍니다.

01 | HTTP 통신 모듈 만들기

들어가기에 앞서 꼭 짚고 넘어가야 할 것이 있습니다. 서버와 연동을 하기 위해 가장 먼저
수정해야할 코드가 있다는 것입니다. 여러분이 챕터 11에서 만들었던 Azure 웹앱의 URL
을 복사한 후, Singleton.cs의 HOST 변수에 해당 URL을 입력해야 본인의 게임 서버와 연
동이 됩니다.

기존에 예제를 통해 만들어 봤던 서버는 단방향 REST API 서버로, HTTP 요청을 받으면 요
청에 따른 결과를 HTTP 응답으로 보내주게 되어 있습니다. 이에 맞춰서 유니티 게임 내부
에서 HTTP 요청을 보내고, 결과를 받는 로직을 구성해 봅시다.

기본적으로 유니티는 HTTP 프로토콜을 통해 웹페이지에 접근하기 위한 WWW라는 클래
스를 가지고 있습니다. 이 클래스만을 이용해도 충분히 API 서버와 통신할 수 있지만, 이렇
게 되면 서버에 접근할 때마다 서버를 사용하는 쪽에 코루틴을 구성해야 합니다. 우선 이
런 작업을 보다 간편하게 수행하기 위해 HTTP 요청을 보내고, 응답을 받아오는 wrapper
클래스를 하나 만들어 보겠습니다.

```
using UnityEngine;
using System.Collections;
using System;
using System.Collections.Generic;
using System.Text;

// HTTPClient 클래스는 서버와 통신을 하는 기능을 수행합니다.
public class HTTPClient : MonoBehaviour {
```

```
// _container라는 이름의 게임 오브젝트 변수입니다.
static GameObject _container;
static GameObject Container {
  get {
    return _container;
  }
}

// 싱글톤 객체를 만들기 위해 _instance를 선언하는 부분입니다.
static HTTPClient _instance;
public static HTTPClient Instance {
  get {
    // 만약 인스턴스가 없으면
    if( !_instance ) {
      // 새로운 게임 오브젝트를 생성하여 _container에 할당합니다.
      _container = new GameObject();
      // 그리고 게임 오브젝트의 이름을 HTTPClient라고 명명합니다.
      _container.name = "HTTPClient";
      // 생성한 게임 오브젝트에 HTTPClient 스크립트를 컴포넌트로 추가합니다.
      _instance = _container.AddComponent( typeof(HTTPClient) ) as HTTPClient;
    }
    // 인스턴스(_instance)를 반환합니다.
    return _instance;
  }
}

// GET 함수로 GET 형식의 HTTP 통신을 수행할 수 있습니다.
public void GET(string url, Action<WWW> callback) {

  // 새로운 WWW 클래스를 생성합니다.
  WWW www = new WWW(url);
  // StartCoroutine으로 IEnumerator 형식의 WaitWWW 함수를 실행합니다.
  // WaitWWW 함수는 WWW 요청이 완료될 때 callback 함수로 결과를 전달하도록 합니다.
  StartCoroutine(WaitWWW(www, callback));

}

// POST 함수로 POST 형식의 HTTP 통신을 수행할 수 있습니다.
public void POST(string url, string input, Action<WWW> callback) {

  // 새로운 Dictionary 변수를 생성합니다.
  // headers라는 변수는 <string, string> 을 매핑하는 딕셔너리 변수입니다.
  Dictionary<string, string> headers = new Dictionary<string, string>();
```

```
        headers.Add("Content-Type", "application/json");
        // POST 요청의 본문은 input 문자열로 지정합니다.
        byte[] body = Encoding.UTF8.GetBytes(input);
        // WWW 객체를 새로 생성합니다. body(본문)과 headers(헤더)를 설정합니다.
        WWW www = new WWW(url, body, headers);
        // StartCoroutine으로 IEnumerator 형식의 WaitWWW 함수를 실행합니다.
        // WaitWWW 함수는 WWW 요청이 완료될 때 callback 함수로 결과를 전달하도록 합니다.
        StartCoroutine(WaitWWW(www, callback));

    }

    public IEnumerator WaitWWW(WWW www, Action<WWW> callback)
    {
        yield return www;
        callback(www);
    }

}
```

▲ 리스트 19-1 : HTTPClient.cs 소스 코드

HTTPClient라는 클래스를 구현해 봤습니다. 이 클래스는 HTTP 통신을 할 때 매번 쓰이게 될 모듈입니다. GET 통신과 POST 통신 두 가지를 함수로 구현하였는데, HTTPClient 클래스 앞부분은 싱글톤 패턴으로 구현하였습니다. 싱글톤 패턴을 사용하면, 어느 소스 코드에서든 다음과 같은 명령어로 쉽게 호출하여 쓸 수 있습니다.

```
HTTPClient.Instance.GET("http://ifconfig.me", delegate(WWW www){
  Debug.Log(www.text);
});
```

▲ 리스트 19-2 : HTTPClient 호출

HTTPClient 클래스에서 사용되는 함수는 GET과 POST 두 가지입니다. 이 두 함수는 REST API 통신에서 사용되는 HTTP 메소드이기도 합니다.

> **TIP** **HTTP 메소드란?**
>
> HTTP 메소드(Method)는 HTTP로 통신할 때 요청하는 패킷의 유형을 구분하기 위해 만들어진 개념입니다. 월드와이드웹협회(W3C, World Wide Web Consortium)에서 정의한 HTTP 메소드에는 GET, POST, DELETE, OPTION, PUT, TRACE 등이 있습니다.
> HTTP 통신에서 가장 많이 쓰이는 HTTP 메소드는 GET과 POST입니다. 이 책에서는 자주 쓰이는 두 가지 HTTP 메소드를 활용해 예제를 구현했습니다.

02 | 로그인 화면 만들기

페이스북 로그인 상태를 연동해 게임 서버에 로그인할 수 있는 로그인 신(Scene)을 만들어 봅시다. 간단한 유저 인터페이스이지만, 아름다운 배경 이미지를 활용하여 몰입감을 높여 보았습니다.

▲ 이번 챕터에서 만들어 볼 로그인 화면 유저 인터페이스

(1) 신 생성

[File > New Scene] 메뉴를 클릭해서 새로운 신을 생성합니다.

File	Edit	Assets	GameObject	Componen
	New Scene		Ctrl+N	
	Open Scene		Ctrl+O	
	Save Scene		Ctrl+S	
	Save Scene as...		Ctrl+Shift+S	
	New Project...			
	Open Project...			
	Save Project			
	Build Settings...		Ctrl+Shift+B	
	Build & Run		Ctrl+B	
	Build in Cloud...			
	Exit			

▲ 새로운 신 생성

그리고 [File > Save Scene] 메뉴를 클릭해서 신을 저장하고 파일을 생성합니다.

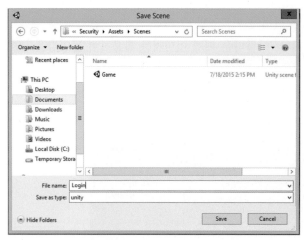

▲ Login이란 이름으로 신 저장

(2) 로그인 배경화면 설정하기

로그인 화면을 아름답게 꾸미기 위해, 배경 이미지를 넣어 봅시다. 여기서 만들어 볼 화면은 이미지 하나와 버튼 하나로 이루어져 있습니다.

1) 패널 생성

하이어라키(Hierachy) 탭에서 [Create] 버튼을 누르고 [UI > Panel]을 선택합니다.

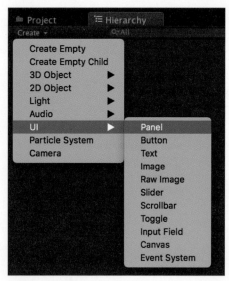

▲ 새로운 패널 생성

2) 패널 이미지 변경

새로운 패널을 생성했다면, Image 영역의 Source Image를 선택하여 이미지 파일 이름을
Background에서 'intro'로 변경합니다.

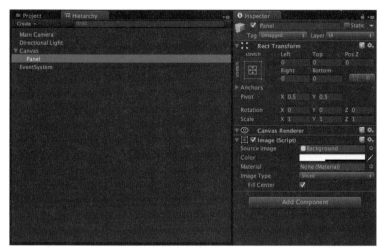

▲ 새로 생성된 패널

새로 생성한 패널의 이미지를 바꿔 봅시다. 이미지를 변경하기 위해서는 Image 컴포넌트
의 Source Image에 새로운 이미지를 할당해야 합니다.

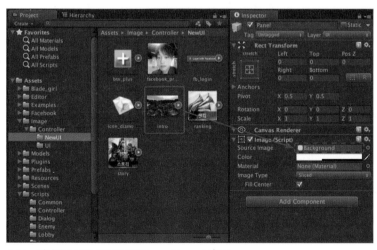

▲ intro 이미지를 드래그해서 패널의 Image Source로 이동

Image/Controller/NewUI 폴더에 있는 intro 이미지를 드래그해서 패널의 Image Source로
옮깁니다.

서버까지 스크립 유니티 3D액션게임

▲ Color 영역 투명도 조정

다음으로 Color 영역을 선택하여 투명도를 조정합니다.

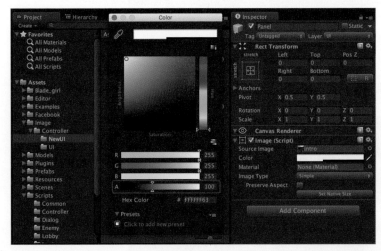

▲ 알파 값을 255로 설정

Color 영역을 선택하면 색상을 선택하는 팝업창이 뜹니다. 알파값은 255로 설정했습니다. 앞의 그림에서 빨간색 네모로 표시한 영역은 투명도를 조절하는 슬라이드입니다. 이 컨트롤러의 오른쪽 끝을 클릭하면, 투명도(Alpha)가 255로 설정되고 이미지가 화면상에 선명하게 노출됩니다.

03 | 로그인 UI 구현

유니티 교재를 집필하면서 서버 프로그램 개발 강의를 포함시킨 이유는 바로 게임의 시작 부분인 로그인부터 서버와의 통신이 필요했기 때문입니다. 새로운 유저를 생성하고, 로그 인하는 과정은 UI로부터 서버 API를 호출하여 이루어집니다.

(1) 페이스북 로그인 버튼 구현하기

페이스북 로그인으로 게임을 시작해 봅시다. 이를 위해 페이스북 로그인 버튼을 만들 필요가 있습니다. 페이스북 로그인을 하면 페이스북 유저 아이디와 이름, 그리고 페이스북 사진 URL을 얻을 수 있습니다. 이 정보들을 이 책을 통해 개발한 게임 서버에 전송되도록 하면, 페이스북 정보를 기반으로 처음으로 접속하는 유저라면 새로운 유저를 생성하게 되고, 접속했던적이 있는 유저라면 기존 유저 정보를 그대로 다시 전달받아 오게 됩니다.

1) 페이스북 로그인을 위한 버튼 UI 생성

새로운 패널을 만들었다면, 하이어라키 탭에서 새롭게 만든 패널을 선택합니다. 다시 한 번 [Create] 버튼을 누르고 [UI > Button]을 선택하여, 새로운 버튼을 생성합니다.

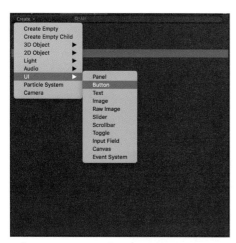

▲ [Create > UI > Button] 메뉴로 새로운 버튼 생성

버튼을 생성하면, 화면 정중앙에 기본 버튼이 표시됩니다.

▲ 기본 버튼 생성

2) 버튼 이미지 변경

기본 버튼 이미지를 다른 이미지로 변경해 봅시다.

▲ 선택한 이미지를 빨간 네모로 표시된 Source Image 영역으로 드래그해서 연결

Assets/Image/Controller/NewUI 폴더에 있는 fb_login.png 이미지를 Source Image 영역으로 드래그하여 연결합니다. 그러면 하얀 버튼이 선택한 이미지로 변경됩니다.

3) 버튼 오브젝트 안의 텍스트 삭제하기

이미지 안에 이미 버튼에 대한 내용이 표현되어 있으므로, 버튼 오브젝트를 생성하면서 같이 생성된 텍스트 오브젝트는 삭제해 줍니다. 텍스트 오브젝트를 선택하고 [Delete] 키를 누르면 삭제됩니다.

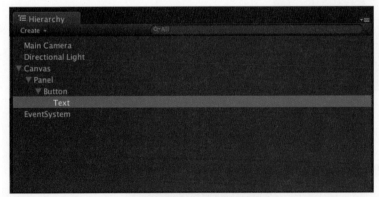

▲ 텍스트 오브젝트 삭제

▲ 변경된 페이스북 로그인 버튼

4) 페이스북 로그인 버튼 중앙 하단에 앵커 설정하기

페이스북 로그인 버튼을 중앙 하단으로 이동시켜 보겠습니다. 예전에 배웠던 앵커 기능으로 버튼이 항상 화면 가운데 하단에 위치하도록 설정했습니다.

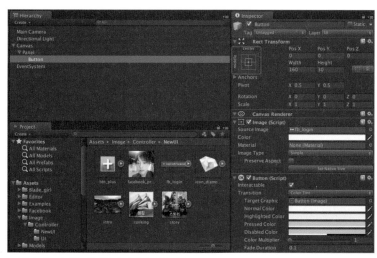

▲ 빨간 네모가 있는 영역을 클릭해서 앵커 변경

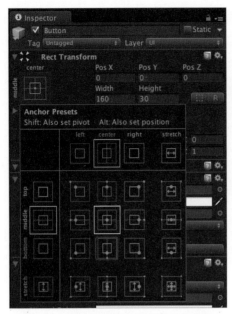

▲ 빨간 네모 영역을 클릭해서 중앙 하단에 앵커 설정

앵커를 설정한 후에는, 페이스북 로그인 버튼의 위치와 크기를 설정합니다.

[페이스북 로그인 버튼의 위치와 크기 설정값]

Pos X	0
Pos Y	70
Pos Z	0
Width	217
Height	40

▲ 위치와 크기를 변경한 결과

버튼을 눌렀을 때 이벤트로 연결되는 과정은 먼저 스크립트를 완성한 후에 살펴보겠습니다.

04 | 로그인 스크립트 구현

(1) UserSingleton.cs 작성

UserSingleton 클래스는 유저의 데이터를 메모리상에 저장해두는 클래스입니다. 특히 User-rID와 AccessToken의 경우는 PlayerPrefs 클래스를 활용하여 게임을 껐다 켜도 현재 상태가 저장될 수 있도록 합니다.

```
using UnityEngine;
using System.Collections;
using System;
using Boomlagoon.JSON;
/*
UserSingleton 클래스는 현재 유저의 개인 정보 및 능력치 정보를 메모리 상에 들고 있는 싱글톤 클래스
입니다.
서버로부터 /User/{유저아이디} API로 정보를 가져와서 여기에 저장합니다.
*/
using Facebook;
public class UserSingleton : MonoBehaviour {
    // UserID 입니다. 서버 상에서 유저를 식별하는 고유번호입니다.
    public int UserID{
        get {
            return PlayerPrefs.GetInt("UserID");
        }
        set {
            PlayerPrefs.SetInt("UserID",value);
        }
    }
        // AccessToken은 서버 API에 접근하기 위한 API의 역할을 합니다.
    public string AccessToken{
        get {
            return PlayerPrefs.GetString("AccessToken");
        }
        set {
            PlayerPrefs.SetString("AccessToken",value);
        }
    }
        // 페이스북 아이디입니다. 페이스북의 고유번호입니다. App Scoped User ID입니다.
    public string FacebookID{
        get {
            return PlayerPrefs.GetString("FacebookID");
        }
        set {
```

```
                PlayerPrefs.SetString("FacebookID",value);
        }
    }
        // 페이스북에 인증할 수 있는 유저의 개인 비밀번호 키입니다.
    public string FacebookAccessToken{
        get {
            return PlayerPrefs.GetString("FacebookAccessToken");
        }
        set {
            PlayerPrefs.SetString("FacebookAccessToken",value);
        }
    }
        // 유저의 이름입니다. 기본으로 페이스북의 이름을 가져와 적용합니다.
    public string Name{
        get {
            return PlayerPrefs.GetString("Name");
        }
        set {
            PlayerPrefs.SetString("Name",value);
        }
    }
        // 페이스북의 프로필 사진 주소입니다.
    public string FacebookPhotoURL{
        get {
            return PlayerPrefs.GetString("FacebookPhotoURL");
        }
        set {
            PlayerPrefs.SetString("FacebookPhotoURL",value);
        }
    }
        // 유저의 레벨, 경험치, 데미지, 체력, 방어력, 스피드, 데미지 레벨, 체력 레벨, 방어력 레벨, 스피드 레
벨입니다.
    // 다음 레벨까지 남은 경험치, 그리고 다음 레벨로 레벨업하기 위해 필요한 경험치 정보도 가지고 있습니다.
    public int
        Level, Experience,
        Damage, Health, Defense, Speed,
        DamageLevel, HealthLevel, DefenseLevel, SpeedLevel,
        Diamond, ExpAfterLastLevel, ExpForNextLevel;
    public JSONArray FriendList;
        // 싱글톤 객체를 설정하는 부분입니다.
    static UserSingleton _instance;
    public static UserSingleton Instance {
        get {
            if(!_instance) {
```

```
        GameObject container = new GameObject("UserSingleton");
        _instance = container.AddComponent( typeof( UserSingleton ) ) as
UserSingleton;
        DontDestroyOnLoad( container );
      }

      return _instance;
    }
  }
/*
```

저자의 경우 오는 페이스북 로그인 결과

{"is_logged_in":true,
"user_id":"10204997009661738",
"access_token":"~~~",
"access_token_expires_at":"01/01/0001 00:00:00"}

```
*/
  public void FacebookLogin(Action<bool, string> callback, int retryCount
= 0)
  {
    FB.Login("email",delegate(FBResult result) {
      if(result.Error != null && retryCount > = 3){
        Debug.LogError(result.Error);
        callback(false, result.Error);
        return;
      }
      if(result.Error != null){
        Debug.LogError(result.Error);
        retryCount = retryCount + 1;
        FacebookLogin(callback, retryCount);
        return;
      }
      Debug.Log(result.Text);
      Debug.Log("FB Login Result: " + result.Text);
      // 페이스북 로그인 결과를 JSON 파싱합니다.
      JSONObject obj = JSONObject.Parse(result.Text);
      // 페이스북 로그인이 성공했는지 여부를 뜻하는 is_logged_in 변수 bool형
      bool is_logged_in = obj ["is_logged_in"].Boolean;
      // 페이스북 아이디를 UserSingleton에 저장합니다.
      // 이 변수는 게임이 껐다 켜져도 유지되도록 환경변수에 저장하도록 구현되어 있습니다.
      UserSingleton.Instance.FacebookID = obj ["user_id"].Str;
      UserSingleton.Instance.FacebookPhotoURL = "http://graph.facebook.
com/" + UserSingleton.Instance.FacebookID + "/picture?type=square";
      // 페이스북 액세스 토큰을 UserSingleton에 저장합니다.
      // 이 변수 역시 게임이 종료되었다 다시 시작해도 유지됩니다.
```

```
        UserSingleton.Instance.FacebookAccessToken = obj["access_token"].
Str;
        callback(true, result.Text);
      });
    }
/*
저자의 경우 오는 페이스북 개인정보
{  "id":"10204997009661738",
   "first_name":"Chris",
   "gender":"male",
   "last_name":"Song",
   "link":"https:￦/￦/www.facebook.com￦/app_scoped_user_
id￦/10204997009661738￦/",
   "locale":"ko_KR",
   "name":"Chris Song",
   "timezone":9,
   "updated_time":"2015-07-26T19:32:26+0000",
   "verified":true
}*/
  public void LoadFacebookMe(Action<bool, string> callback, int retry-
Count = 0)
  {
    FB.API("/me", HttpMethod.GET, delegate(FBResult result){

      if(result.Error != null && retryCount > = 3){
        Debug.LogError(result.Error);
        callback(false, result.Error);
        return;
      }
      if(result.Error != null){
        Debug.LogError("Error occured, start retrying.." + result.Error);
        retryCount = retryCount + 1;
        LoadFacebookMe(callback, retryCount);
        return;
      }
      Debug.Log(result.Text);
      JSONObject meObj = JSONObject.Parse(result.Text);
      UserSingleton.Instance.Name = meObj["name"].Str;
      callback(true, result.Text);
    });
  }
/*
{  "data":
  [
```

```
    {"name":"Chris Song","id":"137418009931831"}
  ],
  "paging":{"next":"https:₩/₩/graph.facebook.com₩/v2.2₩/10204997009661738₩/
friends?access_token=CAAUImeIGMdEBAHmbhkz25DFS8dsJCwlCVpzDbHEjmhcGI-
Ke3S8xzkUGUDp7ebNusQLAWOF5vG6LBsiKytu27RR1v1TOkooQXlSzDvQShZBZCICIn2y
SQdn7VbgurfBsw98gZAWMUmDvhwJZAdMMgmOamesWwudy7UTWqpjbBnmRTPxTjEIGi-
JpABWNtgLAldx71FIO8xGTbakudCfZCxR&limit=25&offset=25&__after_id=enc_
AdC1zqmTQJITqEeR4rWCWOJTZArTf1aCACsU4ywiR5TJD6oLORQ64DdkN3sIEJTME0gKG-
3kYDnlZBiIfk3ZAbv8ibKr"},
  "summary":{"total_count":1108}
}*/
  public void LoadFacebookFriend(Action<bool, string> callback, int re-
tryCount = 0)
  {

    FB.API("/me/friends", HttpMethod.GET, delegate(FBResult result){
      if(result.Error != null && retryCount > = 3){
        Debug.LogError(result.Error);
        callback(false, result.Error);
        return;
      }
      if(result.Error != null){
        Debug.LogError("Error occured, start retrying.." + result.Error);
        retryCount = retryCount + 1;
        LoadFacebookFriend(callback, retryCount);
        return;
      }
      Debug.Log(result.Text);
      JSONObject responseObj = JSONObject.Parse(result.Text);
      JSONArray array = responseObj["data"].Array;
      UserSingleton.Instance.FriendList = array;
      callback(true, result.Text);
    });
  }
  // 유저의 정보를 서버로부터 받아와서 최신 정보로 업데이트하는 함수입니다.
  // 콜백변수로, 로드가 완료되면 다시 호출한 스크립트로 로드가 완료되었다고 호출할 수 있습니다.
  public void Refresh(Action callback)
  {
    HTTPClient.Instance.GET(Singleton.Instance.HOST + "/User/
Info?UserID="+UserSingleton.Instance.UserID,
            delegate(WWW www)
              {
      Debug.Log(www.text);
      JSONObject response = JSONObject.Parse(www.text);
```

```
        int ResultCode = (int)response["ResultCode"].Number;
        JSONObject data = response["Data"].Obj;
        UserSingleton.Instance.Level = (int)data["Level"].Number;
        UserSingleton.Instance.Experience = (int)data["Experience"].Number;
        UserSingleton.Instance.Damage = (int)data["Damage"].Number;
        UserSingleton.Instance.Health = (int)data["Health"].Number;
        UserSingleton.Instance.Defense = (int)data["Defense"].Number;
        UserSingleton.Instance.Speed = (int)data["Speed"].Number;
        UserSingleton.Instance.DamageLevel = (int)data["DamageLevel"].Num-
ber;
        UserSingleton.Instance.HealthLevel = (int)data["HealthLevel"].Num-
ber;
        UserSingleton.Instance.DefenseLevel = (int)data["DefenseLevel"].
Number;
        UserSingleton.Instance.SpeedLevel = (int)data["SpeedLevel"].Number;
        UserSingleton.Instance.Diamond = (int)data["Diamond"].Number;
        UserSingleton.Instance.ExpForNextLevel = (int)
data["ExpForNextLevel"].Number;
        UserSingleton.Instance.ExpAfterLastLevel = (int)
data["ExpAfterLastLevel"].Number;

        callback();
    });
    }
}
```

▲ 리스트 19-3 : UserSingleton.cs 소스 코드

(2) 로그인 스크립트 LoginController.cs 작성

로그인을 관리하는 로그인 스크립트를 작성할 차례입니다. 상당히 긴 스크립트인데, 순서대로 하나씩 살펴보겠습니다.

```csharp
using UnityEngine;
using System.Collections;
using Boomlagoon.JSON;
using System;
using Facebook;
using System.Collections.Generic;
using UnityEngine.SceneManagement;
public class LoginController : MonoBehaviour {
    public GameObject BtnFacebook;
    /*
     * Login Process
     *
     * 1) LoginInit()
     * 2) LoginFacebook()
     * 3) LoadDataFromFacebook() - Coroutine
     * 4) LoginGameServer()
     * 5) LoadDataFromGameServer() - Coroutine
     * 6) LoadNextScene()
     *
     **/
    bool[] finished = new bool[10];
    void Start() {
        LoginInit();

        for(int i = 0; i < finished.Length; i++){
            finished[i] = false;
        }
    }
// LoginInit : 이미 로그인한 세션이 있으면 로그인하거나 페이스북 로그인 버튼을 보여줍니다.
    void LoginInit()
    {
// 이미 유저아이디가 있거나 액세스 토큰이 있으면 자동으로 로그인합니다.
        if(UserSingleton.Instance.UserID != 0
        && UserSingleton.Instance.AccessToken != "")
        {
            LoginFacebook();
        }else{
// 저장된 유저아이디가 없으면 새로 로그인합니다.
```

```
                BtnFacebook.SetActive(true);
        }
    }
// 화면 상의 페이스북 버튼을 누르면 호출되는 함수
    public void LoginFacebook()
    {
// 페이스북 SDK를 초기화합니다(페이스북 API 서버 접속).
        FB.Init(delegate {
// FB.ActivateApp() 함수로 페이스북 SDK를 통해 유저가 얼마나 접속하는지 로깅합니다. 페이스북 관
리자 페이지에서 유저의 접속 빈도를 확인할 수 있습니다.
            FB.ActivateApp();
// 페이스북 SDK로 로그인을 수행합니다.
// 유니티 에디터에서는 Access Token을 받아오는 팝업이 뜨지만
// 모바일에서는 잘 연동됩니다.
            UserSingleton.Instance.FacebookLogin(delegate(bool isSuccess,
string response)
            {
                if(isSuccess)
                {
                    // 페이스북 로그인에 성공하면
                    StartCoroutine(LoadDataFromFacebook());

                }else{
                    // 페이스북 로그인에 실패한 경우
                }
            }
            );
        },delegate(bool isUnityShown) {
        },"");
    }
    public IEnumerator LoadDataFromFacebook()
    {
        UserSingleton.Instance.LoadFacebookMe (delegate(bool isSuccess,
string response) {
            finished[0] = true;
        });
// 페이스북 프로필 사진 가져오기
        UserSingleton.Instance.LoadFacebookFriend (delegate(bool isSuccess,
string response) {
            finished[1] = true;
        });
        while(!finished[0] || !finished[1]){
            yield return new WaitForSeconds(0.1f);
        }
```

```
        LoginGameServer();
    }
    public void LoginGameServer()
    {
// 페이스북 로그인 정보를 우리 게임 서버로 보내보겠습니다.
        JSONObject body = new JSONObject();
        body.Add("FacebookID", UserSingleton.Instance.FacebookID);
        body.Add("FacebookAccessToken", UserSingleton.Instance.FacebookAc-
cessToken);
        body.Add("FacebookName", UserSingleton.Instance.Name);
        body.Add("FacebookPhotoURL", UserSingleton.Instance.FacebookPho-
toURL);
        Debug.Log("Send To Server: " + body.ToString());
// 서버에 로그인 데이터를 전달합니다.
        HTTPClient.Instance.POST(Singleton.Instance.HOST + "/Login/Facebook",
                    body.ToString(),
                    delegate(WWW www)
        {
            Debug.Log(www.text);
            JSONObject response = JSONObject.Parse(www.text);

            int ResultCode = (int)response["ResultCode"].Number;
            if(ResultCode == 1 || ResultCode == 2)
            {
                JSONObject Data = response.GetObject("Data");
                UserSingleton.Instance.UserID = (int)Data["UserID"].Number;
                UserSingleton.Instance.AccessToken = Data["AccessToken"].Str;

                StartCoroutine(LoadDataFromGameServer());
            }else{
// 로그인 실패

            }
        });
    }
    public IEnumerator LoadDataFromGameServer()
    {
        UserSingleton.Instance.Refresh(delegate() {
            finished[2] = true;
        });
        RankSingleton.Instance.LoadTotalRank (delegate() {
            finished[3] = true;
        });
        RankSingleton.Instance.LoadFriendRank (delegate() {
```

```
        RankSingleton.Instance.LoadFriendRank (delegate() {
            finished[4] = true;
        });
        while(!finished[2] || !finished[3] || !finished[4]){
            yield return new WaitForSeconds(0.1f);
        }
        LoadNextScene();
    }
    public void LoadNextScene()
    {
        SceneManager.LoadScene ("Lobby");
        //Application.LoadLevel("Lobby");
    }
}
```

▲ 리스트 19-4 : LoginController.cs 전체 스크립트

(3) LoginController.cs 스크립트 세부 설명

로그인 과정은 총 7단계로 이루어져 있습니다. 7단계를 순서대로 살펴봅시다.

```
1단계. Start()
2단계. LoginInit()
3단계. LoginFacebook()
4단계. LoadDataFromFacebook() - Coroutine
5단계. LoginGameServer()
6단계. LoadDataFromGameServer() - Coroutine
7단계. LoadNextScene()
```

1) Start() – bool 형식의 finished 배열에 저장하고 LoginInit() 호출

이 단계에서는 각 과정이 완료되었는지를 체크해서 값을 넣어주는 finished 배열을 생성합니다.

```
bool[] finished = new bool[10];
void Start () {
    LoginInit();

    for(int i = 0; i < finished.Length;i++){
        finished[i] = false;
    }
}
```

▲ 리스트 19-5 : bool[ ] finished = new bool[10]; 초기화

각 단계별로 준비가 되었는지 체크하기 위해 finished 배열을 만들어 둡니다. 로딩을 할 때, 동시에 진행이 가능한 일이 있는 반면에 선후관계가 명확한 경우도 있습니다. 예를 들어 아이템과 미션 리스트는 동시에 로딩해도 상관없지만, 유저의 로그인 처리와 아이템 정보 로딩은 동시에 진행할 수 없습니다.

```
public IEnumerator LoadDataFromFacebook()
{
    UserSingleton.Instance.LoadFacebookMe (delegate(bool isSuccess,
string response) {
        finished[0] = true;
    });
// 페이스북 프로필 사진 가져오기
    UserSingleton.Instance.LoadFacebookFriend (delegate(bool isSuccess,
string response) {
        finished[1] = true;
    });
    while(!finished[0] || !finished[1]){
        yield return new WaitForSeconds(0.1f);
    }
    LoginGameServer();
}
```

▲ 리스트 19-6 : LoadDataFromFacebook() 함수에서 finished[] 변수를 활용하는 예시

예를 들어 리스트 19-6에서처럼, LoadFacebookMe, LoadFacebookFriend 함수가 동시에 시작된다고 합시다. 그리고 세 가지 finished[0] finished[1] finished[2] 변수가 모두 true로 되는 순간이 있다면, 그 다음 과정인 LoginGameServer()를 호출하게 됩니다. 이렇게 하면 로딩 시간을 단축시킬 수 있습니다. 만약에 LoadFacebookMe, LoadFacebookFriend 두 가지 API가 1초씩 소요된다고 한다면, 순서대로 호출해서 2초가 소요되겠지만, 동시처리 방식으로 처리하면 두 가지를 모두 처리하는 데 1초만 소요됩니다.

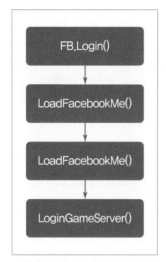

▲ 순서대로 처리할 경우

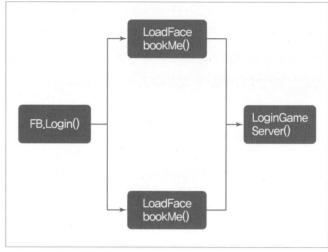

▲ 세 가지 API를 동시에 처리하는 경우

2) LoginInit() – 로그인하기 전에 기존에 로그인 세션이 있는지 체크

로그인을 해서 저장했던 UserID와 AccessToken이 존재하는지 체크합니다. 만약에 있으면 바로 자동 로그인을 진행합니다. 로그인 세션 정보가 없으면 페이스북 로그인 버튼이 활성화됩니다.

```
// LoginInit : 이미 로그인한 세션이 있으면 로그인하거나 페이스북 로그인 버튼을 보여줍니다.
   void LoginInit()
   {
// 이미 유저아이디가 있거나 액세스 토큰이 있으면 자동으로 로그인합니다.
     if(UserSingleton.Instance.UserID != 0
     && UserSingleton.Instance.AccessToken != "")
     {
        LoginFacebook();
     }else{
// 저장된 유저아이디가 없으면 새로 로그인합니다.
        BtnFacebook.SetActive(true);
     }
   }
```

▲ 리스트 19-7 : 예전 로그인 세션이 남아 있는지 확인해서 이미 세션이 있으면 자동 로그인하고, 없으면 페이스북 로그인 버튼 활성화

3) LoginFacebook() – 페이스북 SDK를 초기화하고 로그인 요청

SDK를 초기화하고 로그인 요청을 보내는 부분을 살펴보겠습니다. FB.Init() 함수를 호출해서 페이스북 SDK를 호출합니다. 이렇게 SDK를 초기화하는 것은 페이스북 서버의 승인을 얻고 통신을 시작하기 위해 준비하는 과정입니다.

FacebookLogin() 함수는 총 4 단계로 이루어져있습니다.

3-1. FB.Init()으로 SDK 초기화 → 3-2. FB.Login()으로 페이스북에 로그인 → 3-3. 페이스북 로그인 세션 정보를 영구 저장 → 3-4. LoadDataFromFacebook() 함수를 호출해서 다음 과정 진행

3-1) FB.Init()으로 SDK 초기화

리스트 19-8은 페이스북 SDK를 초기화하는 코드입니다.

```
// 페이스북 SDK를 초기화합니다(페이스북 API 서버 접속).
    FB.Init(delegate
     {

     …
// 페이스북 SDK가 초기화된 이후에 처리할 명령어 입력

     }.delegate(bool isUnityShown) {

    },"");
```

▲ 리스트 19-8 : 페이스북 SDK 클래스 초기화 함수

3-2) FB.Login()으로 페이스북에 로그인

페이스북 SDK를 초기화하고 나면 다음 코드로 페이스북 계정에 로그인을 진행합니다.

```
// 화면 상의 페이스북 버튼을 누르면 호출되는 함수
  public void LoginFacebook()
  {
// 페이스북 SDK를 초기화합니다(페이스북 API 서버 접속).
    FB.Init(delegate {
// FB.ActivateApp() 함수로 페이스북 SDK를 통해 유저가 얼마나 접속하는지 로딩합니다. 페이스북 관
리자 페이지에서 유저의 접속 빈도를 확인할 수 있습니다.
      FB.ActivateApp();
// 페이스북 SDK로 로그인을 수행합니다.
// 유니티 에디터에서는 Access Token을 받아오는 팝업이 뜨지만
// 모바일에서는 잘 연동됩니다.
      UserSingleton.Instance.FacebookLogin(delegate(bool isSuccess,
string response)
        {
          if(isSuccess)
          {
            // 페이스북 로그인에 성공하면
            StartCoroutine(LoadDataFromFacebook());

          }else{
            // 페이스북 로그인에 실패한 경우
          }
        }
      );
    }.delegate(bool isUnityShown) {
    }.'');
  }
```

▲ 리스트 19-9 : 페이스북 SDK 클래스 초기화 함수

4) LoadDataFromFacebook()

페이스북에서 나의 이름과 프로필 사진, 주소, 그리고 친구목록을 조회합니다. 로그인을 완료하면 자동으로 페이스북 ID와 액세스 토큰을 가져오지만, 페이스북 상의 유저의 이름과 사진 URL 주소는 따로 요청해야 합니다.

4-1) FB.API("/me")

내 이름과 성, 그리고 성별을 조회할 때 사용합니다.

4-2) FB.API("/me/picture?width=128&height=128&redirect=false")

내 프로필 사진을 조회할 때 사용합니다.

4-3) FB.API("friends")

동일한 게임에 가입한 페이스북 친구 리스트를 조회합니다.

```
public IEnumerator LoadDataFromFacebook()
{
    UserSingleton.Instance.LoadFacebookMe (delegate(bool isSuccess,
string response) {
        finished[0] = true;
    });
// 페이스북 프로필 사진 가져오기
    UserSingleton.Instance.LoadFacebookFriend (delegate(bool isSuccess,
string response) {
        finished[1] = true;
    });
    while(!finished[0] || !finished[1]){
        yield return new WaitForSeconds(0.1f);
    }
    LoginGameServer();
}
```

▲ 리스트 19-10 : LoginFacebook() 함수

서바까지 스킬의 유니티 3D액션게임

```
/*
저자의 경우 오는 페이스북 로그인 결과
{"is_logged_in":true,
 "user_id":"10204997009661738",
 "access_token":"~~~",
 "access_token_expires_at":"01/01/0001 00:00:00"}
*/
  public void FacebookLogin(Action<bool, string> callback, int retryCount
= 0)
  {
    FB.Login("email",delegate(FBResult result) {
      if(result.Error != null && retryCount > = 3){
        Debug.LogError(result.Error);
        callback(false, result.Error);
        return;
      }
      if(result.Error != null){
        Debug.LogError(result.Error);
        retryCount = retryCount + 1;
        FacebookLogin(callback, retryCount);
        return;
      }
      Debug.Log(result.Text);
      Debug.Log("FB Login Result: " + result.Text);
      // 페이스북 로그인 결과를 JSON 파싱합니다.
      JSONObject obj = JSONObject.Parse(result.Text);
      // 페이스북 로그인이 성공했는지 여부를 뜻하는 is_logged_in 변수 bool형
      bool is_logged_in = obj["is_logged_in"].Boolean;
      // 페이스북 아이디를 UserSingleton에 저장합니다.
      // 이 변수는 게임을 시작했다 종료해도 유지되도록 환경변수에 저장하게끔 구현되어있습니다.
      UserSingleton.Instance.FacebookID = obj["user_id"].Str;
      UserSingleton.Instance.FacebookPhotoURL = "http://graph.facebook.
com/" + UserSingleton.Instance.FacebookID + "/picture?type=square";
      // 페이스북 액세스 토큰을 UserSingleton에 저장힙니다.
      // 이 변수 역시 게임을 시작했다 종료해도 유지됩니다.
      UserSingleton.Instance.FacebookAccessToken = obj["access_token"].
Str;
      callback(true, result.Text);
    });
  }
```

▲ 리스트 19-11 : 로그인 세션 정보를 영구적으로 저장(User Signleton.cs의 FacebookLogin 함수)

5) LoginGameServer()

이제 로그인에 필요한 데이터를 다 확보했으니, 기존 챕터에서 만들었던 게임 서버로 로그인 HTTP 요청을 보내도록 합니다.

```
public void LoginGameServer()
{

// 페이스북 로그인 정보를 우리 게임 서버로 보내보겠습니다.
    JSONObject body = new JSONObject();
    body.Add("FacebookID", UserSingleton.Instance.FacebookID);
    body.Add("FacebookAccessToken", UserSingleton.Instance.FacebookAc-
cessToken);
    body.Add("FacebookName", UserSingleton.Instance.Name);
    body.Add("FacebookPhotoURL", UserSingleton.Instance.FacebookPho-
toURL);
    Debug.Log("Send To Server: " + body.ToString());
// 서버에 로그인 데이터를 전달합니다.
    HTTPClient.Instance.POST(Singleton.Instance.HOST + "/Login/Face-
book",
                    body.ToString(),
                    delegate(WWW www)
    {
      Debug.Log(www.text);
      JSONObject response = JSONObject.Parse(www.text);

      int ResultCode = (int)response["ResultCode"].Number;
      if(ResultCode == 1 || ResultCode == 2)
      {
        JSONObject Data = response.GetObject("Data");
        UserSingleton.Instance.UserID = (int)Data["UserID"].Number;
        UserSingleton.Instance.AccessToken = Data["AccessToken"].Str;

        StartCoroutine(LoadDataFromGameServer());

      }else{
// 로그인 실패

      }

    });

}
```

▲ 리스트 19-12 : LoginGameServer()

6) LoadDataFromGameServer() – Coroutine

게임 서버에서 로그인을 완료한 후에, 게임 서버로부터 유저 데이터를 로딩하는 함수를 호출합니다.

```
UserSingleton.Instance.Refresh(delegate() { });
```

이 함수는 유저 정보를 새롭게 갱신하는 요청을 보내고 요청이 완료되면 콜백 함수가 호출되어 finished[3] = true; 명령이 실행됩니다. 유저 정보 Refresh()가 완료되면 Load-NextScene() 함수를 호출하여 다음 과정으로 넘어갑니다.

```
public IEnumerator LoadDataFromGameServer()
{

  UserSingleton.Instance.Refresh(delegate() {
    finished[3] = true;
  });

  while(!finished[3]){
    yield return new WaitForSeconds(0.1f);
  }
  LoadNextScene();
}
```

▲ 리스트 19-13 : LoadDataFromGameServer() 함수로 게임 서버에서 데이터 로딩

7) LoadNextScene() – 다음 신으로 이동하기

```
public void LoadNextScene()
{
  Application.LoadLevel("Lobby");
}
```

▲ 리스트 19-14 : LoadNextScene() 함수로 다음 신으로 이동합니다

05 │ 로그인 UI와 스크립트 연결

스크립트를 완성하였으니, 버튼을 눌렀을 때 스크립트의 함수가 실행되도록 해 봅시다.

(1) 새로운 게임 오브젝트 생성하여 LoginController라는 이름으로 설정

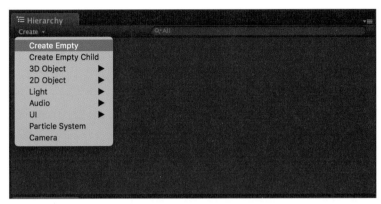

▲ 새로운 게임 오브젝트 생성

[Create > Create Empty] 버튼을 눌러서 새로운 게임 오브젝트를 생성합니다.

▲ 게임 오브젝트의 이름을 LoginController로 변경

생성한 게임 오브젝트의 이름을 'LoginController'라고 변경합니다.

▲ Add Component에서 LoginController 입력

[Add Component] 버튼을 클릭해서 'LoginController'라고 입력합니다. Login Controller 스크립트가 검색되면 엔터를 입력하거나 클릭해서 게임 오브젝트에 스크립트를 추가합니다.

▲ Button을 BtnFacebook 변수로 연결

Button을 드래그해 LoginController의 BtnFacebook 변수로 연결합니다.

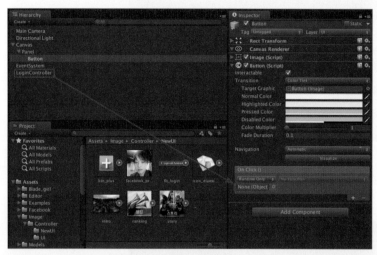

▲ LoginController 게임 오브젝트를 Button의 On Click()의 빨간 네모 영역으로 드래그

앞의 그림과 같이 LoginController 게임 오브젝트를 Button의 On Click() 영역으로 드래그
합니다.

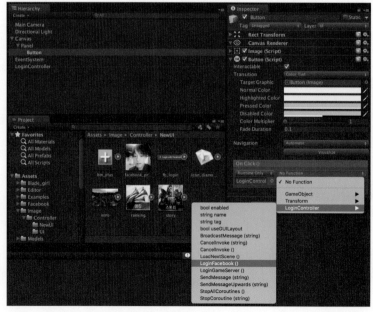

▲ 로그인 버튼을 누르면 호출될 함수를 지정하는 과정

페이스북 로그인 버튼을 선택하고, [No Function] 드롭다운 리스트를 클릭해서 [Login Controller > LoginFacebook()] 함수를 선택합니다.

여기까지 모든 로그인 과정을 완료하였습니다. 이번 챕터에서는 서버 통신과 함께 로딩 화면을 구현하는 방법에 대해 알아보았습니다. 서버 통신을 한 번 겪어보면 향후 개발할 게임에서 어떻게 서버와 클라이언트를 개발해야 할지 설계하기가 훨씬 수월해질 것입니다. 어렵더라도, 꼼꼼히 실습해 보면서 방법을 습득하시길 권합니다.

다음 챕터에서는 디자인 패턴에 대해서 배워봅시다. 특히 디자인 패턴 챕터 이후로 구현할 여러 가지 기능을 더 깔끔하고 아름답게 구현하기 위해 필요한 공부가 될 것입니다.

CHAPTER

20 디자인 패턴 학습 및 적용

≫ 디자인 패턴이란 사람들이 자주 반복적으로 사용하는 객체지향 클래스 설계 패턴을 말합니다. 프로그램을 개발하다 보면, 플레이어에게서 발생한 이벤트를 어떻게 몬스터에게 전달해야 할지, 팝업을 띄우려는데 어떻게 팝업에 표시될 데이터를 전달해야 할지 막막한 경우가 자주 생깁니다. 상황별로 그 문제를 해결할 가장 적절한 프로그래밍 기법을 정리해 둔 것이 바로 디자인 패턴입니다. 이번 챕터에서는 디자인 패턴 중 유니티에서 유용하게 쓸 만한 몇 가지 패턴을 소개합니다.

01 | 싱글톤 패턴

클래스의 객체 편의를 위해 전역적(全域的)으로 접근할 수 있게 해주는 패턴이 싱글톤(Single-ton)입니다. 마치 전역변수처럼 어디에서나 그 하나의 객체에 접근이 가능하기 때문에 장면 관리자(SceneManager)나 다이얼로그 관리자(DialogManager)처럼 실행 중에 단 하나의 객체만 존재해야 하는 경우 특히 유용합니다.

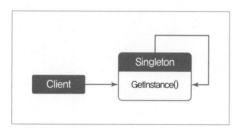

▲ 싱글톤 패턴 개념도

예를 들어 여러 스크립트에서 자주 쓰이는 변수들은 항상 어디에 보관하고 있어야 할지 애 매한 경우가 많습니다. 만약 어느 한곳에 변수를 선언한다면 스크립트들끼리 서로를 참조 하며 변수를 이리저리 복잡하게 주고받아야 하는 상황이 발생합니다. 이때 변수만을 저장 해 놓는 객체를 싱글톤 패턴으로 만들어 놓는다면, 스크립트에서는 단순히 그 객체에 접근 하여 변수를 가져오면 됩니다. 스크립트 간의 상호 참조도 필요 없어지고, 변수를 어디에 두어야 할지도 해결됩니다.

TIP 게임 오브젝트 접근 방법

❶ 유니티 Inspector 탭에서 연결 : A 스크립트에서 B 스크립트에 이벤트를 전달하기 위해서 Inspector 탭에서 일일이 이벤트를 전달할 객체를 매핑해 줍니다.

❷ 싱글톤 객체 함수 호출 : 싱글톤 객체에 코드 형태로 바로 이벤트를 전달하는 것이 가능합니다.

(1) 싱글톤 클래스 버전

다음 리스트를 통해 싱글톤 패턴의 간단한 구조를 확인해 봅시다.

```
public class Singleton
{
  public int x;

  private static Singleton instance;

  private Singleton() {}

  public static Singleton Instance
  {
    get
    {
      if (instance == null)
      {
        instance = new Singleton();
      }
      return instance;
    }
  }
}
```

▲ 리스트 20-1 : 싱글톤 기본 패턴

싱글톤의 기본 패턴 구조를 살펴봅시다. 우선 다른 곳에서 new 연산자를 이용해 객체들을 함부로 만들지 못하도록 생성자의 접근 지정자를 private로 선언하고 있습니다. 객체는 클래스 내부의 static 변수로 존재합니다. 외부에서 이 객체에 접근하기 위해서는 'Instance' 프로퍼티를 사용해야 합니다. 프로퍼티 안에서 객체가 아직 null이면, 객체를 만들고 반환합니다. 예를 들어 싱글톤 객체 내부에 존재하는 변수 'x'에 5를 할당하고자 한다면 'Singleton.Instance.x = 5;'와 같은 형식으로 어디에서나 접근할 수 있습니다.

(2) 싱글톤 Monobehaviour 버전

일반적인 C# 프로그램이라면 기본 패턴 구조의 예제로 든 코드로도 충분하지만, 유니티 3D의 경우 신이 전환되어 화면이 바뀌게 되면 싱글톤이 메모리에서 사라지게 됩니다. 그렇기 때문에 모든 신에서 공통으로 사용할 싱글톤 객체를 만들려면 다음과 같이 몇 가지 처리를 수행해야 합니다.

1) Monobehaviour를 상속받는다.

```
public class Singleton : MonoBehaviour {
```

▲ 리스트 20-2 : Monobehaviour 상속

2) 게임 오브젝트(GameObject)를 새로 생성한다.

```
GameObject container = new GameObject("Singleton");
```

▲ 리스트 20-3 : 게임 오브젝트 생성

3) 게임 오브젝트에 싱글톤 스크립트를 붙인다.

```
_instance = container.AddComponent( typeof( Singleton ) ) as Singleton;
```

▲ 리스트 20-4 : 게임 오브젝트에 싱글톤 객체를 컴포넌트로 추가

4) 게임 오브젝트에 DontDestroyOnLoad() 함수로 신이 전환돼도 사라지지 않게 한다.

```
DontDestroyOnLoad( container );
```

▲ 리스트 20-5 : DontDestroyOnLoad()로 게임 오브젝트가 사라지지 않게 처리

단순히 new Singleton();으로 새로운 싱글톤 객체를 생성하는 것뿐만 아니라, 이 객체를 게임 오브젝트로 만들어서 신에 붙여야 할 필요가 있습니다.

```
using UnityEngine;
using System.Collections;
using System.Collections.Generic;
using Boomlagoon.JSON;
using System;

public class Singleton : MonoBehaviour {
   static Singleton _instance;
   public static Singleton Instance {
      get {
         if(!_instance) {
            GameObject container = new GameObject("Singleton");
            _instance = container.AddComponent( typeof( Singleton ) ) as Sin-
gleton;
            DontDestroyOnLoad( container );
         }

         return _instance;
      }
   }
}
```

▲리스트 20-6 : Monobehaviour 버전 싱글톤 클래스 정의

특히 이런 싱글톤 객체는 게임 개발 시 게임에서 활용될 모든 데이터들을 저장할 때 사용됩니다. 예제 게임의 세션 데이터나 아이템 정보 등을 저장할 때는 어느 신에서나 게임의 처음부터 끝까지 전체의 데이터가 필요합니다.

모든 신에서 동일하게 접근해야 하는 객체인 경우에는 Monobehaviour 버전의 싱글톤을 사용하면 됩니다.

(3) 간단히 만드는 싱글톤

싱글톤 방식은 유니티 엔진에서 싱글톤 클래스를 만드는 방법 중에 가장 간단합니다. 게임 오브젝트가 생성될 때 호출되는 Start() 함수의 static 변수에 자신의 인스턴스를 할당하면 됩니다. 좀 더 자세히 설명하자면, 다음과 같습니다.

클래스 안에 static 변수인 Instance를 정의해 놓고, Instance 변수에 자기 자신을 할당하는 것입니다. 이렇게 구현하면 해당 게임 신 안에서는 자유롭게 이 클래스에 접근할 수 있게 됩니다. 다만 주의해야 할 점이 몇 가지 있습니다.

문제 1. 게임 신 안의 레이지 싱글톤 클래스에는 하나의 게임 오브젝트만 붙어 있어야 제대
로 접근이 됩니다.

문제 2. 다른 신으로 이동해서 기존의 게임 신이 종료되면 싱글톤 클래스가 메모리에서 사
라집니다. 이를 방지하기 위해 DontDestoryOnLoad(this)를 적용할 수는 있지만,
다시 똑같은 신으로 돌아오면 레이지 싱글톤 오브젝트가 두 개 생성되기 때문에 그
다지 추천하는 방식은 아닙니다.

이 두 가지 제약사항에 해당되지 않는다면 간단한 싱글톤을 자유롭게 사용하는 것도 나쁘
지 않습니다. 싱글톤 객체가 이미 존재하는지 체크하지 않고, 객체가 하나만 있다는 보장
도 없기 때문에 좋은 패턴은 아니지만, 워낙 간단하기 때문에 프로그래머의 성향에 따라
자주 쓰일 수 있습니다.

```
public class Singleton : MonoBehaviour {
    public static Singleton Instance;
    void Start(){
        Instance = this;
    }
}
```

▲ 리스트 20-7 : 대충 만드는 싱글톤 방식

02 | 델리게이트

델리게이트(Delegate)는 함수를 저장하는 변수라고 할 수 있습니다. 지난 챕터에서 HTTP-
Client 클래스를 다루면서 delegate를 활용했었는데, 다시 한 번 짚고 넘어갑시다.

(1) HTTPClient에서 델리게이트를 활용한 예시 살펴보기

HTTPClient의 GET 함수를 한 번 보겠습니다. Action〈WWW〉 이라는 변수를 GET() 함수
를 호출할 때 매개변수로 전달합니다.
GET() 함수에 Action〈WWW〉 을 매개변수로 보내는 것은 모든 작업을 수행하고 완료한
뒤에 '내가 넘겨준 함수에 결과를 전달해달라'는 의미입니다.
GET() 함수는 WWW 클래스를 생성한 다음에 WaitWWW() 함수에 콜백 함수를 다시 한 번
매개변수로 전달합니다. 결국은 WWW 요청이 완료된 후에 WaitWWW() 함수가 GET() 함
수를 호출할 당시에 전달해준 콜백 함수를 호출하게 되는 것입니다.

```
...

    // GET 함수로 GET 형식의 HTTP 통신을 수행할 수 있습니다.
    public void GET(string url, Action<WWW> callback) {

        // 새로운 WWW 클래스를 생성합니다.
        WWW www = new WWW(url);
        // StartCoroutine으로 IEnumerator 형식의 WaitWWW 함수를 실행합니다.
        // WaitWWW 함수는 WWW 요청이 완료될 때 callback 함수로 결과를 전달하도록 합니다.
        StartCoroutine(WaitWWW(www, callback));

    }

...

    public IEnumerator WaitWWW(WWW www, Action<WWW> callback)
    {
        yield return www;
        callback(www);
    }
...
```

▲ 리스트 20-8 : 델리게이트인 Action〈WWW〉 callback을 매개변수로 받는 GET 함수

리스트 20-8에서 선언한 GET() 함수가 실제로 쓰이는 코드를 한 번 살펴봅시다. 리스트 20-9에서 선언한 것처럼, 호출한 URL 주소는 "http://ifconfig.me/ip"입니다. 그리고 요청이 완료되면 요청이 완료된 결과를 받아올 함수를 같이 전달합니다.

```
HTTPClient.Instance.GET("http://ifconfig.me/ip", delegate(WWW www){
  Debug.Log(www.text);
});
```

▲ 리스트 20-9 : HTTPClient 클래스의 GET 함수에 delegate를 같이 전달하는 예시

여기에서 전달한 함수는 다음과 같은 코드로 표현됩니다. 즉, WWW 요청이 완료되면, 결과를 www 인스턴스로 받아오는 셈입니다. www.text는 GET 요청의 결과가 적힌 문자열입니다. 리스트 20-10의 델리게이트 함수는 Debug.Log(www.text); 명령으로 요청의 결과 문자열을 디버깅 로그에 뿌려 줍니다.

```
delegate(WWW www){
  Debug.Log(www.text);
}
```

▲ 리스트 20-10 : 매개변수로 전달한 델리게이트 함수

Action〈WWW〉에서 Action이라는 자료형은 delegate와 동일하지만, 반환하는 값이 없는 delegate라고 이해하면 됩니다. 하지만 대부분의 경우 delegate 함수가 특정 값을 반환할 일은 없어서 일반적으로 Action 자료형이 자주 활용됩니다.

(2) 델리게이트가 주는 의미

델리게이트(Delegate) 변수는 프로그래밍에 상당한 자유도를 허락합니다. 앞의 예시처럼 특정조건이 되었을 때 함수를 실행하도록 함수를 매개변수로 전달하는 패턴은 코드의 중복을 줄여주고, 불필요하고 복잡한 의존관계를 해결해 주기도 합니다.

저자가 이 델리게이트를 처음 접했을 때는 마치 풀리지 않는 어려운 문제를 해결한 느낌이었습니다. 저자의 경우에는 웹 요청을 처리하고 나서 결과를 받았을 때 어떻게 받아올지 몰랐었고, 미션 종료 팝업 애니메이션이 완료한 후에 레벨업 애니메이션을 호출해줘야 하는 순차적인 처리를 어떻게 할 것인지, 그리고 함수가 호출되는 이벤트 타이밍을 어떻게 잡을 것인지 고민이 많았습니다.

그런 점에서 애니메이션을 구현하거나, 전후관계가 명확한 기능을 구현할 때, 그리고 서버와의 통신을 다룰 때 아주 유용한 프로그래밍 패턴이 바로 델리게이트입니다.

(3) 하나의 델리게이트 변수에 여러 함수를 할당하기

델리게이트는 한번에 여러 가지 함수를 할당받을 수도 있습니다. 한번에 여러 함수를 할당받는 패턴은 바로 다음에 배울 발행-구독 패턴에서 활용할 예정입니다. 우선 맛보기로 NotificationCenter.cs 코드 중 일부를 소개합니다.

```
public class NotificationCenter
{

...

  public delegate void UpdateDelegator();
  public enum Subject
  {
    PlayerData,
  }

  Dictionary<Subject, UpdateDelegator> _delegateMap;

  private NotificationCenter()
  {
    _delegateMap = new Dictionary<Subject, UpdateDelegator>();
  }

  ...
```

▲리스트 20-11 : 델리게이트가 선언된 클래스 예시

Dictionary〈Subject, UpdateDelegator〉형식의 변수가 _delegateMap입니다.

```
    public void Add(Subject subject, UpdateDelegator delegator)
  {
    if (_delegateMap.ContainsKey(subject) == false)
    {
      _delegateMap[subject] = delegate() {};
    }

    _delegateMap[subject] += delegator;
  }

  public void Delete(Subject subject, UpdateDelegator delegator)
  {
    if (_delegateMap.ContainsKey(subject) == false)
    {
      return;
    }

    _delegateMap[subject] -= delegator;
  }
```

▲ 리스트 20-12 : 델리게이트에 새로운 함수를 추가하고 삭제하는 Add / Delete 함수

Add() 함수에서 다음과 같이 선언하는 부분은, 넘겨받은 함수를 delegate에 추가하라는 의미입니다.

```
_delegateMap [subject] += delegator;
```

예를 들어, 플레이어의 정보를 서버로부터 받아와서 업데이트 되었다고 가정해 봅시다. 이때 상단의 상태창과 플레이어의 정보창, 그리고 플레이어의 능력치가 동시에 업데이트 되어야 합니다. 이 세 가지 플레이어 정보 업데이트 함수를 '플레이어 데이터 업데이트' 이벤트가 발생할 때 호출되도록 델리게이트(Delegate)에 3개의 함수를 연결시키는 것입니다.
이렇게 한번에 여러 개의 함수를 하나의 델리게이트에 연결하는 것을 '델리게이트 체인(Delegate Chain)'이라고 합니다.

03 | 발행-구독 패턴

발행-구독 패턴(Publish-Subscribe Pattern)은 어떤 객체에 대해 특정한 이벤트가 발생했을 때, 관련된 객체들에게 그 이벤트가 일어났음을 알려주는 패턴입니다. 옵서버 패턴(Observer Pattern)이라고도 합니다.

(1) 발행-구독 패턴의 흐름

도식화된 발행-구독 패턴 흐름도를 통해 어떤 방식으로 구동되는지 살펴봅시다.

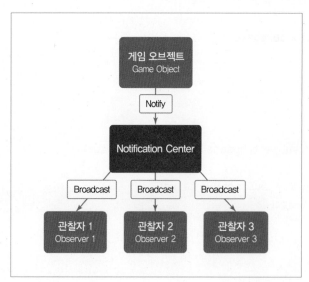

▲ 옵서버 패턴의 흐름도

1) 관찰 주제 정의

노티피케이션 센터(Notification Center)에 'Subject'라는 이름의 주제를 등록합니다.

▲ 노티피케이션 센터에 주제 등록

2) 관찰자가 노티피케이션 센터에 등록

관찰자(옵서버, Observer)는 객체의 상태 변화를 관찰하는 역할을 합니다. 그래서 관찰자는 주제의 상태가 변경되면 이벤트 알림을 받기 위해 자신이 구독하고자 하는 주제에 자신을 등록합니다.

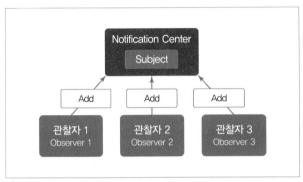

▲ 관찰자가 노티피케이션 센터의 특정 주제에 자신을 등록

3) 등록된 함수에 메시지 전달

주제의 상태가 변경되면 관찰자들이 등록해 놓은 함수에 메시지를 전달합니다.

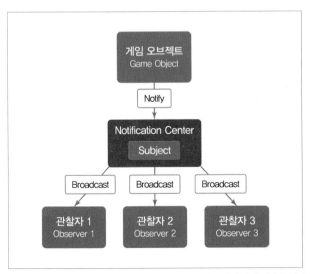

▲임의의 게임 오브젝트가 노티피케이션 센터에 특정 주제의 상태 변화를 알림

(2) 노티피케이션 패턴 예시

예를 들어 플레이어가 소지하고 있는 골드값을 가지고 있는 객체가 있고, 골드값은 게임 화면이나 상점 화면과 같은 여러 UI에 나타날 수 있다고 가정해 봅시다. 플레이어가 게임 화면에서 얻은 골드값은 게임 화면뿐만이 아닌 상점 화면에도 반영이 되어야 하고, 상점 화면에서 변경된 골드값은 게임 화면에서도 변경이 되어야 합니다. 이와 같이 하나의 객체에 대한 이벤트가 다른 객체들에게 알려져야 하는 경우 사용할 수 있는 것이 노티피케이션 (Notification) 패턴입니다.

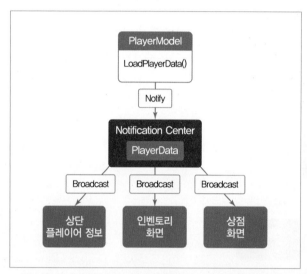

▲ 유저 정보가 변경되면 유저 정보 관찰자들에게 유저 정보가 변경되었다는 이벤트 전달

(3) 발행—구독 패턴 NotificationCenter 유니티3D C#으로 구현해 보기

이벤트를 편하게 관리할 수 있도록 모든 노티피케이션 메시지의 중심인 NotificationCenter 클래스를 만들어 봅시다.

```csharp
public class NotificationCenter
{
  // singleton pattern
  private static readonly NotificationCenter instance = new Notification-
Center();
  public static NotificationCenter Instance
  {
    get
    {
      return instance;
    }
  }
  //

  public delegate void UpdateDelegator();
  public enum Subject
  {
    PlayerData,
  }

  Dictionary<Subject, UpdateDelegator> _delegateMap;

  private NotificationCenter()
  {
    _delegateMap = new Dictionary<Subject, UpdateDelegator>();
  }
}
```

▲ 리스트 20-13 : NotificationCenter 첫 번째 부분

NotificationCenter 객체는 하나만 존재해야 합니다. 사공이 많으면 배가 산으로 간다는 말이 있습니다. 노티피케이션 관리 역할을 맡게 될 NotificationCenter가 여러 개 존재한 다면 관리에 혼선이 발생할 수 있습니다. 명확한 중간 메시지 전달자 역할을 맡기기 위해서 하나만 만드는 것이 올바른 선택입니다.

NotificationCenter를 어디서나 접근이 가능한 객체로 만들기 위해서는 싱글톤 패턴을 사용해야 합니다. 이벤트가 발생했을 때 다른 객체들에게 알릴 콜백 함수의 원형을 Updat-eDelegator로 선언해 놓습니다. 그리고 이벤트 주제(Subject)를 열거형 형식(enum 형식)으로 선언합니다.

열거형 형식이란?

열거형 형식(enum 형식)은 변수에 할당할 수 있도록 명명된 정수, 상수의 집합을 정의하는 효율적인 방법을 제공합니다. 예를 들어 요일을 나타내는 변수값을 정의한다고 가정합시다. 그러면 요일을 정의할 수 있는 숫자는 단 7개뿐입니다.

```
enum Days {Sunday, Monday, Tuesday, Wednesday, Thursday, Friday, Saturday}
```

이렇게 작성해 두고, 이 열거형 형식을 사용하려면 다음과 같이 선언할 수 있습니다.

```
Days.Sunday
Debug.Log("Sunday ToString : "+ Days.Sunday.ToString());
Debug.Log("Sunday int : " + (int)Days.Sunday);
```

여기서 Days.Sunday의 문자형은 Sunday이고, 정수형은 0입니다. 그리고 두 번째 라인의 결과는 'Sunday ToString : Sunday', 세 번째 라인의 결과는 'Sunday int : 0'입니다.

사실 프로그램단에서 빌드될 때는 정수형으로 치환되어 처리되지만 프로그래밍을 하는 입장에서는 아주 편해지기 때문에 이 방법을 활용하는 것을 추천합니다.

이 책의 예제에서 적절히 적용해 볼 수 있는 부분을 꼽으라면, 서버 프로그램의 결과 코드(ResultCode) 부분을 들 수 있습니다. 서버에서 에러의 유형이 숫자로 정의되어 있고, 각각의 숫자가 뜻하는 에러의 종류가 있습니다. 예를 들어, 1이 정상 결과라면 2는 인증 실패, 3은 데이터베이스 접속 실패 등 각 결과 코드를 열거형과 자료형으로 정리할 수 있습니다.

참고로 여기서부터 나오는 델리게이트(Delegate)는 앞서 다룬 델리게이트 예제에서 한 번 살펴본 내용들입니다. 소스 코드나 함수에 대한 세부적인 설명은 앞의 내용을 복습하면서 되짚어 보는 것도 좋겠습니다.

앞서 리스트 20-8에서는 PlayerData로 플레이어의 데이터가 변경되었을 때 이벤트를 발생시키도록 하였습니다. 이번에는 이벤트 주제를 key로 하고, 그와 대응되는 델리게이트 함수를 value로 하는 Dictionary 변수를 _delegateMap이라는 이름으로 선언하였습니다.

이벤트가 발생하면, 이를 구독하고 있는 객체들을 서로 매핑해서 관리해 주어야 합니다. 그래서 어떤 객체가 어떤 이벤트를 구독하고 있는지를 관리하는 _delegateMap이라는 이름의 변수를 할당해 줍니다.

```
    public void Add(Subject subject, UpdateDelegator delegator)
{
  if (_delegateMap.ContainsKey (subject) == false)
  {
    _delegateMap[subject] = delegate() {};
  }

  _delegateMap [subject] += delegator;
}

public void Delete(Subject subject, UpdateDelegator delegator)
{
  if (_delegateMap.ContainsKey (subject) == false)
  {
    return;
  }

  _delegateMap [subject] -= delegator;
}
```

▲ 리스트 20-14 : NotificationCenter 두 번째 부분

앞의 예제는 이벤트 주제에 대한 콜백 함수를 추가/삭제하는 함수입니다. delegate의 + 연산으로 여러 개의 함수를 델리게이트(Delegate)에 지정할 수 있습니다.

```
 public void Notify(Subject subject)
{
  if (_delegateMap.ContainsKey(subject) == false)
  {
    return;
  }

  foreach(UpdateDelegator delegator in
  _delegateMap[subject].GetInvocationList())
  {
    try
    {
      delegator();
    }
    catch (Exception e)
    {
      Debug.LogException(e);
    }
  }
}
```

▲ 리스트 20-15 : NotificationCenter 세 번째 부분

리스트 20-15는 이벤트가 발생하면 호출되는 Notify() 함수와 관련된 코드입니다. 특정 Subject에 대해서 Notify 이벤트가 발생하면 이와 관련된 델리게이트를 찾는 역할을 합니다. _delegateMap에서 해당 Subject에 해당하는 델리게이트를 조회하고, 이 델리게이트가 가지고 있는 모든 delegate를 foreach 문으로 조회하는 식으로 작동하게 됩니다. 그리고 조회한 각각의 delegate를 호출하여, 해당 이벤트가 발생했다는 사실을 알리게 됩니다.

지금까지 살펴본 NotificationCenter 예제의 세 부분을 하나로 합치면 다음과 같은 NotificationCenter 클래스가 완성됩니다.

```csharp
public class NotificationCenter
{
  // singleton pattern
  private static readonly NotificationCenter instance = new Notification-
Center();
  public static NotificationCenter Instance
  {
    get
    {
      return instance;
    }
  }
  //

  public delegate void UpdateDelegator();
  public enum Subject
  {
    PlayerData,
  }

  Dictionary<Subject, UpdateDelegator> _delegateMap;

  private NotificationCenter()
  {
    _delegateMap = new Dictionary<Subject, UpdateDelegator>();
  }
    public void Add(Subject subject, UpdateDelegator delegator)
  {
    if (_delegateMap.ContainsKey(subject) == false)
    {
      _delegateMap[subject] = delegate() {};
    }

    _delegateMap[subject] += delegator;
  }

  public void Delete(Subject subject, UpdateDelegator delegator)
  {
    if (_delegateMap.ContainsKey(subject) == false)
    {
      return;
    }
```

```
        _delegateMap [subject] -= delegator;
    }

    public void Notify(Subject subject)
{
    if (_delegateMap.ContainsKey (subject) == false)
    {
        return;
    }

    foreach(UpdateDelegator delegator in
    _delegateMap[subject].GetInvocationList())
    {
        try
        {
            delegator();
        }
        catch (Exception e)
        {
            Debug.LogException(e);
        }
    }
}
```

▲ 리스트 20-16 : NotificationCenter 전체 코드

끝으로 이벤트를 발생시키는 Notify 멤버 함수를 짚고 다음으로 넘어갑시다. 이 함수는 원하는 주제를 매개변수로 받아 _delegateMap에서 해당하는 콜백을 실행하는 역할을 합니다. 이때 중요한 것은 멀티캐스트 대리자를 한번에 호출하지 않고 foreach 문을 돌면서 일일이 하나씩 호출한다는 것입니다. 이렇게 하지 않으면 여러 개의 콜백 함수 중 어떤 하나만 예외가 발생해도 그 다음 콜백 함수들은 실행되지 않는 경우가 생깁니다.

여기까지 NotificationCenter 모듈에 대해 알아봤습니다. 이제 본격적으로 노티피케이션 패턴을 활용해서 이벤트를 주고받는 법을 살펴봅시다. 우선 노티피케이션을 받는 객체를 만들어 봅시다.

```
public class GoldView : MonoBehaviour {

  void Start () {
    NotificationCenter.Instance.Add(NotificationCenter.Subject.Player-
Data, this.UpdateViewInfo);
  }

  void UpdateViewInfo(){
    // some update stuff here
  }
}
```

▲ 리스트 20-17 : GoldView 예시

우선 Start 함수 내부에 PlayerData에 대한 콜백 함수(UpdateViewInfo)를 등록해 놓습니다. 그래야만 NotificationCenter에서 PlayerData라는 이벤트가 발생할 때, 우리가 지정한 UpdateViewInfo() 함수가 호출됩니다. 그리고 이벤트를 발생시키기 위해서는 다음과 같이 원하는 곳에서 Notify 함수를 불러주면 됩니다.

```
public void EarnCash(ulong income)
{
  this.Gold += (long)income;
  NotificationCenter.Instance.Notify( NotificationCenter.Subject.Player-
Data );
}
```

▲ 리스트 20-18 : Notify 함수 호출

NotificationCenter를 활용해서 편리하게 구현할 수 있는 기능들이 많습니다. 다음 챕터부터는 실제로 NotificationCenter를 예제에 적용해 활용하는 방법을 배워볼 것입니다. 이를 위해 프로젝트 폴더에 NotificationCenter 코드를 추가해 둡시다.

04 | 오브젝트 풀 패턴

오브젝트 풀(Object Pool) 패턴은 객체를 필요로 할 때 풀에 요청하고, 반환하는 일련의 작업들을 수행하는 패턴입니다. 간단하게 말하자면, 동일한 개체들이 반복적으로 나타났다가 사라질 때 자주 사용되는 패턴입니다.

예를 들어, 앞서 만들어 봤던 슬라임 자동 생성 스크립트 SpawnPool.cs를 떠올려 봅시다. 일정 시간이 지나면 새로운 슬라임이 생성되는데, 이를 그냥 가만히 내버려 둔다면 시간이 지날수록 무한히 슬라임이 생성되어 어느 순간에는 필드를 가득 채워버릴 것입니다. 그런데 슬라임이 죽었을 때, 그 죽은 슬라임을 재활용해서 새로운 슬라임을 생성하는 데 사용한다면 어떨까요? 상당한 리소스를 아낄 수 있지 않을까요?

(1) 오브젝트 풀 패턴이란?

오브젝트 풀 패턴은 객체를 재활용하는 방법을 제시합니다. 좀 더 이해하기 쉽게 설명하자면 이렇습니다. 오브젝트 풀이 있다고 합시다. 이 리소스 풀에 객체를 미리 만들어 두었다가, 새로운 객체를 요구하면 오브젝트 풀에서 꺼내서 전달합니다. 오브젝트를 다 활용하고서는 이 오브젝트를 다시 오브젝트 풀로 보냅니다. 이런 일련의 흐름들을 도식화하면 다음 그림과 같습니다.

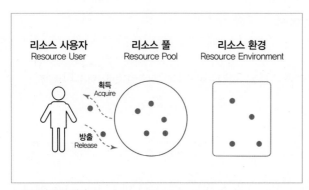

▲ 오브젝트 풀 개념도

(2) 게임 구현에서 오브젝트 풀 패턴을 사용하는 예

오브젝트 풀 패턴은 다음과 같은 상황에서 사용하면 좋습니다.

❶ 몬스터를 주기적으로 생성할 때, 이미 죽어버린 몬스터의 객체를 다시 활용하기

❷ 타격 애니메이션이 생성되고 애니메이션이 종료되었을 때 객체를 꺼냈다가 나중에 다시 활용하기

❸ FPS 게임에서 유저가 총을 쏘면 총알이 나가는데, 목표물을 타격한 후 총알이 사라졌을 때 총알을 다시 모아놓았다가 재활용하기

(3) 오브젝트 풀링으로 하는 몬스터 재활용 – EnemyPool

오브젝트 풀링을 하는 방법을 예제를 통해서 실습해 봅시다. 개념을 이해하는 최고의 방법은 바로 응용해 보는 것입니다. 꼭 예제를 따라해 보고, 여러 방식으로 응용해서 적용해 보길 권합니다. 각설하고 앞서 예시로 언급한 몬스터 재활용을 살펴보겠습니다.

우선 몬스터를 들고 있는 EnemyPool이라는 클래스를 작성하는 과정이 필요합니다. 그리고 슬라임을 관리하는 SlimePool은 EnemyPool의 자식 클래스로 디자인해야 합니다. 이는 앞으로 몬스터의 수가 늘어날 경우 코드의 중복을 줄이고 새로운 몬스터 풀을 만들기 위해 필요한 작업입니다.

전체 완성된 EnemyPool.cs 코드를 보고 각 부분별로 리뷰하며 살펴봅시다.

```
using UnityEngine;
using System.Collections;
using System.Collections.Generic;

public class EnemyPool : MonoBehaviour {

    public string prefabName;

    public int poolSize = 20;

    private List<GameObject> _available = new List<GameObject> ();
    private List<GameObject> _inUse = new List<GameObject> ();


    public void PreloadPool()
    {
        for(int i = 0; i< poolSize ; i++)
        {
            GameObject po = Instantiate(Resources.Load("Prefab/" + prefabName)
as GameObject);
            _available.Add(po);
            //
            po.transform.parent = transform;
            po.SetActive(false);
        }
    }

    public GameObject GetObject()
    {
        lock(_available)
        {
```

```
            if (_available.Count != 0)
            {
                GameObject po = _available[0];
                _inUse.Add(po);
                _available.RemoveAt(0);
                SetUp(po);
                return po;
            }
            else
            {
                GameObject po = Instantiate(Resources.Load("Prefab/" + prefab-
Name) as GameObject);
                _inUse.Add(po);
                poolSize++;

                SetUp(po);
                return po;
            }
        }
    }

    public void ReleaseObject(GameObject po)
    {
        CleanUp(po);

        lock (_available)
        {
            _available.Add(po);
            _inUse.Remove(po);
        }
    }

    public virtual void SetUp(GameObject po)
    {
        po.SetActive(true);
    }

    private void CleanUp(GameObject po)
    {
        po.transform.parent = transform;
        po.SetActive(false);
    }
}
```

▲ 리스트 20-19 : EnemyPool.cs 몬스터 오브젝트 전체 소스 코드(부모 클래스)

1) 변수 선언

먼저 클래스 처음 부분에서 변수를 선언하겠습니다.

```
// 미리 생성해서 채워 넣을 슬라임 프리팹을 연결합니다.
public string prefabName;

// 슬라임을 몇 개체 만들어 놓을지 정하는 변수입니다.
public int poolSize = 20;

// _available은 사용 대기 중인 오브젝트 배열입니다.
private List<GameObject> _available = new List<GameObject> ();
// _inUse는 현재 화면에 노출되어 사용 중인 오브젝트 배열입니다.
private List<GameObject> _inUse = new List<GameObject> ();
```

▲ 리스트 20-20 : EnemyPool의 변수 선언 부분

2) 오브젝트 풀 초기화 - 몬스터 미리 생성해 놓기

풀 사이즈(poolSize), 즉 풀의 전체 사이즈만큼 몬스터를 미리 생성해 둡니다.

```
// 풀 사이즈만큼 미리 몬스터를 생성해 놓습니다.
public void PreloadPool()
{
    for(int i = 0; i< poolSize ; i++)
    {
        // 새로운 게임 오브젝트를 생성하는 스크립트 Instantiate
        GameObject po = Instantiate(Resources.Load("Prefab/" + prefabName)
as GameObject);
        _available.Add(po);
        //
        po.transform.parent = transform;
        po.SetActive(false);
    }
}
```

▲ 리스트 20-21 : 처음에 오브젝트 풀을 생성하는 PreloadPool() 함수

3) 오브젝트 하나 가져오기 – GetObject()

GetObject()는 오브젝트 풀로부터 하나의 오브젝트를 가져오는 함수입니다.

```
// 몬스터 오브젝트 하나를 풀에서 꺼내오는 함수입니다.
public GameObject GetObject()
{
    // 이 작업을 수행하는 동안 _available 배열을 잠가 놓습니다.
    // 여러 군데서 동시에 GetObject()를 호출하면 충돌이 일어나기 때문에 이를 예방하기 위함입니다.
    lock (_available)
    {
        if (_available.Count != 0)
        {
            GameObject po = _available[0];
            _inUse.Add(po);
            _available.RemoveAt(0);
            SetUp(po);
            return po;
        }
        else
        {
            // 오브젝트 풀에 남은 슬라임이 없으면 새로 생성해서 오브젝트 풀에 등록합니다.
            GameObject po = Instantiate(Resources.Load("Prefab/" + prefab-
Name) as GameObject);
            _inUse.Add(po);
            // 전체 오브젝트 풀 사이즈가 늘어났으므로 풀을 1칸 늘립니다.
            poolSize++;

            SetUp(po);
            return po;
        }
    }
}
```

▲ 리스트 20-22 : 오브젝트 풀에서 오브젝트 하나를 조회하는 GetObject() 함수

4) 오브젝트 하나 반환하기 – ReleaseObject()

```
public void ReleaseObject(GameObject po)
{
    // 풀에 다시 넣기 전에, 오브젝트를 비활성화시킵니다.
    CleanUp(po);

    lock (_available)
    {
        _available.Add(po);
        _inUse.Remove(po);
    }
}
```

▲ 리스트 20-23 : 오브젝트 하나를 다시 오브젝트 풀로 반환하는 ReleaseObject입니다.

5) 오브젝트 풀에 몬스터 오브젝트 반환하기

몬스터를 오브젝트 풀에서 꺼낸 후 사용을 완료한 후 필요가 없어지면, 오브젝트 풀에 다시 넣습니다. ReleaseObject() 함수에 반환할 오브젝트를 매개변수로 전달합니다.

```
public void ReleaseObject(GameObject po)
{
    // 풀에 다시 넣기 전에, 오브젝트를 비활성화시킵니다.
    CleanUp(po);

    lock (_available)
    {
        _available.Add(po);
        _inUse.Remove(po);
    }
}
```

▲ 리스트 20-24 : 오브젝트 풀에 다시 넣기 전에 비활성화 처리하는 스크립트

6) 오브젝트 풀에 넣기 전 비활성화 처리

몬스터 오브젝트의 활용이 끝나면, 몬스터 오브젝트의 부모 클래스를 풀 객체의 자식 오브 젝트로 설정합니다. 그리고 po.SetActive(false);로 오브젝트를 비활성화시킵니다.

```
private void CleanUp(GameObject po)
{
    po.transform.parent = transform;
    po.SetActive(false);
}
```

▲ 리스트 20-25 : 객체를 오브젝트 풀에 넣기 전에 비활성화하는 CleanUp 함수

7) 오브젝트 풀에서 꺼낸 후 초기화 처리

오브젝트 풀에서 몬스터를 꺼낼 때, 죽었던 몬스터를 살리고 체력을 정상으로 회복시켜야 하기 때문에 초기화 처리를 해야 합니다.

```
public virtual void SetUp(GameObject po)
{
    // 오브젝트 풀(_available)에 담겨있을 때는 비활성화 상태이므로
    // po.gameObject.SetActive(true);로 게임 오브젝트를 활성화시킵니다.
    po.SetActive(true);
}
```

▲ 리스트 20-26 : 오브젝트 풀에서 오브젝트를 꺼낼 때 활성화해 주는 SetUp() 함수

(4) 슬라임 몬스터 오브젝트 풀 – SlimePool

Slimepool은 슬라임 몬스터 오브젝트 풀로 EnemyPool의 자식 클래스입니다.

```
using UnityEngine;
using System.Collections;

public class SlimePool : EnemyPool {

    // 싱글톤(Singleton) 형식으로 슬라임을 생성하는 EneymyPool 객체를 하나로 관리합니다.
    private static SlimePool _instance;
    public static SlimePool Instance
    {
        get
        {
```

```
            if (!_instance)
            {
                _instance = GameObject.FindObjectOfType(typeof(SlimePo
ol)) as SlimePool;
                if (!_instance)
                {
                        GameObject container = new GameObject();
                        _instance = container.
AddComponent(typeof(SlimePool)) as SlimePool;
                }
            }

            return _instance;
        }
    }


    // PreloadPool을 이용해 유니티 게임 오브젝트가 시작될 때 싱글톤을 초기화하고, 슬라임을 미리 만
들어놓습니다.
    public void Init()
    {
        prefabName = "Slime";
        poolSize = 20;
        gameObject.name = "SlimePool";
        // 몬스터를 미리 생성해 둡니다.
        PreloadPool();
    }
    public override void SetUp(GameObject po)
    {

        // 오브젝트 풀(_available)에 담겨 있을 때는 비활성화 상태이므로
        // po.gameObject.SetActive(true);로 게임 오브젝트를 활성화시킵니다.
        po.SetActive(true);
        // 슬라임 오브젝트의 EnemyHealth 클래스를 불러와서 체력을 초기화하겠습니다.
        EnemyHealth health = po.GetComponent<EnemyHealth>();
        health.Init();
    }
}
```

▲ 리스트 20-27 : EnemyPool을 상속받는 자식 클래스인 SlimePool

마지막으로, 신이 시작될 때 스테이지를 관리하는 StageController에서 SlimePool이 초기
화되도록 구현합니다. 초기화를 해야만 오브젝트 풀이 처음 생성되고, 오브젝트들이 작성
자가 의도한 대로 관리되기 시작하기 때문입니다.

```
    // Use this for initialization
    void Start () {

        Instance = this;
        DialogDataAlert alert = new DialogDataAlert ("START", "Game Start!", del-
    egate() {
            Debug.Log ("OK Pressed");
        });

        DialogManager.Instance.Push(alert);

        InitEnemyPool();

    }

    void InitEnemyPool()
    {
        SlimePool.Instance.Init();
    }
```

▲ 리스트 20-28 : StageController.cs 수정

이번 챕터에서는 자주 사용하는 디자인 패턴 중 어디서든 접근하기 위해 사용하는 싱글톤 패턴(Singleton Pattern)과 이벤트 메시징 관리에 사용하는 발행-구독 패턴(Publish-Subscribe Pattern)에 대해 알아봤습니다.

실제로 객체 접근을 하는 경우에는 싱글톤 패턴을 적용하는 것이 일반적입니다. 저자의 경우에는 주로 유저 데이터 관리, 스테이지 관리, 통신 모듈에 싱글톤 패턴을 적용하고 있습니다.

발행-구독 패턴(Publish-Subsribe Pattern)은 메시지 전달에 활용하는 경우가 많은데, 일반 함수 호출에 비해 다양한 대상에 이벤트 전달이 편하고, 데이터 변경이 일어났을 때 상태 변경을 전달하기 쉽다는 등의 장점을 얻을 수 있습니다. 그 밖에도 몬스터 생성이나 총알 생성, 그리고 이펙트 객체 생성 시에는 싱글톤 패턴과 오브젝트 풀의 디자인 패턴을 활용하면 성능 관리에 효과적입니다.

실무자의 조언!
: LINE plus 레인저스팀, 송성호 소프트웨어 엔지니어

Q. 일반적으로 스타트업들이 클라이언트로 데모를 만들어보는 수준에 그치고 서버를 잘 모르는 경우가 많은 거 같아요. 스타트업 모바일 게임 개발에서 서버 개발에 대해 조언해 주세요.

최대한 쉬운 쪽으로 접근하는 게 가장 중요한 것 같습니다. 클라이언트 개발자가 서버 개발을 같이 하게 된다면, 언어 선택이나 데이터베이스 선택 시에 개발 진입 장벽이 낮은 것으로 접근할 것을 추천합니다. 서버를 만들때 Java, C#, 그리고 정말 어렵게 짠다면 C++ 정도를 활용할 수 있습니다. 하지만 스타트업에서 어려운 기술을 쓰는 것은 인력적으로나 시간적으로 어렵습니다. 그러므로 Node.js나 Python과 같은 언어를 추천합니다.

데이터베이스 같은 경우에는, 앞서 언급한 Node.js나 Python의 프레임워크에서 지원되는 데이터베이스를 추천합니다. 만약 이전에 경험해봤던 것이 있다면 그 프레임워크를 사용하기 바랍니다. 경험은 기술을 선택하는 데 가장 큰 기준이 되기 때문이죠. NoSQL이 트렌드라고 해서, 한 번도 써보지 않은 기술을 도입하는 것은 비효율적입니다. 게임 서버에 들어가는 트래픽은 NoSQL이 아니더라도 충분히 극복할 수 있는 성능이 나온다고 생각합니다. MySQL, PostgreSQL, SQL Server로 인덱싱만 충분히 걸어준다면, 꽤 괜찮은 성능을 보장합니다.

그게 조금 부족하다고 생각하면, Memcached나 Hotspot을 캐시로 사용하는 방식 등으로 충분히 극복 가능하기 때문에, 전통적인 RDBMS를 쓰는 게 더 낫다고 생각합니다.

성능이나 Scalable 이슈 때문에 NoSQL을 쓰는 것은 아직 바람직하지 않다고 생각합니다. Node.js나 Python 같은 웹 프레임워크를 선택하게 된다면 문제가 생길 수 있거든요. 이런 것들은 Stackoverflow를 통하거나 Error Message를 확인하고 프레임워크 코드를 살펴보면서 이걸 어떻게 더 올바르게 쓸 수 있는가, 시간을 투자한다면 금방 그 프레임워크에 관한 전문가가 될 것이라고 생각해요.

Q. 그밖에 개발자에게 조언해주실 게 있으신가요?

개발을 할 때 갖춰야 할 습관들이 있는데, 특히 측정과 테스트를 강조하고 싶습니다. 측정 같은 경우에는 스트레스 테스트가 되겠죠? 아파치에 ab라는 테스트 툴이 있습니다. 아니면 Python의 locustio, 그리고 J-meter와 같이 서비스가 사용량을 어느 정도 버틸 수 있는지 한계점을 측정할 수 있는 능력이 있는 테스트 툴을 활용해 보길 권합니다. 테스트 툴을 사용하면, 측정 과정에서 예상치 못했던 서비스 장애를 찾아낼 수 있습니다. 그리고 서비스에서 잘못된 설계로 인한 병목점을 찾아서 고칠 수 있습니다.

만약 서비스에 대한 테스트 결과가 잘 나왔다면, 측정된 한계점을 더 늘리기 위해서, 이 테스트를 기반으로 Scale out을 진행하든 여러 서비스 확장을 진행할 수 있습니다.

마지막으로 강조하고 싶은 부분은 Test 쪽을 강조하고 싶습니다. 서버 쪽은 클라이언트에 비해 테스트를 진행하기 쉬운 면이 있습니다. Input/Output이 아주 명확하거든요. Input/Output이 명확하기 때문에 확률 모델이면 확률 모델에 대한 테스트를 하는 등의 충분한 테스트를 진행할 수 있습니다. 개발 과정에는 코드가 변경되는 상황이 비일비재합니다. 이벤트가 들어가면 이벤트 코드를 집어넣어야 할 경우도 있습니다. 하지만 테스트가 없다면 코드 변경으로 인해 생기는 버그에 대해 짧은 시간에 대응하지 못합니다.

게임 개발에서도 유닛테스트가 선행된다면 짧은 시간 안에 버그도 잡을 수 있고 로직 변경에 있어서 사이드 이펙트를 빨리 잡을 수 있습니다. 그러니 테스트 코드에 대해 두려움을 가지지 않았으면 좋겠습니다. 그렇게 자잘한 버그로부터 해방될 수 있습니다. 이 정도가 스타트업 서버 프로그래머로서 가져야 할 좋은 자세라고 생각합니다.

» 게임에 생명을 불어넣는 작업이 시작됩니다. 어느 정도 스케치된 그림에 색상을 입히는 작업이라고 보면 되겠습니다.
효과나 기능들을 리터칭해서 게임을 고급스럽게 꾸며봅니다. 외관적인 부분뿐만 아니라 레벨업이나 캐릭터 강화와
같은 게임에 꼭 필요한 재미 요소를 추가하는 작업도 진행됩니다. 최근 모바일 게임에서 중요해진 소셜 기능을 구현
하고, 수익을 내는 데 좋은 방편이 되는 광고 붙이는 법까지 습득해 봅시다. 이만하면 당신도 전문가!

PART

04

게임 제작
고급반

CONTENTS

CHAPTER

21 | 게임 로비 화면 만들기

» 이번 챕터에서는 게임 로비 화면을 만들어 봅니다. 유저가 로그인과 로딩을 마치면 진입하게 될 화면입니다. 지금까지 유니티3D의 UI 오브젝트를 다뤄보면서 UI를 추가하고 다듬는 데 익숙해졌을 테니, 이번 챕터부터는 유저 인터페이스가 미적으로도 아름답도록 만드는 데 신경 써볼까 합니다.

01 | 게임 로비를 만들기 전에

다음 그림처럼 나름 예쁘게 배경을 꾸미는 데 사용한 에셋들은 대부분 에셋스토어에서 쉽게 구할 수 있는 Standard Assets이거나 무료로 제공되는 유니티 기본 샘플 등을 활용하였습니다.

▲ 이번 챕터에서 만들어 볼 게임 로비

완성된 게임 로비 화면에는 캐릭터 위에 빨간 동그라미가 4개 보입니다. 이 동그라미들은 캐릭터의 능력치를 업그레이드하는 데 쓰이는 강화 버튼들입니다. 그리고 그 옆에 있는 수치들은 캐릭터의 네 가지 능력치입니다. 이 게임에서는 Health(체력), Defense(방어력), Damage(공격력), Avoidability(회피력) 이렇게 네 가지 수치로 캐릭터 상태를 구성했으며, 이 수치를 토대로 게임 내에서 공격 판정에 영향을 주게 됩니다.

다음과 같은 목표를 하나씩 달성해 가다 보면, 이 책에서 구성하고자 하는 게임 로비가 무리 없이 완성됩니다. 본격적인 게임 로비 구성에 앞서 이번 챕터에서 배워야 할 주요 기능들을 간략하게 정리하면 다음과 같습니다.

- 지형(Terrain) 세팅해 보기
- 하늘의 풍경을 표현하는 스카이박스(Skybox) 설정해 보기
- 물(Water) 오브젝트 추가하기
- 파티클 이펙트(Particle Effect) 추가하기
- 게임 로비 화면 유저인터페이스(User Interface) 구현하기
- 로딩 화면에서 로드한 유저 정보를 화면에 반영하기

02 │ 새로운 신 생성하기

로비 화면을 만들기 위해서는 가장 먼저 새로운 신(Scene)을 생성해야 합니다. 유니티 상단 메뉴의 [File > New Scene] 메뉴를 클릭해서 새로운 신을 생성합니다. 그리고 [File > Save Scene] 메뉴를 클릭해서 현재 신을 'Lobby'라는 이름으로 저장합니다.

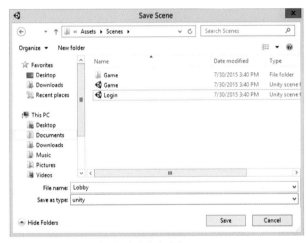

▲ Lobby라는 이름의 새로운 신 생성 및 저장

03 │ 배경 꾸미기 – 지형, 나무, 물

(1) 지형

배경의 가장 기본이 되는 지형(Terrain)을 생성해서 배치해 봅시다. 프로젝트(Project) 탭에서 Assets/Models/ 경로에 있는 terrain_01.fbx 프리팹(Prefab) 파일을 선택해 하이어라키(Hierarchy) 탭에 드래그하면 기본적인 배경이 배치됩니다.

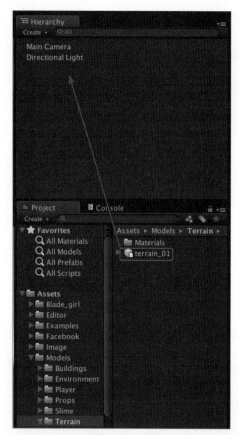

▲ Assets/Models/terrain_01.fbx 프리팹을 하이어라키 탭으로 드래그

프리팹을 하이어라키 탭으로 드래그하면, 신 안에 지형이 생성됩니다. 그러면 새로 생성된 terrain, 즉 지형의 위치를 원하는 곳으로 조정해 봅시다.

▲ 지형 위치 조정

[지형 위치 조정값]

Position X	−167
Position Y	−160
Position Z	0

기본값으로 설정돼 있는 지형 위치값을 임의적으로 재설정해 봤습니다. 하지만 카메라에는 아무것도 보이지 않을 것입니다. 땅이 적절하게 화면에 보이도록 하려면 카메라의 위치값도 변경해 줘야 합니다.

(2) 메인 카메라의 위치 및 각도 조절하기

메인 카메라는 신을 생성하면 자동으로 생성됩니다. 이 카메라의 위치와 각도를 조정해 봅시다. 여기에서는 위치와 회전 각도를 배경이 잘 보일만 한 위치로 임의로 선정했습니다.

[카메라 위치 및 각도 조절값]

Position X	85.9
Position Y	−148.8
Position Z	253.2
Rotation X	0
Rotation Y	337
Rotation Z	0

메인 카메라의 위치와 각도를 조정하면 지형이 다음 그림과 같은 식으로 보이게 됩니다.

▲ 메인 카메라 위치 및 각도 조정으로 생성된 화면

(3) 나무 추가하기

땅만 있으니 뭔가 썰렁해 보이지 않나요? 밋밋해 보이는 땅 위의 빈 공간에 나무를 하나 추가해서 게임의 배경 화면으로서 그럴듯한 분위기를 조성해 봅시다.

/Assets/Models/Terrain Assets/Trees Ambient—Occlusion/JapaneseMaple.fbx

경로에 있는 나무를 드래그해서 하이어라키 탭에 옮기면, 새로운 나무가 하나 추가됩니다. 그 나무 오브젝트의 위치 및 회전 각도를 다음과 같이 설정합니다.

[나무의 위치값 설정]

Position X	90
Position Y	−152.75
Position Z	268.62
Rotation X	0
Rotation Y	130
Rotation Z	0

▲ 지형과 나무가 배치된 모습

(4) 물 추가하기

물(Water)도 지형에 추가해 봅시다. 유니티에서 제공하는 샘플 에셋에는 여러 가지 물 오브 젝트들이 들어 있습니다만, 현재의 배경 화면에 가장 적절한 오브젝트를 찾다보니 예제에 적용한 에셋이 가장 잘 어울려 보였습니다. 물론 이것은 저자의 취향이고, 각자의 취향에 맞는 에셋을 적용해 보길 바랍니다. 이번 예제에서는 다음의 프리팹을 사용했습니다.

/Assets/Standard Assets/Environment/Water/Water/Prefabs/WaterProDaytime.fbx

이 프리팹 역시 프로젝트(Project) 탭에서 하이어라키(Hierarchy) 탭으로 드래그하면 게임 오 브젝트가 추가됩니다.

[물 위치 조정값]

Position X	118.1
Position Y	−154.1
Position Z	369.1
Rotation X	0
Rotation Y	0
Rotation Z	0
Scale X	130
Scale Y	1
Scale Z	130

▲ 지형과 나무와 물을 배치한 모습

04 | 하늘을 아름답게 표현해주는 skybox 적용하기

땅을 꾸며 보았으니, 하늘에도 변화를 줘 봅시다. Skybox를 적용하면 하늘에 다양한 효과를 줄 수 있습니다. 최신 유니티 5 버전으로 변경되면서 적용 방법이 기존과는 조금 달라졌습니다.

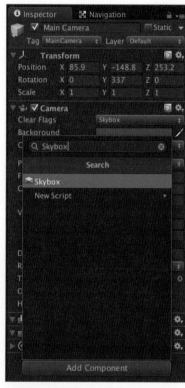

▲ 메인 카메라에 Skybox 추가

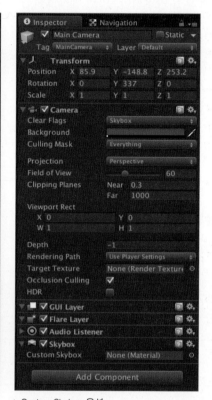

▲ Custom Skybox 옵션

Skybox는 하늘의 모습을 카메라에 반영해 주는 역할을 하는 Component입니다. Main Camera에서 설정할 수 있습니다. Inspector 탭의 카메라 옵션에서 Skybox를 검색하고 선택합니다. Skybox 초기 옵션값은 비어 있습니다. 다음 화면에서처럼 /Assets/Textures/Skies 폴더에 있는 SunsetSkyboxHDR을 드래그 앤 드롭해서 Custom Skybox 영역으로 연결합니다. 그러면 하늘의 모양이 석양이 지는 모습으로 변경됩니다.

▲ SunsetSkyboxHDR 메터리얼을 메인 카메라의 Skybox 영역으로 드래그

여기서는 SunsetSkyboxHDR 메터리얼을 선택했습니다. 이 옵션값을 메인 카메라의 Skybox 영역으로 드래그합니다. 그럼, 하늘이 예쁘게 노을 진 모습으로 변경됩니다.

▲ 노을이 적용된 하늘 배경

05 | 주인공 캐릭터와 파티클 이펙트 추가하기

메인 화면에 사용될 배경이 준비됐습니다. 이제 주인공 캐릭터를 생성해 보고, 메인 화면에 적용할 몇 가지 기능들을 추가해 봅시다.

(1) 플레이어 캐릭터 추가하기

플레이어 캐릭터를 추가하기 위해서는 우선 캐릭터 프리팹을 불러와야 합니다. /Prefabs/Player/LobbyPlayer.fbx 경로에 있는 프리팹을 하이어라키 탭으로 드래그하여 화면에 추가합니다. 그리고 위치와 회전 각도를 현재 카메라가 위치한 좌표값 부근으로 다음과 같이 설정합니다.

[캐릭터 위치 조정값]

Position X	84.1
Position Y	−150.1
Position Z	255.4
Rotation X	0
Rotation Y	130.23
Rotation Z	0

▲ 화면에 주인공 캐릭터 노출

(2) 파티클 이펙트 추가하기

주인공과 배경이 아름답긴 하지만 뭔가 2% 부족한 느낌이 들 수 있습니다. 좀 더 판타지 게임스러운 극적 효과를 추가해 봅시다. 여기에서는 유니티 테크놀로지에서 에셋스토어에 무료로 제공한 Sky FX Pack에 있는 파티클 이펙트(Particle Effect)를 추가했습니다. God-Haze라는 프리팹입니다(참고로, GodHaze는 신(God)의 아지랑이(Haze)라는 의미의 단어입니다). 다음 경로에 있는 프리팹(Prefab)을 드래그해서 하이어라키(Hierarchy) 탭에 드래그해 넣습니다.

```
/Assets/Prefabs/Effect/GodHaze.fbx
```

위치와 각도는 다음과 같이 변경합니다.

[파티클 이펙트 위치 조정값]

Position X	83.6
Position Y	−149
Position Z	256
Rotation X	0
Rotation Y	130
Rotation Z	0

프리팹과 좌표만 제대로 입력하면 간단하게 다음 그림과 같이 보다 극적인 효과를 연출할 수 있습니다.

▲ 판타지적 느낌의 화면

06 | 배경음악 추가하기

주인공 캐릭터 위에 파티클 이펙트를 추가해 보니, 뭔가 성스러운 느낌이 듭니다. 여기에 감성적인 몰입요소를 더 넣으려면 상황에 맞는 적절한 배경음악이 필요합니다. 배경음악을 추가하는 법을 배워 봅시다. 상황에 적절한 음원을 사용하면 게임의 감성적인 몰입도가 극적으로 높아집니다. 실제로 게임 업계 어느 전문가의 말에 따르면 게임의 감성적인 퀄리티 중 절반 이상이 음악의 퀄리티로 결정된다고 합니다.

(1) 음원 구매

롤플레잉 게임(RPG)에는 일반적으로 '에픽 테마'가 잘 어울리는 편입니다. 저자의 경우 예제 게임에 사용하기 위해 'Epic Theme'란 곡을 오디오정글(AudioJungle)이라는 음원 사이트에서 14달러에 구매했습니다. 오디오정글 작곡가의 허락을 받고 프리뷰 버전의 음원을 게임에 적용해 보았습니다. 직접 게임에서 사용하려면 금액이 얼마되지 않으니 구매한 후 사용해 보길 권합니다.

❶ 저자가 예제 게임에 사용한 음원 작곡가 프로필 페이지]

http://audiojungle.net/user/aslanmusic

❷ 사용한 음원 상품 주소

http://audiojungle.net/item/epic-theme-/12148676

게임 개발에 적절한 음원을 구하는 방법

게임 개발에서 사용되는 음원의 종류는 크게 세 가지로 나눌 수 있습니다. 배경음악과 효과음, 그리고 목소리입니다. 각각 제작 방식이 다르며, 실제 사운드 제작 회사 내에서도 분야별로 전문가가 별도로 존재합니다.

❶ 배경음악

- 커스텀 사운드 외주 제작

  : 사운드 제작 외주 업체의 평균적인 단가는 2015년 기준으로 약 50만 원에서 200만 원 안팎으로 이루어져 있습니다. 다만, 아주 저명한 네임드 팀(Named Team)의 경우에는 곡당 1,000만 원 가량의 가격을 제시하기도 합니다.

- 로열티 프리 음원 라이선스 구입

  : 중소 게임 개발사나 개인 개발자에게는 자금 조달의 여력이 크지 않기 때문에 로열티 프리 음원을 구매하는 경우가 많습니다.

❷ 효과음

- 외주 제작사에서 제공받기

  : 효과음은 버튼을 눌렀을 때나, 리워드를 받았을 때, 그리고 마법이나 스킬을 사용할 때 들리는 사운드입니다. 만약 배경음악 제작을 사운드 제작 업체에 의뢰한다면 동일한 회사에서 효과음도 같이 서비스 받는 경우가 많습니다.

- 로열티 프리 라이브러리 직접 사서 골라 쓰기

  : 음원 사이트에서 효과음 라이브러리를 구매하여 사용할 수 있습니다. 다만, 효과음 라이브러리를 구매해서 열어 보면 효과음의 종류가 너무나 많아서 우리가 원하는 적절한 효과음을 찾기까지 시간이 오래 소요될 수 있습니다.

❸ 목소리

- 성우 고용

  : 목소리는 성우를 고용해서 녹음할 수 있습니다.

- 로열티 프리 목소리 음원 구입

  : 이미 녹음된 성우의 목소리를 로열티 프리 라이선스 방식으로 구입해서 사용할 수 있습니다. 저자가 이 교재에서 사용한 여자 캐릭터의 음원도 로열티 프리 음원의 프리뷰 버전입니다. 저자의 경우 직접 저작자와의 연락을 통해 사용에 대한 허락을 받았습니다.

(2) 메인 카메라에 오디오 소스 추가하기

게임 하이어라키(Hierarchy) 탭에서 메인 카메라를 선택하고 인스펙터(Inspector) 탭 하단의 [Add Component] 버튼을 클릭합니다. 검색창에 'AudioSource'라고 입력하면, 추천 대상에 Audio Source 컴포넌트(Component)가 표시됩니다. 엔터를 치거나 Audio Source를 클릭하면 메인 카메라에 오디오 소스(Audio Source)가 추가됩니다.

▲ Audio Source 컴포넌트 추가

추가된 Audio Source에 배경음악 음원을 넣어야 합니다. 이를 위해 프로젝트(Project) 탭에서 /Assets/Resources/Audio 폴더로 이동합니다.

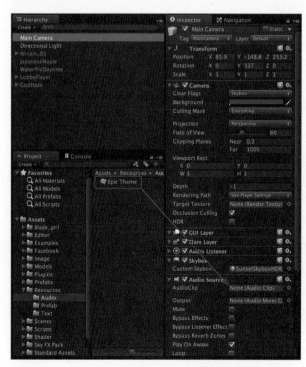

▲ 파일을 Audio Source의 AudioClip 항목으로 드래그

폴더에 있는 Epic Theme.mp3 파일을 Audio Source의 AudioClip 항목에 드래그해 넣습니다. 그리고 Audio Source 항목에서 'Loop' 옵션에 체크하면, 음원이 무한반복 재생됩니다.

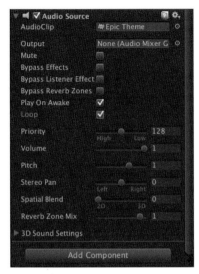

▲ Loop 체크

여기까지 완료됐다면 게임을 실행해 봅시다. 아름다운 배경 뒤로 주인공이 멋지게 서있고 그에 걸맞는 웅장한 음악이 들려올 것입니다. 한층 게임으로서의 모양새가 갖춰져 가는 것 같습니다.

07 │ 인터페이스 구현하기

배경과 캐릭터, 그리고 배경음악을 배치했다면 버튼과 텍스트 라벨 등 유저 인터페이스도 추가해 봅시다. 여기서는 다음 그림과 같이 상단에 메뉴바를 배치하고, 캐릭터의 현재 상태를 표시해 볼 생각입니다.

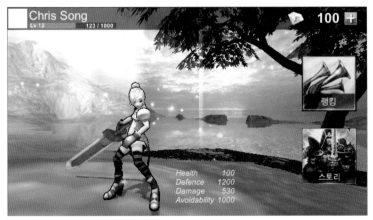

▲ 인터페스가 구현된 게임 로비 화면 미리보기

(1) 상단 메뉴바 배경 추가하기

게임 로비 화면 미리보기 그림 최상단에 보이는 반투명한 메뉴바부터 생성해 봅시다. 우선 하이어라키(Hierarchy) 탭에서 [Create > UI > Image]를 클릭해서 새로운 이미지를 생성합니다.

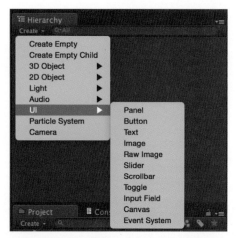

▲ [Create > UI > Image]에서 새로운 이미지 생성

새로운 Image 오브젝트를 추가했다면, 지금껏 해왔듯이 상단바 배경의 앵커를 설정해야 합니다.

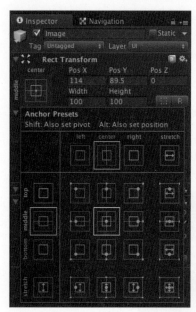

▲ 상단바 배경의 앵커 설정 1

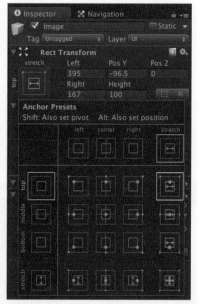

▲ 상단바 배경의 앵커 설정 2

앵커 설정을 완료한 후, 상단바 배경의 위치와 크기는 다음과 같이 설정합니다.

[상단바 위치 조정값]

Left	0
Right	0
Pos Y	−20
Pos Z	0
Height	40

▲ 상단바 배경의 위치 및 크기 설정

▲ 상단바 배경은 반투명 검은색으로 설정

상단바의 배경은 컬러 옵션에서 반투명 검은색으로 설정했습니다. 이렇게 해서 상단바 배경을 추가하면 다음과 같은 화면이 생성됩니다.

▲ 상단 메뉴가 추가된 게임 로비 화면

(2) 상단 메뉴 좌측에 프로필 추가하기

이제 상단바 좌측에 사용자 프로필을 추가해 봅시다. 하이어라키(Hierarchy) 탭에서 [Create > UI > Raw Image]를 선택해서 새로운 이미지(Raw Image)를 생성합니다. 이 이미지는 기존 이미지와는 달리 유저의 페이스북 프로필 이미지 파일을 읽어서 Texture로 표시할 것이기 때문에 로우 이미지(Raw Image) 유형의 UI를 사용합니다.

TIP **이미지(Image)와 로 이미지(Raw Image)의 차이점은?**

유니티 UI 엔진에서 일반 이미지(Image)와 로 이미지(Raw Image) 두 가지 유형의 이미지를 추가할 수 있습니다.

일반 이미지는 유저 인터페이스를 그릴 때 많이 쓰는 스프라이트 형식이 많습니다. 이에 일반 이미지가 표시하는 이미지의 형태는 Sprite입니다.

로 이미지는 이미지 파일에서 불러들여서 바로 화면에 표시할 때 많이 쓰입니다. 로 이미지가 표시하는 이미지의 형태는 Texture입니다.

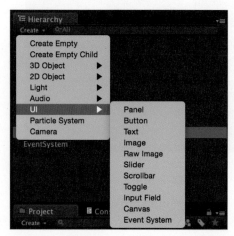

▲ 새로운 로 이미지 생성

새로운 로 이미지 오브젝트가 생성되면, 마찬가지로 위치 고정을 위해 앵커를 설정합니다.

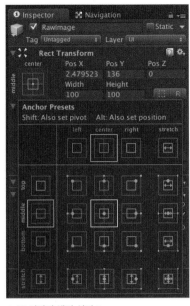

▲ 로 이미지 앵커 설정 1

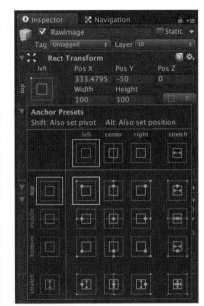

▲ 로 이미지 앵커 설정 2

앵커 설정이 완료되면 오브젝트의 위치와 가로, 세로 사이즈를 다음과 같이 설정합니다.

[로 이미지의 위치 및 크기 조정값]

Pos X	20
Pos Y	20
Pos Z	0
Width	35
Height	35

▲ 로 이미지의 위치 및 크기 설정

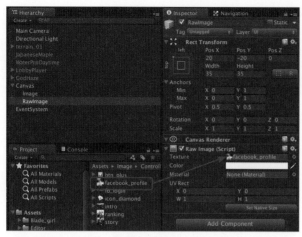

▲ 수동으로 jpg 파일 삽입해 보기

페이스북 프로필 사진이 어떻게 나올지 확인하기 위해 수동으로 jpg 파일을 넣어봤습니다. 작업이 완료되면 상단바 좌측에서 직접 넣은 이미지가 노출되는 것을 확인할 수 있습니다.

(3) 상단 메뉴 좌측에 이름 텍스트 추가하기

이번에는 프로필 이미지 우측에 유저의 이름을 출력해 볼 차례입니다. 페이스북 로그인 시에 불러온 이름을 출력할 때, 한글과 영문이 표시되는 두 가지 경우에 모두 대비해 오류가 발생하지 않도록 확인하는 것이 중요합니다.

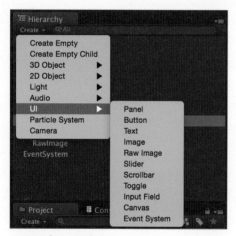

▲ 새로운 [UI > Text] 생성

새로운 Text 오브젝트를 생성해 보겠습니다. 하이어라키(Hierachy) 탭에서 [Create > UI > Text] 메뉴를 클릭해서 새로운 Text 오브젝트를 생성합니다.

▲ 오브젝트 이름을 TextName으로 설정

그리고, 만들어낸 Text 오브젝트의 이름을 'TextName'으로 변경하여 설정합니다.

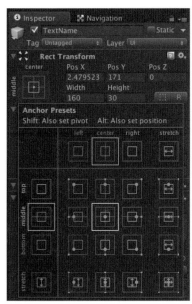

▲ TextName의 앵커 설정 1

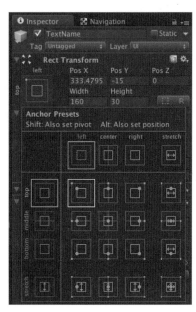

▲ TextName의 앵커 설정 2

TextName의 화면상 위치를 설정하기 위해 앵커를 설정해 봅시다. 이름은 좌측 상단에 표시되므로, TextName 오브젝트를 선택한 후에 앵커 설정 영역을 클릭합니다.

▲ 텍스트 색상을 하얀색으로 설정

▲ 폰트 사이즈는 22로 설정

TextName 오브젝트를 선택한 후에, Color 영역을 클릭합니다. 그리고 R, G, B, A를 모두 255로 설정합니다. 그러면 흰색으로 텍스트의 색상이 변경됩니다.

[이름을 표시하는 TextName의 위치와 크기 및 색상]

오브젝트 이름	TextName
Pos X	120
Pos Y	−16
Pos Z	0
Width	160
Height	30
Font Size	하얀색 (R: 255, G: 255, B: 255, A: 255)

(4) 상단 메뉴 좌측 레벨/경험치 게이지 추가하기

여기서 예제로 개발하는 게임에는 레벨과 경험치 시스템이 적용됩니다. 이에 유저의 레벨과 경험치를 표시해 주는 게이지를 추가해 보겠습니다. 하이어라키(Hierarchy) 탭의 [Create > UI > Slider] 메뉴에서 새로운 슬라이더(Slider)를 추가합니다.

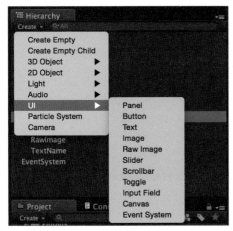

▲ [Create > UI > Slider]로 새로운 슬라이더 생성

새로운 슬라이더를 생성하면 초기에는 다음 그림과 같이 슬라이더 안에 여러 오브젝트들이 생성되어 있습니다. 이 중 기본으로 추가되어 있는 Handle Slide Area 오브젝트를 지웁니다.

▲ Handle Slide Area 삭제

슬라이더는 원래 일정 범위 내의 값을 입력받는 입력 컨트롤러입니다. 하지만 여기에서는 유저에게 값을 입력받는 용도로 사용한 것이 아니라, 체력 게이지로 체력의 상태를 보여주기 위한 용도로 사용한 것이기 때문에 Handle Slide Area 오브젝트가 필요하지 않습니다. Handle Slide Area 오브젝트를 선택한 후에 [Delete] 키를 눌러 삭제합니다.

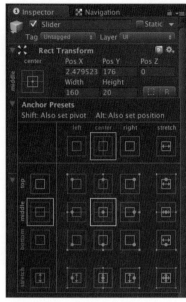

▲ 슬라이더 앵커 설정 1　　　　　　　　　　▲ 슬라이더 앵커 설정 2

역시 슬라이더의 앵커를 설정한 후에는 슬라이더의 위치와 크기를 다음과 같이 설정합니다. 이름은 'ExpSlider'라고 설정했습니다.

[레벨/경험치 게이지 위치 조정값]

오브젝트 이름	ExpSlider
Pos X	121
Pos Y	−32.5
Pos Z	0
Width	160
Height	20

▲ 슬라이더 위치 및 크기 설정

지금 추가 중인 슬라이더의 경우 다음 그림처럼 하위에 여러 오브젝트들을 포함하고 있습니다. 이 오브젝트들 역시 하나하나 설정해 주어야 합니다.

▲ 슬라이더 오브젝트 내부의 구성

ExpSlider 하위에 백그라운드(Background) 오브젝트의 설정을 변경해 봅시다. 우선 백그라운드의 위치 및 여백을 다음과 같이 설정합니다.

[Background 오브젝트의 위치 및 여백 조정값]

Left	0
Right	0
Top	0
Bottom	0
Pos Z	0

그리고 이미지의 색상(Color) 영역을 선택해 색상을 다음과 같이 변경합니다. 이는 경험치 게이지의 배경 색상을 회색으로 설정하기 위함입니다.

[이미지의 색상 영역 설정값]

R	84
G	84
B	84
A	255

백그라운드 이미지에 기본으로 연결되어 있는 백그라운드 스프라이트(Sprite)를 없애겠습니다. 인스펙터 탭 내에 있는 Source Image 옵션 우측의 동그라미를 클릭하면 다음 그림과 같이 Select Sprite 팝업창이 나타납니다. 이 팝업창의 가장 상위에 있는 None을 선택하면 연결된 이미지가 제거됩니다.

▲ Source Image 우측의 동그라미 클릭

▲ Select Sprite 팝업이 뜨면 None을 선택

▲ 슬라이더 Background 이미지

▲ 슬라이더 Background의 색상 변경

체력 게이지에 있는 불필요한 여백을 제거하기 위해서 FillArea라는 자식 오브젝트의 위치 및 여백을 다음 표와 같이 설정합니다.

[FillArea 위치 및 여백 조정값]

Left	0
Right	0
Top	0
Bottom	0
Pos Z	0

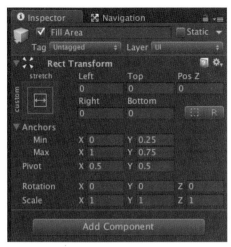

▲ FillArea의 위치 및 여백 설정

Fill 이미지에 기본으로 연결되어 있는 UISprite도 없애겠습니다. 이 역시 Source Image 우
측의 동그라미 모양을 클릭하면 나오는 Select Sprite 팝업창에서 가장 상위에 있는 None을
선택하면 연결된 이미지가 제거됩니다.

다음으로 채워진 영역의 색상을 분홍색으로 변경해 보겠습니다. Fill이라는 이름의 이미지
(Image) 오브젝트의 색상을 변경하면 채워진 영역의 색상이 변경됩니다. Fill 오브젝트의 위
치와 여백을 다음과 같이 변경하고 색상 역시 변경합니다.

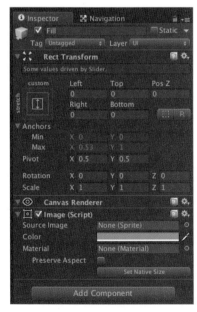

▲ Fill 오브젝트의 위치 및 여백 설정

▲Fill 오브젝트의 색상 설정

Left	0
Right	0
Top	0
Bottom	0
Pos Z	0

경험치 게이지의 색상을 분홍색으로 설정하겠습니다. 경험치 게이지 오브젝트인 Fill 오브젝트를 선택한 후 Color 영역을 클릭한 뒤 RGBA 값을 설정하면 분홍색이 설정됩니다.

[Fill 오브젝트의 색상 조정값]

R	240
G	120
B	162
A	255

(5) 상단 메뉴 좌측에 레벨/경험치 텍스트 추가하기

여기까지 진행했다면 상단바에 분홍색의 게이지가 생성됐을 것입니다. 그 위에 유저의 레벨과 경험치를 나타내는 텍스트를 표시해 봅시다. 이를 위해 우선 하이어라키(Hierarchy) 탭에서 새로운 텍스트(Text)를 두 개 생성합니다. 텍스트 하나는 레벨로, 다른 하나는 경험치로 사용할 것입니다. 각각의 이름은 TextLevel과 TextExp로 설정했습니다.

[TextLevel의 위치 및 크기]

오브젝트 이름	TextLevel
Pos X	122.5
Pos Y	−41
Pos Z	0
Width	160
Height	30
글 정렬	좌측 정렬
Text	Lv 12
Font Size	11
Text Color	하얀색 (R: 255 G: 255 B:255 A: 255)

[TextExp의 위치 및 크기]

오브젝트 이름	TextExp
Pos X	116
Pos Y	−41
Pos Z	0
Width	160
Height	30
텍스트 정렬	우측 정렬
Text	123 / 1000
Font Size	11
Text Color	하얀색 (R: 255 G: 255 B:255 A: 255)

(6) 상단 메뉴 우측에 다이아몬드 추가하기

게임 로비 화면 미리보기 그림의 우측 상단을 보면, 100이라는 숫자와 함께 다이아몬드 이미지가 위치해 있습니다. 이 책에서 예제로 만들어볼 게임에서는 다이아몬드가 캐릭터를 강화하고, 체력을 회복해 주는 포션을 구입하는 데 이용됩니다. 이 시스템과 관련된 오브젝트는 다이아몬드 이미지, 다이아몬드 개수 텍스트, 플러스 버튼까지 총 3개입니다.

우선 다이아몬드 이미지를 만들기 위해 하이어라키(Hierarchy) 탭에서 [Create > UI > Image]를 눌러 새로운 이미지를 추가합니다.

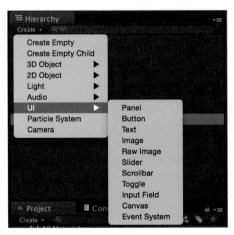

▲ 새로운 이미지 생성

서바이벌 스킬업 유니티 3D액션게임

▲ 이미지 파일을 소스 이미지 항목과 연결

앞의 그림처럼 icon_diamond 이미지 파일을 소스 이미지 항목으로 드래그해 넣고, 앵커도 설정해 줍니다.

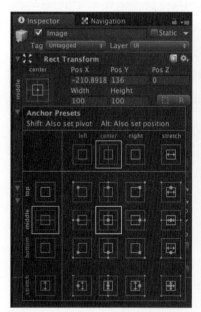

▲ 다이아몬드의 앵커를 우측 상단으로 설정 1

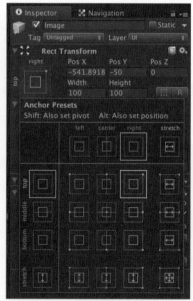

▲ 다이아몬드의 앵커를 우측 상단으로 설정 2

앵커를 설정한 후에는 다음 표와 그림처럼 나머지 속성들을 마저 설정합니다.

▲ 다이아몬드 이미지의 나머지 속성 설정

[Diamond 이미지 오브젝트 속성]

오브젝트 이름	Diamond
앵커(Anchor)	우측 상단
이미지 소스(Image Source)	/Assets/Image/Controller/NewUI/icon_diamond
Pos X	−130
Pos Y	20
Pos Z	0
Width	40
Height	40

다음은 숫자 텍스트 옆의 플러스 버튼을 만들 차례입니다. 하이어라키(Hierarchy) 탭에서 [Create > UI > Button] 메뉴를 선택해서 새로운 버튼을 생성합니다.

▲ 사용할 이미지를 소스 이미지로 연결

btn_plus 이미지를 새로 생성한 버튼의 소스 이미지(Source Image)로 연결합니다.

▲ 플러스 버튼의 앵커 설정 1

▲ 플러스 버튼의 앵커를 설정 2

여기서 추가한 버튼은 텍스트 오브젝트가 필요 없는 이미지 버튼입니다. 그래서 기본적으로 추가되어 있는 텍스트 오브젝트는 삭제해야 합니다. Button 오브젝트의 하위에 있는 Text 오브젝트를 선택한 상태에서 우클릭하여 Delete하거나 키보드 상의 [Delete] 키를 눌러서 삭제할 수 있습니다.

▼ Button
　　Text

▲ 버튼에 기본적으로 추가되어 있는 Text 오브젝트 삭제

BtnPlus 버튼의 나머지 속성들은 다음 표와 같이 설정합니다.

[BtnPlus 게임 오브젝트 속성]

오브젝트 이름	BtnPlus
앵커(Anchor)	우측 상단
이미지 소스(Image Source)	/Assets/Image/Controller/NewUI/btn_plus.png
Pos X	−30
Pos Y	−20
Pos Z	0
Width	40
Height	40

이제 다이아몬드와 관련해서는 오브젝트 하나만 추가하면 작업이 완료됩니다. 유저가 가진 다이아몬드 수를 출력하는 텍스트(Text) 오브젝트를 만들어 봅시다. 하이어라키(Hierarchy) 탭에서 [Create > UI > Text]를 선택해서 새로운 텍스트(Text) 오브젝트를 생성합니다.

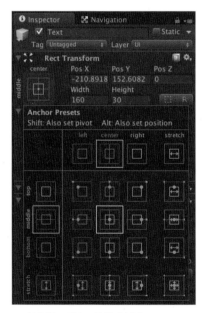

▲ 다이아몬드 텍스트의 앵커 설정 1

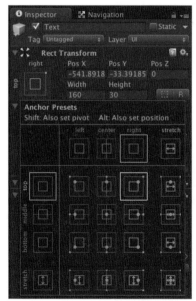

▲ 다이아몬드 텍스트의 앵커 설정 2

생성된 텍스트 오브젝트에 앵커를 설정한 후 다음의 표와 그림에 있는 속성값으로 지정하면 작업이 완료됩니다.

[TextDiamond 오브젝트 속성]

오브젝트 이름	TextDiamond
앵커(Anchor)	우측 상단
Pos X	−115
Pos Y	−20
Pos Z	0
Width	160
Height	30
Text (예시 값)	100
Font Size	25
Font Style	Bold
Text Color	하얀색 (R: 255 G: 255 B: 255 A: 255)

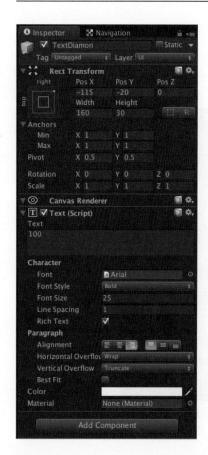

여기까지 잘 따라왔다면, 다음과 같은 화면을 만나 볼 수 있습니다.

▲ 상단바까지 완성된 게임 로비 화면

이번 챕터에서는 게임을 플레이하기 전에 거치는 게임 로비 화면의 일부를 구현해 보았습니다. 아름다운 배경과 캐릭터 배치, 그리고 적절한 효과를 주면 전체적인 게임의 완성도를 크게 향상시킬 수 있습니다. 게임은 종합 예술입니다. 그래픽과 사운드, 멋진 세계관, 그리고 밸런스 등 모든 콘텐츠가 사람들에게 영감을 주고 재미를 느끼게 해줍니다.

이어서 다음 챕터에 로비 화면의 랭킹 버튼과 스토리 버튼을 추가하고 캐릭터를 강화하는 기능을 추가해 보도록 하겠습니다.

CHAPTER 22 | 디자인 업그레이드와 길 찾기 기능 설정하기

>> 지금까지 서버 프로그램을 개발하고, 게임 로비를 개발하느라 실제 전투 게임을 다룬 기억이 가물가물할
지도 모르겠습니다. 이번 챕터에서는 다시 전투신을 구현하는 과정으로 돌아가 기존에 만들었던 게임 화
면에 효과를 넣어 봅니다. 보다 완성도 있는 게임 화면 구성을 위해 외적인 디자인 퀄리티를 강화하고 전
투 과정을 업그레이드하는 과정을 다룰 것입니다.

01 | 전투신 완성도 높이기

우선 이번 챕터 진행을 통해 완성될 화면을 확인하고 전체적으로 어떤 기능들을 구현하게
될지 감을 잡고 시작합시다.

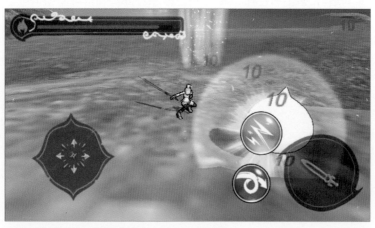

▲ 이번 챕터를 거쳐 완성하게 될 전투신

앞의 그림에서 확인할 수 있는 것처럼 이번 챕터에서는 액션 게임의 '꽃'이라고도 할 수 있
는 타격 효과를 입혀 볼 생각입니다. 타격 효과에 따라 액션 게임의 몰입도에는 큰 차이가
발생합니다. 이에 더해 챕터 5에서는 간단한 방향키와 공격, 필살기 버튼을 만드는 과정을
살펴봤는데, 이번에는 디자인을 변경 적용해 게임 화면을 좀 더 예쁘게 꾸며 볼 생각입니
다. 이번 챕터의 목표는 다음과 같습니다.

- 지형(Terrain)을 새롭게 배치한다.
- 내비게이션 메시(Navigation Mesh)를 설정하면서 길 찾기를 복습한다.
- 스카이 박스(Sky Box)를 변경한다.
- 물(Water) 오브젝트를 배치한다.
- 전투 화면의 유저 인터페이스를 업그레이드한다.
- 타격 이펙트를 추가한다(오브젝트 풀 활용).
- 타격 시 데미지 수치가 화면에 뜨게 한다(오브젝트 풀 활용).

02 | 지형(Terrain) 새로 설정하기

초기에 예제를 통해 구축했던 지형은 다소 밋밋한 기본 RPG 지형이었습니다. 액션 게임의 분위기가 물씬 풍기도록 전투가 벌어질 공간을 한층 업그레이드해 봅시다. 이 챕터에서는 3D 느낌이 물씬 풍기는 초원으로 게임 장소를 설정해 볼 생각입니다.

지형을 새로 설정하기 위해 먼저 기존에 있던 지형을 삭제하고, 새로운 지형을 신에 추가하는 작업부터 시작해 봅시다.

(1) 기존 지형 삭제하기

/Assets/Scenes/Game에 있는 유니티 신을 엽니다. 그리고 하이어라키 탭에 있는 Terrain 오브젝트를 우클릭한 후에 Delete 메뉴를 눌러서 기존 지형을 삭제합니다.

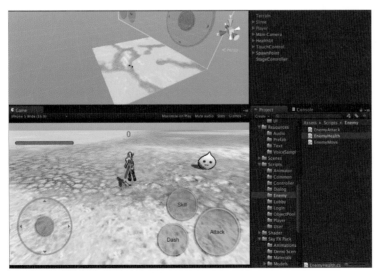

▲ 기존 신에 있던 Terrain 오브젝트 삭제

Terrain을 삭제하면, 땅바닥이 사라지고 횅한 공간에 주인공과 적 캐릭터만 남아 있을 것입니다. 여기에 새로운 지형을 추가합니다.

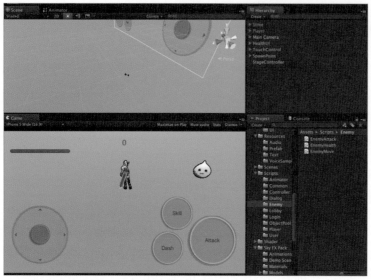

▲ 지형이 없어진 게임 화면

(2) 화면에 새로운 지형 추가하기

지형을 추가하는 방법은 간단합니다. 여기서 추가할 새로운 지형은 /Assets/Models/Terrain/terrain_01에 있습니다. 이 프리팹(Prefab)을 하이어라키(Hierarchy)탭으로 드래그하면 지형이 신에 추가됩니다.

▲ 새로운 지형이 추가된 모습

새로운 지형을 추가한 후에 게임을 실행해 보면, 주인공 캐릭터가 땅바닥을 뚫고 떨어지는 것을 볼 수 있습니다. 이는 지형(Terrain)에 메시 콜라이더(Mesh Collider)가 붙어 있지 않기 때문입니다. 메시 콜라이더(Mesh Collider)는 주인공 캐릭터를 하나의 충돌체로 인식하게 해 지형(Terrain)의 땅바닥과 충돌하는 상황을 만들어 줍니다. 이렇게 서로를 사물로 인식해 캐릭터가 땅바닥을 뚫고 내려가지 않게 하는 것입니다.

▲ 메시 콜라이더 추가

메시 콜라이더를 추가하기 위해서는 terrain_01 오브젝트 하위에 있는 terrain_01_far 오브젝트를 선택해야 합니다. 그리고 인스펙터 탭에서 [Add Component] 버튼을 눌러서 mesh라고 입력하면 'Mesh Collider'를 리스트에서 찾을 수 있습니다. 여기서 메시 콜라이더를 선택하거나 그냥 바로 엔터를 치면 terrain_far_01 오브젝트에 메시 콜라이더가 추가됩니다.

▲ terrain_far_01 지형 오브젝트에 Mesh Collider 추가

03 | 내비게이션 메시 다시 굽기

현재 내비게이션 메시(Navigation Mesh)는 기존에 있던 지형(Terrain)을 기반으로 삼아 만들었습니다. 이에 기존 지형에서 설정했던 슬라임 길 찾기 기능도 제대로 동작하지 않을 것입니다. 따라서 길을 제대로 찾지 못하고 있는 슬라임들이 다시 길을 잘 찾을 수 있도록, 내비게이션 메시를 업데이트해야 합니다. 이를 위해 유니티 상단 메뉴에서 [Windows]를 클릭하고 [Navigation]을 선택합니다.

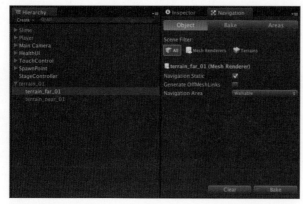

▲ Navigation Static 체크

그리고 하이어라키(Hierarchy) 탭에서 terrain_far_01을 선택한 후 내비게이션(Navigation) 탭에서 Navigation Static을 체크합니다.

이제 챕터 7에서 한 번 다룬 적이 있는 내비게이션 베이크(Navigation Bake) 탭에서 기존의 설정을 변경해야 합니다. 현재 지형에 맞는 내비게이션 메시(Navigation Mesh)를 생성하기 위해 다음 그림과 표처럼 설정한 후 [Bake] 버튼을 클릭합니다.

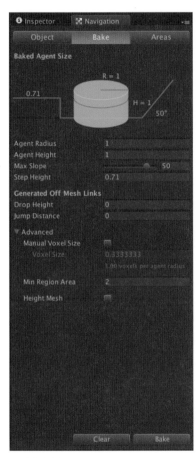

▲ 내비게이션의 Bake 탭

[내비게이션 베이크 설정값]

속성	설명	설정값
Radius	에이전트의 반경	1
Height	에이전트의 높이	1
Max Slope	에이전트가 오를 수 있는 경사 각도	50
Step Height	에이전트가 오를 수 있는 계단 높이	0.71
Generated Off Mesh Links		
> Drop Height	에이전트가 떨어질 수 있는 절벽 높이	0
> Jump Distance	에이전트가 점프할 수 있는 거리	0

내비게이션 메시에서는 대표적으로 Agent Height, Max Slope, Step Height, Agent Radius 의 네 가지 설정값을 이해하고 활용하는 것이 편리합니다.

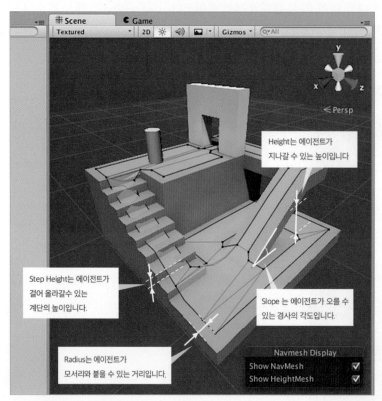

Height는 에이전트가 지나갈 수 있는 높이입니다

Step Height는 에이전트가 걸어 올라갈 수 있는 계단의 높이입니다.

Slope 는 에이전트가 오를 수 있는 경사의 각도입니다.

Radius는 에이전트가 모서리와 붙을 수 있는 거리입니다.

Navmesh Display
Show NavMesh
Show HeightMesh

▲ 내비게이션 메시에서 대표적인 네 가지 설정값

TIP **내비게이션 메시를 생성하는 4단계**

주인공이나 몬스터가 길을 찾을 수 있도록 만들기 위해선 내비게이션 메시를 생성해야 합니다. 이 과정을 보다 이해하기 쉽게 네 단계로 나누어 설명하겠습니다. 참고로 이 팁은 유니티 영문 공식 문서(http://docs.unity3d.com/Manual/nav-BuildingNavMesh.html)를 참조해 작성했습니다. 어떤 지식이든 기초를 튼튼히 다지는 것이 중요하듯이, 가능하다면 공식 문서를 통해 유니티3D 활용 방법을 익히는 것도 게임 개발 능력을 향상시키는 데 좋은 방법이 됩니다.

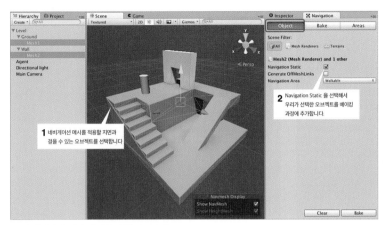

▲ 내비게이션 메시 생성을 위한 1, 2단계

내비게이션 메시를 만들기 위해서는 다음의 과정을 따라 하면 됩니다.

❶ 1단계 : 하이어라키(Hierarchy) 탭에서 내비게이션 메시를 적용할 지면과 걸을 수 있는 오브젝트를 선택합니다.
❷ 2단계 : Navigation Static을 선택하고, 길 찾기를 해야 하는 캐릭터의 오브젝트를 베이킹 과정에 추가합니다.

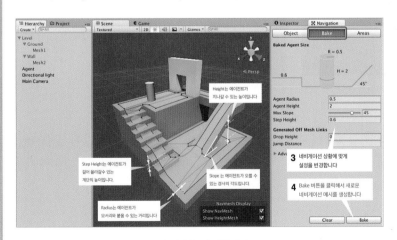

❸ 3단계 : 내비게이션 상황에 맞게 설정을 변경합니다.
❹ 4단계 : 마지막으로 [Bake] 버튼을 눌러서 새로운 내비게이션 메시를 생성합니다.

이렇게 네 번의 단계를 거치면, 주인공이나 몬스터는 자유롭게 길을 찾을 수 있게 됩니다.

04 | 스카이 박스(Skybox) 변경하기

게임의 배경이 되는 하늘의 이미지를 변경해 봅시다. 하이어라키(Hierarchy) 탭에서 메인 카
메라 오브젝트를 선택한 후 인스펙터 탭의 가장 아래에 있는 [Add Component] 버튼을 누
릅니다. 검색창에서 Skybox를 입력한 후 리스트에 검색된 스카이 박스를 클릭해서 새로운
하늘 이미지를 추가합니다.

▲ 메인 카메라에서 Add Component 버튼을 클릭   ▲ 스카이 박스를 추가한 메인 카메라 오브젝트
한 후 Skybox 입력

스카이 박스 옵션을 잘 살펴보면, 하단 부근에 Custom Skybox라는 옵션값이 있습니다. 기
본값으로는 Custom Skybox에 연결된 메터리얼(Material)이 비어 있는데, 여기에 스카이 박
스 메터리얼을 연결해야 합니다.

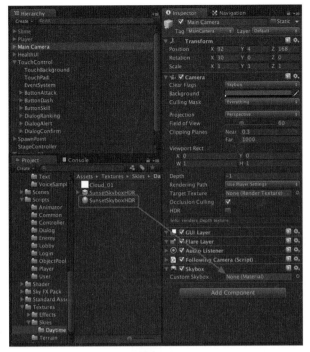

▲ 메터리얼을 Custom Skybox로 연결

앞의 그림과 같이 /Assets/Textures/Skies/Daytime/SunsetSkyboxHDR 위치에 있는 메터리얼을 Custom Skybox로 연결합니다.

05 | 전투 화면의 유저 인터페이스 업그레이드

게임의 퀄리티를 평가할 때 디자인 요소가 미치는 영향이 예전보다 많이 중요해졌습니다. 전반적인 업계의 퀄리티 기준이 높아지고 있기 때문입니다. 이에 이번 챕터에서는 3D 배경 교체에 이어, 전투 화면의 인터페이스를 새로운 디자인으로 교체함으로써 전반적인 분위기를 한 단계 업그레이드해 봅시다. 우선 교체하기 전과 교체한 후의 이미지를 비교해 살펴봅시다. 확실히 다른 분위기를 느낄 수 있습니다.

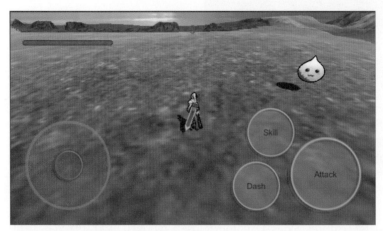

▲ 디자인을 교체하기 전 유저 인터페이스

기존의 유저 인터페이스에서는 '개발자의 감성'이 느껴집니다. 이제는 좀 더 게임다운 유저 인터페이스를 만들어 보도록 하겠습니다.

▲ 디자인을 교체한 후의 유저 인터페이스

(1) 공격 버튼 변경하기

공격 버튼 디자인을 예쁘게 변경해 봅시다. 우선 기존 버튼 하위에 있던 Text 오브젝트를 삭제합니다.

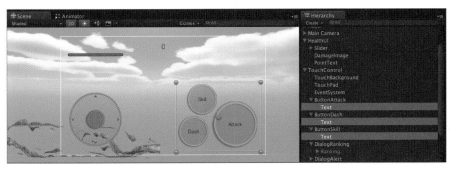

▲ 기존 버튼 하위에 있던 Text 오브젝트 삭제 전

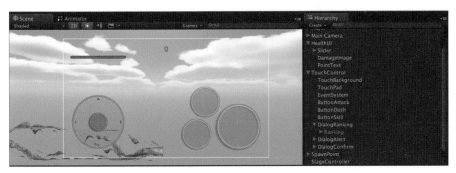

▲ 기존 버튼 하위에 있던 Text 오브젝트 삭제 후

버튼을 지운 후에 각 버튼의 이미지를 변경합니다. 변경할 기본 공격 버튼 이미지 에셋의 위치는 /Assets/Image/Controller/NewUI/BtnAttack입니다. 이 이미지 에셋을 드래그해서 ButtonAttack 오브젝트 인스펙터(Inspector) 창의 이미지 소스(Image Source)로 연결합니다.

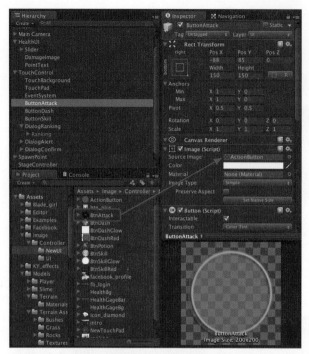

▲ 공격 버튼을 이미지 소스에 연결

▲ 공격 버튼 이미지 변경

(2) 대시 공격 버튼 변경하기

기본 공격 버튼 이미지 변경과 마찬가지로 대시 공격 버튼도 변경해 봅시다. 앞서 한 방식과 비슷한 순서대로 이미지를 변경하고, 위치와 크기를 조정합니다. 대시 공격 버튼의 이미지는 /Assets/Image/Controller/NewUI 폴더에 있는 BtnDash 이미지를 사용했습니다. 이미지를 불러와 이미지 소스에 연결합니다.

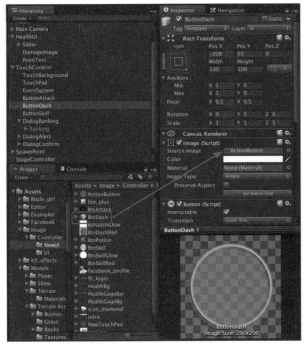

▲ 대시 공격 버튼을 이미지 소스에 연결

이미지 소스를 변경했다면 다음으로는 위치와 크기 조절합니다.

▲ 대시 공격 버튼 변경

공격 버튼의 경우 원래 이미지와 새로 교체한 이미지의 사이즈가 똑같아서 위치와 사이즈를 변경하지 않았지만, 대시 공격 버튼은 이미지의 위치와 사이즈를 조금 조정해야 합니다. 대시 공격 버튼의 이미지 변경이 완료되었다면 다음과 같이 세부 위치 및 크기를 변경해 줍니다.

[대시 공격 버튼 위치 및 크기 조정값]

Pos X	−208
Pos Y	65
Pos Z	0
Width	85
Height	85

▲ 대시 공격 버튼의 크기와 위치 조정

(3) 스킬 버튼 변경하기

이어서 스킬 버튼을 변경해 봅시다. 전과 같이 스킬 버튼의 이미지를 변경하고, 위치와 크기를 조정합니다. 이미지는 /Assets/Image/Controller/NewUI 폴더에 있는 BtnSkill 이미지를 ButtonSkill 오브젝트의 이미지 소스에 연결합니다.

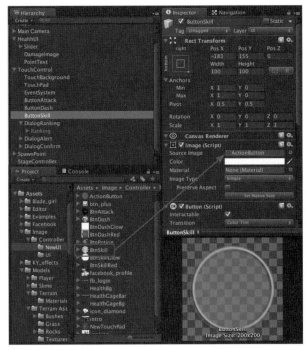

▲ BtnSkill의 이미지를 이미지 소스로 연결

스킬 버튼의 이미지 소스를 변경했다면, 이미지의 위치와 크기를 변경해 봅시다. 다음 표의 조정값을 참조해서 변경하면 됩니다.

▲ 스킬 버튼의 위치와 크기 변경

[스킬 버튼의 위치와 크기 조정값]

Pos X	−190
Pos Y	150
Pos Z	0
Width	80
Height	80

(4) 방향키 변경하기

게임 화면의 좌측 하단에 캐릭터의 방향을 조절하는 방향키(터치패드)가 있습니다. 이 디자인도 변경해 봅니다. 기존 예제를 통해서는 TouchPad와 TouchBackground 두 가지 오브젝트를 사용했었는데 이를 변경해 봅시다. 새로운 방향키 디자인에는 배경이 없기 때문에, 배경을 없애고 가운데 TouchPad만 살리는 방식으로 고쳐 볼 생각입니다. 이번에는 인터페이스뿐만 아니라 TouchPad.cs 스크립트도 변경합니다.

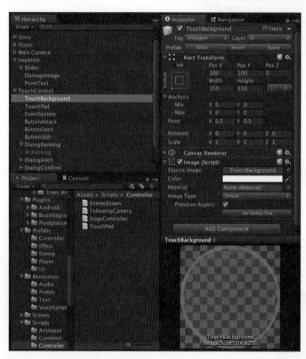

▲ TouchBackground 오브젝트 삭제

우선 기존에 사용했던 TouchBackground 오브젝트를 삭제합니다.

▲ TouchBackground 오브젝트를 삭제한 화면

기존의 터치패드 동작 방식이 변경되어, TouchBackground 오브젝트를 삭제하면 터치패드 컨트롤을 관리하는 TouchPad.cs 스크립트 동작에 문제가 생깁니다. 애초에 Touch-Background를 참조해서 시작 지점과 반지름을 구했기 때문이죠. 이를 직접 지정하는 식으로 변경해야 합니다.

그러므로 Scripts/Controller/TouchPad.cs 스크립트를 다시 변경합니다.

```csharp
using UnityEngine;
using UnityEngine.UI;
using System;
using System.Collections;

public class TouchPad : MonoBehaviour {

    // _touchPad 오브젝트를 연결합니다.
    private RectTransform _touchPad;

    // 터치 입력 중에 방향 컨트롤러의 영역 안에 있는 입력을 구분하기 위한 아이디입니다.
    private int _touchId = -1;

    // 입력이 시작되는 좌표입니다.
    private Vector3 _startPos = Vector3.zero;

    // 방향 컨트롤러가 원으로 움직이는 반지름입니다.
    private float _dragRadius = 0.0f;

    // 플레이어의 움직임을 관리하는 PlayerMovement 스크립트와 연결합니다.
    // 방향키가 변경되면 캐릭터에게 신호를 보내야 하기 때문입니다.
    public PlayerMovement _player;

    // 버튼이 눌렸는지 체크하는 bool 변수입니다.
    private bool _buttonPressed = false;

    void Start () {

        // 터치패드의 RectTransform 오브젝트를 가져옵니다.
        _touchPad = GetComponent<RectTransform>();

        // 터치패드의 좌표를 가져옵니다. 이것이 움직임의 기준값이 됩니다.
        _startPos = _touchPad.position;

        // 상하좌우로 움직이는 원의 반지름입니다.
        _dragRadius = 60f;
```

```
    }

    public void ButtonDown()
    {
        // 버튼이 눌렸는지 확인합니다.
        _buttonPressed = true;
    }
    public void ButtonUp()
    {
        _buttonPressed = false;
        // 버튼이 떼어졌을 때 터치패드와 좌표를 원래 지점으로 복귀시킵니다.
        HandleInput(_startPos);
    }
    void FixedUpdate()
    {
        // 모바일에서는 터치패드 방식으로 여러 터치 입력을 받아 처리합니다.
        HandleTouchInput();
        // 모바일이 아닌 PC나 유니티 에디터 상에서 작동할 때는 터치 입력이 아닌 마우스로 입력받습니다.
#if UNITY_EDITOR || UNITY_STANDALONE_OSX || UNITY_STANDALONE_WIN || UNITY_
WEBPLAYER
        HandleInput(Input.mousePosition);
#endif
    }

    void HandleTouchInput()
    {
        // 터치 아이디(touchId)를 매기기 위한 번호입니다.
        int i = 0;
        // 터치 입력은 한번에 여러 개가 들어올 수 있습니다. 터치가 하나 이상 입력되면 실행되도록 합니다.
        if(Input.touchCount > 0)
        {
            // 각각의 터치 입력을 하나씩 조회합니다.
            foreach(Touch touch in Input.touches)
            {
                // 터치 아이디(touchId)를 매기기 위한 번호를 1 증가시킵니다.
                i++;

                // 현재 터치 입력의 x, y 좌표를 구합니다.
                Vector3 touchPos = new Vector3(touch.position.x, touch.position.y);

                // 터치 입력이 방금 시작되었다면, TouchPhase.Began일 때,
                if(touch.phase == TouchPhase.Began)
                {
```

```
                            // 그리고 터치의 좌표가 현재 방향키 범위 내에 있다면
                    if(touch.position.x
                        <= (_startPos.x + _dragRadius))
                    {
                        // 이 터치 아이디를 기준으로 방향 컨트롤러를 조작하도록 합니다.
                        _touchId = i;
                    }
                }
                // 터치 입력이 움직였다거나, 가만히 있는 상황이라면,
                if(touch.phase == TouchPhase.Moved
                    || touch.phase == TouchPhase.Stationary)
                {
                    // 터치 아이디로 지정된 경우에만
                    if(_touchId == i)
                    {
                        // 좌표 입력을 받아들입니다.
                        HandleInput(touchPos);
                    }
                }
                // 터치 입력이 끝났는데,
                if(touch.phase == TouchPhase.Ended)
                {
                    // 입력받고자 했던 터치 아이디라면
                    if(_touchId == i)
                    {
                        // 터치 아이디를 해제합니다.
                        _touchId = -1;
                    }
                }
            }
        }
    }
    void HandleInput(Vector3 input)
    {
        // 버튼이 눌려진 상황이라면,
        if(_buttonPressed)
        {
            // 방향 컨트롤러의 기준 좌표로부터 입력 받은 좌표가 얼마나 떨어져있는지 구합니다.
            Vector3 diffVector = (input - _startPos);
            // 입력 지점과 기준 좌표의 거리를 비교합니다. 만약 최대치보다 크다면,
            if (diffVector.sqrMagnitude >
                _dragRadius * _dragRadius)
            {
                // 방향 벡터의 거리를 1로 만듭니다.
```

```
        diffVector.Normalize();

            // 그리고 방향 컨트롤러는 최대치만큼만 움직이게 합니다.
            _touchPad.position = _startPos +
                diffVector * _dragRadius;
        }
        else // 입력 지점과 기준 좌표가 최대치보다 크지 않다면
        {
            // 현재 입력 좌표에 방향키를 이동시킵니다.
            _touchPad.position = input;
        }
    }
    else
    {
        // 버튼에서 손이 떼어지면, 방향키를 원래 위치로 되돌려 놓습니다.
        _touchPad.position = _startPos;
    }
    // 방향키와 기준 지점의 차이를 구합니다.
    Vector3 diff = _touchPad.position - _startPos;

    // 방향키의 방향을 유지한 채로, 거리를 나누어 방향만 구합니다.
    Vector2 normDiff = new Vector3(diff.x / _dragRadius, diff.y / _dragRadius);

    if(_player != null)
    {
        // 플레이어가 연결되어 있으면, 플레이어에게 변경된 좌표를 전달해 줍니다.
        _player.OnStickChanged(normDiff);
    }
  }
}
```

▲ 리스트 22-1 : TouchPad.cs 스크립트 내용

TouchPad.cs에서 수정된 부분은 초기 설정 부분입니다.

```
// _touchPad 오브젝트를 연결합니다.
private RectTransform _touchPad;

// 터치 입력 중에 방향 컨트롤러의 영역 안에 있는 입력을 구분하기 위한 아이디입니다.
private int _touchId = -1;
```

```
    // 입력이 시작되는 좌표입니다.
    private Vector3 _startPos = Vector3.zero;

    // 방향 컨트롤러가 원으로 움직이는 반지름입니다.
    public float _dragRadius = 60f;

    // 플레이어의 움직임을 관리하는 PlayerMovement 스크립트와 연결합니다.
    // 방향키가 변경되면 캐릭터에게 신호를 보내야 하기 때문입니다.
    public PlayerMovement _player;

    // 버튼이 눌렸는지 체크하는 bool 변수입니다.
    private bool _buttonPressed = false;

    void Start () {

        // 터치패드의 RectTransform 오브젝트를 가져옵니다.
        _touchPad = GetComponent<RectTransform>();

        // 터치패드의 좌표를 가져옵니다. 이는 움직임의 기준값이 됩니다.
        _startPos = _touchPad.position;

    }
```

▲ 리스트 22-2 : TouchPad.cs 초기 설정 코드

기존의 TouchPad.cs에서 변경된 세부 내역은 다음과 같습니다.

첫째로 public 변수 중에 RectTransform _touchBackground를 삭제했습니다. 왜냐하면, 이제 터치 컨트롤러에서 배경 이미지를 사용하지 않기 때문입니다. 터치 컨트롤러의 배경 이미지가 있던 화면과 없어진 화면을 다시 보면 이해될 것입니다. 두 화면을 다시 한 번 살펴보겠습니다.

▲ 터치 컨트롤러의 배경 이미지가 있던 화면

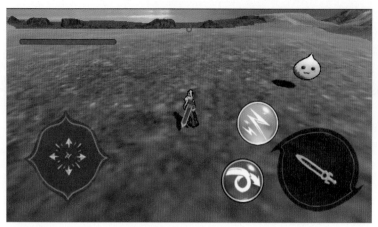

▲ 터치 컨트롤러의 배경 이미지가 삭제된 화면

두번째로는 touchPad는 private 변수로 바꾸어 오브젝트가 시작할 때, GetComponent ⟨RectTransform⟩() 함수로 자기 오브젝트에 붙어 있는 RectTransform 컴포넌트를 가져오는 방식으로 변경했습니다. 변경한 이유는, 같은 오브젝트에 있는 컴포넌트를 public 변수로 할당하는 것보다는, 코드상에서 연결해주는 게 더 깔끔하기 때문입니다.

```
// 터치패드의 RectTransform 오브젝트를 가져옵니다.
_touchPad = GetComponent<RectTransform>();
```

▲ 리스트 22-3 : 변경 된 소스 코드 A, B

세 번째로 dragRadius 방향키가 움직이는 반지름의 경우, 기존에는 _touchBackground의 가로 사이즈를 절반으로 나누는 방식으로 적용했는데, 이번에는 변수를 선언할 때 직접 설정하는 방식으로 변경했습니다. 왜냐하면 이제 더 이상 _touchBackground가 존재하지 않기 때문입니다.

```
// 방향 컨트롤러가 원으로 움직이는 반지름입니다.
public float _dragRadius = 60f;
```

▲ 리스트 22-4 : 변경 된 소스 코드 C

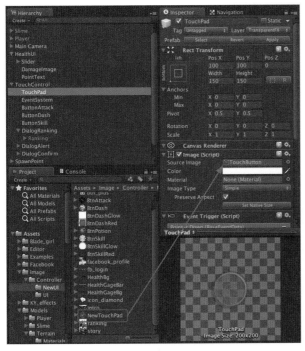

▲ TouchPad 이미지를 이미지 소스에 연결

소스 코드 수정과 함께 터치패드 위치 및 크기 역시 조금 변경했습니다.

[방향키 버튼의 위치와 크기 조정값]

Pos X	120
Pos Y	120
Pos Z	0
Width	150
Height	150

여기까지 잘 따라왔다면, 화면은 다음 그림처럼 배치되어 있을 것입니다.

▲ 버튼과 방향키가 배치된 유저 인터페이스

(5) 체력 게이지 변경하기

게임 화면 좌측 상단의 체력 게이지도 좀 더 아름답게 꾸며 보도록 합시다. 기존에 만들었던 게이지의 이미지를 살짝 변경해 볼 텐데, 우선 하이어라키(Hierarchy) 탭에서 [HealthUI > Slider > Background] 오브젝트의 이미지를 /Assets/Image/Controller/NewUI/HealthGageBg 이미지로 변경합니다. 변경하는 방법은 다음 그림을 참고해서 드래그로 연결하면 됩니다.

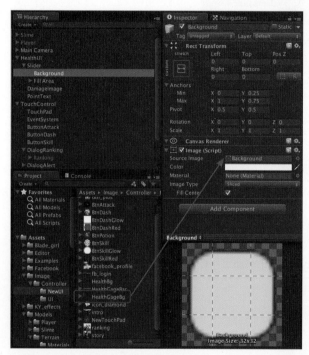

▲ 체력 게이지의 배경을 /Assets/Image/Controller/NewUI의 HealthGageBg 이미지로 변경

체력 게이지가 차는 부분의 이미지도 마저 변경해 봅시다. 하이어라키(Hierarchy) 탭에서 [HealthUI > Slider > Fill Area > Fill] 오브젝트의 이미지 소스(Image Source)에 /Assets/Image/Controller/New UI/HealthGageBar 이미지를 연결했습니다. 연결하는 방법 역시 다음 그림을 따라 하면 간단하게 해결됩니다.

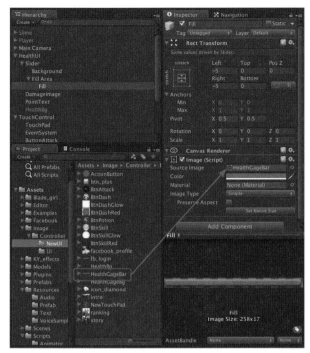

▲ 이미지 소스에 /Assets/Image/Controller/New UI/HealthGageBar 이미지 연결

▲ 변경된 체력 게이지 바

예전에 있던 그래프와 별반 차이가 없지만 계속해서 추가해 볼 체력 게이지 배경이 같이 표시되면 그 차이점을 확연히 느낄 수 있을 것입니다.

여기까지 체력 게이지 바의 이미지를 변경해 봤습니다. 지금 상태로도 체력 게이지가 체력을 표현해 주는 데는 문제가 없지만, 체력이 표시되는 게이지의 여백 등이 아직 정확히 맞지 않을 것입니다. 체력 게이지가 우리가 원하는 대로 동작하도록 만들기 위해서는 체력 게이지 슬라이더와 관련된 오브젝트 4개의 속성을 변경해야 합니다.

1) [HealthUI > Slider > Background]

Slider 오브젝트 하위에 있는 Background 이미지의 위치 및 여백을 다음과 같이 조정합니다.

[Background 이미지 속성값]

Left	0
Right	0
Top	0
Bottom	0
Pos Z	0

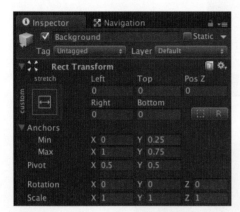

▲ [HealthUI > Slider > Background] 속성

2) [HealthUI > Slider > Fill Area > Fill]

Fill Area 오브젝트 하위에 있는 Fill 이미지의 위치 및 여백을 조정합니다.

[Fill 이미지 속성 변경]

Left	0
Right	0
Top	0
Bottom	0
Pos Z	0

▲ [HealthUI > Slider > Fill Area > Fill] 속성

3) [HealthUI > Slider > Fill Area]

Slider 오브젝트 하위에 있는 Fill Area 오브젝트의 위치 및 여백도 다음과 같이 조정하겠습니다 .

[Fill Area 속성 변경]

Left	0
Right	0
Top	0
Bottom	0
Pos Z	0

▲ [HealthUI > Slider > Fill Area] 속성

4) [HealthUI > Slider]

끝으로 HealthUI 오브젝트 하위에 있는 Slider 오브젝트의 위치 및 여백을 조정합니다.

[Slider 속성 변경]

Pos X	175
Pos Y	−34
Pos Z	0
Width	240
Height	20

▲ [HealthUI > Slider] 속성 변경

5) [HealthUI > HealthBg] 이미지 추가하기

이번에는 체력 게이지 바를 꾸미기 위해 새로운 이미지를 추가할 것입니다. 하이어라키(Hierarchy) 탭에서 [Create > UI > Image]를 클릭해서 새로운 이미지를 생성합니다. 그리고 그 이미지 오브젝트의 이름을 HealthBg로 변경합니다.

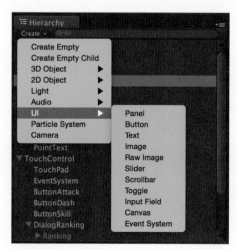

▲ 새로운 이미지 생성하기

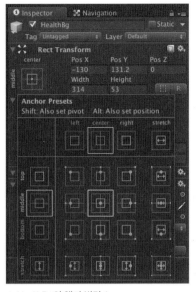

▲ HealthBg의 앵커 변경 1

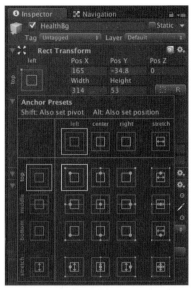

▲ HealthBg의 앵커 변경 2

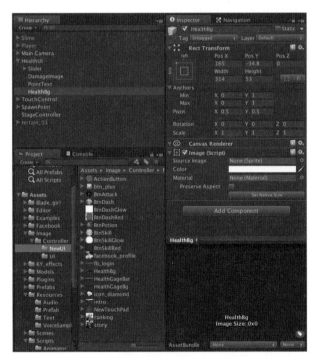

▲ 체력 게이지의 배경 이미지를 HealthBg 이미지 소스에 연결

체력 게이지의 배경 이미지(/Image/Controller/NewUI/HealthBg)를 HealthBg 이미지 오브젝트의 이미지 소스에 연결합니다. 그리고 마찬가지로, HealthBg의 위치 및 크기를 다음과 같이 지정합니다.

[HealthBg의 위치 및 크기 조정값]

Pos X	162
Pos Y	−31.4
Pos Z	0
Width	314
Height	53

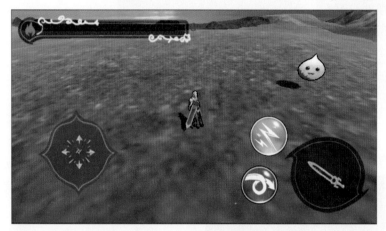

▲ 체력 게이지 위에 생성된 HealthBg

지금까지의 과정을 모두 거치고 나면, 체력 게이지가 체력 게이지 배경에 가려진 모습을 확인할 수 있습니다. 이는 UI가 화면에 출력되는 순서가 잘못되어 나타나는 현상입니다. 여기에서는 체력 게이지 배경이 체력 게이지 뒤쪽에 표시되기를 원하므로, HealthBg 오브젝트를 하이어라키(Hierarchy) 탭에서 드래그해서 위쪽으로 이동시킵니다.

▲ HealthBg 오브젝트 드래그

▲ 위로 올라간 HealthBg 오브젝트

이렇게 HealthBg 오브젝트의 순서를 변경하면, 체력 게이지와 배경이 의도한 것과 같이 화면상에 표기되는 것을 확인할 수 있습니다.

(6) 포인트를 표시하는 PointText 위치 변경하기

게임 포인트를 표시하는 PointText의 위치도 변경해 보려겠습니다. 가운데 있던 PointText를 우측 상단으로 이동 배치해 봅시다. 우선 앵커를 변경합니다.

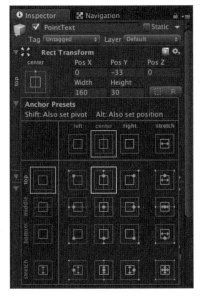 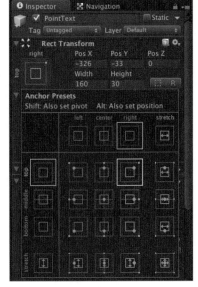

▲ PointText의 앵커를 우측 상단으로 변경 1　　▲ PointText의 앵커를 우측 상단으로 변경 2

PointText의 앵커를 변경하고 나서는 PointText의 속성을 인스펙터(Inspector) 창에서 변경합니다.

[PointText 속성 변경값]

Pos X	−109
Pos Y	−33
Pos Z	0
Width	160
Height	37.91
Font Size	25
Font Style	Bold
Text Alignment	우측 정렬

서바까지 스크립터 유니티 3D액션게임

▲ PointText 속성 변경

▲ PointText 우측 정렬

PointText의 Paragraph(문단)의 Alignment(정렬) 값을 우측 정렬로 변경합니다. 여기까지 완료하면 게임의 인터페이스는 다음 화면처럼 변경됩니다.

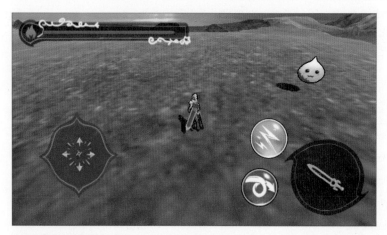

▲ 새로운 유저 인터페이스 완성

이렇게 인터페이스를 꾸며보았습니다. 분명히 같은 기능을 제공하고 있지만, 게임의 완성 도가 순식간에 높아졌습니다. 인터페이스 디자이너의 완성도 높은 결과물이 게임 퀄리티 를 획기적으로 향상시켰듯이 배경 음악과 밸런싱, 그리고 타격감 등 게임 내 모든 요소들 의 퀄리티가 모여서 완성도 있는 게임을 만들어냅니다. 그래서 게임을 종합예술로 비유하 곤 합니다. 다음 챕터에서는 몬스터 타격 효과를 좀 더 업그레이드해보도록 합시다.

CHAPTER 23 | 유니티 5 최신 기능 활용
메카님, 오디오, 타격 이펙트

≫ 이번 챕터에서는 게임의 타격 이펙트를 강화해 봅시다. 챕터 22에서 유저 인터페이스를 아름답게 꾸며 봤
다면, 이번 챕터에서는 타격 이펙트를 강화하여 게임의 액션성을 높이고자 합니다.

01 | 게임 액션 강화하기

이번 챕터에서 배울 내용을 간단하게 정리하면 다음과 같습니다.

- **타이밍 조절** : 타격 타이밍에 정확히 맞추어 몬스터가 피격되게 합니다.
- **타격 효과음 재생** : 타격 타이밍에 맞추어 타격효과가 재생됩니다.
- **공격 목소리 재생** : 공격 애니메이션에 맞추어 주인공의 목소리가 재생됩니다.
- **데미지 수치 표시 애니메이션** : 타격 시에 타격 데미지가 화면에 표기됩니다.

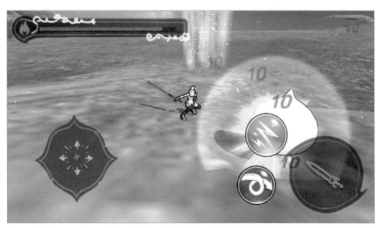

▲ 이번 챕터에서 구현할 타격 이펙트

02 | 유니티 5에서 새로 추가된 메카님 기능으로 애니메이션에 스크립트 붙이기

사실 유니티 5에서 메카님과 스크립트를 연동할 수 있게 되기 전에 유니티 4에서는 메카님 사용에 많은 제약이 있었습니다. 유니티 4의 메카님에서는 캐릭터가 어느 시점에 어떤 애니메이션 스테이트(상태)로 전환되는지를 일일이 알아내서 타이밍을 조절해야 했기에, 정확한 시점에 기능을 수행하기가 힘들었습니다. 프레임을 미리 다 예측해서 적용해야 했기 때문입니다.

하지만 유니티 5에서는 메카님의 상태에 맞춰 스크립트를 제어할 수 있게 됐습니다. 유니티 5에서 메카님의 기능이 대폭 강화되어 매우 반기는 이들이 많아졌다고 생각합니다. 그 반가운 기능을 소개하면서, 예제의 공격 타이밍도 업그레이드해보도록 합시다.

(1) PlayerAttack.cs 스크립트를 애니메이터 스크립트에서 호출 가능하도록 변경하기

예전에 구현했던 타격 방식은 캐릭터가 공격 상태일 때 1초에 한 번씩 몬스터에게 데미지를 입히는 방식이었습니다. 즉 캐릭터의 애니메이션과 정확히 딱 맞아 떨어지지 않는 시점이라도 몬스터의 에너지가 차감되었습니다. 하지만 이번에 살펴볼 방식에서는 애니메이션의 동작이 이루어지는 시점에 몬스터가 데미지를 입고 튕겨나가도록 변경해 볼 생각입니다.

```csharp
using UnityEngine;
using System.Collections;
using System;
using System.Collections.Generic;

public class PlayerAttack : MonoBehaviour {

    // 플레이어가 몬스터에게 주는 데미지 수치입니다.
    // 레벨 & 경험치 파츠 업그레이드 챕터에서 캐릭터 성장 시스템을 도입하면 변경될 예정입니다.
    public int NormalDamage = 10;
    public int SkillDamage = 30;
    public int DashDamage = 30;

    // 캐릭터의 공격 반경입니다.
    // 타깃의 트리거로 어떤 몬스터가 공격 반경 안에 들어왔는지 판정합니다.
    public NormalTarget normalTarget;
    public SkillTarget skillTarget;

    // 다른 스크립트에서 이 스크립트로 바로 접근하기 위한 통로라고 보면 됩니다.
    // PlayerAttack.Instance와 같은 식으로 바로 접근 가능합니다.
    public static PlayerAttack Instance;
```

```
// 주인공 캐릭터에 붙어있는 오디오 소스입니다.
// 이 오디오 소스로 주인공 캐릭터의 목소리를 재생합니다.
public AudioSource audioSource;

// 이 PlayerAttack 스크립트가 붙어있는 게임 오브젝트가 신에 생성될 때 호출됩니다.
void Start()
{
    // Instance에 자기 자신을 할당합니다.
    // 이로 인해, 외부 스크립트에서 PlayerAttack.Instance로 접근 가능합니다.
    Instance = this;
    // 현재 이 게임 오브젝트에 붙어있는 오디오 소스 컴포넌트를 변수에 할당합니다.
    audioSource = GetComponent<AudioSource>();
}

// 주인공 캐릭터가 일반 공격을 할 때 호출됩니다.
// 메카님 작동 방식을 업그레이드하면서 공격이 처리되는 순서가 변경됩니다.
public void NormalAttack()
{

    // 일반 공격을 할 때 재생될 수 있는 주인공 캐릭터의 목소리들입니다.
    // 이 목소리들 중 하나가 랜덤으로 재생됩니다.
    string[] attackSound = {    "VoiceSample/13.attack_B1",
        "VoiceSample/13.attack_B1", "VoiceSample/14.attack_B2",
        "VoiceSample/15.attack_B3", "VoiceSample/16.attack_C1",
        "VoiceSample/17.attack_C2", "VoiceSample/18.attack_C3"};

    // 목소리 리스트 중에서 하나를 랜덤으로 재생시키는 함수입니다.
    PlayRandomVoice(attackSound);

    // normalTarget에 붙어있는 Trigger Collider에 들어있는 몬스터의 리스트를 조회합니다.
    List<Collider> targetList
        = new List<Collider>(normalTarget.targetList);

    // 타깃 리스트 안에 있는 몬스터들을 foreach 문으로 하나하나 다 조회합니다.
    foreach(Collider one in targetList){
        // 타깃의 게임 오브젝트에 EnemyHealth라는 스크립트를 가져옵니다.
        EnemyHealth enemy = one.GetComponent<EnemyHealth>();
        // 만약 EnemyHealth 스크립트가 있다면 몬스터이므로, 몬스터에게 데미지를 줍니다.
        if(enemy != null){
            // 몬스터에게 데미지를 주면서, 데미지를 얼마 줄지, 얼마나 뒤로 밀려날지(pushBack),
            // 타격 이펙트는 뭘 줄지(effectPrefab), 오디오는 뭘 재생할지(audio)를 매개변수로
            전달합니다.
            enemy.Damage(NormalDamage,transform.position, 2f,
                "SkillAttack1","Audio/explosion_enemy");
```

```
        }


    }

}

public void DashAttack()
{
    // 대시 공격을 할 때 재생될 수 있는 주인공 캐릭터의 목소리들입니다.
    // 이 목소리들 중 하나가 랜덤으로 재생됩니다.
    string[] attackSound = {
        "VoiceSample/10.attack_A1", "VoiceSample/11.attack_A2",
        "VoiceSample/12.attack_A3"};

    // 목소리 리스트 중에서 하나를 랜덤으로 재생시키는 함수입니다.
    PlayRandomVoice(attackSound);

    // 대시 공격을 할 때에는 주인공에게도 이펙트가 발생하도록 합니다.
    PlayEffect("SkillAttack2");

    // normalTarget에 붙어있는 Trigger Collider에 들어있는 몬스터의 리스트를 조회합니다.
    List<Collider> targetList
        = new List<Collider>(skillTarget.targetList);

    // 타깃 리스트 안에 있는 몬스터들을 foreach문으로 하나하나 다 조회합니다.
    foreach(Collider one in targetList){

        // 타깃의 게임 오브젝트에 EnemyHealth라는 스크립트를 가져옵니다.
        EnemyHealth enemy = one.GetComponent<EnemyHealth>();

        // 만약 EnemyHealth 스크립트가 있다면 몬스터이므로, 몬스터에게 데미지를 줍니다.
        if(enemy != null){
            // 몬스터에게 데미지를 주면서, 데미지를 얼마 줄지, 얼마나 뒤로 밀려날지(pushBack),
            // 타격 이펙트는 뭘 줄지(effectPrefab), 오디오는 뭘 재생할지(audio)를 매개변수로
            전달합니다.
            enemy.Damage(DashDamage, transform.position, 4f,
                "SkillAttack2", "Audio/explosion_enemy");

        }

    }
}

public void SkillAttack()
{
```

```
// 스킬 공격을 할 때 재생될 수 있는 주인공 캐릭터의 목소리들입니다.
// 이 목소리들 중 하나가 랜덤으로 재생됩니다.
string[] attackSound = {
    "VoiceSample/44.special_attack_X1", "VoiceSample/45.special_attack_X2",
    "VoiceSample/46.special_attack_X3", "VoiceSample/47.special_attack_X4",
    "VoiceSample/48.special_attack_X5",
    "VoiceSample/50.special_attack_X7"};

// 목소리 리스트 중에서 하나를 랜덤으로 재생시키는 함수입니다.
PlayRandomVoice(attackSound);


// normalTarget에 붙어있는 Trigger Collider에 들어있는 몬스터의 리스트를 조회합니다.
List<Collider> targetList
    = new List<Collider>(skillTarget.targetList);

// 타깃 리스트 안에 있는 몬스터들을 foreach문으로 하나하나 다 조회합니다.
foreach(Collider one in targetList){

    // 타깃의 게임 오브젝트에 EnemyHealth라는 스크립트를 가져옵니다.
    EnemyHealth enemy = one.GetComponent<EnemyHealth>();

    // 만약 EnemyHealth 스크립트가 있다면 몬스터이므로, 몬스터에게 데미지를 줍니다.
    if(enemy != null){

        // 몬스터에게 데미지를 주면서, 데미지를 얼마 줄지, 얼마나 뒤로 밀려날지(pushBack),
        // 타격 이펙트는 뭘 줄지(effectPrefab), 오디오는 뭘 재생할지(audio)를 매개변수로
        전달합니다.
        enemy.Damage(SkillDamage, transform.position, 7f,
            "SkillAttack1","Audio/explosion_player");

    }

}
}

// 랜덤으로 목소리를 재생하는 함수입니다.
void PlayRandomVoice(string[] attackSound)
{
    // 간단하게 string 리스트의 길이 중 0부터 길이 −1 사이의 숫자를 아무거나 선택합니다.
    // UnityEngine.Random 라이브러리를 사용합니다.
    int rand = UnityEngine.Random.Range(0,attackSound.Length);
```

```
   // 주인공 캐릭터에 붙어있는 오디오 소스를 활용해서 재생합니다.
      audioSource.PlayOneShot(Resources.Load(attackSound[rand]) as Audio-
      Clip);

   }


   // 주인공 캐릭터에게 발생하는 이펙트를 생성합니다.
   void PlayEffect(string prefabName)
   {
      if(prefabName == "SkillAttack1"){
         GameObject effect = SkillAttack1Pool.Instance.GetObject();
         effect.transform.position = transform.position+ new Vector3(0f,0.5f,-
         0.5f);
      }else if(prefabName == "SkillAttack2"){
         GameObject effect = SkillAttack2Pool.Instance.GetObject();
          effect.transform.position = transform.position+ new Vector3(0f,0.5f,-
         0.5f);
      }
   }


}
```

▲ 리스트 23-1 : PlayerAttack.cs 스크립트

(2) EnemyHealth.cs 스크립트 동작 방식 변경하기

몬스터가 데미지를 입는 타이밍 부분을 기존의 코루틴으로 기다렸다가 타이밍을 예측하는
방식을 버리고, 함수가 호출되면 바로 데미지를 입도록 변경하겠습니다.

```
using UnityEngine;
using UnityEngine.UI;
using System.Collections;

public class EnemyHealth : MonoBehaviour {

// 적군의 체력 기본값은 100으로 설정하지만, 인스펙터 창에서 변경 가능합니다.
   public int startingHealth = 100;
// 적군의 현재 체력
   public int currentHealth;

// 적군이 타격받을 때 캐릭터의 테두리를 빨간색으로 잠시 바꾸고 사라지는 속도를 결정합니다.
   public float flashSpeed = 5f;
```

```csharp
// 적군이 타격받을 때 캐릭터의 테두리가 변하는 색상입니다. 기본 빨간색입니다.
    public Color flashColour = new Color(1f, 0f, 0f, 0.1f);


// 적군이 죽으면 땅바닥으로 가라앉는 속도를 정해주는 변수입니다.
    public float sinkSpeed = 1f;


// 몬스터가 죽었는지 체크하는 변수입니다.
    bool isDead;
// 몬스터가 죽어서 가라앉고 있는지 체크하는 변수입니다.
    bool isSinking;
// 몬스터가 지금 데미지를 입었는지 체크하는 변수입니다. 데미지를 입었을 때 테두리를 빨갛게 하기 위해 필
요합니다.
    bool damaged;


// 몬스터가 처음 생성될 때 호출되는 Start() 함수입니다.
    void Start()
    {
// 몬스터가 죽고 나서 다시 쓰일 때를 위한 초기화는 Init() 함수에서 합니다.
        Init();
    }


// 오브젝트 풀 활용 : 몬스터가 죽고 나서 다시 쓰일 때를 위해서 초기화는 Init() 함수에서 합니다.
    public void Init()
    {
// 몬스터가 생성될 때 체력이 가득한 상태로 초기화합니다.
        currentHealth = startingHealth;


// 죽지 않았고, 데미지 받지 않았고, 가라앉고 있지 않다고 플래그를 설정합니다.
        isDead = false;
        damaged = false;
        isSinking = false;


// 몬스터의 Collider의 트리거 값을 false로 변경합니다.
// 트리거가 true면 지면이나 플레이어와 충돌하지 않습니다.
        BoxCollider collider = transform.GetComponentInChildren<BoxCollider>();
        collider.isTrigger = false;


// 더 이상 플레이어를 찾아 길 찾기를 하지 않도록 NavMeshAgent를 비활성화시킵니다.
        GetComponent<NavMeshAgent>().enabled = true;
    }
    // 데미지를 받았을 때 처리하는 함수입니다.
    public void Damage(int damage, Vector3 playerPosition, float pushBack,
string effectPrefab = "", string audio = "")
```

```csharp
        {
// 공격은 죽지 않았을 때만 받습니다.
        if(!isDead){
// 가끔 MissingReferenceException 예외가 발생하는데 발생해도 스킵하도록 예외 처리를 합니다.
            try{

// 데미지1 : 데미지를 몬스터 체력에 반영합니다.
                TakeDamage(damage);

// 데미지2 : 몬스터를 뒤로 밀려나게 합니다. 뭔가 타격받을 때 액션성을 더해줍니다.
                PushBack(playerPosition, pushBack);

// 데미지3 : 몬스터가 데미지를 입었을 때 화면에 받은 데미지가 표기되도록 합니다.
                ShowDamageText(damage);

// 데미지4 : 데미지의 이펙트를 화면에 재생합니다. 프리팹의 경로를 매개변수로 전달합니다. Resources
폴더 하위 기준입니다.
                DamageEffect(effectPrefab);

// 데미지5 : 데미지를 입었을 때 재생할 오디오 파일의 경로입니다. Resources 폴더 하위 기준입니다.
                PlaySound(audio);

            }catch(MissingReferenceException e)
            {
// 이 예외는 발생해도 그냥 무시하겠습니다.
                Debug.Log (e.ToString());
            }
        }
    }


// 몬스터가 데미지를 입었을 때 처리하는 함수입니다.
    public void TakeDamage (int amount)
    {
// 테두리에 타격 효과를 빨간색으로 주기 위해 플래그를 True로 변경합니다.
        damaged = true;

// 현재 체력을 데미지만큼 차감시킵니다.
        currentHealth -= amount;

// 현재 체력이 0보다 작거나 같으면 이 몬스터는 죽습니다.
        if(currentHealth <= 0 && !isDead)
        {
            Death ();
        }
```

```
    }

// 뒤로 밀려나게 만드는 함수입니다. 주인공의 위치와 밀려나는 정도를 매개변수로 전달합니다.
    void PushBack(Vector3 playerPosition, float pushBack)
    {
// 주인공 캐릭터의 위치와 몬스터 위치의 차이 벡터를 구합니다.
        Vector3 diff = playerPosition - transform.position;
// 주인공과 몬스터 사이의 차이를 정규화시킵니다(거리를 1로 만드는 것을 정규화라고 함).
        diff = diff / diff.sqrMagnitude;
// 현재 몬스터의 RigidBody에 힘을 가합니다.
// 플레이어 반대방향으로 밀려나는데, pushBack만큼 비례해서 더 밀려납니다.
        GetComponent<Rigidbody>().AddForce(diff*-10000f*pushBack);
    }


// 몬스터가 받은 피해를 데미지 텍스트로 화면에 띄워줍니다.
    void ShowDamageText(int damage)
    {


// 데미지를 화면에 표시할 DamageText 프리팹을 화면에 생성합니다.

        GameObject damageObj = DamageTextPool.Instance.GetObject();//
Instantiate(Resources.Load("Prefab/DamageText"), transform.position+ new
Vector3(0f,0.5f,-0.5f), new Quaternion()) as GameObject;
        damageObj.transform.position = transform.position+ new
Vector3(0f,0.5f,-0.5f);
// DamageText 프리팹에 표시할 데미지 수치를 입력합니다.
        //damageObj.transform.GetChild(0).GetComponent<Text>().text = damage.
        ToString();
        damageObj.GetComponent<DamageText>().Play(damage);
    }


// 데미지를 입을 때 화면에 재생할 효과를 지정합니다.
    void DamageEffect(string effectPrefab)
    {
        if(effectPrefab == "")
        {
            return;
        }else if(effectPrefab == "SkillAttack1"){
            GameObject effect = SkillAttack1Pool.Instance.GetObject();
            effect.transform.position = transform.position+ new Vector3(0f,0.5f,-0.5f);
        }else if(effectPrefab == "SkillAttack2"){
            GameObject effect = SkillAttack2Pool.Instance.GetObject();
            effect.transform.position = transform.position+ new Vector3(0f,0.5f,-0.5f);
        }
```

```
        //GameObject damageObj = DamageTextPool.Instance.GetObject();
// 데미지 효과를 화면에 재생합니다.
        //Instantiate(Resources.Load(effectPrefab), transform.position+
        new Vector3(0f,0.5f,-0.5f), transform.rotation);

    }


// 타격 시 사운드를 재생합니다.
    void PlaySound(string audio)
    {
        if(audio != "")
        {
            // 몬스터에는 AudioSource 컴포넌트가 없으므로,
            // AudioSource.PlayClipAtPoint 함수로 몬스터의 위치에서 바로 재생합니다.
            AudioSource.PlayClipAtPoint(Resources.Load(audio) as AudioClip,
            transform.position, 0.1f);
        }
    }


    // 매 프레임마다 실행되는 Update() 문입니다.
    void Update()
    {
        // 데미지를 입었을 때, 몬스터의 테두리를 빨갛게 만듭니다.
        if(damaged)
        {
            transform.GetChild(0).GetComponent<Renderer>().material.SetCol-
or("_OutlineColor", flashColour);
        }
        else
        {
            transform.GetChild(0).GetComponent<Renderer>().material.SetColor("_
OutlineColor", Color.Lerp (transform.GetChild(0).GetComponent<Renderer>().
material.GetColor("_OutlineColor"), Color.black, flashSpeed * Time.del-
taTime));
        }
        damaged = false;

        // 몬스터가 죽어서 가라앉고 있으면
        if(isSinking)
        {
            // 몬스터의 몸체를 아래로 움직이도록 합니다.
            transform.Translate (-Vector3.up * sinkSpeed * Time.deltaTime);
        }
    }
```

```
// 몬스터의 체력이 0 이하가 되어 죽었을 때 호출되는 함수입니다.
   void Death ()
   {
// 죽었다고 체크합니다.
       isDead = true;

// StageController에 현재 스테이지 포인트를 증가시킵니다.
       StageController.Instance.AddPoint(10);

// 몬스터의 Collider를 트리거가 true가 되도록 변경시킵니다.
// 트리거가 true면 지면이나 플레이어와 충돌하지 않습니다.
       BoxCollider collider = transform.GetComponentInChildren<BoxCollider>();
       collider.isTrigger = true;

// 더 이상 플레이어를 찾아 길 찾기를 하지 않도록 NavMeshAgent를 비활성화시킵니다.
       GetComponent <NavMeshAgent> ().enabled = false;

// 가라앉도록 플래그를 활성화합니다.
       isSinking = true;

// 오브젝트 풀에 몬스터를 되돌려 놓도록 합니다.
// Destroy (gameObject, 2f);

       StartCoroutine(StartRelease(2f));
   }

   IEnumerator StartRelease(float time)
   {
     yield return new WaitForSeconds(time);
     SlimePool.Instance.ReleaseObject(gameObject);
   }


}
```

▲ 리스트 23-2 : EnemyHealth.cs 스크립트 정의

(3) 주인공 애니메이션 상태에 스크립트 추가하기

이제 애니메이터(Animator) 탭을 열어봅시다. 유니티 상단 메뉴에서 [Window > Animator] 메뉴를 클릭해서 Animator 탭을 엽니다. 그리고 프로젝트(Project) 탭에서 /Assets/Animator/PlayerAnimator 파일을 열어봅니다.

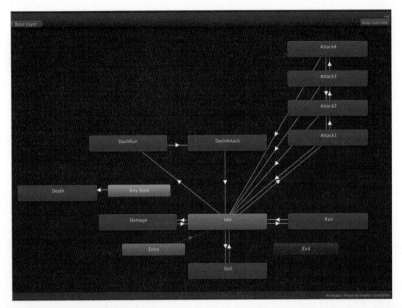

▲ 예전에 만들었던 애니메이션 상태들

지금까지 만들었던 애니메이션 각각의 스테이트 중 Attack1 애니메이션이 실행될 때 정확히 플레이어 타깃 영역의 몬스터에게 데미지를 주는 기능을 구현해 봅시다.

▲ Attack1 상태에 [Add Behaviour] 버튼을 눌러 Attack1.cs 스크립트 추가

▲ Attack1 상태에 [Add Behaviour] 버튼을 눌러 Attack1.cs 스크립트 추가

애니메이터 탭에서 Attack1 스테이트를 선택하고 [Add Behaviour] 버튼을 누른 후 [New Script]를 선택합니다. 그리고 Attack1이라고 입력합니다. 그러면 Attack1.cs라는 애니메이터용 스크립트가 생성됩니다.

스크립트는 최상위 폴더인 /Assets 폴더에 자동으로 생성되어 있을 것입니다. 생성된 Attack1.cs 스크립트를 인스펙터 창에서 더블클릭하면, 스크립트 에디터 창이 뜹니다. 스크립트는 리스트 23-3과 같이 작성하면 됩니다.

```csharp
using UnityEngine;
using System.Collections;

public class Attack1 : StateMachineBehaviour {

    override public void OnStateEnter(Animator animator, AnimatorStateInfo
stateInfo, int layerIndex) {

        // PlayerAttack 스크립트의 인스턴스에 일반 공격으로 하라고 NormalAttack()을 호출합니다.
        PlayerAttack.Instance.NormalAttack();
    }

}
```

▲ 리스트 23-3 : 캐릭터가 첫 번째 일반 공격 애니메이션을 시작하면 일반 공격을 처리하게 만드는 스크립트

▲ Attack2 상태에 [Add Behaviour] 버튼을 눌러 Attack2.cs 스크립트 추가

▲ Attack2 상태에 [Add Behaviour] 버튼을 눌러 Attack2.cs 스크립트 추가

마찬가지로 애니메이터 탭에서 Attack2 스테이트를 선택하고 [Add Behaviour] 버튼을 누른 후 [New Script]를 선택합니다. 그리고 Attack2라고 입력합니다. 그러면 Attack2.cs라는 애니메이터용 스크립트가 생성됩니다.

```
using UnityEngine;
using System.Collections;

public class Attack2 : StateMachineBehaviour {
    override public void OnStateEnter(Animator animator, AnimatorStateInfo
stateInfo, int layerIndex) {

        // PlayerAttack 스크립트의 인스턴스에 일반 공격으로 하라고 NormalAttack()을 호출합니다.
        PlayerAttack.Instance.NormalAttack();
    }
}
```

▲ 리스트 23-4 : 캐릭터가 두 번째 일반 공격 애니메이션을 시작하면 일반 공격을 처리하게 만드는 스크립트

동일한 방법으로 Attack3과 Attack4 스테이트도 각각 리스트 23-5와 리스트 23-6처럼 스크립트를 작성해 줍니다.

```
using UnityEngine;
using System.Collections;

public class Attack3 : StateMachineBehaviour {

    override public void OnStateEnter(Animator animator, AnimatorStateInfo
stateInfo, int layerIndex) {

        // PlayerAttack 스크립트의 인스턴스에 일반 공격으로 하라고 NormalAttack()을 호출합니다.
        PlayerAttack.Instance.NormalAttack();

    }
}
```

▲ 리스트 23-5 : 캐릭터가 세 번째 일반 공격 애니메이션을 시작하면 일반 공격을 처리하게 만드는 스크립트

```
using UnityEngine;
using System.Collections;

public class Attack4 : StateMachineBehaviour {

    override public void OnStateEnter(Animator animator, AnimatorStateInfo
stateInfo, int layerIndex) {

        // PlayerAttack 스크립트의 인스턴스에 일반 공격으로 하라고 NormalAttack()을 호출합
니다.
        PlayerAttack.Instance.NormalAttack();

    }
}
```

▲ 리스트 23-6 : 캐릭터가 네 번째 일반 공격 애니메이션을 시작하면 일반 공격을 처리하게 만드는 스크립트

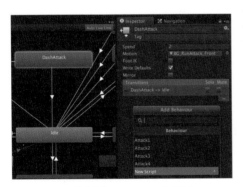

▲ DashAttack 상태에 [Add Behaviour] 버튼을
눌러 DashAttack.cs 스크립트 추가

▲ DashAttack 상태에 [Add Behaviour]
버튼을 눌러 DashAttack.cs 스크립트 추가

대시 공격에는 리스트 23-7의 코드를 작성해 넣습니다.

앞의 방법과 동일하게 애니메이터 탭에서 DashAttack 스테이트를 선택하고 [Add Behaviour] 버튼을 누른 후 [New Script]를 선택합니다. 그리고 DashAttack이라고 입력합니다. 그러면 DashAttack.cs라는 애니메이터용 스크립트가 생성됩니다.

```
using UnityEngine;
using System.Collections;

public class DashAttack : StateMachineBehaviour {

    override public void OnStateEnter(Animator animator, AnimatorStateInfo
    stateInfo, int layerIndex) {

        // PlayerAttack 스크립트의 인스턴스에 대시 공격 DashAttack()을 호출합니다.
        PlayerAttack.Instance.DashAttack();

    }

}
```

▲ 리스트 23-7 : 캐릭터가 대시 공격 애니메이션을 시작하면 대시 공격을 처리하게 만드는 스크립트

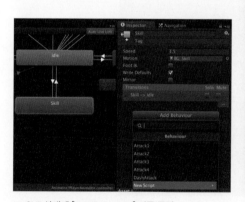

▲ Skill 상태에 [Add Behaviour] 버튼 클릭　　　　▲ Skill.cs 스크립트 추가

애니메이터 탭에서 SkillAttack 스테이트를 선택하고 [Add Behaviour] 버튼을 누른 후 [New Script]를 선택합니다. 그리고 SkillAttack이라고 입력합니다. 그러면 SkillAttack.cs 라는 애니메이터용 스크립트가 생성됩니다. 스크립트가 생성되었으면, 리스트 23-8처럼 SkillAttack.cs의 스크립트를 작성해 넣습니다.

```
using UnityEngine;
using System.Collections;

public class Skill : StateMachineBehaviour {
    override public void OnStateEnter(Animator animator, AnimatorStateInfo
    stateInfo, int layerIndex) {

        // PlayerAttack 스크립트의 인스턴스에 대시 공격 DashAttack()을 호출합니다.
        PlayerAttack.Instance.SkillAttack();

    }
}
```

▲ 리스트 23-8 : 캐릭터가 스킬 공격 애니메이션을 시작하면 스킬 공격을 처리하게 만드는 스크립트

애니메이터 관련 스크립트를 모두 작성했으니, 스크립트를 정리해 /Assets/Scripts/Animator 폴더에 이동시킵니다. 이는 특별한 이유가 있어서라기보다는 나중에 활용하기 쉽도록 정리하기 위해서입니다.

▲ 만들어진 애니메이터 스크립트들을
/Scripts/Animator/ 폴더로 드래그

▲ 만들어진 애니메이터 스크립트 이동 완료

03 | 타격 이펙트와 효과음 추가하기

정확한 타격 타이밍을 잡아냈으니, 이에 맞추어 멋진 타격 효과와 효과음이 재생되도록 합시다. 여기서 타격 효과를 화면에 재생할 때는 챕터 20에서 배웠던 오브젝트 풀 디자인 패턴을 활용했습니다.

(1) 추가할 이펙트 훑어보기

1) 타격 이펙트 1

- **오브젝트 유형** : 파티클 시스템(Particle System)
- **오브젝트 풀 활용** : SkillEffect1Pool.cs
- **프리팹 위치** : /Assets/Resoureces/Prefab/SkillEffect1

첫 번째 타격 이펙트입니다. 심플한 노란색 구 형태로 충격파가 나오는 형태입니다, 매우 깔끔하고, 예제 게임과 잘 어울려서 이 이펙트를 선택해 봤습니다.

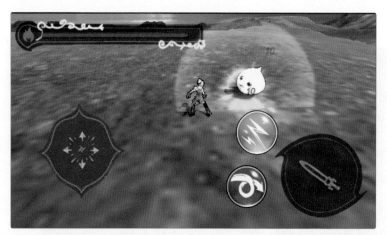

▲ 타격 이펙트 1의 효과

SkillEffect1Pool 오브젝트 풀은 스크립트에서 20개의 이펙트를 미리 생성해놓고, 다른 스크립트에서 요청할 때마다 이펙트 오브젝트를 전달합니다. StageController.cs의 Start() 함수에서 SkillEffect1 오브젝트 풀을 초기화하는 명령을 리스트 23-9와 같이 작성합니다.

```
SkillEffect1Pool.Instance.Init();
```

▲ 리스트 23-9 : 스킬 이펙트1 오브젝트 풀을 초기화하는 함수

2) 타격 이펙트 2

- **오브젝트 유형** : 파티클 시스템(Particle System)
- **오브젝트 풀 활용** : SkillEffect2Pool.cs
- **프리팹 위치** : /Assets/Resoureces/Prefab/SkillEffect2

이제 두 번째 타격 이펙트입니다. 이펙트는 파란색 십자 모양입니다. 대시 공격을 하면 발동되는 이펙트로, 이 이펙트는 타격받는 몬스터와 주인공에게 동시에 표시되게 해보았습니다.

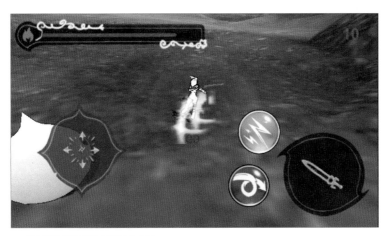

▲ 대시 공격 시의 타격 이펙트 2 효과

```
SkillEffect2Pool.Instance.Init();
```

▲ 리스트 23-10 : 스킬 이펙트 2 오브젝트 풀을 초기화하는 함수

3) 데미지 텍스트

- **오브젝트 유형** : 유니티 엔진 UI + 스크립트
- **오브젝트 풀 활용** : DamageTextPool.cs
- **프리팹 위치** : /Assets/Resources/Prefab/DamageText

대부분의 게임에서는 캐릭터 간의 전투에서 받는 데미지를 텍스트로 표시해주는 것이 일반적입니다. 왜냐하면, 저 공격이 얼마나 아픈지 타격 효과만으로는 알 수가 없기 때문이죠. 얼마의 데미지를 입었는지 확인해야 내가 강한지, 몬스터가 강한지 바로 인식할 수 있으므로 플레이어가 전투를 이해하는 데 도움이 됩니다.

데미지 텍스트가 화면에 표기됐다가 점점 투명해지면서 사라지는 효과는 유니티 UI 모듈과 코루틴을 활용해서 만든 간단한 애니메이션 스크립트입니다. 구현하는 방법은 그렇게 어렵지 않습니다.

▲ 타격 데미지 텍스트 효과

```
DamageTextPool.Instance.Init();
```

▲ 리스트 23-11 : DamageText 오브젝트 풀을 초기화하는 함수

4) 주인공 목소리 재생

- AudioSource 재생
- 플레이어 오브젝트에 붙어있는 AudioSource 컴포넌트에 연동

주인공 캐릭터에는 AudioSource라는 컴포넌트가 붙어있습니다. 이를 이용해서 음원 파일을 재생하도록 할 것입니다.

▲ Player 오브젝트에 붙어 있는 Audio Source 컴포넌트

```
// 랜덤으로 목소리를 재생하는 함수입니다.
void PlayRandomVoice(string[] attackSound)
{
    // 간단하게 string 리스트의 길이 중 0부터 attackSound 배열의 길이 사이의 숫자를 아무거나
    선택합니다.
    // UnityEngine.Random 라이브러리를 사용합니다.
    int rand = UnityEngine.Random.Range(0,attackSound.Length);

    // 주인공 캐릭터에 붙어있는 오디오 소스를 활용해서 재생합니다.
    audioSource.PlayOneShot(Resources.Load(attackSound[rand]) as Audio-
    Clip);

}
```

▲ 리스트 23-12 : 여러 목소리 파일 경로를 전달하면 그 중에 하나를 골라서 재생하는 함수

5) 타격 효과음 재생

- **AudioSource.PlayOneShot()**으로 재생

몬스터에는 AudioSource 컴포넌트가 붙어있지 않습니다. AudioSource.PlayClipAtPoint()
라는 함수로 일회용 오브젝트를 생성해서 몬스터에 소리를 연결해줄 것입니다.

```
// 타격 시 사운드를 재생합니다.
void PlaySound(string audio)
{
    if(audio != "")
    {
        // 몬스터에는 AudioSource 컴포넌트가 없으므로,
        // AudioSource.PlayClipAtPoint 함수로 몬스터의 위치에서 바로 재생합니다.
        AudioSource.PlayClipAtPoint(Resources.Load(audio) as AudioClip,
        transform.position, 0.1f);
    }
}
```

▲ 리스트 23-13 : 몬스터의 위치에 일회용 음원 오브젝트를 생성해서 사운드를 재생하는 함수

(2) 데미지 텍스트 애니메이션 구현해보기

저자는 간단한 텍스트 애니메이션의 경우, 직접 코루틴을 사용해서 만들었습니다. iTween 과 같은 라이브러리를 활용할 때도 많지만, 약간 특이한 상황에서는 직접 구현하는 것이 속 편해서 타이밍에 따른 애니메이션 처리를 코드로 구현하는 경우가 많습니다.

1) DamageText.cs 스크립트 구현하기

각 스텝별로 주석을 적어놨습니다. 이 스크립트가 하는 기능은 다음의 두 가지입니다.

- 투명도를 3초간 줄여나가서, 3초 뒤에는 안 보이게 합니다.
- 위(Y축)로 3초간 2만큼 이동시킵니다.

```csharp
using UnityEngine;
using UnityEngine.UI;
using System.Collections;

public class DamageText : MonoBehaviour {

// 데미지 수치가 표시되는 텍스트 UI입니다.
    public Text text;

// Start() 함수에서 시작하지 않고 Public Play 함수로 재생 시킵니다.
// 이는 오브젝트 풀로 활용하기 위함입니다.
    public void Play(int damage)
    {
// 플레이를 시작하면 자식 오브젝트 중 첫 번째 오브젝트에 붙어있는 Text 컴포넌트를 가져옵니다.
        text = transform.GetChild(0).GetComponent<Text>();
// 해당 Text 컴포넌트에 데미지 텍스트를 표시합니다.
        text.text = damage.ToString();
// 이 데미지 텍스트를 위쪽 방향으로 3초 동안 움직입니다. 이 애니메이션은 iTween을 활용하였습니다.
        iTween.MoveBy(gameObject,new Vector3(0f,2f,0f),3f);
// 하지만, 유니티 엔진의 Text에 투명도를 조절하는 애니메이션은 iTween에서 지원하지 않으므로 직접
구현해야 합니다.
        StartCoroutine(StartEffect());
    }

// 3초간 텍스트의 투명도를 조절하는 코루틴 함수입니다.
    IEnumerator StartEffect()
    {
// 애니메이션의 시작 시간을 저장해 놓습니다.
        float startTime = Time.time;
// 우선 무한루프를 돌린 후에
        while(true){
```

```
// 매 프레임마다 잠시 쉬면서 기능을 수행합니다.
        yield return new WaitForFixedUpdate();
// 애니메이션 시작 시간으로부터 지나간 시간을 구해봅니다.
        float timePassed = Time.time - startTime;
// 3초를 기준으로 몇 프로의 시간이 지났는지 구합니다.
        float rate = timePassed/3f;

// Text 컴포넌트의 투명도를 1부터 0까지 3초간 rate 비율대로 줄여나갑니다.
        text.color = new Color(1f,0f,0f,1f - rate);
        if(timePassed>3f)
        {
// 3초가 지나면 DamageTextPool에 이 오브젝트를 반환합니다.
            DamageTextPool.Instance.ReleaseObject(gameObject);
            break;
        }
    }
  }
}
```

▲ 리스트 23-14 : DamageText.cs 스크립트

DamageText.cs 스크립트를 작성했다면, 이제 몬스터 위에 데미지 텍스트를 표시하는 UI 를 만들어 봅시다.

2) 데미지 텍스트를 표시하기 위한 Canvas 생성하기

지난 챕터까지 유니티 엔진의 UI 시스템을 활용하는 법을 주로 익혀 보았습니다. 이번에는 유저들이 스마트폰을 손가락으로 터치해서 게임을 조작하는 터치 인터페이스가 아니라, 3D 공간 안에 생성되는 텍스트를 표시하도록 만들어볼 것입니다. 손가락으로 터치해서 게임을 조작하는 터치 인터페이스와 3D 공간 안에 뜨는 텍스트가 어떻게 다른지 우선 화면상으로 비교해 봅시다.

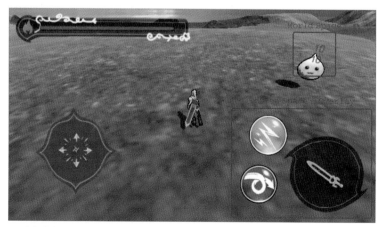

▲ 터치 인터페이스와 3D 공간 안에 뜨는 텍스트의 차이

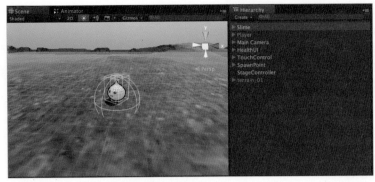

▲ 슬라임 오브젝트 위에 데미지 텍스트 오브젝트 생성

슬라임 오브젝트 위에 데미지 텍스트 오브젝트를 생성하기 위해 하이어라키(Hierarchy) 탭에서 Slime을 선택하고 마우스 오른쪽 버튼을 클릭합니다. 그리고 UI에서 Canvas를 선택합니다.

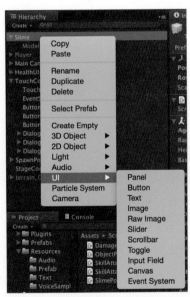

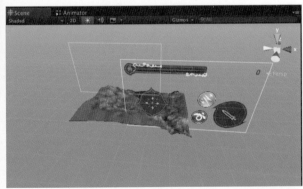

▲ Slime 우클릭 후 UI에서 Canvas 선택   ▲ 새로 생성된 Canvas

이번에 만든 Canvas는 체력 게이지나 공격 버튼을 표시한 Canvas UI와는 좀 다릅니다. 기존 인터페이스는 게임 화면 위에 스크린을 하나 덮어씌운 듯이 표시되었던 반면, 이번에 생성한 Canvas는 실제로 3D 공간 안에 표시됩니다.

다음 그림을 보면, 두 방식의 차이를 명확하게 확인할 수 있습니다.

3) 데미지 텍스트를 표시하기 위한 Text 오브젝트를 Canvas 아래에 생성하기

만든 Canvas 아래에 Text 오브젝트를 생성하겠습니다. 이를 위해 Canvas에서 마우스 오른쪽 버튼을 클릭하고 [UI > Text]를 선택하면 새로운 Text 오브젝트가 Canvas에 추가됩니다.

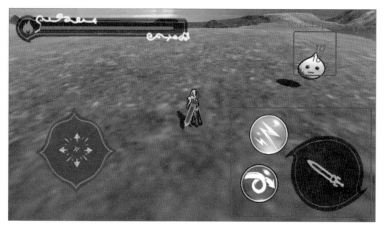

▲ 두 가지 UI Render Mode의 차이점

▲ Render Mode를 World Space로 변경

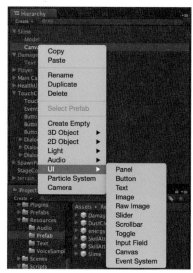

▲ Canvas를 우클릭하고 UI에서 Text로 새로운 Text 생성

Canvas의 오브젝트 이름을 DamageText로 변경하고 속성들을 변경합니다.

이렇게 속성값을 정하긴 했지만, 슬라임이 바라보는 방향에 따라서 텍스트 오브젝트가 다른 방향으로 표시될 수 있으니 Rotation Y 값을 적절하게 조정해주는 편이 좋습니다.

[Canvas 오브젝트 속성 설정]

오브젝트 이름	DamageText
Pos X	0
Pos Y	0
Pos Z	0
Width	10
Height	10
Rotation X	0
Rotation Y	0
Rotation Z	0
컴포넌트 추가	DamageText.cs 스크립트 추가

Text 오브젝트는 다음과 같이 설정을 변경합니다.

[Text 오브젝트 속성 설정]

오브젝트 이름	Text
Pos X	0
Pos Y	−1.45
Pos Z	−0.83
Width	100
Height	100
Scale X	0.03
Scale Y	0.03
Scale Z	0.03
Paragraph Alignment	중앙정렬
Color	빨간색 (R255 G 0 B 0 A 255)

▲ Canvas의 이름과 설정 변경

▲ Text의 설정값

DamageText와 Text의 설정을 변경했다면, 하이어라키 탭에서 DamageText 오브젝트를 프로젝트(Project) 탭으로 드래그해서 프리팹으로 저장합니다.

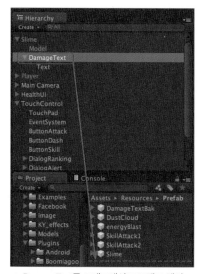

▲ DamageText를 드래그해서 프로젝트 탭의
/Assets/Resources/Prefab 폴더로 이동

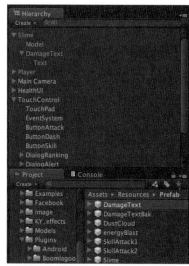

▲ 이동 완료된 DamageText

(3) 오브젝트 풀 클래스 만들기

앞서 설명했던 타격 이펙트 1, 타격 이펙트 2, 데미지 텍스트 세 가지 오브젝트의 풀 클래스를 만들어 봅시다.

1) SkillAttack1Pool

SkillAttack1Pool은 타격 이펙트 1의 프리팹들이 들어있는 오브젝트 풀입니다. 생성하려는 프리팹마다 각각 스크립트를 따로 만드는 이유는 다음과 같습니다.

- **각 프리팹별로 처리해줘야 하는 일이 다릅니다.**
  슬라임이나 이펙트, 혹은 다른 프리팹의 오브젝트 풀을 관리하면서 각각 처리해줘야 하는 부분이 다르기 때문입니다. 슬라임은 체력을 초기화해야 하고 이펙트는 다른 처리를 해줘야 합니다. 뿐만 아니라 다른 예외 상황에도 대응할 수 있도록 각 프리팹에 대응되는 오브젝트 풀을 만들었습니다.
- **오브젝트별로 분류해 놓아서 유니티 엔진이 오브젝트를 검색하는 데 사용하는 CPU 자원을 절약할 수 있습니다.**
  만약 한 곳에 모든 오브젝트들을 모아둔다면, FindObjectByName()과 같은 방식으로 사용할 오브젝트를 검색해야 하는데, 검색에는 비용이 크게 발생하기 때문입니다.

```csharp
using UnityEngine;
using System.Collections;

public class SkillAttack1Pool : ObjectPool {
// 싱글톤(Singleton) 형식으로 타격 이펙트 1을 생성하는 오브젝트 풀을 생성합니다.
  private static SkillAttack1Pool _instance;
  public static SkillAttack1Pool Instance
  {
    get
    {
      // 이미 이 클래스가 객체로 존재하는지 Double Check!
      if (!_instance)
      {
      _instance = GameObject.FindObjectOfType(typeof(SkillAttack1Pool)) as SkillAttack1Pool;
        if (!_instance)

        {
          GameObject container = new GameObject();
          _instance = container.AddComponent(typeof(SkillAttack1Pool)) as SkillAttack1Pool;
        }
      }
```

```
        return _instance;
      }
   }


// 유니티 게임 오브젝트가 시작될 때 싱글톤을 초기화하고, 오브젝트를 미리 만들어놓습니다(PreloadPool).
   public void Init()
   {
// 프리팹의 경로입니다. Resources 폴더에서 동적으로 가져오므로
// 실제 경로는  /Assets/Resources/ 하위입니다.
      prefabName = "Prefab/SkillAttack1";
// 초기에 만들 오브젝트 수를 정합니다.
      poolSize = 20;
// 오브젝트 풀의 게임 오브젝트 이름을 설정합니다.
      gameObject.name = "SkillAttack1Pool";
// 오브젝트를 미리 생성해둡니다.
      PreloadPool();
   }


   public override void SetUp(GameObject po)
   {
// 오브젝트 풀(_available)에 담겨있을 때는 비활성화 상태이므로
// po.SetActive(true);로 게임 오브젝트를 활성화시킵니다.
      po.SetActive(true);
   }
}
```

▲ 리스트 23-15 : 스킬 공격 1, SkillAttack1 프리팹으로 생성된 오브젝트를 관리하는 풀

2) SkillAttack2Pool

다음은 타격 이펙트 2를 관리하는 오브젝트 풀 스크립트입니다.

```
using UnityEngine;
using System.Collections;

public class SkillAttack2Pool : ObjectPool {

// 싱글톤(Singleton) 형식으로 타격 이펙트 2를 생성하는 오브젝트 풀을 생성합니다.
   private static SkillAttack2Pool _instance;
   public static SkillAttack2Pool Instance
   {
      get
      {
// 이미 이 클래스가 객체로 존재하는지 Double Check!
         if (!_instance)
         {
            _instance = GameObject.FindObjectOfType(typeof(SkillAttack2Po
ol)) as SkillAttack2Pool;
            if (!_instance)
            {
               GameObject container = new GameObject();
               _instance = container.AddComponent(typeof(SkillAttack2Pool))
as SkillAttack2Pool;
            }
         }

         return _instance;
      }
   }

// 유니티 게임 오브젝트가 시작될 때 싱글톤을 초기화하고, 오브젝트를 미리 만들어놓습니다(Preload-
Pool).
   public void Init()
   {
// 프리팹의 경로입니다. Resources 폴더에서 동적으로 가져오므로
// 실제 경로는 /Assets/Resources/ 하위입니다.
      prefabName = "Prefab/SkillAttack2";
// 초기에 만들 오브젝트 수를 정합니다.
      poolSize = 20;
// 오브젝트 풀의 게임 오브젝트 이름을 설정합니다.
      gameObject.name = "SkillAttack2Pool";
// 오브젝트를 미리 생성해둡니다.
```

```
        PreloadPool();
    }

    public override void SetUp(GameObject po)
    {
        // 오브젝트 풀(_available)에 담겨 있을 때는 비활성화 상태이므로
        // po.SetActive(true);로 게임 오브젝트를 활성화시킵니다.
        po.SetActive(true);
    }
}
```

▲ 리스트 23-16 : 스킬 공격 2, SkillAttack2 프리팹으로 생성된 오브젝트를 관리하는 풀

3) DamageTextPool

앞서 직접 만들어 보았던 DamageText 프리팹을 오브젝트 풀로 관리하는 스크립트입니다.

```
using UnityEngine;
using System.Collections;

public class DamageTextPool : ObjectPool {

// 싱글톤(Singleton) 형식으로 타격 데미지 텍스트를 생성하는 오브젝트 풀을 생성합니다.
    private static DamageTextPool _instance;
    public static DamageTextPool Instance
    {
        get
        {
// 이미 이 클래스가 객체로 존재하는지 Double Check!
            if (!_instance)
            {
                _instance = GameObject.FindObjectOfType(typeof(DamageTextPool)) as DamageTextPool;
                if (!_instance)
                {
                    GameObject container = new GameObject();
                    _instance = container.AddComponent(typeof(DamageTextPool)) as DamageTextPool;
                }
            }

            return _instance;
        }
```

23. 유니티 5 최신 기능 활용 - 메카님, 오디오, 타격 이펙트

```
        }
// 유니티 게임 오브젝트가 시작될 때 싱글톤을 초기화하고, 오브젝트를 미리 만들어놓습니다(Preload-
Pool).
    public void Init()
    {
// 프리팹의 경로입니다. Resources 폴더에서 동적으로 가져오므로
// 실제 경로는 /Assets/Resources/ 하위입니다.
        prefabName = "Prefab/DamageText";
// 초기에 만들 오브젝트 수를 정합니다.
        poolSize = 20;
// 오브젝트 풀의 게임 오브젝트 이름을 설정합니다.
        gameObject.name = "DamageTextPool";
// 오브젝트를 미리 생성해둡니다.
        PreloadPool();
    }

    public override void SetUp(GameObject po)
    {
// 오브젝트 풀(_available)에 담겨있을 때는 비활성화 상태이므로
// po.gameObject.SetActive(true);로 게임 오브젝트를 활성화시킵니다.
        po.SetActive(true);
// 슬라임 오브젝트의 EnemyHealth 클래스를 불러와서 체력을 초기화합니다.

    }
}
```

▲ 리스트 23-17 : 데미지 텍스트 Damage Text 프리팹으로 생성된 오브젝트를 관리하는 풀

(4) 게임이 시작될 때 오브젝트 풀 초기화하기

게임이 시작되면 StageController.cs 스크립트로 전체 플로를 관리합니다. StageController 가 시작할 때 앞서 만들었던 오브젝트 풀들을 초기화시킵니다.

```csharp
using UnityEngine;
using System.Collections;
using UnityEngine.UI;
using Boomlagoon.JSON;
using System.Collections.Generic;

public class StageController : MonoBehaviour {

    public static StageController Instance;

    public int StagePoint = 0;

    public Text PointText;

    // Use this for initialization
    void Start () {
        Instance = this;

        SlimePool.Instance.Init();
        DamageTextPool.Instance.Init();
        SkillAttack1Pool.Instance.Init();
        SkillAttack2Pool.Instance.Init ();

    }
```

▲ 리스트 23-18 : StageController.cs Start() 함수에 오브젝트 풀 초기화

리스트 23-18로 오브젝트 풀들을 초기화시켰다면, 타격 효과들과 몬스터들의 오브젝트를 재활용할 수 있습니다.

04 | 데미지 처리 및 공격 이펙트 작동 순서 복습하기

공격을 처리하는 과정에서 너무나 많은 중간과정이 있어서, 한 번에 이해하기 어려울 수 있습니다. 이해가 쉽도록 전체적인 플로를 다시 한 번 살펴봅시다. 최초 유저의 입력으로부터 몬스터가 데미지를 받는 전체 과정을 순서도로 표현하고 각각이 어느 부분인지 보고 나면 보다 이해가 편할 것입니다.

(1) 트리거로 감지되는 몬스터

공격을 처리할 때, 누가 공격 대상인지를 판단해야 합니다. 앞서 플레이어 정면의 한 영역을 정의해서 그 안으로 들어오는 몬스터는 플레이어가 공격했을 때 타격을 받는 몬스터라고 정의한 바 있습니다.

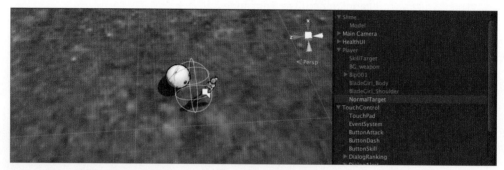

▲ NormalTarget에 진입하면 해당 몬스터는 NormalTarget 리스트에 추가됩니다.

(2) 신호 감지

유저가 공격 버튼을 누르면, PlayerAttack.cs 스크립트가 이 신호를 받아들입니다. 게임 유저가 ButtonAttack 버튼을 누르면 EventTrigger로 PlayerAttack.OnAttackDown() 함수를 실행합니다.

▲ 게임 유저가 ButtonAttack 버튼을 누르면 EventTrigger로 PlayerMovement.OnAttackDown() 함수 호출

(3) 신호 전달

PlayerMovement.cs 클래스 안에서 OnAttackDown 함수에서 애니메이터 컨트롤러에 신호를 보냅니다.

```
public void OnAttackDown()
{
    attacking = true;
    avatar.SetBool("Combo", true);
    avatar.SetTrigger("AttackStart");
}

public void OnAttackUp()
{
    avatar.SetBool("Combo", false);
    attacking = false;
}
```

▲ 리스트 23-19 : PlayerMovement.cs – OnAttackDown 함수로 애니메이터(Animator)에 신호 보내기

앞서 애니메이터(Animator)에 Combo와 AttackStart 두 가지 매개변수를 보내서 메카님이 동작하도록 했다는 점을 참고합시다.

(4) 애니메이션 실행

챕터 5에서 애니메이션 동작 방식을 설계했듯이 플레이어의 애니메이터에서 Combo가
True로 설정되고 AttackStart 트리거가 활성화되면 플레이어는 공격 동작 네 가지를 순서대
로 실행하게 됩니다. 이와 관련하여 개념도를 챕터 5에서 다시 리뷰해보겠습니다. 개념도
를 보면 이해하기 편할 것입니다.

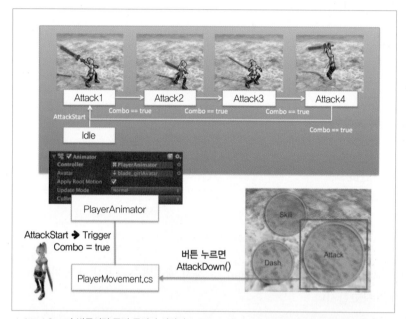

▲ AttackStart가 발동되면 공격 동작이 시작되고 Combo가 True로 유지되면 캐릭터의 애니메이션이 Attack1, Attack2, Attack3,
Attack4 순서대로 재생됩니다.

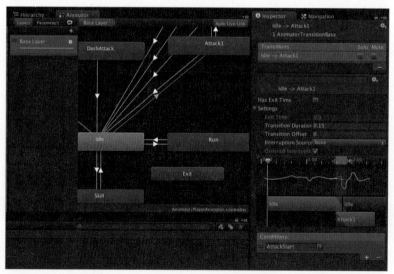

▲ AttackStart가 활성화됐을 때 Animator에서 Attack1 애니메이션 실행

(5) PlayerAttack.NormalAttack() 실행

애니메이션 동작이 실행되는 순간 Attack1.cs 스크립트는 PlayerAttack.NormalAttack()을 실행합니다. 앞서 제작했던 Attack1.cs는 애니메이션의 시작 순간에 플레이어가 공격을 수행하도록 합니다.

```csharp
using UnityEngine;
using System.Collections;

public class Attack1 : StateMachineBehaviour {

    override public void OnStateEnter(Animator animator, AnimatorStateInfo stateInfo, int layerIndex) {

        // PlayerAttack 스크립트의 인스턴스에 일반 공격으로 하라고 NormalAttack()을 호출합니다.
        PlayerAttack.Instance.NormalAttack();

    }

}
```

▲ 리스트 23-20 : 앞서 작성했던 Attack1.cs

(6) 몬스터에게 타격을 입히는 함수 호출

PlayerAttack.cs가 플레이어의 공격 범위 내에 있는 몬스터에게 타격을 입히는 함수를 호출합니다. 리스트 23-21은 PlayerAttack.cs 스크립트 내에서 일반 공격을 수행하는 스크립트입니다.

```csharp
// 주인공 캐릭터가 일반 공격을 할 때 호출됩니다.
// 메카님 작동 방식을 업그레이드하면서 공격이 처리되는 순서가 변경됩니다.
public void NormalAttack()
{

    // 일반 공격을 할 때 재생될 수 있는 주인공 캐릭터의 목소리들입니다.
    // 이 목소리들 중 하나가 랜덤으로 재생됩니다.
    string[] attackSound = {     "VoiceSample/13.attack_B1",
        "VoiceSample/13.attack_B1", "VoiceSample/14.attack_B2",
        "VoiceSample/15.attack_B3", "VoiceSample/16.attack_C1",
        "VoiceSample/17.attack_C2", "VoiceSample/18.attack_C3"};

    // 목소리 리스트 중에서 하나를 랜덤으로 재생시키는 함수입니다.
    PlayRandomVoice(attackSound);

    // normalTarget에 붙어있는 Trigger Collider에 들어있는 몬스터의 리스트를 조회합니다.
    List<Collider> targetList
        = new List<Collider>(normalTarget.targetList);

    // 타깃 리스트 안에 있는 몬스터들을 foreach 문으로 하나하나 다 조회합니다.
    foreach(Collider one in targetList){
        // 타깃의 게임 오브젝트에 EnemyHealth라는 스크립트를 가져옵니다.
        EnemyHealth enemy = one.GetComponent<EnemyHealth>();
        // 만약 EnemyHealth 스크립트가 있다면 몬스터이므로, 몬스터에게 데미지를 줍니다.
        if(enemy != null){
            // 몬스터에게 데미지를 주면서, 데미지를 얼마 줄지, 얼마나 뒤로 밀려날지(pushBack),
            // 타격 이펙트는 뭘 줄지(effectPrefab), 오디오는 뭘 재생할지(audio)를 매개변수로
            전달합니다.
            enemy.Damage(NormalDamage,transform.position, 2f,
                "SkillAttack1","Audio/explosion_enemy");

        }

    }

}
```

▲ 리스트 23-21 : PlayerAttack.cs 스크립트 내에서 일반 공격을 수행하는 스크립트

(7) 데미지와 효과 발동 및 음원 재생

몬스터는 데미지를 입히는 Damage 함수를 호출받으면 데미지를 입힘과 동시에 효과를 발동시키고 음원을 재생합니다.

```csharp
// 데미지를 받았을 때 처리하는 함수입니다.
    public void Damage(int damage, Vector3 playerPosition, float pushBack,
string effectPrefab = "", string audio = "")
    {
// 공격은 죽지 않았을 때만 받습니다.
        if(!isDead){
// 가끔 MissingReferenceException 예외가 발생하는데 발생해도 스킵하도록 예외 처리합니다.
        try{

// 데미지1 : 데미지를 몬스터 체력에 반영합니다.
            TakeDamage(damage);

// 데미지2 : 몬스터를 뒤로 밀려나게 합니다. 뭔가 타격받을 때 액션성을 더해줍니다.
            PushBack(playerPosition, pushBack);

// 데미지3 : 몬스터가 데미지를 입었을 때 받은 데미지가 화면에 표시되도록 합니다.
            ShowDamageText(damage);

// 데미지4 : 데미지의 이펙트를 화면에 재생합니다. 프리팹의 경로를 매개변수로 전달합니다. Resources
폴더 하위 기준입니다.
            DamageEffect(effectPrefab);

// 데미지5 : 데미지를 입었을 때 재생할 오디오 파일의 경로입니다. Resources 폴더 하위 기준입니다.
            PlaySound(audio);

        }catch(MissingReferenceException e)
        {
// 이 예외는 발생해도 그냥 무시하겠습니다.
            Debug.Log (e.ToString());
        }
    }
    }

// 몬스터가 데미지를 입었을 때 처리하는 함수입니다.
    public void TakeDamage (int amount)
    {
// 테두리에 타격 효과를 빨간색으로 주기 위해 플래그를 True로 변경합니다.
        damaged = true;
```

```
// 현재 체력을 데미지만큼 차감시킵니다.
    currentHealth -= amount;

// 현재 체력이 0보다 작거나 같으면 이 몬스터는 죽습니다.
    if(currentHealth <= 0 && !isDead)
    {
        Death();
    }
}

// 뒤로 밀려나게 만드는 함수입니다. 매개변수로 주인공의 위치와 밀려나는 정도를 매개변수로 전달합니다.
    void PushBack(Vector3 playerPosition, float pushBack)
    {
// 주인공 캐릭터의 위치와 몬스터 위치의 차이 벡터를 구합니다.
        Vector3 diff = playerPosition - transform.position;
// 주인공과 몬스터 사이의 차이를 정규화시킵니다(거리를 1로 만드는 것).
        diff = diff / diff.sqrMagnitude;
// 현재 몬스터의 RigidBody에 힘을 가합니다.
// 플레이어 반대방향으로 밀려나는데, pushBack만큼 비례해서 더 밀려납니다.
        GetComponent<Rigidbody>().AddForce(diff*-10000f*pushBack);
    }

// 몬스터가 받은 피해를 데미지 텍스트로 화면에 띄워줍니다.
    void ShowDamageText(int damage)
    {

// 데미지를 화면에 표시할 DamageText 프리팹을 화면에 생성합니다.

        GameObject damageObj = DamageTextPool.Instance.GetObject();//
Instantiate(Resources.Load("Prefab/DamageText"), transform.position+ new
Vector3(0f,0.5f,-0.5f), new Quaternion()) as GameObject;
damageObj.transform.position = transform.position+ new Vector3(0f,0.5f,-
0.5f);
// DamageText 프리팹에 표시할 데미지 수치를 입력합니다.
        //damageObj.transform.GetChild(0).GetComponent<Text>().text = damage.
ToString();
        damageObj.GetComponent<DamageText>().Play(damage);
    }

// 데미지를 입을 때 화면에 재생할 효과를 지정합니다.
    void DamageEffect(string effectPrefab)
    {
        if(effectPrefab == "")
        {
```

```
                return;
            }else if(effectPrefab == "SkillAttack1"){
                GameObject effect = SkillAttack1Pool.Instance.GetObject();
                effect.transform.position = transform.position+ new Vector3(0f,0.5f,-
0.5f);
            }else if(effectPrefab == "SkillAttack2"){
                GameObject effect = SkillAttack2Pool.Instance.GetObject();
                effect.transform.position = transform.position+ new Vector3(0f,0.5f,-
0.5f);
            }

            //GameObject damageObj = DamageTextPool.Instance.GetObject();
// 데미지 효과를 화면에 재생합니다.
            //Instantiate(Resources.Load(effectPrefab), transform.position+
new Vector3(0f,0.5f,-0.5f), transform.rotation);

        }


// 타격 시 사운드를 재생합니다.
    void PlaySound(string audio)
    {
        if(audio != "")
        {
            // 몬스터에는 AudioSource 컴포넌트가 없으므로,
            // AudioSource.PlayClipAtPoint 함수로 몬스터의 위치에서 바로 재생합니다.
            AudioSource.PlayClipAtPoint(Resources.Load(audio) as AudioClip,
transform.position, 0.1f);
        }
    }
```

▲ 리스트 23-22 : 몬스터가 자신이 입은 데미지를 처리하는 EnemyHealth.cs의 Damage() 함수 처리 내용

이렇게 게임 유저가 공격 버튼을 누를 때부터 공격 데미지가 적용되기까지의 프로세스를 살펴봤습니다.

이번 챕터에서는 논 타깃팅(Non-targeting) 방식의 게임에서 몬스터를 공격하고 정확한 순간에 액션효과가 발동하도록 하는 법을 배웠고, 오브젝트 풀을 활용해서 이러한 이펙트들을 메모리를 절약하면서 작동되도록 하였습니다. 한 번에 여러 개념이 나와 혼란스러울 수 있겠지만, 주석을 잘 읽어보면서 개념 하나하나를 익혀나가도록 합니다.

다음 챕터에서는 경험치와 레벨업, 그리고 파츠 업그레이드 시스템에 대해 살펴보겠습니다.

24 레벨업, 캐릭터 강화 시스템 구현하기

≫ 이번 챕터에서는 본격적으로 서버와 클라이언트의 데이터 연동을 하려고 합니다. 이를 통해 캐릭터의 능력치와 경험치, 레벨 이 서버와 항상 연동되게 됩니다.

01 | 레벨 시스템 및 플레이어 강화 시스템 개요

우선 이번 챕터에서 배울 내용을 정리하면 다음과 같습니다.

- 서버에서 유저의 능력치 정보 조회하기
- 유저의 데이터를 메모리에 저장하고 관리하기
- 경험치가 다 차면 레벨업 축하 팝업 표시하기
- 로비 화면에서 캐릭터의 능력치 업그레이드 처리

게임의 밸런싱이 무엇인지는 웬만한 게이머라면 잘 알고 있을 것입니다. 특히 한국 플레이어들은 어떻게 하면 게임 속 캐릭터를 더 빨리 강하게 만들 수 있을지 트릭을 찾아내는 데 능한 편입니다.

일반 게이머로서 느끼는 밸런싱이란 '얼마나 게임이 적절하게 어렵고, 보상이 적절하게 주어지나?'와 같을 것입니다. 너무 어려우면 포기하게 되고, 너무 쉬우면 게임이 재미가 없어지기 때문입니다. 이 간격을 적절하게 맞춰주는 것이 게임 밸런싱입니다.

전통적으로 롤플레잉 게임은 강화라는 개념이 들어갑니다. 갈수록 자기 자신이 강해지고 멋있어지는 데서 플레이어들은 만족감을 느끼게 됩니다.

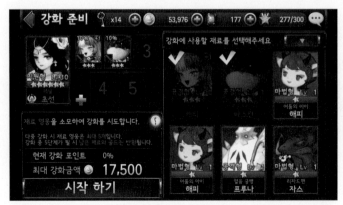

▲ 세븐나이츠 게임의 초선 캐릭터 강화 화면

(1) 게임 밸런싱 시스템

최고 매출 게임을 보면 상업용 게임들은 다양한 강화시스템을 가지고 있습니다. 캐릭터를 뽑아서 강화하기도 하고 장비를 강화하기도 합니다. 이런 점을 반영해 이번 챕터에는 앞서 언급한 두 가지 밸런싱 시스템을 개발해 봅니다.

무엇보다 명심해야 할 점은 모든 밸런싱에 관련된 데이터는 서버에 두고 처리하는 것을 원칙으로 한다는 것입니다. 게임을 개발하면서 밸런싱은 바꾸기 쉽게 설계되어야 합니다. 다시 한 번 강조해 이야기하자면, 밸런싱에 관련된 데이터는 클라이언트에 두지 말고, 데이터베이스 상에 정리해두고 필요할 때 조회해서 써야 합니다. 그 이유는 게임을 개발하는 것만이 모든 작업의 끝이 아니기 때문입니다. 개발자는 게임 밸런싱을 끊임없이 실험하고 조정해야 합니다.

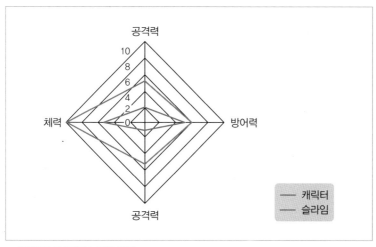

▲ 주인공과 몬스터의 능력치 차이

(2) 경험치 / 레벨업 시스템

일반적으로 스테이지가 끝날때마다 경험치가 증가합니다. 그리고 그 경험치에 따라서 플레이어의 레벨이 상승합니다. 모든 게임에 기본적으로 적용되는 아주 일반적이고 단순해 보이는 시스템입니다. 간단해 보이지만 실제로 구현해보면 의외로 신경 쓸 부분이 많이 있습니다. 직접 구현해보면서, 구체적으로 처리해야 할 예외상황이 어떻게 발생하는지 살펴봅시다.

여기서 구현해야 할 기능을 구체적으로 리스트업하면 다음과 같습니다.

- 게임이 끝날 때마다 스테이지 점수만큼 경험치가 증가합니다.
- 경험치가 다음 레벨의 경험치 조건 이상이 되면, 레벨업합니다.
- 최고 레벨 이상이 되면, 더 이상 레벨업을 하지 않습니다.
- 경험치 게이지에서는 다음 레벨까지 채워야 하는 경험치 총량을 표시합니다.
- 경험치 게이지에서는 이전 레벨업 후 쌓은 경험치가 표시됩니다.

(3) 캐릭터 강화 시스템

매번 게임이 끝날 때마다, 경험치가 오를 뿐 아니라 보상을 획득하도록 설계하는 경우가 많습니다. 이 책의 예제에서 만들고 있는 게임에는 다이아몬드가 보상으로 주어집니다. 다이아몬드를 쌓기만 하고 쓸 곳이 없다면 다이아몬드의 가치는 없습니다. 보상으로 주어진 다이아몬드에 가치를 부여하려면 사용자가 다이아몬드를 모아서 뭔가 구체적인 이득을 얻을 수 있어야 합니다. 여기에서는 다이아몬드를 활용해서 캐릭터를 강화할 수 있도록 구현해 볼 생각입니다.

▲ 게임 로비의 강화 시스템 화면

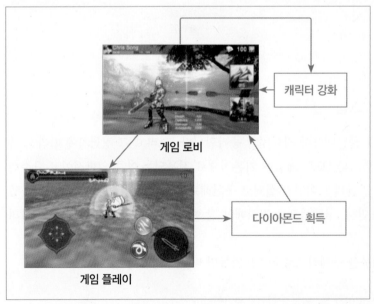

▲ 게임 로비와 게임 플레이의 연결 순서

02 | 유저 정보를 조회하는 API 구현

로딩 화면에서는 서버의 유저 데이터를 조회해서 메모리에 저장합니다. 유저가 스테이지를 마칠 때마다, 서버에서는 플레이 결과에 따라 경험치를 추가합니다. 레벨업이 되면, 캐릭터의 능력치가 업그레이드되고 캐릭터의 능력치를 돈(다이아몬드)을 지불하고 강화할 수 있습니다.

모든 능력치를 동적으로 서버로부터 받아서 진행하기 위해, 서버의 정보를 받아 메모리에 저장해두도록 합니다. /Assets/User/UserSingleton.cs 경로에 있는 UserSingleton.cs 스크립트를 수정하겠습니다. 이 스크립트는 서버로부터 유저의 데이터를 받아서 메모리 상에 저장해놓는 역할을 합니다.

```csharp
using UnityEngine;
using System.Collections;
using System;
using Boomlagoon.JSON;

/*
UserSingleton 클래스는 현재 유저의 개인정보 및 능력치 정보를 메모리상에 들고 있는 싱글톤 클래스입
니다.
서버로부터 /User/{유저아이디} API로 정보를 가져와서 여기에 저장합니다.
*/
public class UserSingleton : MonoBehaviour {

    // UserID입니다. 서버 상에서 유저를 식별하는 고유번호입니다.
    public int UserID{
        get {
            return PlayerPrefs.GetInt("UserID");
        }
        set {
            PlayerPrefs.SetInt("UserID",value);
        }
    }


    // AccessToken은 서버 API에 접근하기 위한 API의 역할을 합니다.
    public string AccessToken{
        get {
            return PlayerPrefs.GetString("AccessToken");
        }
        set {
            PlayerPrefs.SetString("AccessToken",value);
```

```csharp
    }
}


// 페이스북 아이디입니다. 페이스북의 고유번호입니다. App Scoped User ID입니다.
public string FacebookID{
   get {
      return PlayerPrefs.GetString("FacebookID");
   }
   set {
      PlayerPrefs.SetString("FacebookID",value);
   }
}


// 페이스북에 인증할 수 있는 유저의 개인 비밀번호 키입니다.
public string FacebookAccessToken{
   get {
      return PlayerPrefs.GetString("FacebookAccessToken");
   }
   set {
      PlayerPrefs.SetString("FacebookAccessToken",value);
   }
}


// 유저의 이름입니다. 기본으로 페이스북의 이름을 가져와 적용합니다.
public string Name{
   get {
      return PlayerPrefs.GetString("Name");
   }
   set {
      PlayerPrefs.SetString("Name",value);
   }
}


// 페이스북의 프로필 사진 주소입니다.
public string FacebookPhotoURL{
   get {
      return PlayerPrefs.GetString("FacebookPhotoURL");
   }
   set {
      PlayerPrefs.SetString("FacebookPhotoURL",value);
   }
}


// 유저의 레벨, 경험치, 데미지, 체력, 방어력, 스피드, 데미지 레벨, 체력 레벨, 방어력 레벨, 스피드 레벨입
니다.
```

```
    // 다음 레벨까지 남은 경험치, 그리고 다음 레벨로 레벨업하기 위해 필요한 경험치 정보도 가지고 있습니다.
    public int
        Level, Experience,
        Damage, Health, Defense, Speed,
        DamageLevel, HealthLevel, DefenseLevel, SpeedLevel,
        Diamond, ExpAfterLastLevel, ExpForNextLevel;

    // 싱글톤 객체를 설정하는 부분입니다.
    static UserSingleton _instance;
    public static UserSingleton Instance {
        get {
            if(!_instance) {
                GameObject container = new GameObject("UserSingleton");
                _instance = container.AddComponent( typeof( UserSingleton ) ) as
UserSingleton;

                DontDestroyOnLoad( container );
            }

            return _instance;
        }
    }

    // 유저의 정보를 서버로부터 받아와서 최신 정보로 업데이트 하는 함수입니다.
    // 콜백 변수로, 로드가 완료되면 다시 호출한 스크립트로 로드가 완료되었다고 호출할 수 있습니다.
    public void Refresh(Action callback)
    {
        HTTPClient.Instance.GET(Singleton.Instance.HOST + "/
User/"+UserSingleton.Instance.UserID,
                    delegate(WWW www)
                    {
        Debug.Log(www.text);
        JSONObject response = JSONObject.Parse(www.text);
        int ResultCode = (int)response["ResultCode"].Number;
        JSONObject data = response["Data"].Obj;
        UserSingleton.Instance.Level = (int)data["Level"].Number;
        UserSingleton.Instance.Experience = (int)data["Experience"].Number;
        UserSingleton.Instance.Damage = (int)data["Damage"].Number;
        UserSingleton.Instance.Health = (int)data["Health"].Number;
        UserSingleton.Instance.Defense = (int)data["Defense"].Number;
        UserSingleton.Instance.Speed = (int)data["Speed"].Number;
        UserSingleton.Instance.DamageLevel = (int)data["DamageLevel"].Num-
ber;
        UserSingleton.Instance.HealthLevel = (int)data["HealthLevel"].Num-
ber;
```

```
        UserSingleton.Instance.HealthLevel = (int)data["HealthLevel"].Num-
ber;
        UserSingleton.Instance.DefenseLevel = (int)data["DefenseLevel"].
Number;
        UserSingleton.Instance.SpeedLevel = (int)data["SpeedLevel"].Number;
        UserSingleton.Instance.Diamond = (int)data["Diamond"].Number;
        UserSingleton.Instance.ExpForNextLevel = (int)
data["ExpForNextLevel"].Number;
        UserSingleton.Instance.ExpAfterLastLevel = (int)
data["ExpAfterLastLevel"].Number;

        callback();
    });
    }
}
```

▲ 리스트 24-1 : UserSingleton.cs 유저의 데이터를 메모리에 저장하는 싱글톤 클래스

UserSingleton.cs 스크립트를 세 파트로 나누어 살펴봅시다.

- PlayerPrefs 환경 변수를 활용한 영구 데이터 저장
- 플레이어의 능력치 데이터들 선언
- Refresh() 함수로 서버의 데이터를 받아와서 최신 정보로 업데이트하기

(1) PlayerPrefs 클래스를 활용한 영구 데이터 저장, 조회

대부분 게임에서는 한 번 로그인을 하면, 다음 로그인부터는 자동으로 로그인되도록 세션 정보를 저장해 놓습니다. 여기서는 자동 로그인을 위해 유저 아이디와 액세스토큰(Access-Token)을 저장하는 방법을 선택했습니다.

일반적인 클래스의 변수는 프로그램이 종료되면서 함께 해제되기 때문에, 게임 애플리케이션을 실행할 때 변수가 초기화되어 있습니다. 게임이 종료되어도 값을 저장해놓기 위해서는 PlayerPrefs 클래스를 활용하는 게 가장 간편합니다. PlayerPrefs로 데이터를 저장하면, 게임을 껐다가 다시 켜도 여전히 그 데이터를 가져올 수 있습니다. 이렇게 해두면 자동 로그인을 할 때나 게임의 설정을 변경할 때 유용하게 활용할 수 있습니다.

```
/*
UserSingleton 클래스는 현재 유저의 개인 정보 및 능력치 정보를 메모리상에 들고 있는 싱글톤 클래스입
니다.
서버로부터 /User/{유저아이디} API로 정보를 가져와서 여기에 저장합니다.
*/
public class UserSingleton : MonoBehaviour {

    // UserID입니다. 서버 상에서 유저를 식별하는 고유번호입니다.
    public int UserID{
        get {
            return PlayerPrefs.GetInt("UserID");
        }
        set {
            PlayerPrefs.SetInt("UserID",value);
        }
    }


    // AccessToken은 서버 API에 접근하기 위한 API의 역할을 합니다.
    public string AccessToken{
        get {
            return PlayerPrefs.GetString("AccessToken");
        }
        set {
            PlayerPrefs.SetString("AccessToken",value);
        }
    }
```

▲ 리스트 24-2 : UserSingleton.cs의 첫 번째 부분

1) PlayerPrefs 클래스의 GetString(), SetString() 함수

PlayerPrefs 클래스에서 문자열(string) 변수를 저장하고 조회하는 함수를 살펴봅시다.

- **PlayerPrefs.GetString(string key)**
  PlayerPrefs의 저장 공간 안에 key(string)라는 검색 키에 value(string) 값을 저장합니다.

- **PlayerPrefs.SetString(string key, string value)**
  PlayerPrefs의 저장 공간 안에 key(string)라는 검색 키로 string 값을 조회합니다.

```
// AccessToken은 서버 API에 접근하기 위한 API의 역할을 합니다.
public string AccessToken{
    get {
        return PlayerPrefs.GetString("AccessToken");
    }
    set {
        PlayerPrefs.SetString("AccessToken",value);
    }
}
```

▲ 리스트 24-3 : UserSingleton.cs의 GetString(), SetString() 함수 설명

이 두 함수의 사용 예는 액세스 토큰을 저장하고 불러오는 리스트 24-3을 통해 확인할 수
있습니다.

TIP
string 변수를 선언하는 데 get {} set {}이라고 쓰인 코드는 무엇인가요?

```
public string AccessToken;
[액세스 수준] [변수형] [변수이름] ; ;
```

앞에서 예시로 든 변수 선언 코드처럼 액세스 수준 뒤에 변수형을 적고, 변수형 뒤에 변수명을 적는 것이
일반적인 변수 선언 방법입니다.
하지만 프로그램을 구현하다보면 변수를 할당하기 전에 항상 유효성을 검사한다던지 변수가 수정되면
Notification Center를 활용해서 다른 객체에게 상태 변화를 전달한다던지, 변수의 상태 변경에 직접 관여해
야 할 일이 생깁니다. 그럴 때는 각 변수의 get set 속성을 수정하여, 변수가 변경될 때나 수정될 때 개입하
여 수정할 변수의 수정이나 조회를 직접 조작할 수 있습니다.
여기에서는 PlayerPrefs를 활용하는 데 UserSingleton 클래스의 변수에 get set 속성을 활용하였습니다. 이
방법은 다른 스크립트에서 PlayerPrefs 클래스에 값을 저장하고 조회하는 기능을 UserSingleton의 변수에
get set 속성으로 PlayerPrefs의 조회, 수정 기능을 포장한 것입니다. 한 마디로, PlayerPrefs 클래스를 사용
하기 쉽게 포장해 놓은 방법이라고 생각하면 됩니다.

외부 스크립트에서 UserSingleton.Instance.AccessToken = "abc"와 같은 식으로 값을 할
당하면 리스트 24-3에서 볼 수 있듯이 다음의 코드가 실행됩니다.

```
PlayerPrefs.SetString("AccessToken",value);
```

그러면, "AccessToken"이라는 검색 키에 "abc"라는 값이 저장됩니다.

2) PlayerPrefs 클래스의 GetInt(), SetInt() 함수

이번에는 int값을 저장하고 조회하는 코드를 살펴봅시다.

- **PlayerPrefs.SetInt(string key, int value)**
  PlayerPrefs의 저장 공간 안에 key(string)라는 검색 키에 value(int) 값을 저장합니다.

- **PlayerPrefs.GetInt(string key)**
  PlayerPrefs의 저장 공간 안에 key(string)라는 검색 키로 int 값을 조회합니다.

```
// UserID 입니다. 서버 상에서 유저를 식별하는 고유번호입니다.
public int UserID{
    get {
        return PlayerPrefs.GetInt("UserID");
    }
    set {
        PlayerPrefs.SetInt("UserID",value);
    }
}
```

▲ 리스트 24-4 : UserSingleton.cs의 GetInt(), SetInt() 함수 설명

리스트 24-4는 유저아이디(UserID)를 PlayerPrefs 함수에 저장하고 조회하는 코드입니다.

(2) 캐릭터의 능력치 변수 선언

캐릭터의 능력치는 대부분 int형으로 서버에 저장되어있습니다. 이 데이터를 로드해서 클라이언트의 메모리에 저장하기 위해 UserSingleton 클래스에 리스트 24-5처럼 캐릭터 능력치 변수를 선업합니다.

```
// 유저의 레벨, 경험치, 데미지, 체력, 방어력, 스피드, 데미지 레벨, 체력 레벨, 방어력 레벨, 스피드 레벨입니다.
// 다음 레벨까지 남은 경험치, 그리고 다음 레벨로 레벨업하기 위해 필요한 경험치 정보도 가지고 있습니다.
public int
    Level, Experience,
    Damage, Health, Defense, Speed,
    DamageLevel, HealthLevel, DefenseLevel, SpeedLevel,
    Diamond, ExpAfterLastLevel, ExpForNextLevel;
```

▲ 리스트 24-5 : 캐릭터의 능력치 변수 선언

각각의 능력치 변수는 다음과 같은 역할을 합니다.

- Level : 캐릭터의 레벨입니다.
- Experience : 캐릭터의 경험치입니다.
- Damage : 캐릭터의 공격력입니다.
- Health : 캐릭터의 체력입니다.
- Defense : 캐릭터의 방어력입니다.
- Speed : 캐릭터의 스피드로, 움직이는 속도와 공격 속도에 관여합니다.
- DamageLevel : 공격력 레벨. 업그레이드로 공격력을 올리면 공격력 레벨이 1 오릅니다.
- HealthLevel : 체력 레벨. 업그레이드로 체력을 올리면 체력 레벨이 1 오릅니다.
- DefenseLevel : 방어력 레벨. 업그레이드로 방어력을 올리면 방어력 레벨이 1 오릅니다.
- SpeedLevel : 스피드 레벨. 업그레이드로 스피드를 올리면 스피드 레벨이 1 오릅니다.
- Diamond : 캐릭터가 보유한 다이아몬드의 개수입니다. 이 다이아몬드로 캐릭터를 업그레이드할 수 있습니다.

▲ 플레이어의 경험치 게이지에 표시된 마지막 레벨업 이후로 쌓인 경험치(ExpAterLastLevel) / 다음 레벨업까지 필요한 경험치 (ExpForNextLevel)

- ExpAfterLastLevel : 레벨업을 한 후에 화면에 표시할 경험치 수치입니다. 레벨업을 할 때마다 경험치 게이지에서 경험치는 0부터 다시 시작합니다. 화면에 표시하는 현재 경험치는 최종 레벨업 이후에 쌓인 경험치이므로, 현재까지 누적된 총 경험치(Experience)와는 다릅니다.
- ExpForNextLevel : 경험치 게이지에 목표치로 설정된 필요 경험치 수치입니다. 이 정보는 유저의 정보를 /User/{유저아이디} API로 조회하면서 같이 받아옵니다.

03 | 캐릭터의 정보를 게임 로비 화면에 표시하기

서버에서 캐릭터의 정보를 로드해서 게임 로비화면에 표시하는 기능 중 상단 바 부분을 구현해봅시다.

(1) 상단 바에 유저 정보 표시하기

▲ 서버에서 불러와 상단 바에 표시한 유저의 실제 데이터

/Assets/Scripts/Lobby 폴더에 TopBarController.cs라는 이름의 C# 스크립트 파일을 생성합니다. 그리고 스크립트 내용을 〈리스트 24-6〉과 같이 작성합니다.

```csharp
using UnityEngine;
using UnityEngine.UI;
using System.Collections;

public class TopBarController : MonoBehaviour {

  public Text txtName, txtLevel, txtExp, txtDiamaon;
  public Slider sliderExp;

  // Use this for initialization
  void Start () {
    NotificationCenter.Instance.Add(NotificationCenter.Subject.
PlayerData,UpdatePlayerData);
    UpdatePlayerData();
  }

  void UpdatePlayerData()
  {
    txtName.text = UserSingleton.Instance.Name;
    txtLevel.text = "Lv " + UserSingleton.Instance.Level.ToString();
    txtExp.text = UserSingleton.Instance.ExpAfterLastLevel.ToString() + "
/ " + UserSingleton.Instance.ExpForNextLevel.ToString();
    sliderExp.maxValue = UserSingleton.Instance.ExpForNextLevel;
    sliderExp.value = UserSingleton.Instance.ExpAfterLastLevel;
    txtDiamaon.text = UserSingleton.Instance.Diamond.ToString();
  }
```

```
    // Update is called once per frame
    void Update () {

    }
}
```

▲ 리스트 24-6 : 로비화면의 상단 바의 내용을 표시하는 TopBarController.cs 스크립트

리스트 24-6의 스크립트는 간단합니다.

```
public Text txtName, txtLevel, txtExp, txtDiamond;
```

이 4개의 변수는 유저의 이름, 레벨, 경험치, 그리고 다이아몬드를 표시하는 Text UI 오브젝트와 연결됩니다.

- txtName : 유저의 이름
- txtLevel : 유저의 레벨
- txtExp : 유저의 경험치
- txtDiamond : 유저의 다이아몬드 수
- sliderExp : 경험치 게이지

리스트 24-6의 스크립트를 작성하고, [Canvas 〉 TopBar] 게임 오브젝트에 TopBarController.cs 스크립트를 콤포넌트로 추가합니다. 그리고 각 텍스트 오브젝트를 변수와 매핑합니다. 매핑은 다음에 나올 그림을 참고하세요. 다음으로 하이어라키(Hierarchy) 탭에서 각 오브젝트를 TopBarController 스크립트의 변수들에 드래그하면 스크립트와 오브젝트가 서로 연결됩니다.

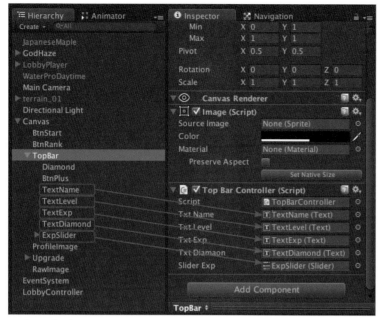

▲ 각 오브젝트와 TopBarController 스크립트 변수의 연결

스크립트의 변수와 각 오브젝트를 매핑하면 게임 로비에 진입하고, 유저의 데이터가 새로 업데이트 될 때마다 화면이 변경됩니다.

(2) 하단 업그레이드 정보에 유저 능력치를 표시하기

UpgradeController.cs 스크립트는 업그레이드 버튼을 누르면 서버의 업그레이드 API를 호출하여 캐릭터를 업그레이드하고 캐릭터의 현재 능력치 정보를 표시해주는 역할을 합니다. 업그레이드 API를 호출하는 기능 구현은 다음 챕터에서 다룰 계획입니다. 그 전에 유저의 능력치를 하단에 표시하는 구현을 먼저 살펴봅시다.

이를 위해 작성할 스크립트는 크게 두 가지로 나뉩니다.

- 변수 선언 및 초기화 : 각 수치를 화면에 표시하기 위해 UI 오브젝트를 스크립트의 변수와 연결할 것입니다.
- 데이터를 화면에 표시하는 UpdatePlayerData() 함수 : UserSingleton 클래스에 있는 캐릭터의 정보를 화면에 표시하는 함수입니다.

```
using UnityEngine;
// 유니티의 UI 모듈을 연결할 때에는 이 UnityEngine.UI 네임스페이스를 포함해야 합니다
using UnityEngine.UI;
using System.Collections;
using System.Text;

public class UpgradeController : MonoBehaviour {

// txtUpgradeStatus: 업그레이드 현황을 표시하는 텍스트 오브젝트
// txtHealth: 캐릭터의 체력 업그레이드 버튼의 텍스트 오브젝트입니다.
// txtDefense: 캐릭터의 방어력 업그레이드 버튼의 텍스트 오브젝트입니다.
// txtDamage: 캐릭터의 데미지 업그레이드 버튼의 텍스트 오브젝트입니다.
// txtSpeed: 캐릭터의 스피드 업그레이드 버튼의 텍스트 오브젝트입니다.
   public Text txtUpgradeStatus, txtHealth, txtDefense, txtDamage,
txtSpeed;

   void Start () {

// 1) UpgradeController가 화면에 나타나면서 NotificationCenter에
// 캐릭터의 정보가 변경되면 자신의 UpdatePlayerData() 함수를 호출하도록 등록합니다.
      NotificationCenter.Instance.Add(NotificationCenter.Subject.
PlayerData,UpdatePlayerData);

// 2) 그리고 시작하자마자 먼저 UserSingleton에서 최신 캐릭터 정보를 화면에 반영하도록
// UpdatePlayerData() 함수를 호출합니다.
      UpdatePlayerData();
   }

// UserSingleton에 저장된 유저의 데이터를 화면에 반영하는 함수입니다.
   void UpdatePlayerData()
   {

// UserSingleton에 저장된 캐릭터의 4가지 능력치를 화면에 표시하는 스크립트입니다.
// string 끼리 + 연산은 성능에 좋지 않으므로, string.Format() 함수를 활용하여
// UserSingleton에 저장된 유저 능력치를 화면에 표시하겠습니다.
      txtUpgradeStatus.text = string.Format("{0}\n{1}\n{2}\n{3}",
                        UserSingleton.Instance.Health,
                        UserSingleton.Instance.Defense,
                        UserSingleton.Instance.Damage,
                        UserSingleton.Instance.Speed);

// 캐릭터의 체력 레벨을 표시합니다.
```

```
    txtHealth.text = string.Format("+{0}", UserSingleton.Instance.Health-
Level);
    // 캐릭터의 방어력 레벨을 표시합니다.
    txtDefense.text = string.Format("+{0}", UserSingleton.Instance.Defense-
Level);
    // 캐릭터의 공격력 레벨을 표시합니다.
    txtDamage.text = string.Format("+{0}", UserSingleton.Instance.Damage-
Level);
    // 캐릭터의 스피드 레벨을 표시합니다.
    txtSpeed.text = string.Format("+{0}", UserSingleton.Instance.SpeedLev-
el);

    }
}
```

▲ 리스트 24-7 : 업그레이드를 관리하는 UpgradeController.cs 스크립트

리스트 24-7에서 기존에 보지 못했던 string.Format() 함수가 등장합니다. 이 함수는 포맷 함수로 문자열을 쉽게 조합할 수 있습니다. 기존 챕터 8에서 데이터구조를 설명하면서, string(문자열) 변수 간의 + 연산을 비효율적이라고 설명한 바 있습니다. 그 해결방법으로 string.Format()이 좋은 대안이 됩니다. 효율적일 뿐 아니라, 표현식도 간단하니, 자주 활용하시기를 권합니다.

TIP **string.Format() 함수 활용법**

문자열을 조합하는 몇 가지 예시를 살펴봅시다. 팝업에 다음의 문구를 표시하기 위해 문자열을 조합해보겠습니다.

❶ 정수형 숫자와 문자열을 조합해서 문자열 만들기

```
"Chris님 레벨업을 축하드립니다!
레벨 3이 되었습니다."
int Level = 2, NewLevel = 3;
string Name = "Chris";
string text = string.Format("{0}님 레벨업을 축하드립니다!\n레벨 {1}이 되었습니다.",
Name, NewLevel);
```

이 코드를 실행하면, text 문자열 변수에넣고자 하는 문자열이 들어가게 됩니다.

❷ 실수형 숫자를 조합해서 문자열 만들기

```
"경험치 달성도: 55.35%"
float ExpAfterLastLevel = 55352f, ExpForNextLevel = 100000f;
string text = string.Format("경험치 달성도:{0:F2}%");
```

이 코드를 실행하면, text 문자열 변수에 원하는 결과가 저장됩니다.

여기까지 유저의 모든 정보를 화면에 표시해보았습니다. 다음 챕터에서는 캐릭터를 업그레이드하는 기능을 구현해보겠습니다. 업그레이드 기능 구현이 완료되면 공격력, 방어력, 체력, 그리고 속도 등 네 가지 능력치를 전투 게임에 반영하는 밸런싱 부분까지 살펴보겠습니다.

CHAPTER
25
한글 스크립트 관리 및 캐릭터 강화 기능 구현

>> 로비 화면에서 상태바와 로비 배경화면을 만들어 봤다면, 이제 로비 화면에서 캐릭터를 강화하는 기능을 서버와 연동해 구현 해봅시다. 이에 더해 팝업 창에서 한글을 표시하는 방법에 대해서도 같이 다룰 계획입니다.

▲ 이번 챕터를 통해 완성될 화면 미리보기

지난 챕터에 이어서 추가된 인터페이스는 캐릭터의 각 신체 부위에 동그랗게 생긴 버튼들과 플레이어 스탯, 그리고 우측의 랭킹 및 게임 버튼입니다. 그리고 팝업을 만들어볼 것입니다.

01 | 한글을 화면에 표시하는 Language.txt와 Language.cs 스크립트 구현

유니티로 게임을 개발하다보면, 한글을 표시해야 할 일이 많이 생깁니다. 그런데 기본 내장 에디터인 MonoDevelop에서 한글을 지원하지 않아 당황하는 경우가 많습니다. 한글을 화면에 표시하는 일이 기획자나 디자이너에겐 별로 어렵지 않은 이슈 같지만, 개발자의 경우에는 이렇게 작은 이슈도 제대로 구현하기 위해서는 고민을 해야 합니다.

이와 관련해 여기서는 한글이 나오는 모든 영역에 한글을 하나의 스크립트 파일로 모두 모아서 관리하는 방법을 제시하고자 합니다. 그리고 해당 스크립트에 해당하는 키로 스크립트를 조회하도록 하면 됩니다.

우선 이번 챕터에서 사용할 한글 스크립트들을 JSON 형식으로 파일에 저장하는 방법부터
차근히 알아보도록 합시다.

```
{
"Upgrade Success":"업그레이드를 성공하였습니다",
"Upgrade Failed":"업그레이드를 실패하였습니다",
"Max Level":"최대 레벨에 도달하였습니다",
"Not Enouhg Diamond":"다이아몬드가 충분하지 않습니다",
"Are you sure to upgrade":"업그레이드를 하시겠습니까?"
}
```

▲ 리스트 25-1 : JSON 형식으로 정리한 한글 스크립트

이번 챕터에서 사용할 모든 한글 스크립트를 리스트 24-1처럼 정리한 후에 /Assets/Re-
sources/Text/ 폴더에 Language.txt라는 이름으로 저장합니다.

다음으로 한글 스크립트 파일을 조회하는 역할을 하는 클래스를 구현합니다. 스크립트 파
일의 이름은 Language.cs입니다. /Assets/Scripts/Common/ 폴더에 Language.cs라는 이
름으로 스크립트 파일을 추가합니다. 기존에 몇 번 만들어보았듯이 Language 클래스도 싱
글톤 패턴으로 만들었습니다.

```csharp
using UnityEngine;
using System.Collections;
using System.Collections.Generic;
using System;

public class Language : MonoBehaviour {

    //Singleton Member And Method
    static Language _instance;
    public static Language Instance {
        get {
            if(!_instance) {
                GameObject container = new GameObject("Language");
                _instance = container.AddComponent( typeof( Language ) ) as Lan-
guage;
                DontDestroyOnLoad( container );
            }

            return _instance;
        }
    }
}
```

▲ 리스트 25-2 : 한글 스크립트를 조회하는 역할을 하는 Language 클래스

리스트 25-2와 같이 Language.cs 클래스의 싱글톤 패턴 틀을 만들었으니, 한글 스크립트 파일을 읽어서 메모리에 저장하는 함수와 특정 스크립트를 조회하여 반환하는 함수를 구현 합니다.

```csharp
using UnityEngine;
using System.Collections;
using System.Collections.Generic;
using System;
using Boomlagoon.JSON;

public class Language : MonoBehaviour {

    //Singleton Member And Method
    static Language _instance;
    public static Language Instance {
        get {
            if(!_instance) {
                GameObject container = new GameObject("Language");
                _instance = container.AddComponent( typeof( Language ) ) as Language;
                _instance.InitLanguage();
                DontDestroyOnLoad( container );
            }

            return _instance;
        }
    }

    public JSONObject LanguageText;

    public void InitLanguage()
    {
        TextAsset txt = Resources.Load("Text/Language",typeof(TextAsset)) as TextAsset;
        LanguageText = JSONObject.Parse(txt.text);
    }

    public string GetLanguage(string key)
    {
        if(LanguageText == null){
            InitLanguage();
        }
        return LanguageText.GetString(key);
    }

}
```

▲ 리스트 25-3 : Language.cs 클래스에 초기화 함수와 언어 조회 함수 추가

Resources/Text/ 폴더에 있는 Language.txt 파일의 데이터 형식은 JSON 형식입니다. 이 Text 파일을 읽어서 LanguageText라는 이름의 변수에 JSONObject 형식으로 저장해둡니다. 그리고 한글을 화면에 출력해야 할 때마다 Language.Instance.GetLanguage("Gold")와 같은 식으로 호출해서 스크립트 상에서 한글을 구할 수 있습니다.

02 | 업그레이드 정보를 서버에서 받아오기

공격력 레벨이 1인 경우에 공격력을 업그레이드하는 비용과 레벨이 2인 경우에 공격력을 업그레이드 하는 비용은 일반적으로 다릅니다. 레벨이 오를수록 비용은 높아지는 것이 일반적입니다.

그렇다면, 레벨에 따른 업그레이드 비용을 클라이언트와 서버 둘 중에 어디에 저장해두는 것이 좋을까요? 결론부터 이야기하자면, 밸런스에 관련된 모든 수치정보는 모두 서버에서 관리하고 클라이언트는 매번 새롭게 받아가야 합니다.

TIP **밸런스 수치 정보는 무조건 서버에서 관리하는 게 좋다?**

밸런스 정보에는 다음과 같은 정보들이 포함됩니다.

- 레벨별 경험치 필요치
- 캐릭터의 레벨별 스탯(공격력, 방어력, 체력 등)
- 업그레이드 레벨별 비용
- 업그레이드 레벨별 강화 수치
- 뽑기 상품의 당첨 확률

이런 게임의 밸런스 관련 지표는 항상 배포가 용이하도록 하는 것이 좋습니다. 밸러스 수치 정보를 서버에서 관리하면 좋은 이유는 크게 두 가지입니다.

❶ 밸런스는 게임성의 핵심

밸런스는 게임성 측면에서 너무나도 중요한 요소입니다. 밸런스가 붕괴된 게임은 거의 대부분 시장에서 성공하지 못하고 망작(?)의 반열에 오르게 됩니다. 그런 만큼 게임을 좋아한다면 게임의 안정적인 밸런스가 게임의 게임성에 어떤 영향을 끼치는지 잘 알고 있을 것입니다. 스타크래프트가 많은 사랑을 받았던 이유는 세 가지 서로 다른 종족이 서로 다른 유닛과 스킬을 사용하는데도 각각의 유닛과 전술이 상호보완적으로 조절돼 있으며, 전체적인 밸런스들이 안정적으로 보완되어 있었기 때문입니다. 이와 반대로 좋지 않은 예를 들자면, 한국의 한 온라인 게임에서 현금으로 구매할 수 있는 프리미엄 낚시대를 판매했는데 너무 좋은 물고기가 많이 잡혀서 경제 시스템이 무너진 적이 있습니다. 잘못된 밸런스는 가치체계를 무너뜨리고 유저들의 불만을 일으키게 되어 있습니다.

❷ 안정화에 이르기까지 잦은 밸런스 변경

가장 안정적인 밸런스가 되기까지는 수많은 실험과 경험을 통해 자주 변경을 해야 합니다. 이에 개발을 진행함에 있어서 배포를 하는 데 발생하는 비용의 차이를 이해할 필요가 있습니다. 게임에서 새로운 버전으로 업데이트하는 방식으로 세 가지를 들 수 있습니다. 첫 번째는 클라이언트 프로그램 업데이트입니다. 빌드를 새로 업데이트해서 스토어에 업로드하는 것입니다. 두 번째는 서버 프로그램 업데이트입니다. 세 번째는 데이터베이스 상에서 밸런스 수치를 조정하는 것입니다. 이처럼 업데이트를 수행하는 데 발생하는 시간과 비용은 다음과 같은 차이가 있습니다.

> **클라이언트 업데이트 비용 > 서버 업데이트 비용 > 데이터베이스 수치 변경 비용**
>
> 한 마디로 이야기하자면 클라이언트 업데이트는 가장 어렵고, 데이터베이스에서 수치를 변경하는 것은 쉽습니다.
> 모바일 게임의 경우, 클라이언트 버전을 업데이트해서 스토어에 업로드하고 업로드한 프로그램이 스토어에서 검증받기까지 애플 앱스토어에서만 약 2주간의 시간이 필요합니다. 배포 한 번에 2주가 소요되는 셈입니다. 하지만, 데이터베이스상의 수치 변경은 명령어 사용 한 번으로 해결할 수 있습니다.

이제 서버 프로그램에 업그레이드 정보를 받아오는 UpgradeController, 데이터베이스로부터 데이터를 받아오는 UpgradeDao, 그리고 데이터의 형식을 지정하는 UpgradeData, UpgradeResult 클래스를 만들어 봅시다.

```csharp
using MySql.Data.MySqlClient;
using System;
using System.Collections.Generic;

namespace DotnetCoreServer.Models
{
  public interface IUpgradeDao{
    List<UpgradeData> GetUpgradeInfo();
    UpgradeData GetUpgradeInfo(string UpgradeType, int UpgradeLevel);

  }

  public class UpgradeDao : IUpgradeDao
  {
    public IDB db {get;}

    public UpgradeDao(IDB db){
      this.db = db;
    }

    public List<UpgradeData> GetUpgradeInfo(){

      List<UpgradeData> list = new List<UpgradeData>();
      using (MySqlConnection conn = db.GetConnection())
      {

        conn.Open();
        string query = String.Format(
              "SELECT upgrade_type, upgrade_level, upgrade_amount, upgrade_cost FROM tb_upgrade_info");
```

```
                Console.WriteLine(query);
                using(MySqlCommand cmd = (MySqlCommand)conn.CreateCommand())
                {
                    cmd.CommandText = query;
                    using (MySqlDataReader reader = (MySqlDataReader)cmd.Execute-
Reader())
                    {
                        while (reader.Read())
                        {
                            UpgradeData data = new UpgradeData();
                            data.UpgradeType = reader.GetString(0);
                            data.UpgradeLevel = reader.GetInt32(1);
                            data.UpgradeAmount = reader.GetInt32(2);
                            data.UpgradeCost = reader.GetInt32(3);
                            list.Add(data);
                        }
                    }
                }

            }

        return list;
    }

    public UpgradeData GetUpgradeInfo(string UpgradeType, int Upgrade-
Level){

        UpgradeData data = new UpgradeData();
        using (MySqlConnection conn = db.GetConnection())
        {
            conn.Open();
            string query = String.Format(
                @"
                SELECT
                    upgrade_type, upgrade_level,
                    upgrade_amount, upgrade_cost
                FROM tb_upgrade_info
                WHERE upgrade_type = '{0}' AND upgrade_level = {1}
                ", UpgradeType, UpgradeLevel);

            Console.WriteLine(query);
            using(MySqlCommand cmd = (MySqlCommand)conn.CreateCommand())
            {
                cmd.CommandText = query;
```

```
            using (MySqlDataReader reader = (MySqlDataReader)cmd.Execute-
Reader())
            {
              if (reader.Read())
              {
                data.UpgradeType = reader.GetString(0);
                data.UpgradeLevel = reader.GetInt32(1);
                data.UpgradeAmount = reader.GetInt32(2);
                data.UpgradeCost = reader.GetInt32(3);
                return data;
              }
            }

        }

        return null;
      }

    }
}
```

▲ 리스트 25-4 : [서버] UpgradeDao.cs 업그레이드 정보를 데이터베이스에서 조회하는 클래스

UpgradeDao 클래스는 데이터베이스에서 쿼리를 실행해서 결과를 받아오는 역할을 합니다.

```
using System;

namespace DotnetCoreServer.Models
{
  public class UpgradeData
  {
    public string UpgradeType;
    public int UpgradeLevel;
    public int UpgradeAmount;
    public int UpgradeCost;
  }
}
```

▲ 리스트 25-5 : [서버] UpgradeData.cs 업그레이드 정보를 담는 클래스

UpgradeData는 데이터베이스의 TB_UpgradeInfo 테이블에 있는 데이터 형식에 맞춘 클래스입니다. 각각의 필드명은 다음 표와 같은 의미를 지닙니다.

[UpgradeData 필드명]

자료형	변수명	설명
string	UpgradeType	체력(Health), 공격력(Damage), 방어력(Defense), 스피드(Speed) 4가지 유형을 정의합니다.
int	UpgradeLevel	특정 업그레이드 유형의 레벨입니다.
int	UpgradeAmount	해당 레벨로 업그레이드되면서 상승하는 능력치의 수치입니다.
int	UpgradeCost	해당 레벨에서 다음 레벨로 업그레이드할 때 필요한 비용입니다.

```
using System;
using System.Collections.Generic;

namespace DotnetCoreServer.Models
{
  public class UpgradeResult : ResultBase{
    public List<UpgradeData> Data;

  }
}
```

▲ 리스트 25-6 : [서버] UpgradeResult.cs 업그레이드 정보를 담는 클래스

UpdradeResult 클래스는 UpgradeData를 리스트로 저장하는 클래스입니다. 업그레이드 정보를 배열로 저장해둡니다.

```csharp
using System;
using System.Collections.Generic;
using System.Linq;
using System.Threading.Tasks;
using Microsoft.AspNetCore.Mvc;
using DotnetCoreServer.Models;

namespace DotnetCoreServer.Controllers
{
    [Route("[controller]/[action]")]
    public class UpgradeController : Controller
    {

        IUpgradeDao upgradeDao;
        IUserDao userDao;

        public UpgradeController(IUpgradeDao upgradeDao, IUserDao userDao){
            this.upgradeDao = upgradeDao;
            this.userDao = userDao;
        }

        // GET Upgrade/Info
        [HttpGet]
        public UpgradeResult Info()
        {
            UpgradeResult result = new UpgradeResult();

            result.Data = this.upgradeDao.GetUpgradeInfo();

            result.ResultCode = 1;
            result.Message = "OK";

            return result;
        }

        // POST Upgrade/Execute
        [HttpPost]
        public ResultBase Execute([FromBody] UpgradeRequest request)
        {

            ResultBase result = new ResultBase();

            User user = this.userDao.GetUser(request.UserID);
```

```
        UpgradeData upgradeInfo = null;
        if("Health".Equals(request.UpgradeType)){
            upgradeInfo = this.upgradeDao.GetUpgradeInfo(request.UpgradeType,
user.HealthLevel + 1);
        }else if("Damage".Equals(request.UpgradeType)){
            upgradeInfo = this.upgradeDao.GetUpgradeInfo(request.UpgradeType,
user.HealthLevel + 1);
        }else if("Defense".Equals(request.UpgradeType)){
            upgradeInfo = this.upgradeDao.GetUpgradeInfo(request.UpgradeType,
user.HealthLevel + 1);
        }else if("Speed".Equals(request.UpgradeType)){
            upgradeInfo = this.upgradeDao.GetUpgradeInfo(request.UpgradeType,
user.HealthLevel + 1);
        }else{
            // 유효하지 않은 업그레이드 타입입니다.
        }

        // 다이아몬드가 있는지?
        if(user.Diamond < upgradeInfo.UpgradeCost){
            // TODO: 돈이 없어서 업그레이드 못해줌
            result.ResultCode = 5;
            result.Message = "Not Enough Diamond";
            return result;

        }

        if(upgradeInfo == null){
            // 최대 레벨에 도달했습니다.
            result.ResultCode = 4;
            result.Message = "Upgrade Fail : Max Level";
            return result;
        }

        if("Health".Equals(request.UpgradeType)){

            user.HealthLevel = user.HealthLevel + 1;
            user.Health = user.Health + upgradeInfo.UpgradeAmount;
            user.Diamond = user.Diamond - upgradeInfo.UpgradeCost;

        }else if("Damage".Equals(request.UpgradeType)){

            user.DamageLevel = user.DamageLevel + 1;
            user.Damage = user.Damage + upgradeInfo.UpgradeAmount;
            user.Diamond = user.Diamond - upgradeInfo.UpgradeCost;
```

```
        }else if("Defense".Equals(request.UpgradeType)){

            user.DefenseLevel = user.DefenseLevel + 1;
            user.Defense = user.Defense + upgradeInfo.UpgradeAmount;
            user.Diamond = user.Diamond - upgradeInfo.UpgradeCost;

        }else if("Speed".Equals(request.UpgradeType)){

            user.SpeedLevel = user.SpeedLevel + 1;
            user.Speed = user.Speed + upgradeInfo.UpgradeAmount;
            user.Diamond = user.Diamond - upgradeInfo.UpgradeCost;

        }

        this.userDao.UpdateUser(user);

        result.ResultCode = 1;
        result.Message = "Success";

        return result;

    }

  }
}
```

▲ 리스트 25-7 : [서버] UpgradeController.cs 클래스

UpgradeController.cs 클래스는 업그레이드 API 요청을 받고 응답을 반환하는 콘트롤러입니다. UpgradeController 클래스에서 업그레이드 정보 리스트를 JSON 형식으로 변환하여 API 결과로 클라이언트에 전달합니다.

03 │ 캐릭터 업그레이드 기능을 담당하는 UpgradeController.cs 구현

업그레이드 버튼을 눌러서 캐릭터의 특정 파트를 업그레이드 할 수 있습니다. 이를 위해 UpgradeController.cs 클래스가 담당하는 기능은 다음과 같습니다.

❶ 업그레이드 버튼을 누르면 서버에 업그레이드 API를 호출합니다.
❷ UpdatePlayerData() 함수는 화면 상에 캐릭터의 각 파츠의 레벨을 표시해주는 역할을 합니다.
❸ 처음 초기화될 때, NotificationCenter에 플레이어 데이터가 변경되면 UpdatePlayerData() 함수를 호출하도록 설정합니다.

```
using UnityEngine;
// 유니티의 UI 모듈을 연결할 때에는 이 UnityEngine.UI 네임스페이스를 포함해야 합니다.
using UnityEngine.UI;
using System.Collections;
using System.Text;
using Boomlagoon.JSON;
using System;

public class UpgradeController : MonoBehaviour {

// txtUpgradeStatus: 업그레이드 현황을 표시하는 텍스트 오브젝트입니다.
// txtHealth: 캐릭터의 체력 업그레이드 버튼의 텍스트 오브젝트입니다.
// txtDefense: 캐릭터의 방어력 업그레이드 버튼의 텍스트 오브젝트입니다.
// txtDamage: 캐릭터의 데미지 업그레이드 버튼의 텍스트 오브젝트입니다.
// txtSpeed: 캐릭터의 스피드 업그레이드 버튼의 텍스트 오브젝트입니다.
    public Text txtUpgradeStatus, txtHealth, txtDefense, txtDamage, txtSpeed;

    void Start () {


// 1) UpgradeController가 화면에 나타나면서 NotificationCenter에
// 캐릭터의 정보가 변경되면 자신의 UpdatePlayerData() 함수를 호출하도록 등록합니다.
        NotificationCenter.Instance.Add(NotificationCenter.Subject.
PlayerData,UpdatePlayerData);

// 2) 그리고 시작하자마자 먼저 UserSingleton에서 최신 캐릭터 정보를 화면에 반영하도록
// UpdatePlayerData() 함수를 호출합니다.
        UpdatePlayerData();

    }

// UserSingleton에 저장된 유저의 데이터를 화면에 반영하는 함수입니다.
    void UpdatePlayerData()
```

```
    {

// UserSingleton에 저장된 캐릭터의 네 가지 능력치를 화면에 표시하는 스크립트입니다.
// string 끼리 + 연산은 성능에 좋지 않으므로, string.Format() 함수를 활용하여
// UserSingleton에 저장된 유저 능력치를 화면에 표시하겠습니다.
        txtUpgradeStatus.text = string.Format("{0}\n{1}\n{2}\n{3}",
                            UserSingleton.Instance.Health,
                            UserSingleton.Instance.Defense,
                            UserSingleton.Instance.Damage,
                            UserSingleton.Instance.Speed);

// 캐릭터의 체력 레벨을 표시합니다.
        txtHealth.text = string.Format("+{0}", UserSingleton.Instance.Health-
Level);
// 캐릭터의 방어력 레벨을 표시합니다.
        txtDefense.text = string.Format("+{0}", UserSingleton.Instance.Defense-
Level);
// 캐릭터의 공격력 레벨을 표시합니다.
        txtDamage.text = string.Format("+{0}", UserSingleton.Instance.Damage-
Level);
// 캐릭터의 스피드 레벨을 표시합니다.
        txtSpeed.text = string.Format("+{0}", UserSingleton.Instance.SpeedLev-
el);

    }

    public void ConfirmUpgrade(string UpgradeType)
    {

        DialogDataConfirm confirm = new DialogDataConfirm ("","",delegate(bool yn) {

            if(yn == true){
                Upgrade(UpgradeType);
            }

        });
        DialogManager.Instance.Push (confirm);

    }

    public void Upgrade(string UpgradeType)
    {
        JSONObject obj = new JSONObject();
        obj.Add("UserID", UserSingleton.Instance.UserID);
```

```
    obj.Add("UpgradeType", UpgradeType);
    HTTPClient.Instance.POST(Singleton.Instance.HOST + "/Upgrade",obj.
ToString(),delegate(WWW www) {
    Debug.Log (www.text);
    JSONObject res = JSONObject.Parse(www.text);
    int ResultCode = (int)res["ResultCode"].Number;
    if(ResultCode == 1){ // Success!
        // Upgrade Success => Load User data again
        UserSingleton.Instance.Refresh(delegate() {
            NotificationCenter.Instance.Notify(NotificationCenter.Subject.
PlayerData);
        });
        // Alert Dialog
        DialogDataAlert alert = new DialogDataAlert(Language.Instance.
GetLanguage("Upgrade Success"), Language.Instance.GetLanguage("Success"),del
egate() {

        });
        DialogManager.Instance.Push(alert);


    }else if (ResultCode == 4) // Max Level
    {
        // Alert Dialog
        DialogDataAlert alert = new DialogDataAlert(Language.Instance.
GetLanguage("Upgrade Failed"), Language.Instance.GetLanguage("Max Level"),
delegate() {

        });
        DialogManager.Instance.Push(alert);

    }else if(ResultCode == 5) // Not enough diamond
    {
        // Alert Dialog
        DialogDataAlert alert = new DialogDataAlert(Language.Instance.
GetLanguage("Upgrade Failed"), Language.Instance.GetLanguage("Not Enouhg
Diamond"), delegate() {
});
        DialogManager.Instance.Push(alert);


    }
    });
}
```

```
        public void UpgradeHealth()
  {
    DialogDataConfirm confirm = new DialogDataConfirm(
      Language.Instance.GetLanguage("Health Upgrade Confirm"),
         String.Format(Language.Instance.GetLanguage("Diamonds are
required"),UserSingleton.Instance.HealthLevel * 2),
      delegate(bool yn){

      if(yn){

        Upgrade ("Health");

      }

    });

  }
  public void UpgradeDefense()
  {

    DialogDataConfirm confirm = new DialogDataConfirm(
      Language.Instance.GetLanguage("Defense Upgrade Confirm"),
         String.Format(Language.Instance.GetLanguage("Diamonds are
required"),UserSingleton.Instance.DefenseLevel * 2),
      delegate(bool yn){

      if(yn){

        Upgrade ("Defense");

      }

    });

  }
  public void UpgradeDamage()
  {

    DialogDataConfirm confirm = new DialogDataConfirm(
      Language.Instance.GetLanguage("Damage Upgrade Confirm"),
         String.Format(Language.Instance.GetLanguage("Diamonds are
required"),UserSingleton.Instance.DamageLevel * 2),
      delegate(bool yn){
```

```
        if(yn){

            Upgrade ("Damage");

        }

    });

}
public void UpgradeSpeed()
{

    DialogDataConfirm confirm = new DialogDataConfirm(
        Language.Instance.GetLanguage("Speed Upgrade Confirm"),
            String.Format(Language.Instance.GetLanguage("Diamonds are
required"),UserSingleton.Instance.SpeedLevel * 2),
        delegate(bool yn){

        if(yn){

            Upgrade ("Speed");

        }

    });
}
}
```

▲ 리스트 25-8 : UpgradeController.cs 스크립트

UpgradeController는 캐릭터를 업그레이드하는 스크립트입니다. 업그레이드를 진행하는
과정을 단계별 화면을 통해 살펴봅시다.

1) 유저가 화면의 공격력 업그레이드 버튼을 누르면 UpgradeController 클래스의 Up-
   gradeDamage() 함수가 호출됩니다.

▲ 캐릭터의 칼 위에 +2 숫자가 적힌 강화 버튼을 누르면, UpgradeController의 UpgradeDamage() 함수 호출

2) UpgradeDamage() 함수에서 공격력을 업그레이드하기 위해 필요한 다이아몬드를 보여
   주면서 진짜로 업그레이드를 할 것인지 다시 한 번 물어봅니다.

▲ 업그레이드 확인창 표시

3) 유저가 OK 버튼을 누르면, delegate(bool yn)에 yn 값으로 true가 전달됩니다.

```
        String title = Language.Instance.GetLanguage ("Damage Upgrade Confirm");
        String message = String.Format(Language.Instance.GetLanguage ("Diamonds
are required"),UserSingleton.Instance.DamageLevel * 2);

        DialogDataConfirm confirm = new DialogDataConfirm(
            title,
            message,
            delegate(bool yn){

            if(yn){

                Upgrade ("Damage");

            }

        });
        DialogManager.Instance.Push (confirm);
```

▲ 리스트 25-9 : 공격력 업그레이드 확인창 호출 스크립트

4) delegate(bool yn)에 yn값이 true면, Upgrade("Damage") 함수를 호출합니다.

5) Upgrade("Damage") 함수를 실행해서 서버에 해당 유저의 공격력을 업그레이드하겠다고 요청을 보냅니다.

```
  public void Upgrade(string UpgradeType)
  {
    JSONObject obj = new JSONObject();
    obj.Add("UserID", UserSingleton.Instance.UserID);
    obj.Add("UpgradeType", UpgradeType);
      HTTPClient.Instance.POST(Singleton.Instance.HOST + "/Upgrade",obj.
ToString(),delegate(WWW www) {
      Debug.Log (www.text);
      JSONObject res = JSONObject.Parse(www.text);
      int ResultCode = (int)res["ResultCode"].Number;
      if(ResultCode == 1){ // Success!
        // Upgrade Success => Load User data again
        UserSingleton.Instance.Refresh(delegate() {
            NotificationCenter.Instance.Notify(NotificationCenter.Subject.
PlayerData);
  public void Upgrade(string UpgradeType)
  {
```

```
        JSONObject obj = new JSONObject();
        obj.Add("UserID", UserSingleton.Instance.UserID);
        obj.Add("UpgradeType", UpgradeType);
        HTTPClient.Instance.POST(Singleton.Instance.HOST + "/Upgrade",obj.
ToString(),delegate(WWW www) {
            Debug.Log (www.text);
            JSONObject res = JSONObject.Parse(www.text);
            int ResultCode = (int)res["ResultCode"].Number;
            if(ResultCode == 1){ // Success!
                // Upgrade Success => Load User data again
                UserSingleton.Instance.Refresh(delegate() {
                        NotificationCenter.Instance.Notify(NotificationCenter.Subject.
PlayerData);
                });
                // Alert Dialog
                DialogDataAlert alert = new DialogDataAlert(Language.Instance.
GetLanguage("Upgrade Success"), Language.Instance.GetLanguage("Success"),del
egate() {

                });
                DialogManager.Instance.Push(alert);


            }else if (ResultCode == 4) // Max Level
            {
                // Alert Dialog
                DialogDataAlert alert = new DialogDataAlert(Language.Instance.
GetLanguage("Upgrade Failed"),  Language.Instance.GetLanguage("Max Level"),
delegate() {

                });
                DialogManager.Instance.Push(alert);

            }else if(ResultCode == 5) // Not enough diamond
            {
                // Alert Dialog
                DialogDataAlert alert = new DialogDataAlert(Language.Instance.
GetLanguage("Upgrade Failed"), Language.Instance.GetLanguage("Not Enouhg
Diamond"), delegate() {

                });
                DialogManager.Instance.Push(alert);

            }
        });
    }
```

▲ 리스트 25-10 : 서버에 업그레이드 요청을 보낸 후 응답코드에 따라 다른 결과 노출

서버와 통신을 할 때, 각 예외상황에 따라 결과코드를 정의하고 그에 따른 결과를 표시합니다. 리스트 25-10의 경우 업그레이드를 수행하고 난 결과를 네 가지 코드로 구분하고 있습니다.

[ResultCode에 따른 예외 코드 해석]

ResultCode	의미
1	성공
4	최대 레벨에 도달하여 업그레이드를 할 수 없음
5	다이아몬드가 부족함

결과 데이터에서 ResultCode로 오는 숫자의 값을 기준으로 결과를 다르게 표시할 수 있습니다.

▲ 다이아몬드가 부족해서 ResultCode 값이 5가 되는 경우 표시되는 메시지

ResultCode가 5라면, 이는 다이아몬드가 부족해서 업그레이드를 실패했다는 예외 코드입니다.

▲ 최고 레벨 도달

최고 레벨에 도달하면 더 이상 업그레이드가 실행되지 않도록 설정합니다. 이번 예제 게임
에서는 한계 레벨을 10으로 설정했습니다.

▲ 업그레이드 성공 알림 메시지

6) 서버 응답 결과를 받아서 처리한 후 유저의 정보를 최신으로 업데이트합니다. 캐릭터의
   정보가 변경되면, 서버에서 캐릭터의 정보를 받아와서 갱신해줍니다. 그리고 캐릭터의
   정보가 변경되었다고 NotificationCenter에 이벤트를 전달합니다.

```
UserSingleton.Instance.Refresh(delegate() {
            NotificationCenter.Instance.Notify(NotificationCenter.Subject.
PlayerData);
        });
```

▲ 리스트 25-11 : 서버로부터 유저의 정보를 받아온 후 NotificationCenter에 PlayerData를 구독하고 있는 함수 호출

여기까지 한글스크립트를 관리하고, 캐릭터 장비의 레벨을 업그레이드하는 기능을 구현해
봤습니다.

CHAPTER 26 랭킹 화면 만들기

≫ 요즘 출시되는 모바일 게임들은 대부분 랭킹 시스템을 기본적으로 제공하고 있습니다. 소셜 게임의 경우에는 친구 랭킹을 보여줌으로써 친구들 간에 순위 경쟁을 펼치게 하기 위해 이를 활용합니다. 전혀 모르는 타인이 아닌, 내 친구들과 경쟁을 한다는 것은 게임에 더욱 재미를 느끼고 몰입하게 하는 중요한 요소로 작용하기도 합니다.

01 | 서버에서 랭킹 정보 조회하기

랭킹 정보를 표시하기 위해서는 다음의 세 가지 작업이 필요합니다.

- 랭킹 정보를 서버에서 '조회'합니다.
- 랭킹을 화면에 표시하는 인터페이스를 '제작'합니다.
- 랭킹 정보를 랭킹 인터페이스에 '표시'합니다.

우선 랭킹 정보를 서버에서 조회하는 방법을 살펴봅시다. 이를 위해 서버 프로그램으로 랭킹 정보를 조회하는 API를 추가해야 합니다. 로그인 화면에서는 랭킹 정보를 로드하고, 게임이 끝날 때마다 다시 랭킹 정보를 로드하도록 합니다. 그리고 이 랭킹 정보를 랭킹 화면에 뿌려 줍니다.

1) 랭킹 정보를 조회하는 API 명세

API 이름	전체 랭킹 조회 API	
URL 주소	/Rank/Total?Start=1&Count=50	
HTTP Method	GET	
URL 파라미터	Start, Count	
요청 본문(Body)	없음	
요청 본문 예시	없음	
응답 본문(Body)	ResultCode	정수형
	Message	문자열
	Data	List⟨RankData⟩

| 응답 본문 예시 | ```json
{
  "ResultCode" : 1,
  "Message" : "",
  "Data" :
  [
    {
      "Rank":1,
      "UserID":123,
      "FacebookID":123,
      "FacebookName":"123",
      "FacebookPhotoURL":"",
      "Point":123
    }
  ]
}
``` |
| --- | --- |

2) 친구 랭킹을 조회하는 API 명세

URL 주소	/Rank/Friend	
HTTP Method	POST	
URL 파라미터		
요청 본문(Body)	UserID	long (BIGINT)
	FriendList	List 〈String〉 (VARCHAR(5000))
| 요청 본문 예시 | ```json
{
  "UserID":1,
  "FriendList" : ["123", "124"]
}
``` | |
응답 본문(Body)	ResultCode	int (INT)
	Message	string (VARCHAR(100))
	Data	List 〈RankData〉
| 응답 본문 예시 | ```json
{
  "ResultCode" : 1,
  "Message" : "",
  "Data" :
  [
    {
      "Rank": 1,
      "UserID": 2,
      "FacebookID": "123",
      "FacebookName": "123",
      "FacebookPhotoURL": "wefe",
      "Point": 30
``` | |
```

```
                }
                {
                  "Rank":2,
                  "UserID":124,
                  "FacebookID":124,
                  "FacebookName":"124",
                  "FacebookPhotoURL":"",
                  "Point":30
                }
              ]
            }
```

앞서 서버 프로그램을 개발하면서 만들었던 API를 활용할 때가 왔습니다. 이 서버 API를 활용해서 클라이언트와 연동해 봅시다.

02 | 서버 랭킹 API로 조회한 랭킹 정보 저장

서버 랭킹 API로 조회한 랭킹 정보는 RankSingleton 객체에 저장합니다.

1) RankSingleton 클래스 정의

랭킹 정보를 로드하고 저장해 둘 RankSingleton 클래스를 구현해 봅시다.

```
using UnityEngine;
using System.Collections;
using Boomlagoon.JSON;
using System.Collections.Generic;
using System;

public class RankSingleton : MonoBehaviour {

    public Dictionary<int, JSONObject> TotalRank, FriendRank;

    //싱글톤 객체를 설정하는 부분입니다.
    static RankSingleton _instance;
    public static RankSingleton Instance {
        get {
            if(!_instance) {
                GameObject container = new GameObject("RankSingleton");
                _instance = container.AddComponent( typeof( RankSingleton ) ) as
                RankSingleton;
                _instance.Init ();
```

```
        DontDestroyOnLoad( container );
    }

    return _instance;
  }
}


// 싱글톤 객체가 초기화될 때 호출하는 초기화 함수입니다.
public void Init()
{
    //전체 랭킹을 저장하는 TotalRank 변수와 친구 랭킹을 저장하는 FriendRank 변수를 할당합니다.
    TotalRank = new Dictionary<int, JSONObject>();
    FriendRank = new Dictionary<int, JSONObject>();


}


// 전체 랭킹을 서버에서 조회하여 변수에 저장하는 함수입니다.
public void LoadTotalRank(Action callback){
    // HTTP 콜로 서버의 전체 랭킹 API를 조회합니다.
    HTTPClient.Instance.GET (Singleton.Instance.HOST + "/Rank/
    Total?Start=1&Count=50", delegate(WWW www) {
        // API 응답 결과를 디버그 로그에 기록합니다.
        Debug.Log("LoadTotalRank" + www.text);
        // 응답 결과 본문을 string response 변수에 저장합니다.
        string response = www.text;
        // 응답 결과를 JSON 오브젝트로 변환합니다.
        JSONObject obj = JSONObject.Parse(response);
        // 응답 결과 중 랭킹 리스트가 들어 있는 Data 필드에서 JSONArray를 추출합니다.
        JSONArray arr = obj["Data"].Array;
        // 랭킹 리스트를 하나씩 foreach문으로 조회합니다.
        foreach(JSONValue item in arr){
            // 해당 랭킹 유저 정보에서 Rank 순위를 조회합니다.
            int rank = (int)item.Obj["Rank"].Number;
            if(TotalRank.ContainsKey(rank)){ // 예외처리 과정입니다. 이미 전체 랭킹
            Dictionary에 해당 랭킹 정보가 있다면, 기록을 삭제합니다.
                TotalRank.Remove(rank);
            }
            // 해당 순위에 유저를 입력합니다.
            TotalRank.Add(rank,item.Obj);
        }
        // 전체 랭킹의 로드가 완료됐다고 callback() 함수로 알려줍니다.
        callback();
    });
}
```

```
// 친구 랭킹을 조회하여 친구 랭킹 변수에 저장하는 함수입니다.
public void LoadFriendRank(Action callback){
    // 친구 랭킹 조회를 위해 페이스북 로그인 결과값으로 받아놓은 페이스북 친구 리스트를 가져옵니다.
    JSONArray friendList = new JSONArray();

    // 페이스북 친구 리스트 결과 JSON에서 페이스북 아이디 배열을 추출합니다.
    foreach(JSONValue item in UserSingleton.Instance.FriendList){
        JSONObject friend = item.Obj;
        friendList.Add(friend["id"]);
    }

    // 친구 랭킹 API 호출 시 Body에 넣을 친구 리스트 JSONObject를 생성합니다.
    JSONObject requestBody = new JSONObject();
    requestBody.Add("FriendList", friendList);

    // 친구 랭킹 API로 POST 호출을 합니다.
    HTTPClient.Instance.POST(Singleton.Instance.HOST + "/Rank/Friend", re-
    questBody.ToString(), delegate(WWW www){
        // 친구 랭킹 조회 결과를 디버그 로그에 출력합니다.
        Debug.Log("LoadFriendRank" + www.text);
        // 친구 랭킹 조회 결과를 string 문자열로 저장합니다.
        string response = www.text;
        // 친구 랭킹 응답 본문을 JSONObject로 변환합니다.
        JSONObject obj = JSONObject.Parse(response);
        // 응답 본문 Data 필드에 있는 JSONArray를 추출합니다.
        JSONArray arr = obj["Data"].Array;
        // 친구 랭킹 리스트를 하나씩 foreach로 조회합니다.
        foreach(JSONValue item in arr){
            // 해당 랭킹 유저의 Rank 순위를 추출합니다.
            int rank = (int)item.Obj["Rank"].Number;
            // 이미 해당 Rank의 유저가 변수에 있으면 지웁니다.
            if(FriendRank.ContainsKey(rank)){
                FriendRank.Remove(rank);
            }
            // 해당 친구 순위에 랭킹 정보를 할당합니다.
            FriendRank.Add(rank,item.Obj);
        }
        callback();

    });

}
}
```

▲ 리스트 26-1 : RankSingleton 클래스 전체 소스 코드

RankSingleton 클래스는 서버에서 랭킹을 조회하고, 랭킹 정보를 싱글톤 객체와 변수에 저장하는 역할을 합니다. 또한 로그인 과정 중에 RankSingleton 클래스의 LoadTotalRank() 함수와 LoadFriendRank() 함수를 호출하여 랭킹 정보를 로드하게 된다는 점을 알아 둡시다.

```
public IEnumerator LoadDataFromGameServer()
{

    UserSingleton.Instance.Refresh(delegate() {
        finished[2] = true;
    });

    RankSingleton.Instance.LoadTotalRank (delegate() {
        finished[3] = true;
    });

    RankSingleton.Instance.LoadFriendRank (delegate() {
        finished[4] = true;
    });

    while(!finished[2] || !finished[3] || !finished[4]){
        yield return new WaitForSeconds(0.1f);
    }
    LoadNextScene();
}
```

▲ 리스트 26-2 : LoginController의 LoadDataFromGameServer() 함수

2) 데이터와 랭킹을 로드하는 함수

LoadDataFromGameServer() 함수는 유저의 데이터와 랭킹 데이터를 로드합니다. 로드는 다음 표와 같이 각각 세 단계로 진행됩니다.

[유저와 랭킹 데이터 로드의 3단계]

1	유저 정보 로드	UserSingleton.Instance.Refresh(Action callback)
		유저 정보를 로드하고 정보를 다 로드하면 callback 함수를 호출합니다.
2	전체 랭킹 정보 로드	RankSingleton.Instance.LoadTotalRank(Action callback)
		전체 랭킹 정보를 로드하고 다 로드하면 callback 함수를 호출합니다.
3	친구 랭킹 정보 로드	RankSingleton.Instance.LoadFriendRank(Action callback)
		친구 랭킹 정보를 로드하고 다 로드하면 callback 함수를 호출합니다.

각 단계가 완료되면 callback 함수가 호출되어 각각 finished[2] finished[3] finished[4] 변수에 true 값이 할당됩니다. 이제 LoginController.cs에서 랭킹 정보를 로딩하도록 코드를 추가해야 합니다.

```
using UnityEngine;
using System.Collections;
using Boomlagoon.JSON;
using System;
using Facebook;
using System.Collections.Generic;
using UnityEngine.SceneManagement;

public class LoginController : MonoBehaviour {

    public GameObject BtnFacebook;

    /*
    * Login Process
    *
    * 1) LoginInit()
    * 2) LoginFacebook()
    * 3) LoadDataFromFacebook() - Coroutine
    * 4) LoginGameServer()
    * 5) LoadDataFromGameServer() - Coroutine
    * 6) LoadNextScene()
    *
    **/
```

```
        bool[] finished = new bool[10];

        void Start() {

            LoginInit();

            for(int i = 0; i < finished.Length; i++){
                finished[i] = false;
            }


        }

// LoginInit : 이미 로그인한 세션이 있으면 로그인하거나 페이스북 로그인 버튼을 보여줍니다.
        void LoginInit()
        {
// 이미 유저 아이디가 있거나 액세스 토큰이 있으면 자동으로 로그인합니다.
            if(UserSingleton.Instance.UserID != 0
            && UserSingleton.Instance.AccessToken != "")
            {

                LoginFacebook();
            }else{
// 저장된 유저 아이디가 없으면 새로 로그인합니다.
                BtnFacebook.SetActive(true);
            }
        }


// 화면상의 페이스북 버튼을 누르면 호출되는 함수입니다.
        public void LoginFacebook()
        {
// 페이스북 SDK를 초기화합니다(페이스북 API 서버 접속).
            FB.Init(delegate {
// FB.ActivateApp() 함수로 페이스북 SDK를 통해 유저가 얼마나 접속하는지 로그인합니다. 페이스북
   관리자 페이지에서 유저의 접속 빈도를 확인할 수 있습니다.
                FB.ActivateApp();
// 페이스북 SDK로 로그인을 수행합니다.
// 유니티 에디터에서는 Access Token을 받아오는 팝업이 뜨지만
// 모바일에서는 잘 연동됩니다.


                UserSingleton.Instance.FacebookLogin(delegate(bool isSuc-
                cess, string response)
                    {
                            if(isSuccess)
                            {
```

세 가지 스킬의 유니티 3D액션게임

```
                                              // 페이스북 로그인에 성공하면,

                                              StartCoroutine(LoadDataFromFa
cebook());

                                    }else{

                                         // 페이스북 로그인에 실패한 경우,


                              }
                    }
                );
        }.delegate(bool isUnityShown) {

        }."");

    }


    public IEnumerator LoadDataFromFacebook()
    {

        UserSingleton.Instance.LoadFacebookMe (delegate(bool isSuccess,
        string response) {

            finished[0] = true;

        });

// 페이스북 프로필 사진 가져오기
        UserSingleton.Instance.LoadFacebookFriend (delegate(bool is-
        Success, string response) {

            finished[1] = true;

        });

        while(!finished[0] || !finished[1]){
            yield return new WaitForSeconds(0.1f);
        }

        LoginGameServer();
    }
```

```
    public void LoginGameServer()
    {

// 페이스북 로그인 정보를 게임 서버로 전송합니다.
        JSONObject body = new JSONObject();
        body.Add("FacebookID", UserSingleton.Instance.FacebookID);
        body.Add("FacebookAccessToken", UserSingleton.Instance.Faceboo-
        kAccessToken);
        body.Add("FacebookName", UserSingleton.Instance.Name);
        body.Add("FacebookPhotoURL", UserSingleton.Instance.Facebook-
        PhotoURL);

        Debug.Log("Send To Server: " + body.ToString());
// 서버에 로그인 데이터를 전달합니다.
        HTTPClient.Instance.POST(Singleton.Instance.HOST + "/Login/
        Facebook",
                                                  body.ToString(),
                                                  delegate(WWW www)
        {
            Debug.Log(www.text);
            JSONObject response = JSONObject.Parse(www.text);

            int ResultCode = (int)response["ResultCode"].Number;
            if(ResultCode == 1 || ResultCode == 2)
            {
                JSONObject Data = response.GetObject("Data");
                UserSingleton.Instance.UserID = (int)Data["UserID"].
                Number;
                UserSingleton.Instance.AccessToken =
                Data["AccessToken"].Str;

                StartCoroutine(LoadDataFromGameServer());

            }else{
// 로그인 실패 시.

            }

        });

    }

    public IEnumerator LoadDataFromGameServer()
```

```
    {

        UserSingleton.Instance.Refresh(delegate() {
            finished[2] = true;
        });

        RankSingleton.Instance.LoadTotalRank (delegate() {
            finished[3] = true;
        });

        RankSingleton.Instance.LoadFriendRank (delegate() {
            finished[4] = true;
        });

        while(!finished[2] || !finished[3] || !finished[4]){
            yield return new WaitForSeconds(0.1f);
        }
        LoadNextScene();
    }

    public void LoadNextScene()
    {
        SceneManager.LoadScene ("Lobby");
        //Application.LoadLevel("Lobby");
    }
}
```

▲ 리스트 26-3 : LoginController.cs 클래스 전체 소스 코드

03 | 로비 화면의 랭킹 인터페이스 구조

본격적으로 로비 화면의 랭킹 인터페이스를 구현해 봅시다.

랭킹 인터페이스의 내부 하이어라키 구조는 다음 그림과 같이 이루어져 있습니다. Canvas 오브젝트 안에 있는 RankPanel에 랭킹 오브젝트들이 배치되어 있고, RankPanel 안에 있는 ScrollView 아래에 6개의 오브젝트들이 자리를 잡고 있는 형태입니다. ScrollView 아래에 있는 6개의 오브젝트들은 TabFriendRank, TabTotalRank, BtnTotalRank, BtnFriendRank, Scrollbar Vertical, ViewPort 등입니다.

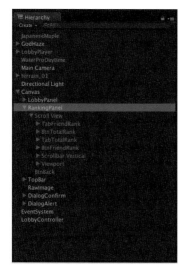

▲ 랭킹 화면을 구성하는 요소들

6개 오브젝트는 각각 다음과 같은 역할을 합니다.

1) TabFriendRank : 친구 랭킹 탭 배경 이미지

▲ 친구 랭킹 탭 배경 이미지

2) TabTotalRank : 전체 랭킹 탭 배경 이미지

▲ 전체 랭킹 탭 배경 이미지

3) BtnTotalRank : **전체 랭킹 탭 버튼**(이 버튼을 누르면 전체 랭킹 탭으로 전환됩니다.)

4) BtnFriendRank : **친구 랭킹 탭 버튼**(이 버튼을 누르면 친구 랭킹으로 탭이 전환됩니다.)

5) Scrollbar Vertical : **스크롤바**(화면을 터치하고 드래그해서 랭킹 항목들을 움직일 수 있습니다. 항목이 많을 경우 우측에 스크롤바가 나타납니다.)

6) ViewPort : **랭킹 셀을 담고 있는 오브젝트**

완성된 랭킹 화면은 다음 그림과 같습니다. 전체 랭킹에서는 전체 게임 유저들이 화면에 표기됩니다. 예제로 구현한 전체 랭킹 화면에는 스크롤 기능이 구현되어 있으며, 상위 랭커 50명까지 표시됩니다.

▲ 전체 랭킹 화면

▲ 페이스북 친구 랭킹 표기

친구 랭킹 탭을 선택하면 페이스북 친구 리스트를 조회한 결과로 얻은 친구 리스트가 화면에 표시됩니다.

04 | 랭킹 인터페이스 구현

랭킹 인터페이스를 구현하기에 앞서 지난 챕터에서 생성한 Canvas 위에 [UI > Panel]을 추가합니다. 그리고 Panel의 오브젝트 이름을 RankingPanel로 변경합니다. RankingPanel의 이미지 속성 중에서는 Source Image의 RankingBg 이미지를 연결합니다.

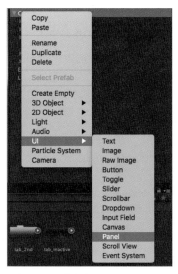

▲ [UI > Panel] 추가

▲ 생성된 Panel의 이름을 RankingPanel로 변경

RankingPanel에 Scroll View 컴포넌트를 추가해 봅시다. RankingPanel에 마우스 커서를 대고 오른쪽 버튼을 클릭을 한 후에 [UI > Scroll View]를 선택합니다.

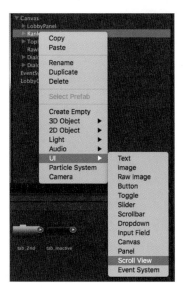

▲ Scroll View 추가

사내까지 스크롤은 유니티 3D액션게임

[UI > Scroll View]를 선택해 Scroll View를 추가합니다.

▲ Scroll View에 기본적으로 있는 3개의 오브젝트

▲ Scrollbar Horizontal 오브젝트 삭제

Scroll View를 생성하면 기본적으로 앞의 그림과 같이 Viewport, Scrollbar Horizontal, Scrollbar Vertical 등 3개의 오브젝트가 생성됩니다. 랭킹 화면은 위아래로만 스크롤되기 때문에 좌우 스크롤은 필요하지 않습니다. 이에 Scrollbar Horizontal 오브젝트를 선택한 후에 삭제합니다.

▲ Scroll View의 기본 위치/좌표값

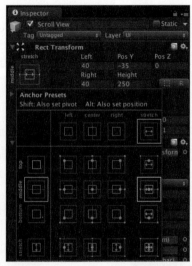

▲ 세로는 middle, 가로는 stretch 선택

Scroll View를 생성하면 기본적으로 위치와 좌표가 세팅됩니다. 여기서는 Scroll View의 Left, Right, Pos Y, Pos Z, Height를 다음 표의 값으로 설정했습니다. Anchor Presets에서는 세로를 middle로 선택하고 가로는 stretch를 선택합니다.

[Scroll View 값 세팅]

속성	값
Left	40
Right	40
Pos Y	−35
Pos Z	0
Height	250
Anchor	middle / stretch

▲ 수정하기 전의 Scrollbar Vertical

▲ 수정한 후의 Scrollbar Vertical

Scrollbar Vertical의 속성도 다음 표와 같이 변경합니다.

[Scrollbar Vertical의 속성]

속성	값
Pos X	−4
Top	0
Pos Z	0
Width	10
Bottom	0
Anchor	stretch / right

이제 Scroll View 아래에 있는 Content를 수정해 봅시다. 우선, 이름을 RankContent로 변경합니다.

▲ Scroll View와 함께 생성된 Content

▲ Viewport 안의 Content 수정

Scroll View를 생성하면 같이 생성되는 Viewport 안의 Content를 수정하겠습니다.

▲ 이름은 RankContent로, Height는 400으로 변경

Content 이름을 RankContent로 변경하고 Height를 400으로 변경한 후, RankContent.cs
스크립트를 게임 오브젝트에 추가합니다.

```csharp
using UnityEngine;
using System.Collections;


public class RankContent : MonoBehaviour {

    public RankCell[] rankCellList;

    public int rankContentHeight;

    string currentTab = "friend";

    public GameObject tabFriendRank, tabTotalRank, btnTabFriendRank,
    btnTabTotalRank;

    public void TabTotalRank()
    {
        RemoveRankCell();

        tabFriendRank.SetActive(false);
        tabTotalRank.SetActive(true);

        btnTabFriendRank.SetActive(true);
        btnTabTotalRank.SetActive(false);
```

```
            currentTab = "total";
            LoadRankList ();

        }

    public void TabFriendRank()
    {

        RemoveRankCell ();

        tabFriendRank.SetActive (true);
        tabTotalRank.SetActive (false);

        btnTabFriendRank.SetActive (false);
        btnTabTotalRank.SetActive (true);
            var rect = obj.GetComponent<RectTransform> ();

            // Prefab으로 생성한 게임 오브젝트는 Scale을 1,1,1로 재설정 SetDefault-
            Scale ();
            rect.SetDefaultScale ();
            // Prefab으로 생성한 게임 오브젝트는 Scale을 1,1,1로 재설정 SetDefault-
            Scale ();
            rect.anchoredPosition = new Vector2 (0f, start_y);
            rect.offsetMin = new Vector2 (20f, start_y);
            rect.offsetMax = new Vector2 (-20f, start_y);
            rect.SetHeight(40f);
            start_y = start_y - unit;
            content_height = content_height + unit;
        }
        GetComponent<RectTransform> ().SetHeight (content_height);

    }

}
```

▲ 리스트 26-4 : RankContent.cs 클래스 소스 코드

RankContent 클래스는 탭을 변경하고, 탭에 새로운 데이터를 출력하는 역할을 합니다. 여기에서는 랭킹 화면의 랭킹 한 줄을 RankCell이라는 프리팹으로 구현해 놓았습니다.

/Assets/Resources/Prefab/RankCell.prefab

이 프리팹은 RankCell.cs 스크립트를 컴포넌트로 가지고 있습니다.

▲ RankCell 오브젝트에 붙어 있는 RankCell.cs 스크립트

```csharp
using UnityEngine;
using System.Collections;
using UnityEngine.UI;
using Boomlagoon.JSON;

public class RankCell : MonoBehaviour {

    public RawImage ProfileImage;
    public Text TextRank, TextName, TextPoint;

    // Use this for initialization
    void Start () {

        var rect = GetComponent<RectTransform> ();

        //Debug.Log ("anchoredPosition : " + rect.anchoredPosition.x + " / " +
        rect.anchoredPosition.y) ;
        //Debug.Log ("pivot : " + rect.pivot.x + " / " + rect.pivot.y) ;
        //Debug.Log ("offsetMin : " + rect.offsetMin.x + " / " + rect.offsetMin.y) ;
    }

    public void SetData (JSONObject user)
    {
        string url = user ["FacebookPhotoURL"].Str ;
```

```
            Debug.Log (url) ;
            HTTPClient.Instance.GET (url, delegate(WWW obj) {

                ProfileImage.texture = obj.texture;

            }) ;

            TextRank.text = user ["Rank"].Number.ToString() ;
            TextName.text = user ["FacebookName"].Str ;
            TextPoint.text = user ["Point"].Number.ToString() ;
        }
    }
```

▲ 리스트 26-5 : RankCell.cs 클래스 소스 코드

그리고 앞서 다른 챕터에서 학습했던 것처럼, RankCell 프리팹 오브젝트들을 관리하는 오
브젝트 풀 클래스를 만들어 봅시다.

```
using UnityEngine;
using System.Collections;
using UnityEngine.UI;
using Boomlagoon.JSON;

public class RankCell : MonoBehaviour {

    public RawImage ProfileImage;
    public Text TextRank, TextName, TextPoint;

    // Use this for initialization
    void Start () {

        var rect = GetComponent<RectTransform> () ;

        //Debug.Log ("anchoredPosition : " + rect.anchoredPosition.x + " / " +
        rect.anchoredPosition.y) ;
        //Debug.Log ("pivot : " + rect.pivot.x + " / " + rect.pivot.y) ;
        //Debug.Log ("offsetMin : " + rect.offsetMin.x + " / " + rect.offsetMin.y) ;
    }

    public void SetData(JSONObject user)
    {
        string url = user ["FacebookPhotoURL"].Str ;
        Debug.Log (url) ;
```

```
        HTTPClient.Instance.GET (url, delegate(WWW obj) {

            ProfileImage.texture = obj.texture;

        });

        TextRank.text = user ["Rank"].Number.ToString();
        TextName.text = user ["FacebookName"].Str;
        TextPoint.text = user ["Point"].Number.ToString();
    }
}
```

▲ 리스트 26-6 : RankCellPool.cs 클래스 소스 코드

방금 추가한 RankCellPool 오브젝트를 초기화하기 위해 LobbyController의 Start() 함수
에서 RankCellPool 오브젝트를 Init()시켜 줍니다.

이제 /Assets/Scripts/Lobby/LobbyController.cs의 코드를 수정해 봅시다.

```
using UnityEngine;
using System.Collections;

public class LobbyController : MonoBehaviour {

    public GameObject rankContent;


    // Use this for initialization
    void Start () {
        Screen.SetResolution(1280, 720, true);

        RankCellPool.Instance.Init ();

    }

    public void GoGame()
    {
        Application.LoadLevel("Game");
    }

    public void GoRank()
    {

        rankContent.SetActive (true);
        rankContent.GetComponentInChildren<RankContent>().LoadRankList ();
```

```
    }

    public void CloseRank()
    {

        rankContent.SetActive(false);

    }

}
```

▲ 리스트 26-7 : LobbyController 클래스 Start() 함수에서 RankCellPool 초기화

LobbyController 클래스 Start() 함수에서 RankCellPool을 초기화합니다.

05 | TabTotalRank, TabFriendRank, BtnTotalRank, BtnFriendRank

BtnTotalRank 버튼을 누르면 전체 랭킹 탭이 활성화됩니다. 즉, TabTotalRank 오브젝트가 active 상태로 변경되고, BtnTotalRank가 비활성화됩니다.

[BtnTotalRank 버튼 클릭 시]

1) BtnTotalRank 비활성화
2) BtnFriendRank 활성화
3) TabTotalRank 활성화
4) TabFriendRank 비활성화

BtnFriendRank 버튼을 누르면 친구 랭킹 탭이 활성화됩니다. 구체적으로는 다음과 같이 상태가 변경됩니다.

[BtnFriendRank 버튼 클릭 시]

1) BtnTotalRank 활성화
2) BtnFriendRank 비활성화
3) TabTotalRank 비활성화
4) TabFriendRank 활성화

이와 같은 동작을 위해 버튼을 추가해야 합니다. Scroll View 오브젝트에서 마우스 오른쪽 버튼을 클릭하고 [UI > Button]을 선택해서 새로운 버튼을 추가합니다.

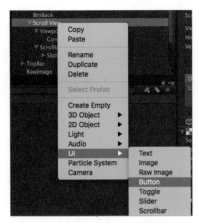

▲ [UI > Button]을 선택해 새로운 버튼 두 개 추가

그렇게 생성한 두 개 버튼의 이미지와 버튼 하위에 있는 Text의 속성들도 변경해 줍니다.

- BtnTotalRank
- BtnFriendRank

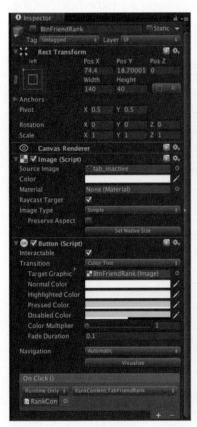

▲ BtnFriendRank 친구 랭킹 버튼

▲ BtnTotalRank 전체 랭킹 버튼

[친구 랭킹 버튼의 속성값]

속성	값
오브젝트 이름	BtnFriendRank
Pos X	74.4
Pos Y	18.7
Pos Z	0
Width	140
Height	40
Source Image	tab_inactive
On Click()	RankContent.TabFriendRank

[전체 랭킹 버튼의 속성값]

속성	값
오브젝트 이름	BtnTotalRank
Pos X	209.3
Pos Y	18.7
Pos Z	0
Width	140
Height	40
Source Image	tab_inactive
On Click()	RankContent.TabTotalRank

버튼 안에 있는 Text 오브젝트도 변경합니다.

1) [BtnFriendRank > Text] 속성

▲ [BtnFriendRank > Text] 속성

▲ [BtnTotalRank > Text] 속성

[전체 랭킹 버튼 Text 속성값]

속성	값
오브젝트 이름	Text
Pos X	0
Pos Y	−5
Pos Z	0
Width	140
Height	30
Text	친구 랭킹
Font Size	14
Color	흰색

2) [BtnTotalRank > Text] 속성

[전체 랭킹 버튼 Text 속성값]

속성	값
오브젝트 이름	Text
Pos X	0
Pos Y	−5
Pos Z	0
Width	140
Height	30
Text	전체 랭킹
Font Size	14
Color	흰색

이번에는 전체 랭킹 탭과 친구 랭킹 탭 이미지 오브젝트를 추가합니다.

- TabTotalRank
- TabFriendRank

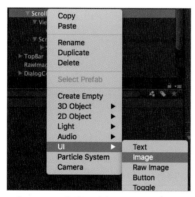

▲ [UI > Image] 메뉴 선택으로 Image 오브젝트 생성

Scroll View 오브젝트를 마우스 오른쪽 버튼으로 클릭하고 [UI > Image]를 선택해 이미지 오브젝트를 두 개 생성합니다. 각각 친구 랭킹의 배경화면과, 전체 랭킹의 배경화면입니다. 각 이미지의 속성은 다음과 같이 설정합니다.

▲ 생성한 친구 랭킹 이미지의 이름과 위치 및
크기 설정

▲ 생성한 전체 랭킹 이미지의 이름과 위치 및
크기 설정

TabFriendRank 속성은 다음 표에 명시된 대로 변경합니다.

[TabFriendRank 오브젝트 속성값]

속성	값
오브젝트 이름	TabFriendRank
Anchor	top / stretch
Left	0
Pos Y	−84
Pos Z	0
Right	−5
Height	250
Source Image	/Assets/Image/Controller/Ranking/tab_1st

[TabFriendRank 오브젝트 속성값]

속성	값
오브젝트 이름	TabTotalRank
Anchor	top / stretch
Left	0
Pos Y	−84
Pos Z	0
Right	−5
Height	250
Source Image	/Assets/Image/Controller/Ranking/tab_2nd

그리고 TabFriendRank와 TabTotalRank 하위에 각각 Text 오브젝트를 추가합니다.
먼저 TabFriendRank 하위에 Text 오브젝트를 추가해 봅시다. TabFriendRank를 마우스 오른쪽 버튼으로 클릭한 후 [UI > Text]를 선택해 새로운 Text 오브젝트를 추가합니다. 그리고 속성값들을 수정합니다.

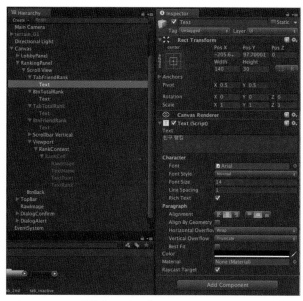

▲ TabFriendRank 하위의 Text 오브젝트

[친구 랭킹 탭 하위 Text 속성값]

속성	값
오브젝트 이름	Text
Pos X	−205.6
Pos Y	97.7
Pos Z	0
Width	140
Height	30
Text	친구 랭킹
Font Size	14
Color	검은색

▲ TabTotalRank 하위의 Text 오브젝트 속성 정의

[친구 랭킹 탭 하위 Text 속성값]

속성	값
오브젝트 이름	Text
Pos X	−70.8
Pos Y	97.7
Pos Z	0
Width	140
Height	30
Text	전체 랭킹
Font Size	14
Color	검은색

TabFriendRank와 TabTotalRank에 Text 오브젝트를 추가했다면 다음과 같은 화면을 확인할 수 있습니다.

▲ 친구 랭킹과 전체 랭킹 탭 화면이 구현된 모습

이 두 탭을 컨트롤하는 RankContent 스크립트에 앞서 생성한 TabFriendRank, TabTotal-Rank, BtnFriendRank, BtnTotalRank 객체들을 할당합니다. 다음 그림처럼 하이어라키 탭에서 드래그해서 RankContent의 각 변수들에 할당하면 됩니다.

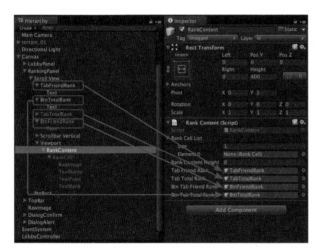

▲ TabFriendRank, BtnTotalRank, TabTotalRank, BtnFriendRank를 RankContent 스크립트에 연결

여기까지 잘 진행됐다면 랭킹 화면 구현이 완료되었을 것입니다. 주석 코드를 잘 읽어보고, 완성된 프로젝트 소스 코드를 받아 구동해보기를 추천합니다. 버전에 따라 특정 기능이 되지 않는 경우가 많기 때문에, 작동이 안 될 경우에는 예제가 있는 github 사이트를 방문해서 최신 소스를 받아서 사용하면 됩니다.

랭킹 화면이 완성되었으니, 이제 유저들의 경쟁 심리 요소가 더해져 더욱 재미있는 게임을 즐길 수 있는 장치가 마련된 셈입니다. 랭킹 연산은 빈번하게 일어나고 데이터베이스에 많은 부하를 줄 수 있는 연산이므로 캐싱, 인덱싱 등의 최적화 전략을 잘 고려해야 하는 영역입니다. 어떻게 부하를 줄이고 안정적으로 서비스할 수 있을지는 개발자라면 항상 고민해야 할 부분입니다.

27 | 모바일 게임 주요 지표와 데이터 기반 마케팅

>> 개발과 운영을 잘하는 회사일수록 데이터 분석을 잘한다는 건 이미 잘 알려진 사실입니다. 게임 업계에서 세계적으로 최고의 성과를 내고 있는 중국의 '텐센트'는 모든 의사결정을 데이터를 기반으로 내리는 것으로 알려져 있습니다. 이번 챕터에서는 모바일 게임을 운영하며 구할 수 있는 모든 지표들을 유형별로 정리하고 설명합니다. 모바일 게임 지표들을 바로 설명하기 전에, 왜 이런 지표들을 봐야 하는지도 살펴봅니다.

본 내용에 들어가기에 앞서 세계 최고의 마케팅 MBA, 켈로그 경영대학원의 교수인 마크 제프리의 한 마디로 시작합니다.

"평가 없는 마케팅은 낭비다!"

– 마크 제프리

01 | 왜 데이터 기반 마케팅인가요?

모바일 게임 지표를 보는 주요한 목적은 지표 데이터를 기반으로 마케팅을 잘하는 데에 있습니다. 지표를 보는 목적은 게임을 성공시키기 위함이고, 구체적으로는 게임 마케팅을 잘하기 위함입니다. 인터넷 서비스 업계에 있다면, 최근 데이터 분석에 대한 다양한 이야기를 자주 접하고 있을 것입니다. 구글과 페이스북 같은 세계 최고의 기업들이 데이터를 기반으로 의사결정을 내리고 있으며, 넷플릭스는 유저의 성향 데이터를 기반으로 최고의 개인화 서비스를 제공하고 있습니다. 어느새 인터넷 서비스 업계에서는 데이터 기반 마케팅이 하나의 정석처럼 자리 잡혔습니다.

(1) 데이터 기반 마케팅의 기본 '평가'

데이터 기반 마케팅에서 첫 번째로 해야 하는 일은 '자신을 아는 일'입니다. 이는 마케팅의 기본기라고 할 수 있습니다. 데이터 기반 마케팅의 가장 기본적인 형태는 '평가'입니다. 여기서 말하는 '평가'란 마케팅 투자의 타당성을 입증하는 것입니다. 마케팅의 성과를 측정하는 것만으로도 효과가 있는 마케팅 캠페인과 효과가 없는 마케팅 캠페인을 구분할 수 있게 됩니다. 또한 효과가 높은 마케팅 활동에 예산을 집중시킴으로 성과 향상이 가능합니다.

(2) 탭조이(구 파이브락스) 마케팅 분석 툴

여러 가지 게임 마케팅 분석 툴을 써보았는데, 현재로서는 탭조이가 모바일 게임 마케팅을 위한 최고의 툴이라고 생각합니다. 탭조이 SDK를 활용하여 데이터 분석을 진행한다고 가정하고, 어떻게 진행해야 할지 가이드라인을 살펴봅시다.

(3) 데이터 기반 마케팅 전략

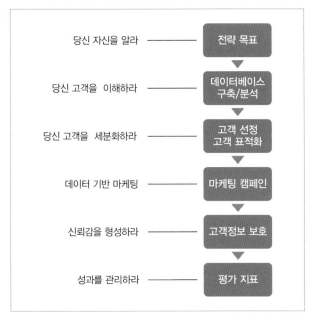

[출처] 러셀 와이너, 〈고객관계관리 프레임워크〉,
캘리포니아 매니지먼트 리뷰, 2001

▲ 고객 관계 관리 프레임워크

대략적으로 데이터 기반 마케팅 전략의 주요 단계를 알아봅시다. 총 6단계로 이루어져 있는데, 처음 세 단계는 준비 과정이고, 마지막 세 단계는 실제로 실행을 하는 과정입니다.

첫 번째 단계에서는 데이터를 어떻게 활용할지 구체적인 목표와 전략을 정합니다. 전략을 세울 때 가장 먼저 할 일은 앞서도 언급했지만 바로 '자신을 아는 일'입니다. 자신의 상태를 모르고서는 무엇을 개선해야 하고 어디에 더 많은 리소스를 써야 하는지 모르기 때문입니다. 두 번째 단계에서는 고객의 정보를 수집해 데이터베이스를 구축합니다. 이러한 작업을 편하게 하기 위해 게임회사들은 탭조이와 같은 마케팅 데이터 수집 SDK를 게임에 연동시킵니다.

세 번째 단계에서는 고객의 특성에 따라 고객을 나누는 것입니다. 고객의 특성에 따라 고객 그룹을 나누어 분석하는 것을 '코호트 분석'이라고 합니다.

1~3단계는 데이터 기반 마케팅의 준비 과정입니다. 1~3단계에서 분석한 고객 그룹을 가지고 특정 고객 그룹에 타깃 마케팅을 실행할 수 있습니다. 모바일 게임에서 타깃 마케팅은 주로 '푸시 알림' 형태로 수행됩니다. 예를 들어, 14일 이상 접속하지 않은 휴면 유저 그룹에게 보상과 함께 푸시 메시지를 보내 다시 게임에 접속하도록 유도할 수 있습니다.

02 | 유저 모객 관련 지표

모바일 게임 주요 지표로 가장 먼저 소개할 요소는 바로 유저 모객 관련 지표입니다. 이 지표는 얼마나 많은 유저가 가입했고, 어느 경로를 통해서 가입했는지 파악할 수 있게 해주는 지표입니다.

유저의 기준은 가입자가 될 수도 있고, 접속한 유저의 수가 될 수도 있습니다. 유저 중에 게임에 접속한 유저의 경우부터 살펴봅시다. 모바일 게임에 접속한 유저를 일 단위로 정리한 것이 일간 접속 유저 수(DAU)이고, 이를 월 단위로 정리하면 월간 접속 유저 수(MAU)가 됩니다.

- DAU : 일간 접속 유저 수(Daily Active User)
- MAU : 월간 접속 유저 수(Monthly Active User)
- Stickness : 고착도(Stickness = (DAU/MAU) × 100)

일반적으로 모바일 게임의 Stickness는 10%에서 30% 사이입니다. 10%라면 유저가 감소하는 추세이므로 주의해야 하며, 20% 이상이라면 게임의 성공 가능성이 높다고 볼 수 있습니다.

- NRU : 신규 가입자 수(New Registered Users)
- RRU : 복귀 유저 수(Return Registered Users)
- ARU : 누적 가입자 수(Accumulate Registered Users)

03 | 매출 관련 지표

매출 관련 지표에는 결제 유저 수(PU), 결제 유저 비율(PPU), 유저당 결제금액(ARPU), 결제 유저당 결제 금액(ARPPU) 등이 있습니다. 결제에 관련된 데이터는 탭조이 SDK를 유니티 클라이언트에 붙인 후, 결제 로그를 SDK로 전송하면 확인할 수 있습니다.

(1) PU(결제 유저 수, Paying Users)

결제 유저 수는 말 그대로 결제한 유저 수를 뜻합니다. 모바일 게임사를 먹여 살리는 핵심 고객이라 할 수 있습니다. 수치를 보면 알겠지만, 결제를 하는 모바일 게임 유저 풀은 상당히 작습니다. 모바일 게임하면 '천만 고객', '수백만 다운로드' 등의 수치나 문구에 익숙하겠지만, 실제 결제를 하는 유저의 규모는 잘 되는 게임들도 몇 천 명 정도에 지나지 않습니다. 그렇기 때문에 결제를 하는 유저 풀은 데이터베이스화하여 잘 관리하는 것이 중요합니다.

(2) PPU(결제 유저 비율, Pay Per Use)

접속한 유저 대비 결제한 유저의 숫자 비율을 나타냅니다. 이 지표는 게임의 장르마다 평균이 아주 많이 다릅니다. 롤플레잉 게임의 경우 1.5~5%, 캐주얼 게임 같은 경우 0.5~1%로 나타납니다.

(3) ARPU(유저당 결제금액, Average Revenue Per User)

유저당 결제금액(ARPU)은 유저 한 명이 평균 얼마의 금액을 사용하는지 나타냅니다. 간단하게 해당 기간 동안의 매출을, 해당 기간 동안의 접속 유저 수로 나눈 값입니다. 일반적으로 캐주얼 게임은 ARPU가 100원이 안 됩니다. 하지만 하드코어 게임의 경우엔 몇 백 원에서 몇 천 원 사이를 오가는 경우가 대부분입니다.

(4) ARPPU(결제 유저당 결제금액, Average Revenue Per Paid User)

결제 유저당 결제금액은 결제 유저 한 명이 얼마나 많은 돈을 쓰는지를 뜻합니다. 하드코어 게임의 경우 이 ARPPU가 높게 나옵니다. 일반적으로 하드코어 롤플레잉 게임의 경우 ARPPU는 2만 원에서 5만 원 사이이며, 캐주얼 게임의 경우 ARPPU는 3,000~7,000원 사이인 것으로 알려져 있습니다.

04 | 결제금액별 유저 그룹

보통 결제금액별 유저는 고래, 돌고래, 피라미, 비결제 유저 4단계로 나누어 분석합니다. IGAWorks, 게볼루션 pro, 그리고 구글 플레이의 데이터로 정리된 '2015년 Google Play 게임 카테고리 총결산 보고서'에는 4단계의 결제 유저 그룹별 비중이 잘 정리되어 있습니다.

(1) 고래 : 100만 원 이상 결제 유저

- 전체 게임 유저 중 0.1%, 약 2만 6,000명
- 전체 게임 카테고리 매출의 53.4% 차지

(2) 돌고래 : 10만 원 이상 결제 유저

- 전체 게임 유저 중 0.9%, 약 18만 1,000명
- 전체 게임 카테고리 매출의 37.7% 차지

(3) 피라미 : 10만 원 이하 결제 유저

- 전체 모바일 게임 유저 중 3.7%, 73만 5,000명
- 전체 게임 카테고리 매출의 8.9% 차지

(4) 비결제 유저 : 결제를 안한 유저

- 전체 모바일 게임 유저 중 95.3%, 1,905만 8,000원
- 전체 게임 카테고리 매출의 0% 차지

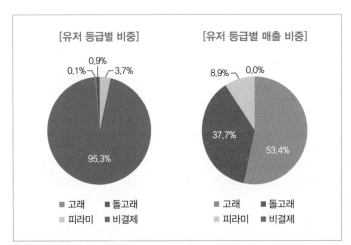

▲ 일반 게임 유저 등급별 비중 및 매출

[출처] Google Play, IGAWorks, 게볼루션 pro
http://blog.igaworks.com/2015google
play_datareport/

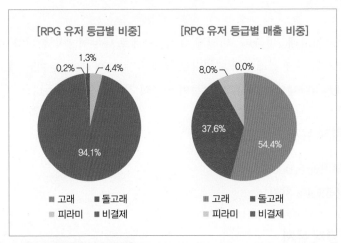

▲ RPG 유저 등급별 비중 및 매출

[출처] Google Play, IGAWorks, 게볼루션 pro
http://blog.igaworks.com/2015google
play_datareport/

05 | 충성도 관련 지표

선데이토즈의 데이터분석 담당자와 이야기를 나누다가 어떤 지표를 가장 중요하게 생각하냐고 질문했던 적이 있습니다. 답변으로 잔존율(Retention)과 FQ7을 말했습니다. 게임 운영 관점에서 충성 유저를 잘 관리하고 체크하는 것이 중요한데, 충성도 관련 주요 지표로는 잔존율(Retention)과 FQ7이 있습니다.

(1) 잔존율(Retention)

리텐션, 즉 잔존율은 모바일 게임 성공의 결정적인 지표입니다. 리워드 광고 등을 통해 마케팅 비용만 충분히 사용할 수 있다면 사용한 마케팅 비용만큼 다운로드 수와 같은 지표를 상승시킬 수 있습니다.

하지만 잔존율은 돈만으로는 쉽게 조작할 수 없습니다. 잔존율은 게임의 퀄리티를 가장 정직하게 말해주는 지표입니다. 유저들은 게임을 다운로드하고 실행한 후 5분 안에 게임을 할지 말지 결정합니다. 그리고 대부분은 게임을 그만둡니다.

(2) 게임 카테고리별 잔존율 비교

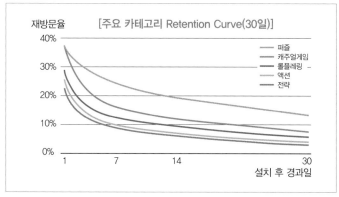

[출처] http://blog.igaworks.com/2015 googleplay_datareport/

▲ 카테고리별 잔존율 그래프

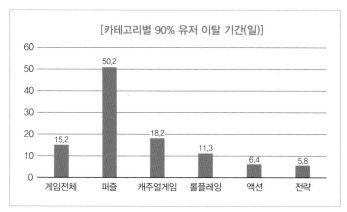

[출처] http://blog.igaworks.com/2015 googleplay_datareport/

▲ 카테고리별 90% 유저가 이탈하는 데 걸리는 시간

06 | 자연유입(Organic) 유저와 비자연유입(Non-Organic) 유저

모바일 게임 마케팅에서는 자연유입 유저, 즉 오가닉 유저(Organic User)라는 용어가 자주 등장합니다. 각 용어의 뜻에 대해 알아봅시다.

(1) 자연유입 유저와 비자연유입 유저란?

▲ 보상형 광고의 예, TNK 광고

자연유입 유저란 광고와 같은 의도적인 행위에 의해 유입된 것이 아닌, 말그대로 자연스럽게 유입된 유저를 말합니다. 비자연유입 유저란 보상형 광고를 통해 게임에 들어온 유저를 말합니다. TNK 팩토리, 캐시슬라이드, IGAWorks 등 보상형 광고를 광고주로부터 받아서 유저들에게 제공하는 업체들이 많이 있습니다. 리워드앱이라고도 합니다. 이런 앱을 통해서 게임을 다운받으면 유저들은 200~500원의 보상을 받습니다.

(2) 자연유입 유저 vs 비자연유입 유저의 잔존율 비교

일반적으로 고객 한 명을 유치하는 데 평균적으로 필요한 모객 단가는 1,000원에서 1만 원 사이라고 이야기됩니다. 생각보다 높은 편입니다. 그렇게 보면 평균 설치당 비용이 250원인 보상형 광고는 정말 매력적인 유입 수단이 됩니다.

하지만 보상형 광고로 유입한 비자연유입 유저와 자연유입 유저 사이에는 결정적인 차이가 있습니다. 바로 잔존율에서 그 차이가 두드러집니다.

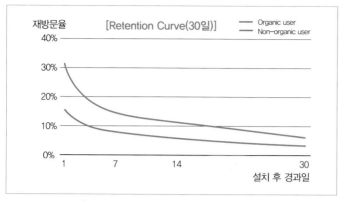

▲ 자연유입 유저와 비자연유입 유저의리텐션 그래프(30일 기준)

30일간 자연유입 유저와 비자연유입 유저의 리텐션을 살펴보면, 보상형 광고의 단점을 인지할 수 있습니다. 결론적으로 보상형 광고는 저렴한 비용으로 모객을 할 수 있지만, 리텐션은 자연유입 유저보다 절반가량 낮습니다.

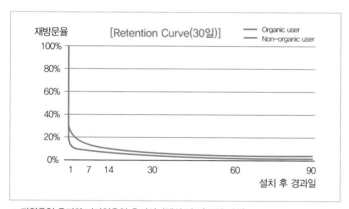

▲ 자연유입 유저와 비자연유입 유저의리텐션 비교(90일 기준)

07 | 휴면 유저 지표

앞서 이야기했듯이 게임에 유입된 유저가 지속적으로 게임을 이용하는 비율은 그렇게 높지 않습니다. 그래서 많은 게임 제작자들은 휴면 유저를 확인하고, 그들이 다시 게임에 접속하도록 유도하는 장치를 마련하는 방법을 고민합니다.

(1) 14일 미접속은 휴면유저?!

일례로 세븐나이츠와 같은 게임에서는 14일간 미접속 유저를 대상으로 타깃형 이벤트를 실시하고 있습니다. 14일간 미접속한 유저들이 게임에 복귀하면 기존 유저들보다 훨씬 좋은 출석체크 이벤트를 자동으로 진행합니다. 이를 통해 장기 휴면 유저들이 다시 게임에 접속하도록 유도하는 셈입니다.

▲ 세븐나이츠 for Kakao 복귀 유저 출석 체크 이벤트

(2) 탭조이의 4단계 이탈 성향 그룹

탭조이에서는 각 유저의 이탈 성향을 0~1점 사이의 점수로 매겨서 총 4단계의 이탈 성향을 가진 유저로 구분하고 있습니다. 이를 통해 현재 운영되는 게임의 휴면 유저 수와 이탈 경향성을 파악해 대처할 수 있습니다.

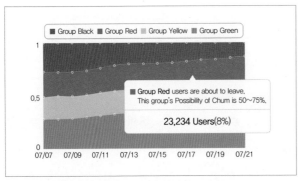

[출처] 탭조이 이탈 경향 대시보드 도움말 페이지

▲ 유저의 이탈 경향을 등급별로 나눈 백분율 그래프

[탭조이 이탈 성향 그래프 등급]

이탈지수 등급	설 명
녹색 그룹	액티브한 유저들입니다. 이 그룹 유저들의 이탈 가능성은 25% 이하입니다.
노랑 그룹	유저들이 들쑥날쑥 접속합니다. 이 그룹 유저들의 이탈 가능성은 2 ~ 50%입니다.
빨강 그룹	유저들이 이탈할 것으로 보입니다. 이 그룹 유저들의 이탈 가능성은 50 ~ 75%입니다.
검정 그룹	유저들이 대부분 이탈했습니다. 이 그룹 사용자의 이탈 가능성은 75%가 넘습니다.

08 | 마케팅 관련 지표

마케팅을 하기 위해 사용된 금액이 얼마인지 확인해 두면, 추후에 마케팅에 따른 효과를 파악해 시기적절한 마케팅을 이어가는 데 도움이 됩니다. 이에 마케팅 지표도 눈여겨 볼 필요가 있습니다.

(1) 모객비용

모객비용(Acquisition Cost, AC)은 모바일 게임을 유저들에게 알리기 위해 지출한 마케팅 비용의 총액입니다. TV 광고비용, 리워드앱 광고비용, 페이스북 광고비용 등을 모두 합친 금액입니다.

(2) 유저당 모객비용

유저당 모객비용(Customer Acquisition Cost, CAC)은 유저 한 명을 게임 플레이하기까지 만드는 데 드는 비용입니다. 광고 매체별로 모객비용을 따로 측정할 수도 있습니다.

(3) 고객생애가치

고객생애가치(Life Time Value, LTV)는 마케팅에서 아주 중요한 개념입니다. 앞서 설명한 모든 지표를 단번에 설명 가능한 종합적인 지표입니다. 고객의 평균 매출과 충성도, 그리고 모객비용을 종합하여 산출할 수 있습니다.

09 | 탭조이의 5rocks 통계 툴 설치하기

여러 가지 통계수치를 확인하기 위해 탭조이의 5rocks(파이브락스) 통계 툴을 실제로 설치해 봅시다.

우선 5rocks 사이트(http://5rocks.io)에 접속합니다.

▲ 탭조이 5rocks 홈페이지 접근

[회원 가입] 버튼을 누르면 다음과 같은 화면으로 이동합니다.

▲ 탭조이 회원 가입용 이메일 주소 입력

회원 가입용 이메일 주소를 입력합니다.

▲ 탭조이 가입용 이메일 입력

▲ 탭조이 가입 확인 이메일 확인

이메일 주소를 입력하면 해당 메일함에 인증 메일이 도착합니다. 인증 메일을 클릭해서 인증 절차를 마무리합니다.

▲ 탭조이 회원 가입 – 확인 이메일에서 링크 클릭

메일 내용 안에 있는 경로를 클릭하면, 회원 가입의 다음 단계가 진행됩니다.

▲ 탭조이 회원 가입 화면

회원 정보를 마저 입력하고 [Tapjoy 시작하기] 버튼을 누르면 새로운 앱을 생성하는 화면
이 표시됩니다.

▲ 탭조이 앱 생성 화면 1

▲ 탭조이 앱 생성 화면 2

▲ 탭조이 앱 성성 완료

▲ 탭조이 유니티 플러그인 다운로드 1

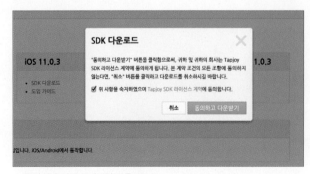

▲ 탭조이 유니티 플러그인 다운로드 2

▲ 탭조이 유니티 플러그인 설치 파일

탭조이 유니티 플러그인을 다운로드한 후, 이 패키지를 더블클릭하여 실행하면 현재 실행
중인 유니티 프로젝트에 5rocks 플러그인이 설치됩니다.

▲ 탭조이 유니티 플러그인 설치

[Import] 버튼을 누르고 임포트가 완료되면, 유니티 상단 메뉴에서 [Window] 메뉴를 클릭
합니다. 메뉴에 나오는 리스트에 [Tapjoy]가 생성되어 있는 것을 확인할 수 있습니다.

Minimize	⌘M
Zoom	
Bring All to Front	
Layouts	▶
Tapjoy	
Scene	⌘1
Game	⌘2
Inspector	⌘3
Hierarchy	⌘4
Project	⌘5
Animation	⌘6
Profiler	⌘7
Audio Mixer	⌘8
Asset Store	⌘9
Version Control	⌘0
Animator Parameter	
Animator	
Sprite Packer	
Lighting	
Occlusion Culling	
Frame Debugger	

▲ 탭조이 메뉴 선택

유니티 상단 메뉴에서 [Tabjoy] 메뉴를 선택합니다. 그리고 탭조이 SDK의 세팅창에서
SDK Key를 입력해야 합니다. 이는 '탭조이 > 해당 앱의 설정 페이지'에서 확인할 수 있습
니다.

▲ SDK Key 입력

기본적인 세팅을 완료하기 위해 SDK Key를 설정해야 합니다. 이를 위해서는 탭조이(파이브
락스)의 대시보드로 로그인해 정보를 확인해야 합니다.

▲ 탭조이 로그인

▲ 탭조이 기본 지표 데모 페이지 시작

▲ 5rocks 기본 지표 데모 페이지

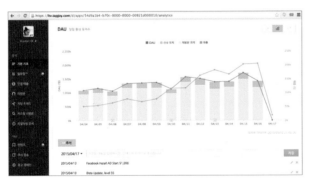

▲ 5rocks 기본 지표 중 DAU 일간 활성 유저 수

▲ 5rocks 기본 지표 페이지

앞의 그림처럼 5Rocks에 로그인하면 지금까지 모아온 데이터들을 기반으로 한 통계치를 그래프로 보여줍니다. 화면의 측면에 위치한 대시보드에서는 자세한 그래프도 볼 수 있습니다. SDK key를 찾기 위해선 화면 좌측 아래쪽에 있는 [앱 설정] 버튼을 눌러서 설정 화면으로 들어가야 합니다.

▲ 유니티 앱의 SDK key 확인

설정 화면으로 들어가면 현재 애플리케이션에 할당된 iOS, Android Key를 볼 수 있습니다. 이 키들을 복사해서 유니티의 탭조이 세팅 화면에 붙여 넣습니다.

▲ 탭조이의 유니티 설정창

미리 설정을 바꾸지 않았다면 세팅창 중간중간에 안드로이드 관련 파일과 iOS 관련 세팅이 되어 있지 않다고 경고 문구가 나와 있을 것입니다. 경고 문구 오른쪽의 [Fix] 버튼을 누르면 자동으로 설정을 잡아줍니다.

참고로 탭조이 GameObject는 맨 처음 시작하는 Scene에만 포함되어 있어야 합니다. 안드로이드 플랫폼의 경우 5rocks가 자료를 수집하고, 전송하기 위해서는 몇 가지 퍼미션과 액티비티를 AndroidManifest.xml에 추가해야 합니다.

```
<manifest …>
  …
  <uses-permission android:name="android.permission.INTERNET"/>
  <uses-permission android:name="android.permission.READ_PHONE_STATE"/>
  <uses-permission android:name="android.permission.ACCESS_NETWORK_
    STATE"/>
  <uses-permission android:name="android.permission.ACCESS_WIFI_STATE"/>
  …
</manifest>
```

▲ 리스트 27-1 : 퍼미션 추가

manifest 태그 사이에 리스트 27-1과 같은 퍼미션을 추가해 줍니다.

```
<activity
    android:name="com.tapjoy.TJCOffersWebView"
    android:configChanges="orientation|keyboardHidden|screenSize" />
<activity
    android:name="com.tapjoy.TapjoyFullScreenAdWebView"
    android:configChanges="orientation|keyboardHidden|screenSize" />
<activity
    android:name="com.tapjoy.TapjoyVideoView"
    android:configChanges="orientation|keyboardHidden|screenSize" />
<activity
    android:name="com.tapjoy.TJAdUnitView"
    android:configChanges="orientation|keyboardHidden|screenSize"
    android:theme="@android:style/Theme.Translucent.NoTitleBar.Fullscreen"
    android:hardwareAccelerated="true" />
<activity
    android:name="com.tapjoy.mraid.view.ActionHandler"
    android:configChanges="orientation|keyboardHidden|screenSize" />
<activity
    android:name="com.tapjoy.mraid.view.Browser"
    android:configChanges="orientation|keyboardHidden|screenSize" />
<meta-data
    android:name="com.google.android.gms.version"
    android:value="@integer/google_play_services_version" />
```

▲ 리스트 27-2 : 액티비티 추가

리스트 27-2와 같은 액티비티는 Application 태그 안에 넣어줍니다.

서버까지 스킬온 유니티 3D액션게임

여러 플러그인을 사용하다 보면 매니페스트(Manifest) 파일이 많아서 헷갈릴 수 있습니다. 이런 상황을 미연에 방지하려면 'Assets/Plugins/Android/AndroidManifest.xml' 파일을 수정해야 합니다.

여기까지, 기본적인 탭조이 설정을 마쳤습니다. 이 상태라면 기본적인 자료 수집은 가능하지만, 푸시 메시지를 전송하는 것처럼 플랫폼 종속적인 기술(GCM, APNS)을 사용하기 위해서는 각 플랫폼에 맞춰 각각의 설정을 따로 해줄 필요가 있습니다.

(1) GCM 푸시를 위한 설정

우선 안드로이드의 GCM 푸시를 위한 설정을 해 봅시다. 유니티 탭조이 세팅창의 'sender-Id'라는 항목에 구글 API 키를 입력합니다. 5rocks 설정창에도 구글 API 키를 입력합니다.

▲ 구글 개발자 콘솔의 프로젝트 리스트

이제 구글 개발자 콘솔에서 project 부분으로 들어갑니다. 여기에서 구글 API를 사용할 프로젝트들을 생성할 수 있습니다. 왼쪽 위의 [Create Project]를 눌러서 새로운 프로젝트를 생성합니다.

▲ 구글 개발자 콘솔에서 프로젝트 생성

프로젝트 이름, ID를 설정하고 하단의 체크박스에 동의한 다음 [Create]을 눌러 프로젝트 생성을 완료합니다.

▲ 구글 개발자 콘솔 1

화면 상단에 Project ID와 Project Number가 표기되어 있습니다. 이 중에 Project Number는 GCM에서의 sender id로 사용할 수 있습니다. 유니티 탭조이 설정 화면의 SenderId로 복사해줍니다.

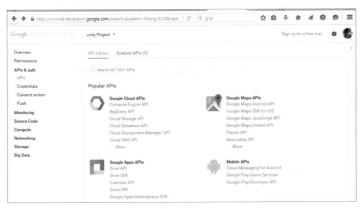

▲ 구글 개발자 콘솔 2

이제 GCM을 Enable 상태로 만들어야 합니다. 화면 왼쪽 대시보드의 [APIs & auth > APIs]에서 Cloud Messaging for Android을 선택하고, [Enable]을 눌러줍니다.

▲ API & auth의 Credentials 선택

API & auth에서 Credentials를 클릭하면 앞의 화면과 같이 API가 활성화되었다고 표시됩니다. 다음으로는 구글 SDK 키를 얻어야 합니다. 이를 위해 APIs 하단에 위치한 Credentials에 들어갑니다. Public API access 부분에서 Create new Key를 선택하면 구글 SDK 키를 얻을 수 있습니다(속성은 server_key).

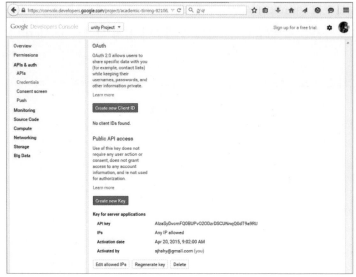

▲ 구글 개발자 콘솔에서 API Key 획득

▲ 안드로이드 API Key와 Sender ID를 입력한 후 저장

지금까지 얻어온 키들을 앱 설정 화면에서 '푸시' 탭에 붙여 넣고 '저장'을 눌러줍니다. 여기까지 완료되었다면 안드로이드 기기에서 푸시 메시지를 받아올 수 있습니다. 이렇게 탭조이의 5rocks 툴을 연동해 봤습니다. 이 책에서는 결제 로그를 연동하지 않았는데, 결제 로그를 5rocks로 보내는 법은 5rocks 사용설명서를 참조하길 바랍니다.

28 유니티 성능 최적화

>> 유니티3D로 게임을 개발하다가 완성 단계에서 꼭 한 번은 거쳐야 하는 과정이 바로 '리소스 및 메모리 최적화'입니다. 이는 개발자 혹은 개발사들이 가장 어려워하는 과정이기도 합니다. 무엇보다 모바일기기 특성상 리소스가 넉넉하지 않은 탓에 단 몇 메가라도 메모리를 아끼려는 노력이 필요할 수밖에 없습니다. 이번 챕터에서는 리소스와 메모리를 최적화하는 방법을 알아봅니다.

01 | 메모리와 리소스 최적화

메모리와 리소스를 최적화해야 하는 이유는 이렇습니다. 첫째, 용량이 50MB를 넘게 되면 다운로드하는 유저 수가 절반으로 줄어든다는 점 때문입니다. 통계적으로 50MB가 넘는 게임의 경우 그렇지 않은 게임에 비해 다운로드하는 유저 수가 절반 이상 꺾인다고 합니다. 개발사와 퍼블리셔 모두, 가능하면 게임 클라이언트 용량을 작게 유지하려는 이유가 여기에 있습니다.

둘째, 메모리를 많이 쓰면 게임 유저 수에 제약이 생깁니다. 메모리 사용량이 높으면 저사양 스마트폰의 경우에는 게임상에서 이미지 자체를 불러올 수 없게 됩니다. 그 탓에 화면이 깨지거나 아예 작동을 멈추게 됩니다. 이는 고객의 엄청난 항의와 불만을 몰고 오는 원인이 될 수 있습니다.

마지막으로 게임 콘텐츠 자체의 특성상, 이미지와 사운드 리소스는 그 양이 방대합니다. 일반적으로 게임은 앱이나 서비스보다 많은 이미지 리소스를 보유하고 있습니다. 따라서 리소스가 최적화되지 않았을 때 발생하는 오버헤드는 일반 앱과는 비교가 되지 않습니다. 이런 이유로 메모리와 리소스 최적화가 필요합니다.

이번 챕터에서는 유니티에서의 메모리와 리소스 최적화에 대해 알아보겠습니다. 여기서는 스크립트 최적화, 리소스 최적화, 그래픽스 최적화, 그리고 물리 엔진 최적화로 총 네 가지 관점에서 유니티 최적화를 살펴볼 생각입니다.

서버든 클라이언트든 최적화를 하고자 한다면 병목현상을 파악하는 것이 가장 중요합니다. 사실 대부분의 클라이언트 랙이나 서버 다운 문제는 서버나 클라이언트의 사양이 부족해서가 아니라, 특정 로직이 최적화되지 않아서 병목현상이 발생했기 때문에 문제가 발생하는 경우가 많습니다. 하드웨어상으로는 문제없이 플레이될 수 있는 상황에서도 비효율적인 로직은 (과장이 아니라) 몇 천 배 이상의 연산 시간의 차이를 가져옵니다. 최적화를 할 때 병목 구간을 찾는 게 중요한 이유가 이런 몇 천 배의 비효율을 찾는 데 있습니다. 속된 말로 '기본만 해도 최적화의 80%는 먹고 들어간다'고 표현할 수도 있습니다.

02 | 스크립트 연산 최적화

스크립트 최적화는 CPU 연산과 연관이 있습니다. 스크립트 연산 최적화를 위한 8단계의 방법론을 살펴봅시다.

(1) 유니티 게임 오브젝트를 찾지 말고 캐싱하라

FindObject 함수 연산은 모든 오브젝트를 검색해서 검색 조건에 해당하는 오브젝트를 찾아내는 함수입니다. 모든 오브젝트를 다 검색하기 때문에 비효율적인 것은 당연합니다. FindObject 함수를 가끔씩은 사용하더라도, 찾은 오브젝트는 꼭 변수에 할당해서 캐싱해 놓은 후에 사용하길 바랍니다.

(2) 오브젝트 풀링 기법을 사용하라

앞서 디자인 패턴 챕터(챕터 19~20)에서 오브젝트 풀링 기법을 소개한 바 있습니다. 유니티에서 반복적으로 등장하는 오브젝트들을 관리하려면 오브젝트 풀링은 필수적입니다. 그 이유는 오브젝트를 매번 생성하고 삭제할 때마다 프로세스 비용이 많이 소모되기 때문입니다. 반복되는 오브젝트가 있다면 무조건 오브젝트 풀링을 사용할 것을 권합니다.

(3) Update보다는 Coroutine을 잘 사용하자

Update는 매 프레임마다 호출됩니다. 불가피한 상황이 아니라면 Update는 사용하지 않는 게 좋습니다. 경험상 거의 모든 경우에, Update에서 구현한 기능의 대부분은 Coroutine으로 대체할 수 있습니다.

(4) 문자열을 연결할 땐 StringBuilder를 쓰자

문자열을 연결할 필요가 있을 때는 StringBuilder 기능을 이용합니다. 더하기 연산자로 문자열을 연결하면 매번 객체가 새로 생성되기 때문에 필요 없는 부하가 생기게 됩니다.

(5) 나누기 10보단 곱하기 0.1

나눗셈보다 곱셈의 연산 속도가 몇십 배 빠릅니다. 곱하기로도 가능한 나눗셈 연산은 곱하기로 표현하는 게 좋습니다.

(6) 가비지 컬렉션에서 벗어나자

문자열은 readonly 혹은 const를 사용하여 가비지 컬렉션에서 벗어나도록 합니다.

(7) 객체 캐싱을 활용하라

컴포넌트 참조 GetComponent() 함수는 한 번만 호출하여 객체를 캐싱해 놓습니다.

(8) 내용이 없는 코드라도 확인하기

비워져 있어도 성능에 영향을 미치므로, 빈 Start() Update() 함수는 지우는 게 좋습니다.

 가비지 컬렉션이란?

가비지 컬렉션(Garbage Collection)은 메모리 관리기법 중의 하나로, 동적으로 할당했던 메모리 영역 중 필요 없게 된 영역을 해제하는 기능입니다. 더 이상 사용할 수 없게 된 영역이란, 어떤 변수도 가리키지 않게 된 영역을 의미합니다.

```
using UnityEngine;
using System.Collections;

public class Memory : MonoBehaviour {
    Slime slime1 = new Slime();
    Slime slime2 = new Slime();
    int number1;
    int number2;

    void Update () {
        if(Input.GetKeyDown(KeyCode.Space)){
            number2 = number1 = 10;
            number1 = 20;


            print (number1+" "+number2);
            slime1.name = "Chris";
            slime1.age = 18;
            slime2 = slime1;
            slime1.name = "John";
            print (slime1.name+" "+slime1.age+" "+slime2.name+" "+slime2.age);
        }
    }
}
```

▲ 리스트 28-1 : 가비지 컬렉션 예제 코드

예를 들어, 리스트 28-1의 코드를 살펴봅시다. int형의 number2에 10을 할당한 후 number2를 number1에 할당했습니다. 그러고 나서 number1의 값을 변경하면 number1의 값은 number2와는 독립적으로 변경됩니다. 하지만 Slime 클래스 slime1, slime2의 경우 slime1을 slime2에 할당하고 slime1의 변수값을 변경하면 slime2도 동일하게 변경되는 것을 확인할 수 있습니다. 그 이유는 클래스 오브젝트 변수 slime1, slime2는 값을 가리키지 않고, 메모리 상 오브젝트의 메모리 주소를 가리키고 있기 때문입니다(number1, number2 변수는 값을 가리키고 있습니다).

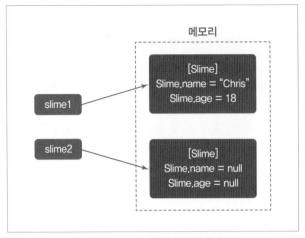

▲ slime1, slime2를 생성하고 slime1에 값을 할당한 상태

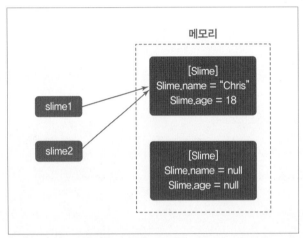

▲ slime2가 slime1을 바라보도록 할당한 상태

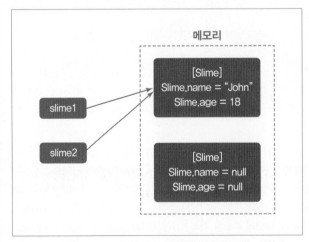

▲ 원래 slime2가 가리키고 있었던 Slime 오브젝트가 주인이 없는 상황이
   되어서 가비지 컬렉터가 메모리에서 해제돼야 할 대상이 된 상태

slime1을 slime2에 할당하고 나면 원래 slime2 오브젝트는 자신을 가리키고 있던 변수가 사라진 상태가 됩니다. 이런 경우가 많이 발생하게 되면, 의미 없이 메모리 공간을 차지하고 있는 Slime 오브젝트들이 많아집니다. 그러면 가비지 컬렉터가 자신을 쓰지 않고 있는 변수들을 모아서 메모리에서 해제시킵니다.

이처럼 가비지 컬렉션은 메모리가 부족할 때 주로 실행됩니다. 또한 가비지 컬렉션에는 여러 가지 기법들이 있습니다. 빠른 방법도 있고 느린 방법도 있습니다만, 굳이 구체적인 동작 원리까지 알 필요는 없습니다. 단지 여기서 강조하고 싶은 확실한 사실은 유니티에서 이루어지는 가비지 컬렉션은 엄청나게 느리다는 것입니다.

가비지 컬렉션은 메모리 관리를 위해 꼭 필요한 기능이지만, 최적화를 잘 해놨다면 가비지 컬렉션이 호출될 일이 많지 않습니다. 즉, 가비지 컬렉션이 자주 일어난다는 것은 최적화를 하지 않았다는 증거인 경우가 많습니다.

03 | 리소스 최적화로 메모리 사용량 줄이기

[텍스처 압축 방식별 차지하는 메모리 용량]

	압축 방식	메모리 사용량 (bytes/pixel)
Standalone &WebGL	RGB Crunched DXT1	variable
	RGBA Crunched DXT5	variable
	RGB Compressed DXT1	0.5 bpp
	RGBA Compressed DXT5	1 bpp
	RGB 16bit	2 bpp
	RGB 24bit	3 bpp
	Alpha 8bit	1 bpp
	RGBA 16bit	2 bpp
	RGBA 32bit	4 bpp
iOS	RGB Compressed PVRTC 2 bits	0.25 bpp (bytes/pixel)
	RGBA Compressed PVRTC 2 bits	0.25 bpp
	RGB Compressed PVRTC 4 bits	0.5 bpp
	RGBA Compressed PVRTC 4 bits	0.5 bpp
	RGB 16bit	2 bpp
	RGB 24bit	3 bpp
	Alpha 8bit	1 bpp
	RGBA 16bit	2 bpp
	RGBA 32bit	4 bpp

Android	RGB Compressed DXT1	0.5 bpp (bytes/pixel)
	RGBA Compressed DXT5	1 bpp
	RGB Compressed ETC1	0.5 bpp
	RGB Compressed PVRTC 2 bits	0.25 bpp
	RGBA Compressed PVRTC 2 bits	0.25 bpp
	RGB Compressed PVRTC 4 bits	0.5 bpp
	RGBA Compressed PVRTC 4 bits	0.5 bpp
	RGB 16bit	2 bpp
	RGB 24bit	3 bpp
	Alpha 8bit	1 bpp
	RGBA 16bit	2 bpp
	RGBA 32bit	4 bpp

텍스처 압축은 메모리 사용량과 관련이 깊습니다. 꼭 알아야 할 사실은 원래 게임 화면에 출력할 이미지의 파일 사이즈가 작다고 해서 절대로 메모리양이 작지는 않다는 점입니다. 이미지 파일 사이즈와는 상관없이 이미지가 메모리상에서 차지하는 용량 계산 방식은 다음과 같습니다.

메모리 사용량 = 가로 픽셀 × 세로 픽셀 × 압축 방식의 메모리 사용량(bpp)

이미지 메모리 사용량을 잘 관리하는 방법은 눈에 잘 보이는 이미지는 압축하지 않고, 잘 보이지 않는 이미지는 압축을 많이 하는 것입니다. 특히나 유저인터페이스의 경우에는 압축을 하면 이미지가 많이 깨지기 때문에 게임의 퀄리티가 상당히 낮아 보입니다. 이런 이유로 유저 인터페이스는 가능하면 압축을 피하는 것이 좋습니다. 하지만 3D 몬스터 캐릭터의 텍스처 등은 조금 압축을 하더라도 퀄리티에 크게 영향을 주지 않습니다. 스마트폰 게임 특성상 제한된 리소스를 효율적으로 써야 하기에 퀄리티를 강조하고 싶은 영역에는 보다 화질 좋은 텍스처를 쓰는 것이 현명한 선택이라 할 수 있습니다.

(1) 디바이스별로 권장하는 압축 텍스처 사용

디바이스별로 권장하고 있는 압축 텍스처는 다음과 같습니다.

- 아이폰(PowerVR) : PVRCT
- 안드로이드(Tegra) : DXT
- 안드로이드(Adreno) : ATC
- 안드로이드(공통) : ETC1

(2) 이미지 가로세로 사이즈는 무조건 2의 제곱

게임에서 사용하는 이미지의 가로세로 사이즈는 무조건 2의 제곱이어야 합니다(Power Of Two). 컴퓨터에서 이미지를 사용할 때에는 개념적으로 '① 디스크에서 이미지 불러오기 → ② 이미지 압축 포맷 압축 해제 → ③ 1024×1024×32비트 메모리 블록에 해당 이미지 할당'과 같은 과정을 거치게 됩니다.

1024×1024×32bit RGBA 기준으로 이미지를 압축한 png 파일의 용량은 313KB에 불과합니다. 하지만 압축을 해제하면 메모리상 이미지 사이즈는 4MB나 됩니다. 2048×2048이라면 16MB에 이르게 되는 셈입니다.

이처럼 가로세로 사이즈가 2의 제곱이 아닌 이미지에서는 상당한 메모리 낭비가 발생됩니다. 예를 들어 900×900 사이즈 이미지가 있다고 하면 메모리상에서 900×900 사이즈 이미지를 로드할 때 해당 이미지를 똑같이 1024×1024로 변환해 다시 메모리에 저장하게 됩니다. 다시 말해 거의 배에 가까운 이미지 메모리가 낭비되는 것입니다.

이런 이유 때문에 유니티3D를 비롯한 여러 게임 개발 엔진에서 아틀라스(Atlas)라는 리소스 단위를 사용합니다. 이미지는 항상 POT(2의 제곱) 방식으로 바꿔서 활용하기를 권합니다.

(3) 압축된 텍스처와 밉맵 활용

32bit가 아닌 16bit 텍스처도 상황에 맞게 적절히 활용하는 것이 좋습니다. 밉맵(mipmap)은 렌더링 속도를 향상시키기 위해 기본 텍스처와 이를 연속적으로 미리 축소시킨 텍스처들로 이루어진 비트맵 이미지의 집합입니다. 메모리와 리소스 최적화를 위해서는 이런 밉맵을 사용하는 것도 도움이 됩니다.

(4) 오디오는 92KB 모노 인코딩으로

모바일에서 스테레오는 의미가 없습니다. 그러니 모두 92KB 모노로 인코딩하는 것이 좋습니다. 92KB 모노 인코딩은 유니티 엔진에서 간편하게 설정할 수 있습니다. 또한 사운드 파일을 임포트하면 디폴트 값으로 3D사운드가 설정됩니다. 이를 2D사운드로 설정 변경하는 것도 리소스 낭비를 줄이는 데 도움이 됩니다.

(5) 오디오 파일은 .wav 형식으로 저장

오디오 파일은 용량을 줄이려고 굳이 .mp3 형식으로 임포트할 필요가 없습니다. 왜냐하면 .wav 파일을 임포트해도 자체 인코더가 용량을 원하는 데로 압축해주기 때문입니다. 음향 손실을 피하려면 wav로 저장하여 유니티 내부 인코더를 활용하는 편이 낫습니다.

04 | 캐싱 활용법

페이스북이나 카카오톡과 게임을 연동하게 되면 프로필 이미지를 자주 불러오게 됩니다. 프로필 이미지를 매번 다운로드해서 표시한다면 프로필 이미지가 뜨기까지 시간이 아주 길어집니다. 이를 매끄럽게 하기 위해서는 꼭 캐싱 기법을 사용해야 합니다.

캐싱(Caching)은 자주 사용하는 데이터를 디스크나 메모리에 저장해두는 기법입니다. 이를 활용하면 네트워크 대역폭을 크게 줄일 수 있습니다.

인터넷에서 다운로드한 이미지를 디스크에 저장해 활용하는 캐싱 기법에 대해 알아봅시다. 이 과정은 총 두 번의 스텝으로 이루어집니다.

- **다운로드할 이미지가 디스크에 있는지 체크**
  void LoadProfile(Action〈Texture2D〉 callback, string PhotoURL = "")

- **디스크에 없으면 인터넷에서 이미지를 받아서 디스크에 저장**
  IEnumerator DownloadProfile(Action〈Texture2D〉 callback, string URL)

과정 중간에 에러나 예외 상황이 발생하면, 디폴트 이미지를 반환합니다. 예제를 통해 확인해 봅시다.

```
public void LoadProfile(Action<Texture2D> callback, string PhotoURL = "")
{
    if(System.IO.File.Exists(Application.persistentDataPath + "/Profile/
    profile.jpg")){

        byte[] tBytes = System.IO.File.ReadAllBytes(
            Application.persistentDataPath + "/Profile/profile.jpg");

        Texture2D tTex = new Texture2D(130, 130, TextureFormat.ARGB32, false);

        if(tBytes.Length>0){
            tTex.LoadImage(tBytes);
            callback(tTex);
        }else{
            callback(Resources.Load("default_profile",typeof(Texture2D)) as
            Texture2D);
        }

    }else{
        StartCoroutine(DownloadProfile(callback, PhotoURL));
    }
}
```

```
public IEnumerator DownloadProfile(Action<Texture2D> callback, string
URL)
{

    if(URL == null || "".Equals(URL)){

        callback(Resources.Load("default_profile",typeof(Texture2D)) as Tex-
        ture2D);

    }else{

        WWW www;
        www = new WWW(URL);
        yield return www;

        string docPath = "";

        docPath = Application.persistentDataPath + "/Profile";

            if (!Directory.Exists(docPath))
                Directory.CreateDirectory(docPath);

        if(www.error != null){

            callback(Resources.Load("default_profile",typeof(Texture2D)) as
            Texture2D);

        }else{

            if(www.bytes.Length>0){

                System.IO.File.WriteAllBytes(docPath + "/profile.jpg", www.bytes);

                callback(www.texture);
            }else{
                callback(Resources.Load("default_profile",typeof(Texture2D)) as
                Texture2D);
            }
        }

    }
}
```

▲ 리스트 28-2 : DownloadProfile과 LoadProfile 함수

(1) 다운받을 이미지가 디스크에 있는지 체크

```
public void DownloadProfile(Action<Texture2D> callback, string PhotoURL =
"")
{
  if(System.IO.File.Exists(Application.persistentDataPath + "/Profile/
  profile.jpg")){

    byte[] tBytes = System.IO.File.ReadAllBytes(
        Application.persistentDataPath + "/Profile/profile.jpg");

    Texture2D tTex = new Texture2D(130, 130, TextureFormat.ARGB32, false);

    if(tBytes.Length>0){
      tTex.LoadImage(tBytes);
      callback(tTex);
    }else{
      callback(Resources.Load("default_profile",typeof(Texture2D)) as

Texture2D);
    }

  }else{
    StartCoroutine(StartDownloadProfile(callback, PhotoURL));
  }
}
```

▲ 리스트 28-3 : 이미 저장된 이미지 파일을 읽어서 Texture2D 객체로 변형

리스트 28-3에서 130, 130이라고 명시된 부분은 불러올 이미지를 어느 정도 사이즈로 표시할 것인지 정하는 부분입니다. 이 책의 예제 게임에서는 프로필 이미지를 130px × 130px 사이즈로 출력하게 됩니다.

```
    byte[] tBytes = System.IO.File.ReadAllBytes(
        Application.persistentDataPath + "/Profile/profile.jpg");

    Texture2D tTex = new Texture2D(130, 130, TextureFormat.ARGB32, false);

    if(tBytes.Length>0){
      tTex.LoadImage(tBytes);
      callback(tTex);
    }else{
      callback(Resources.Load("default_profile",typeof(Texture2D)) as
      Texture2D);
    }
```

▲ 리스트 28-4 : 디스크에서 프로필 이미지를 읽어서 Texture2D 이미지로 콜백

실제로 게임을 운영하다보면, 이미지 파일 중에 0바이트짜리 비정상적인 파일이 발견되는 경우가 종종 발생합니다. 이런 경우에는 유니티 상의 이미지 텍스처에 빨간색 물음표가 표시되기 때문에 비정상적인 이미지는 표시하지 않고, 디폴트 이미지를 반환하도록 설정합니다.

```
    if(tBytes.Length>0){
      tTex.LoadImage(tBytes);
      callback(tTex);
    }else{
      callback(Resources.Load("default_profile",typeof(Texture2D)) as
Texture2D);
    }
```

▲ 리스트 28-5 : 콜백 함수로 Texture2D 이미지 전달

(2) 디스크에 없으면 인터넷에서 이미지를 받아서 디스크에 저장

이미지가 저장되어 있지 않다면 인터넷에서 받아서 저장합니다. 이때, 다음 세 가지 문제가 발생하면 디폴트 프로필 이미지를 반환합니다.

A. 프로필 사진의 인터넷 URL이 null 값이거나 비어있는 경우
B. 다운로드 중 에러가 생긴 경우
C. 이미지의 용량이 0바이트인 경우

문제가 없는 경우에는 정상적으로 callback 함수에 로드한 Texture2D 변수를 반환합니다.

```
if(URL == null || "".Equals(URL)){

  callback(Resources.Load("default_profile",typeof(Texture2D)) as Tex-
  ture2D);

}else{

  WWW www;
  www = new WWW(URL);
  yield return www;

  string docPath = "";

  docPath = Application.persistentDataPath + "/Profile";


  if (!Directory.Exists(docPath))

    Directory.CreateDirectory(docPath);
      if(www.error != null){

    callback(Resources.Load("default_profile",typeof(Texture2D)) as
    Texture2D);

  }else{

    if(www.bytes.Length>0){

      System.IO.File.WriteAllBytes(docPath + "/profile.jpg", www.bytes);

      callback(www.texture);
    }else{
      callback(Resources.Load("default_profile",typeof(Texture2D)) as
      Texture2D);
    }
  }


}
```

▲ 리스트 28-6 : 웹에서 프로필 이미지를 다운로드한 후 콜백으로 Texture2D 이미지 전달

캐싱 기법을 활용한 메모리/리소스 최적화 방법은 단편적인 솔루션입니다. 하지만 게임에서 가장 많은 용량과 메모리를 차지하는 이미지 리소스 최적화에서는 아주 기본적인 단계이기도 합니다.

(3) 메모리 사용량 프로파일링

그래픽스 관점에서 GPU, CPU 성능에 영향을 주는 이슈들을 살펴보았습니다. 이번에는 CPU, GPU와는 다른 자원인 메모리 관점에서 최적화를 시도해봅시다. 최적화의 기본 스텝은 병목현상의 원인을 파악하는 것이 가장 먼저입니다. 그리고 그 원인을 해결하는 것으로 최적화가 가능합니다. 텍스처는 앞에서 설명했듯이 파일 크기와는 상관없이 메모리 용량을 많이 차지합니다.

이번에는 게임 리소스를 최적화할 때 직접 간단한 프로파일러를 돌려보겠습니다. 현재 신 (Scene)에 있는 모든 이미지 리소스를 조사해 각각의 개별 객체가 어느 정도의 메모리를 차지하고 있는지 체크해 큰 순서대로 나열합니다.

```
var sortedAll = FindObjectsOfTypeIncludingAssets(typeof(Texture2D)).
OrderBy(go=>
Profiler.GetRuntimeMemorySize(go)).ToList();
```

▲ 리스트 28-7 : 모든 Texture2D 객체를 조회해서 배열로 가져오는 스크립트

리스트 28-7의 명령으로 현재까지 적용된 모든 텍스처2D(Texture2D) 오브젝트를 구할 수 있습니다. 또 메모리 크기 순서대로 정렬된 리스트를 확인할 수 있습니다. 이제 모든 텍스처2D 리스트를 출력해 봅시다.

```
var sortedAll = FindObjectsOfTypeIncludingAssets(type).OrderBy(go=>
Profiler.GetRuntimeMemorySize(go)).ToList();
StringBuilder sb = new StringBuilder("");
int memTexture =;
for(int i = sortedAll.Count-1;i>=0;i-){
if(!sortedAll[i].name.StartsWith("d_")){
memTexture += Profiler.GetRuntimeMemorySize(sortedAll[i]);
sb.Append(type.ToString());
sb.Append(" Size#");
sb.Append(sortedAll.Count - i);
sb.Append(" : ");
sb.Append(sortedAll[i].name);
sb.Append(" / Instance ID : ");
sb.Append(sortedAll[i].GetInstanceID());
```

```
sb.Append(" / Mem : ");
sb.Append(Profiler.GetRuntimeMemorySize(sortedAll[i]).ToString());
sb.Append("B / Total : ");
sb.Append(memTexture/1024);
sb.Append("KB ");
sb.Append("₩n");
}
}
Debug.Log("Texture2D Inspect: "+sb.ToString());
```

▲ 리스트 28-8 : 모든 Texture2D 오브젝트를 조회한 후 이름과 차지하는 용량을 디버깅 로그에 출력

간단한 C# 코드로 된 프로파일러를 돌려보면 현재 신에서 어떤 텍스처2D가 '괴물같이' 많은 메모리를 먹고 있는지 눈으로 확인할 수 있습니다(참고로 리스트 28-8에서 string의 + 연산 대신 StringBuilder를 사용한 이유는 연산 성능이 더 효율적이기 때문입니다).

안드로이드 빌드라면 안드로이드 DDMS의 로그캣(LogCat)으로 로그를 확인할 수 있습니다. 여러 테스트 기기에서 해당 로그를 직접 확인해보고 싶다면 서버에 로그를 남기는 방식도 가능합니다. 저자의 경우에는 QA 테스트를 할 때 해당 로그를 서버에 직접 보내보면서 테스트를 해 본 적이 있습니다. 성능 최적화에 상당한 도움이 되었던 기억이 납니다.

(4) 텍스처 하나하나 최적화로 마무리

가장 많은 메모리를 차지하는 텍스처부터 작은 것까지 하나하나 최적화할 필요가 있습니다. 먼저 필요 이상으로 큰 공간을 차지하는 아틀라스의 경우는 몇 개를 묶어 하나로 만듦으로써 남는 여백을 줄일 수 있습니다. 그리고 필요 없는 이미지는 과감히 삭제합니다.

눈에 크게 보이지 않는 이미지가 지나치게 고해상도로 적용된 경우 화질을 낮춰서 다시 임포트(Import)하는 것도 잊지 말아야 합니다. png 파일의 경우 포토샵 플러그인을 통해서 이미지를 압축해 다시 임포트합니다.

05 | 그래픽스 최적화 주요 지표

스마트폰에서 3D 그래픽은 주로 CPU와 GPU 두 가지 자원을 사용합니다. 최적화의 기본은 병목현상을 파악하고 제거하는 것이 핵심입니다. 이에 CPU와 GPU 자원이 어디서 낭비되고 있는지 확인할 필요가 있습니다.

▲ 음원과 그래픽 통계 수치

그래픽 최적화를 위해선 우선 통계창에 익숙해지는 게 중요합니다. 각 지표가 어떤 뜻인지 이해하고 어떤 리소스를 많이 먹는지 간단하게 살펴봅시다. [Game] 탭에서 [Stats] 메뉴를 클릭하면, 음원(Audio)과 그래픽(Graphic)의 통계 수치를 확인할 수 있습니다.

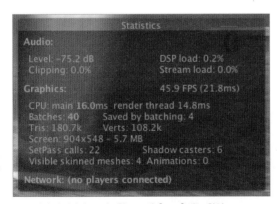

▲ 그래픽 최적화에 꼭 필요한 요소인 [Stats] 메뉴 확인

항목	설명
Time per frame and FPS	하나의 프레임을 처리 및 렌더링하는 데 걸린 시간 및 상호 관계에 있는 프레임/초. 이 숫자는 프레임 업데이트 및 게임 뷰의 렌더링에 걸린 시간만 포함되는 것에 유의합니다. 에디터가 신 뷰 인스펙터의 그리기 및 에디터 전용 작업을 수행하는 데 걸린 시간은 포함되지 않습니다.
Batches(배칭)	배칭이란 여러 오브젝트를 메모리 덩어리로 결합시키는 작업을 말합니다.
Saved by batching(결합된 배칭 수)	결합된 배칭의 수입니다. 좋은 배칭을 이끌어내기 위해서는 가능한 한 많은 매터리얼을 공유하도록 하는 게 좋습니다.
Tris and Verts(삼각형과 정점 수)	그려진 삼각형과 정점의 수
Screen	화면 크기, 안티 앨리어싱 레벨 및 메모리 사용량
SetPass	드로우 콜(Draw Call)과 같은 단어라고 보면 됩니다. 렌더링 패스의 수. 각 패스에 대해서 유니티 런타임은 CPU 오버헤드를 가져올 수 있는 새로운 쉐이더를 바인딩합니다.
Visible Skinned Meshes	렌더링 스킨 메시 수
Animations	재생 애니메이션 수

FPS(Frames per second)는 일초에 몇 프레임이 화면에 그려지는지를 나타내는 지표입니다. 이 지표는 결과적인 지표입니다. 일반적으로 60 FPS 이하로 떨어지는 순간들에서 병목현상을 의심할 수 있습니다.

06 | 배칭

배칭(Batching)이란 3D 오브젝트들을 하나의 메모리 덩어리로 만들어서 한 번에 그리도록 도와주는 작업을 말합니다. 유니티 메뉴의 [Window > Frame Debugger]를 사용하면 배칭 연산이 이루어지는 단계별로 스냅샷을 볼 수 있습니다.

▲ 화면에 그리기 전

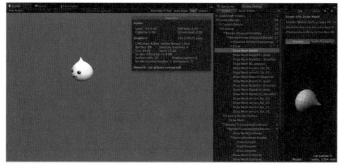

▲ 슬라임 그리기

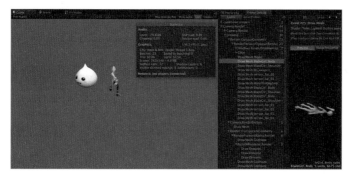

▲ 주인공 몸체 그리기

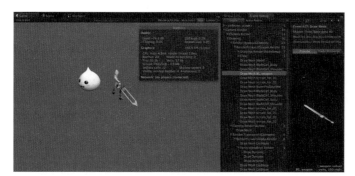

▲ 주인공 무기 그리기

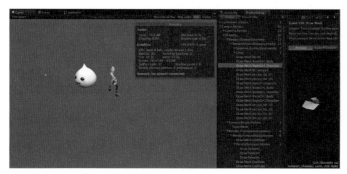

▲ 주인공 어깨 그리기

서버까지 스킬업 유니티 3D액션게임

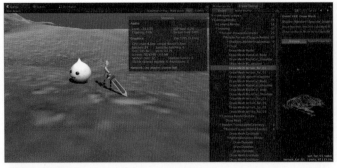

▲ 배경 지형 그리기

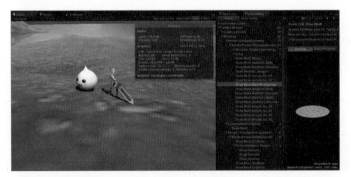

▲ 물(Water) 그리기

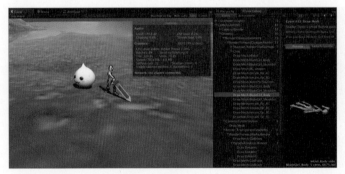

▲ 주인공 몸체 툰 셰이더(Toon Shader) 그리기

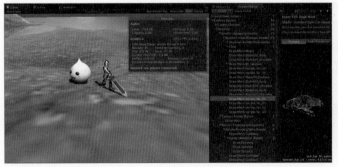

▲ 지형에 셰이더(Shader) 그리기

▲ 공격 버튼 UI 그리기

▲ 스킬 1 버튼 UI 그리기

▲ 방향 컨트롤러 UI 그리기

▲ 스킬 2 버튼 UI 그리기

▲ 체력 게이지 UI 그리기

프레임 디버거(Frame Debugger)에서 확인할 수 있듯이, 게임의 한 장면을 구성하기 위해서는 수많은 드로우 콜(Draw Call, 그래픽 API를 호출하여 GPU에게 일을 시키는 행위)이 발생합니다. 유니티에서 지원하는 배칭에는 스태틱 배칭과 다이내믹 배칭 두 가지가 있습니다. 유니티 메뉴에서 [Edit > Project Setting > Player]로 들어가면 스태틱 배칭(Static Batch)을 설정할 수 있습니다.

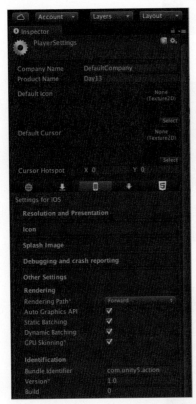

▲ Player 설정에서 Static / Dynamic Batching 선택

(1) 스태틱 배칭

변하지 않는 오브젝트의 인스펙터(Inspector) 탭에서 static 체크박스를 선택함으로써 스태틱 배칭(Static Batching)이 일어나도록 설정할 수 있습니다.

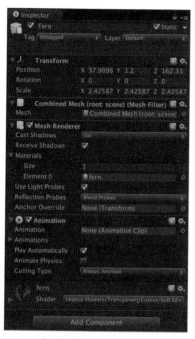

▲ static 체크박스를 클릭해 스태틱 배칭 대상으로 적용

▲ static 체크박스 선택으로 배치한 풀잎 하나

static 체크박스를 선택한 상태로 풀잎 하나를 화면에 배치했습니다. Batches는 53, Saved by Batching은 0입니다. 동일한 풀잎 하나를 화면에 더 추가해 봅시다.

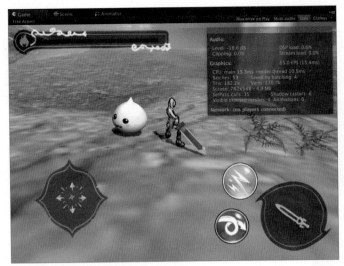

▲ 풀잎을 두 개로 늘려도 동일한 Batches 수치

풀잎을 복사해서 두 개로 만들었습니다. 여기서 확인해야 할 내용은 화면에 풀잎이 두 개로 늘어나도 Batches 수치가 동일하다는 점입니다. 그리고 Saved by batching의 수치가 0에서 4로 바뀌었습니다. 이는 CPU가 스태틱 배칭 기법으로 두 개의 풀잎을 하나로 묶어서 메모리에 올린 후 GPU에 한 번에 전달하기 때문에 발생한 현상입니다. 간단하게 말하면, 화면 상의 두 풀잎을 한 번에 하나씩 그리는 것이 아니라 한 번에 둘 다 그리기 때문에 배칭 (Batches) 수치가 올라가지 않은 것입니다.

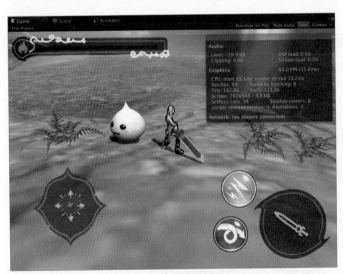

▲ 풀잎을 세 개로 늘려도 여전히 53으로 동일한 Batches 수치

▲ 프레임 디버거로 확인한 수치

프레임 디버거(Frame Debugger)로 수치를 체크해도 풀잎이 한 번에 그려지는 것을 확인할 수 있습니다.

(2) 다이내믹 배칭

다이내믹 배칭(Dynamic Batching)은 동적으로 비슷한 재질의 오브젝트를 하나의 연산 단위로 묶는 방식을 말합니다. 다이내믹 배칭은 3D 오브젝트의 정점(Vertex) 수에 영향을 받습니다.

▲ 동일한 재질을 가지고 정점이 적은 슬라임

07 | 오버드로우와 셰이더

오버드로우(overdraw)란 한 픽셀에 여러 번 그리는 행위를 말합니다.

▲ 체력 게이지가 없는 화면

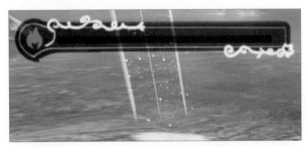

▲ 체력 게이지의 배경 이미지 삽입

▲ 체력 게이지의 붉은색 게이지 삽입

(1) 오버드로우

화면의 한 픽셀에서 두 번 이상 그리게 되는 경우에, 오버드로우가 발생한다고 합니다. 한 픽셀에 여러 번 그리는 만큼 그래픽 부하도 증가하는 건 당연합니다. GPU의 성능은 필레이트(fillrate)에 의해 제한을 받습니다. 즉, GPU가 한 번에 한 픽셀에 그릴 수 있는 수치는 제한되어 있는데, 게임을 구동하는 과정에서 필레이트가 계속 높아지면서 GPU가 모든 데이터를 감당하지 못하는 시점에 랙이 발생하게 됩니다.

오버드로우는 주로 2D게임에서 여러 반투명 이미지들을 겹쳐서 표현하는 과정에 발생합니다. 꼭 반투명이 필요한 이미지만 반투명 옵션을 주고, 굳이 반투명 옵션이 필요하지 않은 경우에는 최대한 옵션 선택을 줄이는 형식으로 반투명 오브젝트에 개수 제한을 걸면 오버드로우 문제를 해결할 수 있습니다.

필레이트(Fill-rate)란?

필레이트란 그래픽 카드 연산을 통해 1초 안에 표현되는 텍스처화된 픽셀의 숫자를 뜻합니다. 이를 수식으로 표현하자면 다음과 같습니다.

필레이트 = 화면 픽셀 수 × 쉐이더 복잡성 × 오버드로우

필레이트와 관련해 문제가 발생하는 이유는 대부분 '쉐이더 복잡성'이 원인입니다. 화면 픽셀 수와 오버드로우는 그다지 크게 변할 일이 없지만, 복잡한 쉐이더를 사용하는 경우에는 필레이트가 극단적으로 높아질 수 있습니다. 그렇기 때문에 모바일용으로 나온 쉐이더를 쓰는 것이 좋습니다.

(2) 유니티 셰이더

기본 셰이더는 모바일용 셰이더를 사용합니다. 가장 빠른 셰이더는 VertextLit입니다. [Mobile > VertextLit]로 선택하면 됩니다. 화질 차이가 매우 중요한 오브젝트 외에는 모바일에 최적화된 셰이더를 쓰는 것이 좋습니다.

직접 슬라임의 셰이더를 변경해서 속도 차이를 확인해 봅시다.

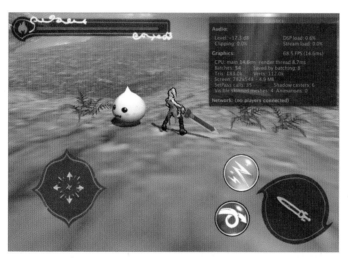

▲ 슬라임의 셰이더 변경

슬라임 셰이더를 변경하기 위해 게임 오브젝트를 선택합니다.

▲ Mobile/Diffuse로 설정돼 있는 셰이더

Mobile/Diffuse로 설정돼 있는 셰이더를 [Toon > Lighted Outline] 셰이더로 변경합니다. 툰 셰이더를 사용하면 3D 캐릭터를 만화영화처럼 만들어주는 효과를 얻을 수 있습니다.

▲ [Toon > Lighted Outline] 셰이더 적용

▲ 툰 셰이더 적용으로 두껍게 표현된 슬라임의 테두리 변화

툰 셰이더로 바꾸면 슬라임의 테두리가 두껍게 그려집니다. 셰이더를 주면 같은 3D 오브젝트라도 더 예쁘고 아름답게 만들 수 있습니다. 다만, 여기서 체크해야 하는 건 배칭(Batches)과 드로우콜(SetPass Call) 수의 차이입니다.

앞서 [Mobile > Bumped Diffuse] 셰이더를 사용했을 때는 배칭이 54이고, 드로우 콜(SetPass Call)이 35였습니다. 그런데 [Toon > Lighted Outline] 셰이더를 사용했을 때는 배칭이 56으로 변하고, 드로우 콜(SetPass Call)도 37로 변경됩니다. 지금 슬라임이 하나밖에 없어서 그렇지, 슬라임이 많아지는 경우에는 슬라임의 수에 비례해 배칭과 드로우 콜 수가 많아질 텐데, 연산이 복잡한 셰이더까지 사용하면 성능에 더 큰 부하를 주게 됩니다.

그래픽 최적화는 주로 메모리, CPU, GPU 세 가지 자원을 효율적으로 사용하는 데 달려 있습니다. 각 배칭, 드로우콜에 대한 정의를 이해하고 어떤 원인이 어떤 자원을 사용하는지를 이해하는 것이 우선입니다. 그리고 어떤 영역에서 장애가 일어나고 있는지를 파악한다면, 그 원인을 해결할 수 있고, 이런 과정을 통해 '최적화'가 이뤄집니다.

여기까지 스크립트 연산 최적화와 그래픽스 최적화에 대해서 살펴보았습니다. 다음 챕터에서는 최근 인디게임 개발사들에게 가장 많은 관심을 받고 있는 동영상 광고를 활용한 수익화에 대해 살펴보겠습니다. 유니티 애즈 동영상 광고를 게임에 넣어보고, 수익화하는 과정까지 도전해 봅시다.

CHAPTER 29 유니티 동영상 광고 붙이기

》 최근 들어 인디 게임 개발자들에게 가장 관심을 불러일으키는 주제가 있습니다. 바로 '유니티 동영상 광
고'입니다. 이번 챕터에서는 유니티 동영상 광고를 직접 게임에 붙여보는 과정을 살펴봅니다. 동영상 광고
를 연동하는 방법을 알아보기 전에, 왜 개발자들에게 유니티 동영상 광고가 주목을 받고 있는지, 유니티
동영상 광고의 매력에 대해서도 짚어봅시다.

＊ 유니티 동영상 광고에 대한 소개는 유니티 애즈(Unity Ads) 홈페이지에서 다운로드할 수 있는 〈인게임
광고 − 올바른 방법(In−game advertising the right way)〉[1]이라는 문서의 내용을 번역해 추린 내용을 기
반으로 살펴봅니다.

01 | 유니티 동영상 광고 소개

〈인게임 광고 − 올바른 방법(In−game advertising the right way)〉이라는 리포트는 게임 개발자
들이 광고를 하나의 사업적 성공, 높은 퀄리티의 게임, 유명한 게임, 그리고 유저를 유지시
키고 유입시킬 수 있는 도구로 삼을 수 있는 가능성에 대해 조사한 리포트입니다.

리포트는 전문가들의 의견뿐만 아니라, 수천 명의 개발자들과 플레이어들을 대상으로 게
임과 광고의 관계에 대해 조사한 내용을 담고 있습니다. 전문가들의 의견뿐 아니라 일반
개발자와 플레이어들을 대상으로 한 조사 결과를 통해서도 상당한 양의 인사이트를 확인할
수 있습니다. 이를 통해 어떤 방법이 게임의 성장에 유용한지 유용하지 않은지, 그리고 어
떤 타입의 광고가 지금 만들려고 하는 게임과 그 게임을 플레이할 유저들에게 적합한지 알
수 있을 것입니다.

(1) 플레이어들

• 플레이어 중 71%는 '인앱결제(IAP)'와 '유료 다운로드'보다 인게임 동영상 광고가 더 좋다
고 생각하고 있었습니다. 즉, 인게임 동영상 광고를 시청하는 것이 게임 안에서 결제하는
것보다 좋다고 응답한 것입니다.

• 모바일 게임 플레이어 중 62%는 주기적으로 인게임 보상을 받기 위해 동영상 광고를 시
청하는 것을 선택했습니다.

---

1) In−game advertising the right way, Unity ads
　http://response.unity3d.com/in−game−advertising−the−right−way−monetize−engage−retain−whitepaper

(2) 개발자들

- 개발자들 가운데 10%는 이하의 동영상 광고를 유저들에게 보여준 후에 리텐션(retention)이 낮아지는 것을 경험했습니다.
- 모바일 게임 개발자들 가운데 52%는 동영상 광고를 다른 어떤 종류의 인게임 광고보다 수익률이 높다고 인지하고 있습니다.
- 개발자들 가운데 62%는 보상형 동영상 광고를 도입한 후 리텐션이 높아지거나 안정화되었다는 응답을 했습니다.
- 개발자들 가운데 86%는 보상형 동영상 광고를 도입한 후에도 여전히 인앱 결제율이 유지되었고 오히려 더 상승하는 경우가 있다고 응답했습니다.

▲ 유니티 애즈의 설문조사 결과 요약 내용

02 | 게임과 광고에 대한 근거 없는 의문과 현실

게임 안에서 광고가 표시되기 시작한 지 거의 40년이 지났습니다. 하지만 게임 콘텐츠 안에 광고가 실리는 일과 관련해서는 부정적인 시각과 오해들이 끊임없이 제기되어 왔습니다. 이런 시각과 오해는 게임 업계와 광고 업계가 눈부신 발전을 이어온 데 반해, 주류 광고 업계(mainstream advertising)와 게임 업계가 단절되어 있다는 점에서 그 원인을 가늠해 볼수 있습니다. 즉, 그동안 게임에 아주 특화되어 있고 적합한 광고를 만나보기가 쉽지 않았다는 의미입니다.

동영상 광고가 게임 업계에 등장한 후에 앞서 언급한 부정적인 게임과 광고에 대한 부정적인 시각들이 무너지고 재해석되기 시작했습니다. 광고가 모바일 게임 수익의 향상을 이끌어내기 시작한 것입니다. 물론 모바일 View-to-play[2] 시대에서 인게임 광고는 게임 디자인과 퍼블리싱의 새로운 배경이 되고 있기도 합니다.

이와 관련해 개발자와 플레이어 데이터를 자세히 분석해 광고가 어떻게 게임, 유저, 비즈니스와 부합하는지 자세히 살펴봅시다.

03 | 연구 요약

〈인게임 광고 – 올바른 방법(In-game advertising the right way)〉 리포트는 약 2,000명의 게임 개발자와 유저들을 대상으로 설문한 내용을 토대로 작성한 것입니다. 리포트에 따르면 개발자들은 그들이 사용하는 미들웨어나 엔진에 상관없이 응답했으며, 전문 분석가들은 이 설문 결과로부터 인사이트를 도출하여 리포트에 실었다고 밝히고 있습니다.

설문조사 결과를 보면 인게임 광고는 개발자들 사이에서 이미 상당히 잘 알려진 상태였습니다. 사실상 거의 3분의 2를 넘는 개발자들이 이미 인게임 광고를 활용하고 있었습니다.

만약 광고가 게임 유저들에게 인기가 없다면, 역으로 광고는 잠재적으로 게임에 접근을 방해하는 부정적인 요소로 작용할 수도 있습니다. 하지만 설문조사 결과에 따르면, 인게임 광고에 대한 부정적인 가설들이 있음에도 불구하고 71%의 게임 유저들은 자신들이 하는 모바일 게임에서 인게임 재화를 결제하는 데 있어 인앱 결제나 유료 다운로드보다 압도적으로 인게임 동영상 광고를 보는 것을 선호한다고 응답했습니다.

---

2) View-to-play 시대. Free-to-play가 대세를 이루는 현시점에서 동영상을 보고 게임을 플레이하는 유저들이 많아지는 트렌드를 View-to-play라는 용어로 표현하고 있습니다.

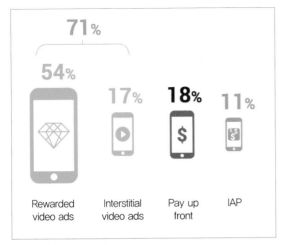

▲ 인게임 재화를 결제하는 데 선호하는 방식

이 71%라는 수치는 유료 다운로드를 선호하는 18%, 그리고 인앱 결제를 선호하는 11%와 비교하면 아주 극명하게 대조됩니다.

04 | 모바일 게이밍의 진화 – 보상형 동영상 광고의 성장

이런 조사 결과를 봤을 때, 최근 인게임 광고는 확실히 모바일 게임 시장을 변화시키고 있다고 볼 수 있습니다. 갈수록 유저들은 현재 모바일 게임들이 제공하고 있는 다양한 게임 내 광고에 친숙해지고 있는 것으로 나타났는데, 이런 이유 때문인지 52%의 모바일 게임 개발자들은 동영상 광고를 다른 인게임 광고에 비해 유저당 매출이 높은 수익원으로 인식하고 있었습니다.

(1) 유저가 좋아하는 인게임 광고 지면

- 인게임 보상을 주는 동영상 광고 : 46%
- 풀스크린 광고 이미지 : 29%
- 배너 광고 이미지 : 20%
- 게임 중간에 뜨는 동영상 광고 : 5%

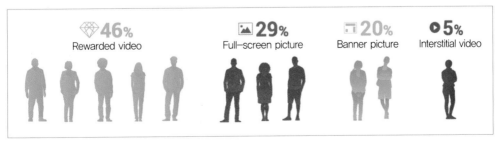

▲ 유저가 선호하는 인게임 광고 지면

(2) 게임사에 추천하는 광고 지면

• 풀스크린 광고 이미지 : 11%

• 배너 광고 이미지 : 15%

• 게임 중간에 뜨는 동영상 광고 : 16%

• 인게임 보상을 주는 동영상 광고 : 58%

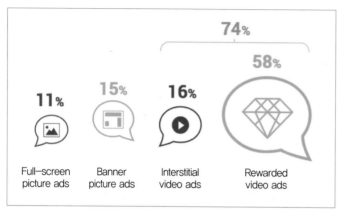

▲ 게임사가 다른 게임사에 추천하는 광고 지면

유저나 게임사들의 광고 선호도를 보면, 인게임 보상을 주는 동영상 광고가 압도적으로 높습니다. 왜 유저와 개발사들은 동영상 광고를 선호하는 것일까요?

비디오 '광고'가 게임을 '지원'한다면, 광고를 보는 행위가 게임에 실질적인 보상으로 연계되기 때문에 대부분의 유저들이 선호하게 된다는 것이 가장 그럴듯한 이유로 보입니다. 게임사 입장에서도 광고를 통한 수익이 발생합니다. 게임과 관련된 보상을 통해 유저들의 관심을 끌어 모으고, 게임에서의 이탈을 방지할 수도 있을 것입니다.

이처럼 인게임 보상을 주는 동영상 광고는 '광고 시청 후 보상 발생'을 통해 소비자들에게 매력적인 선택지를 제공합니다. 그렇기 때문에 개발사에게는 그로 인한 수익도 커지고 있습니다. 또한 거부감을 줄 수 있는 게임 중간에 고정적으로 뜨는 동영상 광고에 비해 동영상 광고는 유저에게 보다 매력적으로 다가갈 수 있습니다.

실제적으로 인게임 보상을 주는 동영상 광고가 있다고 했을 때, 유저들 가운데 62%는 항상 혹은 종종 동영상을 시청한다고 응답하기도 했습니다.

(3) 인게임 보상을 주는 동영상 광고의 시청여부 조사결과

• 절대 안 봅니다 : 22%

• 아주 가끔 봅니다 : 16%

• 종종 봅니다 : 44%

• 항상 봅니다 : 18%

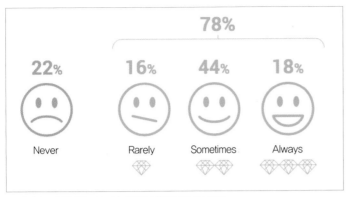

▲ 인게임 보상을 주는 광고를 시청할 의향이 있는지 여부

05 | 예상치 못한 동맹

어떻게 동영상 광고와 리텐션이 같이 향상될 수 있을까요? 지금까지 동영상 광고가 수익에 미치는 영향을 살펴보았습니다. 설문조사 결과, 기존 관념과는 달리 유저들이 광고, 특별히 인게임 보상을 주는 광고에 마음이 열려 있다는 사실을 알 수 있었습니다.

이번에는 인게임 보상을 주는 동영상 광고가 어떻게 유저의 리텐션에 기여할 수 있는지 살펴보고자 합니다. 리포트에서는 모바일 게임 개발자들을 대상으로 한 설문을 통해 인게임 보상을 주는 광고와 풀스크린 이미지 광고 사이에 유저 리텐션이 직접적인 상관관계가 있는지 질문하고 있습니다.

(1) 풀스크린 이미지 광고

풀스크린 이미지 광고를 기존 게임에 붙였을 때, 39%의 개발자들은 유저들이 떠나거나 떠나는 속도가 빨라진 것을 경험했다고 합니다. 반면에 6%만이 유저들의 리텐션이 높아졌다고 응답하고 있습니다.

(2) 인게임 보상을 주는 동영상 광고

인게임 보상을 주는 동영상 광고를 달았을 때, 9%의 개발자만이 리텐션이 감소했다고 응답했으며, 39%의 개발자는 오히려 유저들의 리텐션이 향상되었다고 응답했습니다.

결론적으로 인게임 보상을 지급하는 동영상 광고를 도입함으로써, 모바일 게임은 유저의 고객생애가치(LTV, Lifetime Value)를 향상시킬 수 있다는 것을 알 수 있습니다. 이는 유저의 리텐션과 유저당 이익(ARPU, Average Revenue Per User)이 동시에 증가하기 때문입니다.

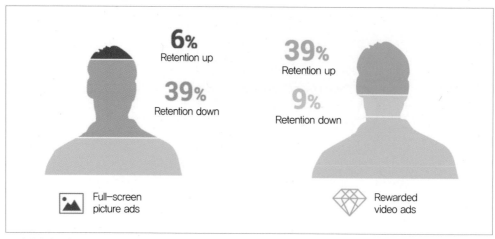

▲ 이미지 광고와 동영상 광고의 리텐션률

06 | 같이 하면 더 좋다, 광고와 인앱 결제

거대한 상업적 성공을 거둔 모바일 게임사들은 그들의 제국(?)을 인앱 결제 모델 위에 세웠습니다. 그리고 그 시장은 점점 커져만 가고 있습니다. 다행스럽게도 동영상 광고는 인앱 결제를 희생시켜서 수익을 창출해 내지만은 않습니다. 결제를 하는 유저에게는 인앱 결제를 유도하고, 보상형 동영상 광고를 시청해서 보상을 받고 싶은 유저에겐 동영상 광고를 제공하면 됩니다.

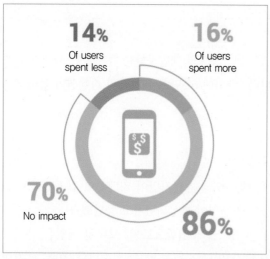

▲ 86%의 개발자들은 보상형 동영상 광고를 삽입해도 인앱 결제 유저 비율은 줄지 않는다고 답함

여기까지 〈인게임 광고 – 올바른 방법(In-game advertising the right way)〉 리포트 결과를 토대로 인게임 광고의 효과와 그에 대한 사람들의 인식들을 살펴봤습니다.

설문조사 결과, 86%의 개발자들은 인게임 보상을 주는 동영상 광고를 제공했을 때 인앱 결제 유저 수가 변함이 없거나 오히려 결제유저 수가 늘었다고 응답했습니다.

또 하나의 중요한 점은 3분의 2에 해당하는 개발자들이 게임 중간에 나오는 동영상 광고(Interstitial video)가 삽입될 경우 인앱 결제 유저 수가 감소한다고 응답했다는 것입니다. 즉, 환경과 비율에 따라 서비스하고자 하는 게임에 적절한 광고방식을 선택하는 것이 중요하다는 것을 알 수 있습니다.

"부상당한 선수들을 회복시키기 위해
동영상을 시청하세요!"

인게임 보상을 주는 동영상 광고는 더 많은 수입을 제공하는 동시에, 인앱 결제를 대체하지 않으면서, 유저의 리텐션과 LTV를 보완하고, 혹은 더 향상시키는 역할을 하는 것으로 검증된 셈입니다.

07 | 유니티 애즈(Unity Ads) 직접 설치

유니티 광고를 설치하는 순서대로 하나씩 살펴봅시다. 가장 먼저, [Window > Services] 메뉴를 선택합니다. 만약 로그인을 하지 않았다면 로그인을 하라는 버튼이 나타납니다.

▲ [Window > Services] 선택 이후
표기되는 로그인 유도 메시지

▲ 로그인 페이지

로그인을 하면 앞서 열어 놓은 Service 탭이 다음과 같이 표시됩니다. 로그인을 한 후에 [Services] 탭에서 새로운 유니티 애즈(Unity Ads) 프로젝트를 만들 수 있습니다.

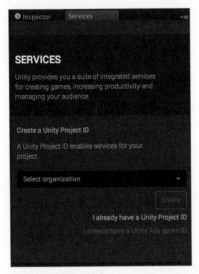

▲ 새로운 프로젝트 생성

기관을 선택하고 새로운 프로젝트를 생성하기 위해 Organization을 선택한 후 [Create] 버튼을 누릅니다.

▲ 유니티 애즈 플러그인 설치 후 Services 메뉴 선택

유니티 애즈 플러그인을 설치한 후 Services 메뉴를 선택하면 앞의 그림과 같은 화면이 뜹니다.

▲ 유니티 애즈 사용 설정

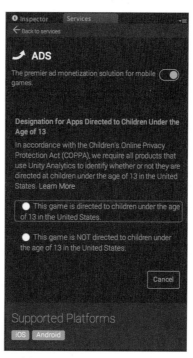

▲ 게임 연령 제한 설정

Ads 항목을 선택하면 유니티 애즈를 설정할 수 있는 화면이 나옵니다. 그림에 빨간 네모로 표시한 위치의 토글 버튼을 클릭해서 유니티 애즈를 사용한다고 설정합니다. 다음으로 게임 연령 제한을 설정합니다. 13세 이하도 플레이할 수 있는 게임이라면 게임 연령 제한 설정 창에서 첫 번째 옵션을 클릭합니다.

▲ 프로젝트와 연동된 대시보드 페이지로 이동

앞의 그림에서 빨간 네모로 표시된 버튼을 클릭하면 웹브라우저에서 해당 프로젝트의 서비스가 연동된 대시보드 페이지로 이동합니다.

▲ 현재 프로젝트의 대시보드 페이지

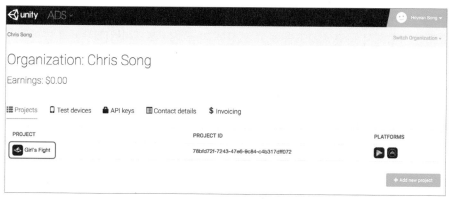

▲ 프로젝트 상세 모드 진입

유니티 애즈의 대시보드입니다. 프로젝트 이름을 클릭해서 프로젝트 상세로 들어갑니다.

▲ [Apple App Store] 플랫폼 클릭

유니티 애즈 프로젝트 상세입니다. 여기서 [Apple App Store] 플랫폼을 클릭합니다. 프로젝트 상세에 들어가면, 구글 플랫폼과 애플 플랫폼 두 가지 모드를 확인할 수 있습니다. 여기서는 애플 플랫폼을 선택해 보겠습니다.

▲ 아이폰 버전의 유니티 애즈 설정

애플 플랫폼을 선택하면, 아이폰 버전의 유니티 애즈 설정 페이지로 이동합니다. 이제는 직접 소스 코드를 작성해서 동영상 광고를 보고 보상을 지급하는 프로세스를 구현해 봅시다. 리스트 29-1과 같이 스크립트를 작성한 후 유니티 로비화면의 상단 바에 있는 다이아몬드 옆에 플러스 [+] 버튼을 누르면 동영상이 플레이되도록 해 봅시다.

▲ 화면 우측 상단에 [+] 버튼에 동영상 광고 붙이기

여기서는 게임 진행만으로는 모으기 어려운 다이아몬드를 동영상 광고를 시청하면 얻을 수 있도록 했습니다.

```
using UnityEngine;
using System.Collections;
using UnityEngine.Advertisements;

public class UnityAdsRewardedButton : MonoBehaviour
{

    public void ShowAd()
    {
        if (Advertisement.IsReady("rewardedVideo"))
        {
            var options = new ShowOptions { resultCallback = HandleShowResult };
            Advertisement.Show("rewardedVideo", options);
        }

    }
    private void HandleShowResult(ShowResult result)
    {
        switch (result)
        {
```

```
                case ShowResult.Finished:
                    Debug.Log("The ad was successfully shown.");
                    //
                    // YOUR CODE TO REWARD THE GAMER
                    // Give coins etc.
                    break;
                case ShowResult.Skipped:
                    Debug.Log("The ad was skipped before reaching the end.");
                    break;
                case ShowResult.Failed:
                    Debug.LogError("The ad failed to be shown.");
                    break;
            }
        }
    }
```

▲ 리스트 29-1 : UnityAdsRewardedButton.cs 스크립트

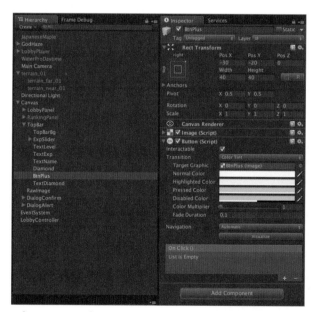

▲ [Add Component] 버튼을 눌러 스크립트 추가

가장 먼저 하이어라키(Hierarchy) 탭에서 [Canvas > TopBar > BtnPlus]으로 이동해 게임 오브젝트를 선택합니다. 그리고 인스펙터(Inspector) 탭에서 화면 가장 하단에 위치한 [Add Component] 버튼을 클릭합니다.

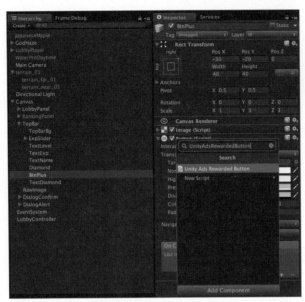

▲ UnityAdsRewardedButton을 입력한 후 해당 스크립트를 컴포넌트로 추가

[Add Component] 버튼을 누르면 화면 위에 어떤 컴포넌트를 추가할지 고를 수 있는 창이 나타납니다. 앞의 그림에서처럼 빨간 네모로 표시한 검색 영역에 UnityAdsRewardedBut-ton이라고 입력하고 엔터를 치면, 앞서 작성했던 스크립트가 이 버튼에 추가됩니다.

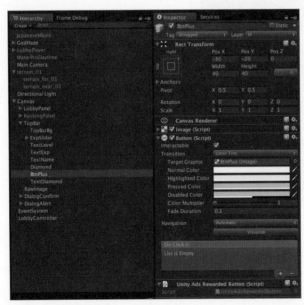

▲ 이벤트를 전달할 함수 연결

버튼을 클릭했을 때 이벤트를 전달할 함수를 연결하기 위해 그림에서처럼 빨간 네모 영역의 플러스[+] 버튼을 클릭합니다.

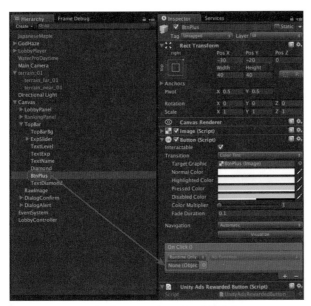

▲ BtnPlus 게임 오브젝트와 On Click의 오브젝트 영역 연결

BtnPlus 게임 오브젝트를 On Click의 오브젝트 영역으로 드래그 앤 드롭합니다.

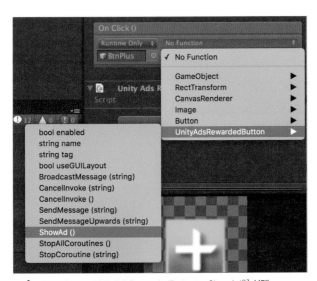

▲ [No Function > UnityAdsRewardedButton > ShowAd()] 선택

[No Function]이라고 쓰인 영역을 클릭해서 [UnityAdsRewardedButton > ShowAd()]를 선택합니다.

이제 실행해 봅시다. 유니티 에디터에서 실행 버튼을 누르면, 게임이 실행됩니다. 게임 화면 우측 상단 다이아몬드 옆의 [+] 버튼을 눌러봅니다.

▲ 다이아몬드 옆의 [+] 버튼 선택

▲ 성공적으로 유니티 동영상 광고가 호출되었다면 등장하는 영상

이렇게 동영상 광고 시청을 완료한 유저에게 보상을 주는 로직은 앞서 구현한 동영상 광고 재생 스크립트에서 구현합니다.

```csharp
public class UnityAdsRewardedButton : MonoBehaviour
{

    …

    private void HandleShowResult(ShowResult result)
    {
        switch (result)
        {
        case ShowResult.Finished:
            Debug.Log("The ad was successfully shown.");
            //
```

```
            // 이 영역에 다이아몬드를 지급하는 로직을 구현하면 됩니다.
            break;
        case ShowResult.Skipped:
            Debug.Log("The ad was skipped before reaching the end.");
            break;
        case ShowResult.Failed:
            Debug.LogError("The ad failed to be shown.");
            break;
        }
    }
}
```

▲ 리스트 29-2 : UnityAdsRewardedButton.cs 스크립트

여기까지 유니티 동영상 광고를 게임에 넣는 방법을 살펴봤습니다. 생각보다 간편하다고 느낄 거라고 믿습니다. 역시 게임 엔진을 만든 회사에서 동영상 광고를 같이 제공하니 연동이 매우 자연스럽고 매끄럽습니다. 유니티 동영상 광고로 큰 수익을 창출해 보는 일 이젠 꿈이 아닙니다.

TIP 동영상 광고를 광고 같지 않게 넣으면 좋다

유명한 인디 게임 개발자들은 동영상 광고로 50% 이상의 돈을 번다고 합니다.

동영상 광고를 사용한 대표적인 인디 게임으로는 '내꿈은 정규직'이 있습니다. '내꿈은 정규직'의 경우 동영상 광고를 삽입할 때, 단순히 게임 내 화폐를 구매하듯이 삽입하는 게 아니라 좀 재미있는 요소를 적용하고 있습니다. '알바'라는 표현으로 동영상 광고를 삽입했는데, 의외로 반응이 폭발적이었습니다.

'내꿈은 정규직'의 개발자는 오히려 이 동영상 광고가 매력적인 콘텐츠가 될 수도 있구나 하는 사실을 깨달았다고 합니다.

또 하나 재미있는 사실은, '내꿈은 정규직' 게임 개발자는 현실성을 위해 동영상 광고(알바)를 통한 보상을 일부로 적게 줬다고 합니다. 그런데 유저들은 오히려 보상이 적으니 더 좋아했다고 합니다(알바를 해도 나아지지 않는 현실의 고달픔을 반영했다면서…).

서버까지 스킬업
유니티 3D액션게임

초 판 발 행	2018년 4월 20일
저　　　자	송호연
발 행 인	정용수
발 행 처	예문사
주　　　소	경기도 파주시 직지길 460(출판도시) 도서출판 예문사
T E L	031) 955-0550
F A X	031) 955-0660
등 록 번 호	11-76호

정가 : 38,000원

• 이 책의 어느 부분도 저작권자나 발행인의 승인 없이 무단 복제하여 이용할 수 없습니다.

• 파본 및 낙장은 구입하신 서점에서 교환하여 드립니다.

예문사 홈페이지 http://www.yeamoonsa.com

ISBN 978-89-274-2688-2 13000

이 도서의 국립중앙도서관 출판예정도서목록(CIP)은 서지정보유통지원시스템 홈페이지(http://seoji.nl.go.kr)와 국가자료공동목록시스템(http://www.nl.go.kr/kolisnet)에서 이용하실 수 있습니다.(CIP제어번호: CIP2018009318)